JN268106

初期中国語文法学史
研究資料

J. プレマールの『中国語ノート』

J. H. M. de Prémare
NOTITIA LINGUÆ SINICÆ

何群雄 [編著]

初期中国語文法学史研究資料

目次

J. プレマール『中国語ノート』
(J. H. M. de Prémare "NOTITIA LINGUÆ SINICÆ")

解説
J. プレマールおよび その『中国語ノート』について

何 群雄

NOTITIA

LINGUÆ SINICÆ.

AUCTORE P. PREMARE.

MALACCÆ:

Cura

COLLEGII ANGLO-SINICI.

MDCCCXXXI.

ILLI NOBILI BRITANNICO

ORIENTALIUM LITERARUM PATRONO OPTIMO

CUJUS MUNIFICENTIA ET IMPENSIS SOLIS

E CODICE DEPOSITO IN BIBLIOTHECA REGIA LUTETIÆ PARISIORUM

EA EXSCRIPTA FUIT ATQUE IN LUCEM EDITA

HANC NOTITIAM LINGUÆ SINICÆ

SUMMA REVERENTIA AC GRATISSIMO ANIMO

D. D. D.

EDITORES.

AD LINGUÆ SINICÆ
NOTITIAM

INTRODUCTIO PRÆVIA.

In hoc prooemio tria conabor exequi: 1°· dicam aliquid de libris sinicis : 2°· agam de litteris: 3°· dabo in appendice accuratum indicem omnium vocum quibus lingua sinica componitur.

CAPUT PRIMUM.

DE LIBRIS SINICIS.

Tres erunt hujus capitis partes : 1°· libros sinicos ad certas classes revocabo, ut eorum generalis cognitio statim habeatur : 2°· aperiam quo potissimum ordine et qua methodo eos legendos existimem : 3°· addam nonnulla de dictionariis.

ARTICULUS PRIMUS.

NOTITIA GENERALIS LIBRORUM SINICORUM.

Inter sinicos libros distinguendi sunt plures gradus, neque enim eadem est omnium ætas, non eadem omnibus habenda fides, non eodem omnes stylo sunt conscripti.

In 1°· gradu reponuntur ab omnibus Sinis vetei,ima illa monumenta quæ vocantur 經 king, et primum locum tenent 易 y king, 詩 chi king, et 書 chu king.

In 2°· gradu vulgo numerantur 書 四 sse chū, libri quatuor, qui dicuntur classici, quia illis præcipuam dant operam scholastici Sinæ : 1°· 庸 中 tchōng yōung; 2°· 學大 tá hiŏ; 3°· 語論 lûn yù; 4°· 子孟 móng tseè; quibus addes 秋春 t'chūn t'siōu, et 記禮 lĭ kí.

A 2

In 3º· gradu veniunt 經德道 táo tĕ king, 經花南 nân hoā king, 禮儀 y lì 禮周 tcheōu lì, 經海山 chān hài king, &c.

In 4º· gradu poni debent 辭楚 t'soù tseĕ, 子尹關 kouān yùn tseĕ, 子列 liĕ tseĕ, 子苟 sūn tseĕ, 子楊 yâng tseĕ, et móng tseĕ, qui elatus fuit à modernis sinis et Confucio comes additus.

In 5º· gradu colloco 氏左 tsŏ chí, 羊公 kōng yâng, 梁穀 koŭ leâng, qui tres librum t'chūn t'sioū explicant. Tsŏ chí reliquit etiam aliud opus dictum 語國 koŭe yù; his adjunges 韋不呂 liù poŭ oŭei, qui multa de temporibus antiquis refert, sicut et 子南淮 hoâi nân tse, item 遷馬司 ssè mà tsiĕn, 慎許 hiù chìn, author dictionarii 文說 chouĕ vĕn, 樵鄒 tchíng ts'iaŏ et alios id genus.

In 6º· gradu pones 愈韓 hân yù, tres 蘇 soū, pater et ejus duo filii, 石安王 vâng ngān chĕ, 豐南會 tsēng nân fong, 修陽歐 ngheōu yâng sieoū, et alios qui eleganter scribunt et de libris king disserunt.

In 7º· gradu reponi possunt interpretes. Inter veteres praecipui sunt duo 孔 k'òng, 蕭王 vâng soŭ 莨毛 maŏ tch'âng, 玄鄒 tching buĕn, 弼王 vâng pī &c. Sub familia 宋 sóng, habentur quam plurimi, quorum coryphœus est 熹朱 tchū hī. Demum inter recentiores primo loco numerari debet Imperator gloriosæ memoriæ in commentariis 講日 gĕ kiàng, et maxime in 中折易周 tcheōu y tche tchōng, quod opus ultimis annis edidit.

In 8º· gradu sunt moderni doctores ex quorum placitis conflata est illa farrago 全大理性 síng lì tá ts'uĕn. Horum magister est 溪濂周 tcheōu liĕn k'í, et post illum praecipue laudantur duo 子程 t'chíng tseĕ, 載張 tchāng tsái, supra dictus 熹朱 tchū hī et 節康邵 cháo k'āng tsie.

In 9º· gradu pono historicos, non quod male scribunt, sed quia non admodum curo scire facta quæ referunt; alia enim me urgent magis.

De libris familiari oratione ac stylo conscriptis aliquid dicam in prima hujus operis parte; et in secunda, explicabo stylum diversum quo utuntur, non modo libri king, sed authores in his gradibus allati, quotquot venustius et elegantius scribant.

ARTICULUS SECUNDUS.

DE METHODO ET ORDINE LEGENDI LIBROS SINICOS.

Methodus quam mihi multum profuisse confiteor, haec est : Cum initio libris sinicis studere volui, curavi purum textum Móng tseĕ, lŭn yú, tá hiŏ et tchong y·ūng mihi nitide describi, non in papyro bibulâ qualem amat sinicus penicillus, sed in chartâ bene praeparatâ, ut calamum Európaeum non reformidet. Textus ille lineis sat raris, et in unâ tantum ex duabus paginis

AD LINGUÆ SINICÆ NOTITIAM.

sibi invicem adversis scribi debet. Omnes deinde quaterniones curavi compingi in unum volumen, et tali libro instructus, consulere tandem interpretes et textum sedulò examinare aggressus sum.

Notas meas scribebam in alterâ paginâ, quae ad hoc nuda et alba remansit. Tria in ejusmodi notis semper intendi : 1º· quidem quae bona mihi videntur colligo, ut textûs sensum bene capiam, et elegantem etiam stylum addiscam : 2º· quae pejora sunt apud interpretes pariter annoto, ut inde videam quantum in his coecutiant sinae moderni, et quam turpiter inter se pugnent : 3º· si quid mihi rectius venit in mentem, scribere non omitto, ut in loco litteratis cum sinis de eo disseram. Litterarum quarumdam sonos et sensum ponebam ad earum latus. Utinam omnium accentus et spiritus asperos apposuissem, quando illis assuescere facile erat.

Quot et quanti fructus ex hac methodo colligantur brevi cognoscet quisquis, quod expertus sum, volet experiri; poterunt ad calcem cujusque libri disponi plures indices alphabetici, quorum ope quam plurima quae longo et fastidioso labore, in tot parvis voluminibus sinicis et forte frustra quaereres, statim et sine ullâ molestiâ reperientur.

Vehementer author sum omnibus qui Sinice scire cupiunt, ut mature sibi parent aliquot codices seu libellos albos, et in altero ponant metaphoras omnes quae legentibus occurrent, in altero litteras inter se oppositas, super geminam quasi columnam disponant; in altero notent nomina veterum qui fuerunt aliqua re famosi; ad alterum denique referant loca celebriora et arbores et flores et rivos et animalia et lapides : haec enim politis scriptoribus valde arrident.

Sed unum punctum est majoris adhuc momenti quod tamen plus opto quam ā novis missionariis obtineri posse putem. Vellem ut quod nemo me facere monuit, alii facerent, dum viget memoria, et anni adhuc florent: quatuor libros classicos memoriter discerent eo plane modo quo solent pueri sinae; repuerascendum nobis est, si volumus Christum Jesum his gentibus cum fructu annunciare, quem, amabo, laborem talis spes non. leniat ?. Commodo igitur quae hinc certo nascentur paucis attingere volo, ut charissimos fratres meos incendam..

1º· Cum libros illos memoriae mandabis, nulla vox tibi excidet quae non recte pronuntietur. Magistrum quippe Sinam sic tanquam puer audies, nec imbues alios accentus aut sonos quam quos ab illo per aures acceperis.

2º· Non merae voces memoriae creduntur sed ad literarum formam et ad illarum sensum simul attenditur, ita ut non possis pronuntiare v. g. 信 sín, quae vox fidem significat, quin statim non modo virtus illa sese menti offerat, sed ipsam litteram 信 sín, et duas partes ex quibus ejus sensus exsurgit, scilicet 人 gîn hominis et 言 yēn verbae, ac demum monosyllabum Sin cum suo accentu in tua phantasia, velut in lucido speculo contempleris..

3º· Non parum ad hoc proderit de memoriâ scribere litteras sinicas illius loci quem postremum didiceris, et altero die, an aliquis error irrepserit, aperto libro diligenter examinare..

4º· Hac via literae sinicae animo firmiter adhaerent, et longe praestat ita cognoscere vel centum, quam mille eo modo quo plerique missionarii eas dignoscunt.

5º· Quod si post tres aut quatuor annos cogitas aliquid sinice componere, tum vero uberrimos atque suavissimos fructus, ex hac radice quae tibi tam amara videbatur, enatos cum ingenti gaudio comedes; offerent enim se suapte sponte litterae sine tuo labore, suo loco se collocabunt.

AD LINGUÆ SINICÆ NOTITIAM.

Video nihilominus vix posse persuaderi nostris Europaeis, ut per hoc iter incedant, insipidumque laborem gratis, ut falso sibi videtur, suscipiant. Atqui duo saltem absolute necessaria mihi concedant rogo. Primum est ut certa loca quae sibi magis placuerint, memoriter teneant: fructum si non tantum, certe non contemnendum ex eo colligent. Brevi enim experientur quanti facient Sinae litterati hominem exterum quem audiunt libros suos in loco laudentem, multaque ex iis memoria tenentem et illa melius quam Sinici doctores explicantem. Secundum est ut quamprimum discant literas sinicas vel cum penicillo, vel saltem cum calamo suo scribere. Initio quidem non erunt bene formatae nec inter se aequales, at manus sensim assuescet ad hoc; autem juvabit aspicere sinam aliquem scribentem v. g. litteram 學 hiŏ sic scribunt : primo quidem 乂 ' deinde 三, tum 彐, quarto ⌒, postea 了, denique 一, et ita de caeteris. Hoc ex eo capias commodum, idque non leve, quod ipsemet scribes notas tuas, et quae placebunt excerpes. Amanuensis penicillo semper indigere et est molestissimum et bonam pretiosi temporis partem nobis invitis praedatur.

Studendi ac legendi ordo is erit: principium sumatur a móng tseè, quia stylus ejus non ita laconicus est. Deinde pergatur ad Lùn yú, tertio loco ponatur libellus tá hiŏ, et postremo tchong young. Sic enim ad libros kīng paulatim ascensus fiet, diligenter postea legendi erunt chī kīng et chū kīng, ac demum per y kīng finietur.

Quaeres quinam interpretes seligendi. Sub familia praecedenti tchāng kó laò quatuor libros classicos, chū kīng et y kīng stylo familiari et humili explicuit ad usum adolescentuli principis quem erudiebat. Idem plane factum est a doctoribus Academiae regiae qui juvenem Kāng hī olim edocuerunt; ita ut quae tchāng kŏ laò in suis 解 正 tchíng kiài populari sermone dixerat, isti in suis 講 日 gĕ kiàng elegantiori sermone posuerint. Utili esset habere tchíng kiài et gĕ kiàng atque duo commentaria simul legendo styli differentiam notare.

Si quis autem veteres libros accuratius postea rimari velit, debet sibi comparare 1°· 經三十 che sān kīng, opus centum triginta quatuor voluminibus constat et ibi habentur interpretes praecipui sub familiis hàn et tāng.

2°· 解經刋新 sīn kān kīng kiaĭ, voluminibus quingentis quinquaginta novem; colligit omnes prope interpretes qui sub dynastia Sóng et Yuên magis floruerunt.

ARTICULUS TERTIUS.

DE VARIIS DICTIONARIIS.

Nihil magis optant recens appulsi Missionarii quam habere aliquod dictionarium quasi nulla ad discendam linguam via alia esset. Itaque in multis lexicis prout afferuntur, accurate describendis, insumunt tempus quod in legendis et memoriae mandandis quatuor libris classicis longe melius collocarent. Nullo certo dictionario habent opus, ut linguae sinicae notitiam

AD LINGUÆ SINICÆ NOTITIAM.

quam ipsis offero ac dedico, perlegant. Quisquis autem vel primam ejus partem bene semel didicerit, et indicem quem infra reperiet sibi familiarem reddiderit, is sinica vocabularia nullo negotio consulere poterit, si quando indigeat; cum vero plurima sint apud sinas dictionaria, necesse est de praecipuis aliquid dicere.

1º· 通 字 正 tchíng tsée tōng. Huic libro non valde credendum est, presertim cum de litterarum analysi vult disserere. 2º· 典 字 熙 康 kāng hī tsée tiĕn est ipsummet tching tsée tōng, quod imperator emendari et eruditione satis inutili et incerta perpurgari jussit. 3º· 箋 字 品 pĭn tsée tsiĕn; litteras disponit secundum rhythmos, sed novo modo. Satis facile legitur et quaedam habet bona. Vellem ut explicationes quas dat exemplis confirmare curasset. 4º· 文 說 choŭé vên; diu multumque teredus est iste liber omnibus qui veram litterarum analysim scire cupiunt, sed a paucis intelligitur.

Quaeres quomodo quaerendae sint literae in sinicis dictionariis? Quando litterae juxta rhythmos dispositae sunt, sciendum est quod Sinae habent 107 litteras velut capitales, quas memoriter tenent sicut nos alphabetum: eas partiuntur inter quinque accentus, ita ut quindecim primae ad primum ‾ pertineant, quindecim sequentes ad secundum ˄; postea veniunt 30 pro tertio ˋ tum totidem pro quarto ˊ, ac demum 17 pro quinto ˘· Sed Europaei accentibus sinicis non satis assueti, ejusmodi dictionariis difficile uti possunt.

Tching tsée tōng et alii assumunt 200 et aliquot litteras ex quibus reliquae nascuntur. Illae sunt veluti radices, sinae vocant 部 poŭ; aliae sunt rami qui ab radice pullulant. Disponuntur autem tam istae quam illae juxta numerum lineolarum, sinice 畫 hoá, quibus constant, incipiendo semper a simplicioribus. At notandum quod ubi venitur ad ramos, non debent amplius numerari elementa radicum. Sic littera 仁 gīn habet quidem in se quatuor lineolas, sed sublata radice, restant tantum duae lineolae 二. Aliud quoque debet attendi, radicales litteras non parum juvare ad detegendum sensum earum omnium quae ab ipsis pendent. Hinc quae habent 人 gīn pro radice, dicunt aliquem respectum ad hominem; quae habent 心 sīn, ad cor, sive animum; quae 口 k'où, ad os hominis; quae 目 moŭ, ad oculos; quae 耳 èll, ad aures; quae 手 cheoŭ, ad manus; quae 足 tsoŭ, ad pedes; quae 火 hŏ ad ignem; quae 土 toù, ad terram; quae 山 chān, ad montes, &c.

Haec tamen methodus non paucos secum trahit defectus, quos examinare hoc loco tanti non est. Si vero secundum rhythmos series litterarum fiat, alii defectus nascentur. Index quem tertio capite proferam, potest dare ideam unius dictionarii quod Europaeis, ni fallor, placeret et sinis ipsis forte arrideret. Sed quocumque tandem ordine litterae disponantur, necesso est scire quot lineolas (畫 hoá) unaquaeque contineat, id agendum igitur ut illis numerandis statim assuescas. Aspice scribentem Sinam et ipsemet penicillo aut calamo utere et brevi hoc addisces.

B 2

CAPUT SECUNDUM.

DE CHARACTERIBUS SINICIS.

Sinicae litterae dupliciter considerari possunt, vel ut sunt in se ipsis, independenter ab omni sono et accentu, vel prout ore proferuntur et sic varios sonos indicant.

ARTICULUS PRIMUS.

DE LITTERIS PROUT SINICE SCRIBUNTUR.

Sinicae litterae ab omnibus aliis hactenus notis differunt, tum quod unaquaeque aliquid significet, ac proinde quot sunt litterae, tot vocabula; tum quod nullum de se sonum aut accentum dicant, purae sunt imagines et mera symbola quae non auribus sed soli menti loquuntur. Haec littera 人 tam bene legeretur a graecis *anthropos*, aut a latinis *homo*, quam a sinis solet legi gin uno verbo, sicut notae numericae 1, 2, 3, 4, &c, omnium linguarum sonos recipiunt, sic sinicis litteris omnia mundi regna proprio ejusque idiomate uti possent.

De ejusmodi litteris seu potius hieroglyphis sinae doctiores quam plurima tradunt scitu sane dignissima ; sed haec propter brevitatem et alia quaedam motiva silentio praeterire statui. Scholarum magistri litteras simplices seu elementares numerant sex, 丶 一 丨 丿 乙. Compositas soleo dividere in duas classes. In primâ repono eas omnes quae exhibent quasi unicam figuram, et constant elementis seu lineolis (囍 hoá) vel duabus ut 人 gĭn, homo, 十 chĕ decem; vel tribus ut 口 koù, os, 山 chān, mons; vel quatuor ut 心 sīn, cor, 木 moŭ, lignum; vel quinque ut 日 moŭ, oculus, 石 che, lapis; vel sex ut 血 hiúe, sanguis, 百 pe, centum; vel septem ut 見 hién, aspicere, 谷 koŭ, vallis ; vel octo ut 門 mén, porta, 金 kin, metallum ; vel novem ut 首 cheòù, caput, 香 hiang, odor; vel decem ut 書 chū, liber &c. In alterâ classe omnes alias colloco quotquot plures quasi substantias seu partes inter se clare distinctas oculis nostris offerunt. Sic v. g. 林 lĭn, sylva, sunt duae arbores 木; et 明 mĭng, clarum, est 日 gĕ, sol, et 月 yuĕ, luna, &c.

Licet ab aevo litterae sinicae semper eaedem fuerint, quoad essentiam, quia tamen diversimodè pingi possunt elementa quibus constant, ideo variis temporibus litterae prodierunt in speciem valde diversae. Orthographia quae etiamnum viget, vocatur 隸 lì; quae vero servatur in

AD LINGUÆ SINICÆ NOTITIAM.

dictionario choŭĕ vên dicitur 篆 tchu'èn; ex his duabus quaenam sit antiquior satis incertum. De litteris 斗 科 k'ŏ téoù, nihil certo definiri potest. Sub dynastia hán, prodierunt 書 草 ts'aòchŭ, quas nunc adhibent litterati vel in suis adversariis vel in prologis vel in epigraphis. Bonum est quod non praevaluerit ejusmodi scriptura; cum enim litteras admodum abbreviet, et plures simul connectat, non apparent amplius partes quibus essentialiter componi debent, atque adeo analysis ex qua verus ac proprius sensus eruitur, divinari nequit.

In ipsâ quae nunc viget orthographia 詩 lǐ, eadem littera multis modis scripta reperitur. 1° Sunt litterae antiquae 字 古 koŭ tsée v. g. 仝 fā imitari, vulgo fit 法; 忐 gīn charitas, vulgo scribitur 仁. 2° Sunt litterae propriae 字 本 pèn tsée, v. g. 拄 tsái esse, scribi solet 在 ; sic 杏 et vulgo 去 k'iú, irei 从 idem. 疟 tsŏng, sequi; 処 melius quam 處 tchù, locus; 气 k'i, aer, vulgo, 氣; 与 sive ut vulgo fit 與 yù, dare. 3°. Sunt bonae et rectae litterae 字 正 tching tsée, inter quas non paucae variis modis scribuntur. 4° Sunt litterae triviales 字 俗 soŭ tsée. Volunt eruditi quod omnes litterae quae non sunt in choŭĕ vên, sint triviales, plures autem non habet choŭĕ vên quam 9313. 5° Sunt litterae abbreviatae 字 省 sĕng tsée, v. g. 观 pro 觀 koŭan, aspicere; 变 pro 變 piĕn; 礼 pro 禮 li; 圣 pro 聖 ching &c. 6° Sunt litterae spuriae 字 僞 oŭei tsée, v. g. 恩 sse, cogitare, scribendum 恩.

Ex his sex punctis patet litterarum numerum non mediocriter multiplicari. Dici solet et vero neminem esse qui non possit libros legere et sinice componere, quando semel quatuor vel quinque millia litterarum bene novit. Quis autem missionarius serio dixerit se non habere satis memoriae aut ingenii ut quinquies vel sexties mille litteras addiscat?

ARTICULUS SECUNDUS.

DE LITTERIS PROUT ORE PROFERUNTUR.

Ut sinae doceant modum quo pronuntiari debet aliqua littera, exhibent alias duas, ex quibus inter se combinatis exsurgit sonus tertiae de qua agitur; v. g. vis scire quomodo legatur littera 天, combina has duas 他 t'a et 年 niĕn; prima dabit initium soni quem quaeris, secunda dabit ejus finem. Clarum est quod hoc nihil me juvabit, nisi prius sciam quomodo legi debeant duae illae litterae sic assumptae; sed quando scio quod 他 legitur t'a, et 年 legitur niĕn, tunc eumendo t ex primâ et ien ex secundâ prodit tien pro sono litterae 天 tien; et sic de aliis. Hoc autem quod facillimum nobis est sinas etiam litteratos qui nullam nostrarum litterarum ideam habent mirum in modum torquet.

Fruamur igitur commoditate quam nostrae litterae nobis suppeditant nihil quippe magis memoriam adjuvabit; cum enim semel sinicae litterae sonum ad ejus latus Europaeis characteribus noverimus, si deinde labitur ex memoria, haeret semper in charta, et quoties volumus statim oculis se subjicit. Is tamen labor inanis esset, si quis hoc pacto paginas integras sine ullis sinicis litteris scribere vellet. Haud enim scio an vel unicae phrasis sensus post aliquos dies posset divinari. Hispanus scribat chi, Italus ci, Gallus tchi, nihil certe vetat; at cum multae sint litterae sinicae quae hunc sonum habent, et sub eodem illo soco, eumdem accentum, si adderent 知, esset scire; si 支 esset ramus; si 之, esset nota genitivi; si 蜘, esset aranea. Quatuor istae litterae plurimum differunt, ut patet aspicienti; tchi vero vel ci vel chi ad carum latus appositum, semper quid unum et idem est nec de se quicquam significat.

Ut sit, istud certe constat, quod sinicae litterae ore prolatae indicant simul et accentum et sonum. Sonus est veluti materia, et accentus est quasi earum forma; duo igitur ex aequo requirit recta pronuntiatio. 1°· ut materialiter cognoscantur litterae, hoc est, ut verus earum sonus habeatur, 2°· ut formaliter etiam notae sint, id est, nt verus earum accentus proferatur. De his duobus agam separatim, et ab accentibus incipiam; sic enim ad appendicem melius deveniemus.

PARAGRAPHUS PRIMUS.

DE SINICIS ACCENTIBUS.

Meri soni sunt litterarum quasi corpus; accentus autem sunt ipsis loco animae; exemplo sit littera 看 videre; sonus quem ipsi dant sinae est k'ān, spiritus est asper k'an, accentus est rectus k'ān, et interdum acutus k'án; atque haec tria, scilicet sonus, spiritus et accentus sunt omnino necessaria. Cum vero sint aliae l tterae aliud plane significantes, quae debent eodem modo pronunciari, evidens est quod etiamsi recte dicas k'ān, tamen ex circumstantiis, hoc est, ex materia de qua sermo est, et ex his quae praecedunt vel sequuntur, plerumque colligunt sinae quod vox illa quam profers significat videre. Et quid igitur esset, si duntaxat dicas k'an, nulla habita ratione nec ad spiritum k'an, nec ad accentum k'ān, atque haec est praecipua causa cur Europaei post tot labores in lingua sinica discenda positos a sinis vix intelligantur. Docti sunt, ingeniosi sunt, attenti sunt, et tamen per totam vitam plerique balbutiunt, interim dum stupidus aliquis cafer (sic) post tempus sat breve tam bene loquitur quam ipsimet sinae. Felices missionarii qui statim atque e navi exierunt, deportarentur ad locum aliquem ubi calamis Europaeis confractis et linguis nativis valere jussis, solos sinas audire cogerentur.

Sinici accentus dividuntur in 平 p'īng et 仄 tse; accentus p'īng seu rectus et planus subdividitur in 清 ts'īn clarum, et 濁 tchŏ sub obscurum, seu quod idem est in purum ts'īng et crassum tchŏ. Accentus 仄 tse sed ad latus, subdividitur in 上 chàng, attollere, 去 k'iù, ejicere, et 入 ee, intrare, quia in his tribus vox quidem a rectâ lineâ deflectit, sed in chàng, attollitur, in k'iù, velut deprimitur, et in g', quasi ad intra redit. Quamquam haec verbis exprimere nequeunt, audiendi sunt saepius sinae, ut quinque toni ‒ ⋀ \ / ⁓ bene cognoscantur et distinguantur, ut clarius adhuc dicam sub finem capitis tertii. Non paucae sunt litterae quae modo hoc modo illo

AD LINGUÆ SINICÆ NOTITITIAM.

accentu debent pronunciari. Sinæ ut hoc pueros doceant, solent exiguum circulum apponere ad unum ex quatuor angulis litteræ de quâ loquuntur. Sic 爲 legitur ouéi, p'ing chīng, et significat *facere*; 爲 legitur ouéi, k'iù chīng, et significat *propter*. Sic 惡 ngŏ malum, gĕ chīng; àt 惡 est oú, 'odisse;' 惡 vero est oû, particula interrogans. Sic demùm 與 est yù, particula; 與 est yù dare; 與 est yù adesse. Volunt aliqui quod mutetur accentus quoties aliqua littera ex nomine fit verbum, 正 vâng, rex, 正 váng, regnare.

PARAGRAPHUS SECUNDUS.

DE SINICIS SONIS.

Quando soni Sinici litteris Europæis pinguntur, ut illos bene pronuncies, attende, 1°· ad elementa quibus incipiunt, 2°· ad litteras intermedias, 3°· ad finales.

NUMERUS PRIMUS.

DE LITTERIS INITIALIBUS.

Numerantur vulgo istae: *ch, tch, f, g, j, h, y, i, l, m, n, ng, p, s, ts, v, ou*. Cum ab initio assuetus fuerim orthographiae gallicae, et nunc pro missionariis labòrém, 'breviter' mihi explicandum est in quo gallica orthographia differat ab aliis.

Tria potissimum notanda sunt: 1°· Galli scribunt *ch*, Hispani et Lusitani scribunt *x*, itaque chā et xā idem est. 2°· Galli scribunt *tch*, Hispani Lusitani scribunt *ch*; igitur tchā et chā idem est. 3°· Galli scribunt *ts*, alii scribunt *ç*; ergo tsä et çä idem est. Nisi hæc tria memoriae bene mandent, qui linguam et pronunciationem gallicam ignorant, pronum est ut errent si quando meum hoc opusculum legere velint.

Notandum praeterea quod inter initiales litteras, quinque habent spiritum asperum videlicet, k', p', t', t'ch, et ts': ejusmodi spiritus asper multos fugit, praecertim Gallos, in quorum linguâ non reperitur. Summi tamen momenti est ut à primis statim initiis assuescant missionarii, tàm benè pronunciare spiritum asperum, ut sentiant ipsi, et aliis audientibus faciant sentire, discrimen quod est inter 止 tchì, sistere, et 齒 t'chì, dentes; inter 波 pō, fluctus, et 玻 p'ō, vitrum; inter 幹 kán, humus, et 看 k'àn, videre; inter 尊 tsūn, honorare, et 村 ts'ūn, pagus; inter 迪 tí, hortari et 惕 t'ī, timere &c. Vides quod tota differentia pendet a solo spiritu et satis est hoc negligere ut non audiaris.

c 2

AD LINGUÆ SINICÆ NOTITIAM.

Littera *h* est quidem aspera sed maxime cavendum est ne confundatur cum *k*: quatuor istae voces *y, hi, ki, kI,* valde differunt.

Cum occurrit *ng*, v. g. *ngo, ngai ɴjan,* cave dicas négo, nègai, &c. utraque consona debet quidem pronunciari, sed *g* paulo magis sentitur, quam *n:* dic *ngai, ngan,* sicut Sinas dicere audies. Si post *ng* sequitur *e,* inseritur *h*, sicut Italis mos est, ut durior ille sonus servetur *ɴjhe, nghen.* De reliquis initialibus nihil dicendum occurrit.

Inter ipsos Sinas in aliquibus non convenit. 1°· multi pronunciant *s* pro *ch, sai* pro *chai,* et vicissim *ch* pro *s, chou* pro *sou.* 2°· multi emolliunt *tch* et dicunt, v. g. *tsai* pro *tchai,* &c. 3° alii pronunciant consonantes *v* et *j* et dicunt v. g. *vang* et *jang,* alii dicunt *ouang* et *yang.*

NUMERUS SECUNDUS.

DE LITTERIS MEDIIS.

Notandum 1°· quod omnes voces sinicae pro unicâ syllabâ supponunt. Comprimis itaque cavendum ne ex una pessime pronunciatâ plures exsurgant : ne dicas *le-a-o,* sed *leao*; tres vocales raptim et quasi simul exire debent ex ore ; noli dicere *ki-e-ou,* sed dic uno spiritu *kieou.*

Notandum 2°· quod *u* gallicum alias nationes satis incommodet. Quando pronunciandum est *ou,* tunc ego semper scribo *ou*; quando scribo *u,* signum est quod sit nostrum *u* gallicum. Lusitani ponunt unum punctum super illud *u,* ut distinguatur ab *u* quod solent legere *ou*: addunt etiam unum *i* et scribunt kiüen, tsiüen &c. Nullus Sina dicit tsi-ü-en, sed uno ore tsiüen. At in vocibus yù, *yun, kiun,* &c. videtur quidem ibi esse *i,* sed non debet separari; non est dicendum *y-u-en* sed *yuen.*

Notandum 3°· quod *e* in medio vocis est semper mutum, et ad hoc mihi videtur servire ut *i* quod præcedit blandius ac mollius pronuncietur. Certe *yeou, hieou, kieou,* longe differunt ab *you, hiou, kiou*; nec tamen legi debent yé-ou, hié-ou, kié-ou, cum *e* aperto et sonante, sed yéou, hiéou, kiéou, &c.

Notandum 4°· quod in vocibus *meou, neou, teou,* et aliis id genus *e* sit quoque mutum et gallicum, non est mé-ou, té-ou, sed mé-ou tó-ou ; istud *e* magis tamen sentitur quàm in *mieou tieou,* et similibus, ubi *e* fere totum absorbetur ab *i* præcedenti.

Notandum 5°· quod in medio vocum occurrat quoque ó idemque fere sit ac *ou.* Sic chòa, tsóan est idem ac *choua, tsouan*; in hóang et *hoa* sentitur aliquatenus *o.* In aliis semper scribo *ou* ; soüan, koüan, toüan, &c. Sic assuetus sum.

AD LINGUÆ SINICÆ NOTITIAM.

NUMERUS TERTIUS.

DE LITTERIS FINALIBUS.

Sunt ferè istæ *a, e, i, o, ò, ou, ŭ, l, n, ng,* de quibus aliquid seorsim dicendum. *A* numquam breve est, nisi notetur accentu quinto ‿; quamquam tunc non est adeo raptum, nisi certis in locis. *E* aliquando est apertum; dic *ke, sùe, hùe,* sicut Galli pronunci nt *après, cyprès,* aut sicut Latini *ceres, pes,* &c; aliquando est masculinum et clarum; dic *ye, kie, nùe,* &c; sicut apud Latinos *fortè dicere, maxime,* &c; aliquando est fœmininum et mutum, v. g. sseè, tseè, chè, &c. Ad *i* nota 1°- quod isti soni *y, hi, ki, li,* &c. possent in duas species dividi. Sed qui sciunt sinicos accentus, longè melius per aures id sentiunt quam ego per verba possim exponere: in quinto accentu li, ki, nŭ &c. addunt aliqui unum *e* mutum li „kiè, miè, &c.; Sed tale *e* nec debet audiri, nec vox ex eo produci, itaque ad errorem ducit; ergo potest omitti. 2°- utrum soni fei, hoei koüei, choui essentialiter differant asserere non ausim: in plerisque putem quod *i* finale transeat in *e* mutum, feè, pro *fei,* hoèe pro *hoei,* &c. item quod interdum melius scribatur ou quam *ho,* dicaturque *kouei* non vero koei; item quod in istis *soui, toui, choui,* nullo modo appareat esse *e* ante *i*. Ausculta Sinas et auribus disce. 3°- in istis souis *hai, pai, lai* &c. quando finiunt orationem *i* pronunciatur ut e v. g. *lae,* veni; tunc multum sentitur *a,* parum *e,* nullo modo *i;* at si sequatur alia vox resurgit *i* v. g. lal *leao* venit. 4°- in *yai, hiai, kiai,* a debet jungi cum *i* quod sequitur, non cum *i* quod præcedit: non est *kia-i* sed *ki-ai,* unicâ syllabâ non duabus.

O, saepius est longum præsertim in primo accentu: dic tô ferè quasi esset tôo. Cum præcedit *a,* v. g. *hao, kao,* non sonat sicut Galli solent legere *haurire, causa,* sic enim *au* desinit in *o,* sed debet sentiri *æ* et legi, sicut Normanni dicunt *haut* altus, *causa* garrire, et sicut bene multi legunt Latinè *haurio, cauta* &c.

Oʻ vix differt ab *ou,* sed accentu quinto oŭ. Lusitani non scribunt oŭ, quia non habent morem hunc et quia revera in aliquibus locis legitur *o,* in pluribus aliis legitur *ou.* Scribunt ò ut sic distinguant ab *o,* certe toto cœlo differunt; v. g. 取 chŏ vel xŏ, avunculus, à 句 chŏ vel xŏ, cochleare.

Cum apud multas nationes *u* sonet sicut *ou;* ideo scribunt *pu, mu, nu,* non vero sicut nos Galli *pou, mou, nou,* &c. Si vero occurrat *u* gallicum quo carent, addunt punctum et scribunt v. g. çiù; nam si scriberent *çu,* et *tsu,* tunc legerent *tsou; niu* ipsis esset *niou* non vero niu.

Pro *u* gallico finali legunt ipsimet Sinae maxime Pekini *ou,* et dicunt *chou* pro *chu, tchou* pro *chu* &c. In certis litteris posset addi unum *e* mutum et scribi v. g. suè et tsue pro su, et tsu: per accentus te permitte regi.

AD LINGUÆ SINICÆ NOTITIAM.

N in fine pronunciatur sicut apud Latinos: *an* est domi? *en* adest, *in* antro &c. Caveant ergo Galli ne sinice dicant, *mien, tien, sien* ut in patriâ linguâ dicunt *mien* meus, *tien*, tuus *sien* suus: neque pronuncient *en* cum dicendum in v. g. ne dicant *hin* sicut in voce *chemin* via; assuescant dicere *gin*, non verò *gen*. Normanni pronunciant sicut Sinae cum dicunt, *du vin* vinum, *matin* mane, non autem Parisini cum aperto ore dicunt *du vain*, et *matain*, licet scribant *vin* et *matin*: item ne jungant *n* cum vocali per quam incipit vox sequens, v. g. *na nien* pro *nan yen*; oportet utramque vocem totaliter separare. In sonis *feu, geu, keu*, &c. videtur esse *e* apertum sicut in *he, ke*, &c. Satis inutile est cum aliquibus scribere poüon, loüon, moüon &c. quia sonus iste vix differet à poüan, loüan moüan. Sunt quaedam litterae quae melius leguntur *pan, man, han*, quàm poüan, moüan, hoüan, et vicissim; item aliae quaedam debent legi *men, pen, ven*, non vero moüen, poüen, oüen. At utrum *ouen, hoen, kouen, tchouen*, valde differant ab *ouan, kouan, tchouan*, dubitari potest; plurimùm certè in his valet consuetudo quam primis annis imbuimus.

'*Ng* finalis à Lusitanis scribitur per *m*, v. g. 堂 *tam* 生 *sem*: Hispani scribunt *tang, seng* Nullus est inter Gallos qui non legat *tam* ut latine *tam bonus*, et *sem* sicut *Noe genuit Sem*. Itaque consuevi cum Hispanis scribere *ng, tang, seng*. Sciendum tamen est quod quælibet alia consonans posset poni post *n* et eumdem sonum faceret. Nam illud *g* nullo modo pronunciari debet; indicat tantum quod syllaba sit mollior et forte longior; itaque *long* pronunciabitur ut apud Gallos *long*, longus, et *fong*, sicut Galli dicunt *les fonds de baptême*, non verò sicut latino *dives aquae fons*: dic *ming* sicut gallice *les chemins*, sed normannicâ pronunciatione; *fang* sicut *les enfans*, pueri &c.

Ex eo colliges quàm ineptè quidam velint ex vocibus sinicis latina vocabula procudere, pro *vou vang* ponentes *vouvangum*, et *tchingtangum*, pro *tching tang*, et litteratos familiarum *tang, song* et *ming* barbare et absurde vocantes *Tanganos, Songanos, Minganos*, eodem jure reddunt *kouei chin* per *koueichines*, et *chang ti* per *chantitum*.

Restat finalis *l* cujus pronunciatio difficile potest explicari. Lusitani scribunt *lh*, Hispani *ll*, alii *ull*. Ego malo scribere *eull*. Necessario audiendi sunt Sinæ.

CAPUT TERTIUM.

APPENDIX.

In hoc appendice catalogum texam omnium vocum linguae sinicae; poterat disponi à capite ad calcem juxta nostrum alphabetum, sed utilius fore putavi eum deducere secundum rhythmos, ita tamen ut in omnibus articulis alphabetious ordo servetur.

Litteras finales omnes ad novem classes revoco, et in quâlibet classe terminationes ad marginem noto.

AD LINGUÆ SINICÆ NOTITIAM.

OMNIUM VOCUM LINGUÆ SINICÆ

INDEX GENERALIS.

PRIMA CLASSIS.

1°.
a

chā	沙	sabulum.		p'ā	葩	elegantia, flos.
chà	洒	aspergere.		p'à	爬	repere, scabere.
chá	嗄	sonus vocis mutans.		pà	把	capere.
chă	殺	occidere.		pá	罷	satis est.
tchā	渣	fæces, *la lie*.		p'á	怕	timere.
t'chā	差	discrepare.		pă	八	octo.
t'chà	查	inquirere.		p'ă	汃	fluctuum sonitus.
t'chà	楂	ramus præcisus.		să	薩	idolum, *pou sa*.
tchá	詐	decipere.		tsā	嗟	heu! signum doloris.
t'chá	詫	prædicare.		tsà	咱	ego. 家咱
tchă	札	epistola.		tsă	咂	lingere, sugere.
t'chă	察	examinare.		t'să	擦	fricare, *frotter*.
fă	法	ars, imitari.		t'ā	他	ille, alter.
hà	哈	sonus ridentis.		tà	打	percutere.
lă	拉	trahere.		tá	大	magnum.
mâ	麻	cannabis.		tă	答	respondere.
mà	馬	equus.	2°.	t'ā	獭	castor.
má	罵	maledicere.	ya	yā	丫	furca.
mă	㧯	extergere.		yà	牙	dentes.
nâ	拿	accipere manu.		yà	雅	pulchrum.
nà	那	nota interrogantis.		yá	亞	secundus, alter ab illo.
ná	那	ille, illa, illud.		yă	厭	subigere.
nă	揘	comprimere manu.		hiā	鰕	cammari.
pā	芭	ficus indicæ.		hiă	遐	remotus.

D 2

16 AD LINGUÆ SINICÆ NOTITIAM.

hià 下 descendere.
hiá 下 infra.
hiă 瞎 caecus.
kiā 加 addere.
k'iā 伽 idolum quoddam.
kià 假 falsum.
k'ià 豭 renum ossa.
kiá 稼 plantare.
kiā 甲 lorica, ungues.
k'iā 恰 commodum.

3º. ouā 哇 rana.
oua ouà 瓦 tegula.
ouá 喑 pueri ploratus.
ouā 襪 tibialia.
hoā 花 flos.
hoá 華 pulchrum visu.
hoà 解 ovis cornua.
hoá 話 verba.
hoă 滑 lubricum, *glissant*.
kouā 瓜 cucurbitae.
k'ouā 誇 gloriari.
kouà 寡 modicum.
k'ouà 胯 ossa lumborum.
koúa 卦 symbola, libri *y king*.
k'oúa 跨 conscendere.
kouă 刮 abradere.
chouà 耍 ludere, *badiner*.
chouā 刷 scopulae, *des brosses*.
tchouā 撾 flagellum equi

CLASSIS SECUNDA.

1º. chē 奢 prodigus.
e   chĕ 蛇 serpens.

chĕ 捨 adjicere.
ché 赦 parcere.
chĕ 舌 lingua.
chĕ 師 magister, (vel sseē)
chĕ 特 tempus, (vel chī)
chĕ 屎 stercus, (vel chi)
ché 是 est, (vel chī)
chĕ 室 domus, uxor
tchē 遮 cooperire.
t'chē 車 currus.
tchè 者 particula orationis;
t'chè 扯 manu trahere.
tché 這 iste, ista, istud.
tchĕ 折 plicare, frangere.
t'chĕ 徹 penetrare.
tchĕ 直 directum (vel chi)
t'chĕ 尺 pes, mensura (vel t'chī)
gè 惹 lacessere, provocare.
gĕ 熱 calidum.
gĕ 日 dies, sol.
hē 黑 nigrum.
kē 革 pellis.
k'ĕ 客 hospes.
lĕ 肋 costae.
mē 墨 atramentum
nghē 額 frons.
pē 白 album.
pē 拍 manu plaudere.
sē 虱 pediculus.
ssēē 私 privatum
ssèē 死 mori.
sséē 四 quatuor.
tsē 擇 eligere.
t'sē 測 comprehendere.
tseē 髭 barba

AD LINGUÆ SINICÆ NOTITIAM.

tseò	子	filius.		foě	弗	non.
tseé	字	litterae sinicae.	4°.	hoě	或	vel, sive.
t'seē	雌	foeminā volucrum.	yue	yuě	月	luna.
t'seô	慈	benignus.		hiuě	血	sanguis.
t'seà	此	hic, haec, hoc.		kuě	決	omninò, certè.
t'seé	次	ordo, series		k'uě	缺	deficere.
tŏ	德	virtus.		suě	雪	nix.
t'e͂	忒	error, peccatum.		tsue͂	絶	abrumpere.
yê	爺	pater.				
yè	野	desertum.		**CLASSIS TERTIA.**		
yé	夜	nox.				
yĕ	葉	folia.	1°.			
hie͂	蝎	scorpius.	i	chī	詩	carmen.
kie͂	竭	exhaurire.		chĭ	匙	clavis.
k'ie͂	怯	timidus, lâche.		chǐ	始	initium.
lie͂	列	ordinare.		chí	勢	qualitas, potestas.
mie͂	滅	exstinguere.		tchī	知	scire.
nie͂	櫱	prima germina.		tchǐ	止	sistere.
pie͂	別	diversum.		tchí	治	gubernare.
p'ie͂	撇	percutere leviter.		t'chī	痴	stolidus.
siĕ	些	parum.		t'chī	池	fossae, stagnum.
siò	邪	curvum.		t'chǐ	齒	dentes.
sis	寫	scribere.		t'chí	翅	alae.
sié	謝	gratias agere.		ȳ	衣	vestes.
sic͂	泄	vel 洩 diffluere.		ỳ	移	mutare.
tsié	嗟	suspirare.		y′	倚	inniti.
tsiò	姐	soror major.		ŷ	義	justitia.
tsié	借	mutuari.		y	益	addere.
tse͂	節	temperantia.		hī	稀	rarum, parùm.
tie͂	蝶	papilio.		hĭ	奚	nota interrogationis.
t'ie͂	帖	libellus visitationis.		hǐ	喜	laetari.
choue	說	dicere.		hí	戲	comedia, illudere.
3°. tchoue	輟	cessare.		hí	隙	foramen, rima.
ouo koue	國	regnum.		kī	基	fundamentum.
oŭe	物	res, vel oŭo vel oŭ.		kĭ	紀	annales.

kí	記	recordari.	tsí	躋	ascendere.
kĭ	吉	bonum.	tsĭ	擠	comprimere.
kī	溪	rivus aquæ.	tsì	祭	offerre.
kĭ	奇	mirabile, rarum.	tsī	疾	morbus; citò.
kĭ	起	surgere.	t'sī	妻	uxor.
k'ì	棄	abjicere.	ts'î	齊	æquale, planum.
k'ĭ	乞	rogare.	t'si	砌	murum facere.
lî	離	separari, sejungi.	t'si	七	septem.
lì	李	prunus.	tī	低	humile, non altum.
lí	利	lucrum; acutus.	tĭ	底	fundum.
lĭ	力	vires.	tí	地	terra.
mî	眉	supercilia.	tĭ̃	迪	hortari, dirigere
mì	米	oriza decorticata.	t'ī	梯	scala, *echelle*.
mí	謎	ænigma.	t'î	題	argumentum.
mī	密	silentium.	t'ī	體	substantia, corpus.
nî	泥	lutum.	t'í	剔	radere, tondere.
nĭ	你	tu.	t'ĭ̃	惕	timere.
ní	膩	pinguedo.	chāi	篩	cribrum.
ñĭ	逆	contrarius.	chài	灑	aspergere.
pì	卑	vilis, humilis.	chái	殺	differentia.
pĭ	比	comparare.	tchāi	齋	jejunium.
pí	閉	claudere.	tchái	債	debita.
pĭ̃	鼻	nasus.	t'chāi	差	missus.
p'ì	批	sententia, censura.	t'châi	柴	ligna ad comburendum.
p'ì	脾	stomachus.	t'chài	跐	pedibus terere.
p'ì	痞	opilationes.	t'chái	嘬	avidè comedere.
p'í	譬	comparatio.	hāi	嗐	ridentis est.
p'ĭ̃	匹	par, *couple*.	hâi	孩	parvulus.
sì	西	occidens.	hài	海	mare.
sì	洗	lavare.	hái	害	offendere.
sí	細	subtile.	kāi	該	oportet.
sĭ̃	夕	serò.			

(2°. ai)

AD LINGUÆ SINICÆ NOTITIAM.

k'aī	開	aperire.		t'aī	薑	agger.
kài	改	immutare.		t'aì	荳	valde pinguis.
k'ài	愷	lætari.		t'aí	太	magnus.
kái	溉	irrigare.		vāi	歪	non rectus.
lāi	來	venire.		vái	外	extra.
lài	獺	pygmæi quidam.	3o.	choūai	捽	qui prius incedit.
lái	賴	inniti.	ouai	choúai	卽	dux militum.
mâi	埋	sepelire.		hoâi	懷	sinu fovere.
mài	買	emere.		hoái	壞	destruere.
mái	賣	vendere.		koūai	乖	contradicere.
nâi	肭	lac.		kouài	拐	rapere per vim.
nài	奶	mammæ.		koúai	怪	monstrum.
nái	耐	patientia.		k'oúai	快	lætari.
ngāi	哀	commiseratio.	4o.	yāi	厓	ripa, littus.
ngài	藹	amabilis.	yai	yâi	崖	pes montis.
ngái	愛	amare.		yàl	矮	statura pusillus.
pāi	排	disponere.		yái	隘	arctum, angustum.
pái	拜	salutare aliquem.		hiâi	諧	consonare.
p'âi	牌	tabella, signum.		hiài	蠏	cancer.
p'ài	挈	quot? *combien*?		hiái	懈	piger.
p'ái	沠	fluminis rami.		kiāi	皆	omnes.
sāi	腮	genæ.		k'iāi	揩	abstergere.
sái	賽	retribuere.		kiài	解	explicare.
tsāi	災	calamitates.		k'iài	楷	forma, modus.
tsài	宰	arbiter, dominus.		kiái	誡	præcepta.
tsái	在	esse, existere.	5o.	fēi	非	non, reprobare.
t'sâi	財	divitiæ.	ci	fèi	肥	pinguis.
t'sài	采	colores.		fèi	斐	ornatus moraliter
t'sái	菜	herbæ comestibiles.		féi	肺	pulmones.
tāi	獃	rudis, nescius.		oūei	煨	coquere sub cinere.
tài	歹	malum.		oùei	惟	solùm, cogitare.
tái	代	loco alterius.		oùei	唯	assentiri.
t'aī	胎	fœtus.		oúei	位	sedes, persona.

AD LINGUÆ SINICÆ NOTITIAM.

hoèi 灰 cinis.
hoèi 回 reverti.
hoèi 悔 pænitere
hoéi 誨 instruere.
koùei 規 circinus.
kouèi 鬼 spiritus.
kouéi 貴 pretiosum.
k'ouèi 盔 galea.
k'ouèi 揆 conjectari.
k'ouèi 跪 genua flectere.
k'ouéi 喟 suspirare.
moèi 媒 pronubus.
moèi 美 pulchrum.
moéi 妹 soror major.
poēi 悲 compati.
poèi 俾 facere ut.
poéi 貝 conchylia.
p'oēi 丕 magnum; offerre.
p'oèi 培 excolere, alere.
p'oèi 配 comes, sponsa.

6°. uei
juēi 葰 de flore pendente.
juèi 蕊 flos nondum apertus.
juéi 睿 valde perspicax.
luèi 雷 tonitru.
luèi 壘 coacervare.
luéi 類 species.
nuèi 餒 fames.
nuéi 內 intùs.

7°. oui
choùi 誰 quis?
choùi 水 aqua.
choùi 睡 dormire.
tchoūi 追 post aliquem ire.
tchoùi 箠 baculus, scutica.

tchoúi 墜 cadere.
t'choūi 炊 flare ad ignem.
t'choùi 槌 malleus.
t'choùi 揣 inferre.
t'choúi 吹 fistula canere.
oūi 微 subtile.
oùi 尾 cauda. } vel ouei.
oúi 味 sapor.
soūi 雖 licet, quamvis.
soùi 隨 sequi, obsequi.
soùi 髓 medulla ossium.
soúi 碎 minutiæ.
tsoūi 堆 accumulare.
tsoùi 嘴 os, labia.
tsoúi 罪 peccatum.
t'soūi 摧 vigere, excitare.
t'soùi 崔 de monte alto.
t'soúi 啐 prælibare.
toūi 堆 acervus.
toùi 憝 odisse.
t'oūi 推 recusare.
toúi 對 ex adverso.
t'oùi 隤 cadere, destrui.
t'oùi 腿 sura, *les cuisses*.
t'oúi 退 retrocedere.

CLASSIS QUARTA:

1°. o
chŏ 杓 vel 勺 cochleare.
tchŏ 桌 mensa.
t'chŏ 綽 indulgere, tardò
jŏ 弱 debilis.
hŏ 呵 (打 tà) oscitare.

AD LINGUÆ SINICÆ NOTITIAM.

hô	和	concordare.		pŏ	薄	non spissum.
hò	火	ignis.		p'ō	玻	vitrum.
hó	貨	merces, *marchandises*.		p'ô	婆	mulier.
hŭ	合	conjungere.		p'ò	頗	valdè, multùm.
kô	哥	frater major.		p'ó	破	destruere.
kò	果	certè, fructus.		p'ŭ	撥	emittere, aperire.
kó	个	(——y̆) unus.		sō	唆	(哄 hong) deludere.
kŭ	各	quilibet.		sò	所	locus, qui, quæ, quod.
k'ō	窠	nidus.		só	些	parùm; (vulgò siĕ).
k'ò	可	decet, convenit.		sŭ	索	funis, *une corde*.
k'ó	謌	preces.		tsò	左	læva.
k'ŭ	渴	sitire.		tsó	做	facere.
lô	羅	rete, *filet*.		tsŭ	作	agere.
lò	臝	nudus.		t'sō	磋	polire, limare.
lŏ	稞	cumulus.		t'sô	痤	parva pestis.
lŭ	落	cadere, labi.		t'sò	瑳	ridendo dentes ostendere.
mô	摩	palpare, *toucher*.		t'só	剉	lima, *une lime*.
mò	麼	nota interrogationis.		t'sŭ	錯	errare.
mó	磨	molà atterere.		tō	多	multi, multum.
mŭ	末	extremi rami.		tò	朶	sertum, *un bouquet*.
nô	儺	blandus, tener.		tó	惰	piger.
nò	娜	(婀 ò) pulchrum.		tŏ	鐸	campanula.
nó	懦	debilis.		t'ō	拖	deducere, trahere.
nŭ	諾	vox assentientis.		t'ô	駝	camelus.
ngô	鵝	anser.		t'ò	垛	scopus, *le blanc*.
ngò	我	ego.		t'ó	唾	sputum, expuere.
ngó	餓	esurire.		t'ŭ	脫	solvere, exuere.
ngŭ	咢	tympano ludere.	2°.	chao	燒	assare.
ō	猗	猗 de visu pulchro.	ao	chao	訋	voces consonæ.
ŏ	曷	comprimere, regere.		chào	少	parùm, deesse.
pō	波	fluctûs.		cháo	紹	connectere.
pò	跛	claudus.		tchao	招	manu advocare.
pó	播	disseminare.		tchào	爪	animalium ungues.

tcháo	召	voce vocare.		p'aŏ	肶	urinæ vessica.
t'chāo	超	excedere.		p'aŏ	袍	tunica.
t'châo	潮	maris æstus.		p'aó	砲	bombardæ.
t'chào	炒	torrere.		são	騷	tristis.
t'cháo	鈔	moneta.		sào	掃	verrere.
jaŏ	饒	parcere.		sáo	燥	siccum.
jaŏ	擾	tumultuari.		tsāo	遭	offendere, *rencontrer*.
jáo	繞	in orbem vincire.		tsào	早	mane.
hāo	蒿	absinthium.		taáo	造	producere.
hâo	豪	aper.		t'sāo	操	capere, premere.
hào	好	bonum.		t'saŏ	嘈	strepitum edere.
háo	奵	amare.		t'saŏ	草	herbæ.
kāo	尻	finis spinæ dorsi.		t'saó	慥	solidò verus.
k'aŏ	高	altum.		tāo	刀	gladius.
kaŏ	考	examinare.		taŏ	島	insula.
k'aŏ	杲	clarum, patens.		taó	道	via, ratio, sermo.
káo	告	admonere.		t'aō	叨	concupiscere.
k'áo	靠	inniti.		t'aŏ	桃	mala persica.
laŏ	勞	labor, merita.		t'aŏ	討	castigare.
laŏ	老	senex.		t'aó	套	involucrum.
maō	毛	plumæ, pili.		leaŏ	遶	late circuire.
mào	卯	hora sexta matutina.	3º.	leaó	療	morbos curare.
mào	貌	pulchritudo.	yao	yaŏ	腰	renes.
naŏ	撓	scabere.		yaŏ	堯	valde eminens.
naŏ	腦	cerebrum.		yaŏ	咬	mordere, rodere.
náo	閙	perstrepere.		yaó	要	necesse est, velle.
ngāo	鏖	fortiter pugnare.		hiāo	哮	irati fremitus.
ngâo	遨	otiari, vagari.		hiào	曉	scire.
ngaŏ	襖	vestis duplex.		hiáo	孝	pietas filialis.
ngáo	傲	superbus.		kiāo	交	conjungi.
paŏ	飽	satur.		kiaŏ	皎	lunæ splendor.
paō	包	obvolvere.		kioá	敎	lex.
páo	抱	amplecti.		k'iāo	敲	percutere, virga.

AD LINGUÆ SINIC NOTITIAM.

k'iáo 喬 altum.
k'iaò 巧 artificiosè.
k'iaó 竅 foramen.
miào 猫 feles.
miaò 秒 res minuta.
miáo 妙 mirabile.
niào 鳥 avis.
niáo 尿 urina.
piào 標 signum, insigne.
piaò 錶 stilus horologii.
piáo 捸 benè ligare.
p'iaò 飄 à vento agitari.
p'iaò 瓢 crater, cochleare.
p'iaò 殍 cadaver in viis.
p'iaó 膘 siccare ad solem.
siào 硝 nitrum.
siaò 小 parvus.
siaó 笑 ridere.
tsiaò 燋 urere, assare.
tsiaò 勦 destruere, exstinguere.
t'siaò 鍫 instrumentum ruris.
t'siaò 悄 furtim.
t'siaò 瞧 aspicere.
t'siaó 峭 mons altus.
tiaò 刁 falsus, deceptor.
tiaó 吊 condolere.
t'iaò 挑 ferre in humeris.
t'iaò 條 ramus.
t'iaò 誂 verbis seducere.
t'iaó 跳 saltare.
3°. yo
yò 樂 musica.
hiò 學 studere.
kiò 脚 pedes.

k'iŏ 確 forte, solidum.
liŏ 略 modicum.
niŏ 虐 crudelis.
siŏ 倒 dolare.
tsiŏ 鵲 pica.
t'iŏ 爵 calix, officium.
ouŏ 窩 nidus, lectus.
ouŏ 斡 circumvolvere.
houŏ 賀 congratulari.
kouŏ 鍋 ahenum.
kouó 過 excedere.
kouŏ 郭 muri exteriores.
k'ouŏ 闊 amplum.

CLASSIS QUINTA.

chŏ 叔 avunculus.
tchoŭ 竹 canna, bamboa.
t'chŏ 觸 cornu petere.
foŭ 福 felicitas.
jo 辱 injuria, affront.
hŏ 忽 titivillitium.
koŭ 骨 ossa.
k'oŭ 哭 plorare.
loŭ 六 sex.
moŭ 目 oculus.
nŏ 惡 pudor.
poŭ 不 non.
p'ŏ 勃 colere, venerari.
sou 粟 granum.
tsoŭ 足 pedes.
t'so 數 spissum.
toŭ 讀 legere.

t'ŏ	禿	calvus.		où	惡	odio habere.
you	育	filios enutrire.		oú	誤	decipi.
hiŏ	畜	alere.		poú	哺	lac sugere.
kiou	菊	flos autumnalis.		poù	囿	hortus.
k'iou	曲	non rectum.		poú	捕	capere, v. g. papiliones.
ouŏ	沃	irrigare.		p'oū	匍	repere humi.

CLASSIS SEXTA.

				p'où	浦	ramus ex flumine.
				p'oú	舖	taberna.
1°. ou foū	數	promulgare.		soū	穌	revivescere 甦 idem.
foū	扶	adjuvare, *soutenir*.		soù	數	numerare.
foù	撫	blandiri, tangere.		soú	數	numerus.
foú	父	pater.		tsoū	租	locare.
hoū	呼	spiritum mittere.		tsoù	祖	avus.
hoû	壺	vas vini.		tsoú	助	adjuvare.
hoù	虎	tigris.		t'soū	初	initio.
hoú	互	mutuo.		t'soù	鋤	ligo, *hoyan*.
koū	孤	pupillus.		t'soù	楚	affligi, dolere.
koù	古	olim.		t'soú	醋	acetum.
koú	故	causa.		toū	都	omnes, aula.
k'oū	枯	arbor sicca.		toù	睹	vel 覩 videre.
k'où	苦	amarum.		toú	肚	venter.
k'oú	庫	ærarium.		t'oú	徒	discipuli.
loū	爐	vas pro igne.		t'où	土	terra, lutum.
loù	魯	hebes, stupidus.		t'oú	兔	lepus.
moū	摸	vel 模 forma.		voū	無	nihil.
moù	母	mater.		voù	武	bellator.
moú	墓	tumulus.		voú	務	totus esse in.
noū	奴	servus, *esclave*.	2°. eou	cheoū	杈	recipere.
noù	弩	arcus, *arbalestre*.		cheoù	手	manus.
noú	怒	ira.		cheoú	受	accipere 授 tradere.
ngoû	吾	ego, meus.		tcheoū	舟	navis.
où	烏	corvus.		tcheòu	帚	scopa.
				tcheóu	晝	dies.

AD LINGUÆ SINICÆ NOTITIAM.

t'cheōu	抽	extrahere.		p'coù	剖	scindere.
t'cheòu	稠	spissum.		seoû	搜	inquirere, scrutari.
t'cheòu	醜	deformis.		seoù	藪	stagnum pingue.
t'cheóu	臭	fætor.		séou	溲	macer.
feōu	浮	supernatare.		tseōu	陬	angulus.
feoù	否	non.		tseòu	走	ambulare.
feoú	翌	protegere.		tseóu	奏	imperatori referre.
jeoû	柔	mollis, obsequens.		t'seōu	搊	dare manum, aider.
jeoù	揉	molle reddere.		t'seòu	愁	mæstus.
jeoú	揉	gubernare.		t'seóu	凑	addere ut impleatur.
heōu	齁	rhonchos edere.		teoū	兜	galea, un casque.
heôu	喉	guttur.		teoù	斗	mensura quædam.
heoù	吼	clamor v. g. tigridis.		teoú	豆	vas quoddam.
heoú	後	post.		t'eoū	偷	furari.
keōu	鈎	uncus, fibula.		t'eoù	頭	caput.
keoù	狗	canis.		t'eoù	姓	pulchra puella.
keóu	搝	vacuare, vider.	3o.	t'eoú	透	bene penetrare.
k'eoū	摳	vestes attollere.	yeou	yeōu	幽	secretus, remotum.
k'coù	口	os hominis.		yeóu	油	oleum.
k'eóu	叩	tundere, v. g. terram capite.		yeoù	友	amicus.
leoù	樓	superior contignatio.		yeou	右	dextra.
leòu	摟	amplecti.		hieōu	休	quiescere.
leoú	陋	vilis.		hieòu	朽	putrescere.
meoù	謀	consultare.		hieóu	嗅	odorari.
meoù	牡	masculus, v. g. bos.		kieōu	鳩	turtur.
meòu.	茂	densus, florens.		kieoù	九	novem.
neóu	糘	occare.		k'icōu	丘	collis.
ngheōu	甌	parva patera.		k'icóu	救	salvare.
ngheòu	齵	dentes inæquales.		k'icoù	求	petere, rogare.
ngheòu	偶	numerus par.		k'icoù	揵	detinere.
ngheóu	遘	macerare, rouir.		lieoù	留	retinere, v. g. hospitem.
p'eoū	呸	sorbere.		lieoù	柳	salices.
p'coù	裒	demere ex.		lieoù	雷	medium domus.

mieóu	繆	arcte conjuncti.		sū	需	expectare.
mieóu	謬	errare.		sù	徐	paulatim.
nieóu	半	bos.		sù	醑	bonum vinum.
nieoù	紐	nodus.		sú	序	ordo, præfatio.
nieóu	狃	assuetus.		sŭ	恤	compati.
pieōu	虎	tigridis maculæ.		tsū	苴	species cannabis.
sieōū	修	ornare, æternum.		tsú	聚	multitudo, colligere.
sieoù	滫	aqua lotæ orizæ.		t'sū	趨	currere.
sieóu	秀	amænum, florens.		t'sù	取	capere.
tsieōu	揫	prehendere.	2°.	t'sú	娶	uxorem ducere.
tsieoù	就	sequi, statim.	yu	yū	迂	remotus, v. g. à vero.
t'sieōu	秋	autumnus.		yū	魚	pisces.
t'sieōu	囚	incarceratus.		yù	雨	pluvia.
t'sieoù	瞅	irati aspectus.		yú	雨	pluere.
t'sicóu	鍪	puteum componere.		yŭ	域	terminus, mundus.
tieōu	丟	abjicere.		hiū	虛	vacuum.

CLASSIS SEPTIMA.

1°.			hiù	許	promittere.
u	chā	書	libri, litteræ.	hiú	酗	valde ebrius.
	chù	暑	æstas.	hiŭ	閴	solitarium.
	chú	樹	arbor.	kiū	居	habitare, quiescere.
	chŭ	述	referre, tradere.	kiù	舉	erigere.
	tchū	諸	omnes.	kiá	懼	timere, *craindre*.
	tchù	主	dominus.	kiŭ	橘	species aurantii.
	tchú	柱	columna.	k'iū	軀	corpus hominis.
	tchŭ	窋	exire ex antro.	k'iù	劬	labor.
	t'chū	樞	cardo.	k'iu	去	ejicere.
	t'chù	厨	culina.	k'iú	去	abire.
	t'chú	處	locus.	k'iŭ	屈	contrahere.
	t'chŭ	出	exire.	liù	驢	asinus.
	jū	如	sicut, si.	liù	侶	collega.
	jù	乳	lac, lactare.	liú	慮	bene cogitare.
	jú	孺	infans.	liŭ	律	regulæ, leges.
				niù	女	puella.
				niú	女	puellam maritare.

CLASSIS OCTAVO.

1º. 1	eùll	兒	filius.	nàn	報	ex pudore rubere.
	eùll	耳	auris.	nán	難	difficile.
	eúll	二	duo.	ngān	安	firmum, quies.
2º. an	chān	山	mons.	ngàn	闇	obscurum.
	chàn	訕	obloqui.	ngán	按	archivium.
	t'chān	慫	juvare ut surgat.	pān	班	ordo, dispositio.
	t'chàn	慚	erubescere.	p'ān	攀	urbaniter detinere.
	t'chàn	產	producere.	pàn	版	vel 板, tabulæ.
	t'chán	懺	pænitere de.	pán	扮	componere, fingere.
	tchàn	斬	decapitare (sic).	p'àn	盼	aspicere.
	tchán	賺	lucrari.	sān	衫	indusium.
	fān	番	(—y̆) semel.	sàn	傘	umbraculum.
	fàn	煩	molestum esse.	sán	散	dispergere.
	fàn	反	contrà.	tsān	簪	acus pro capillis.
	fán	飯	oriza cocta.	tsàn	揝	ligna ad torquendum.
	hān	酣	ebrius.	tsán	讚	laudare.
	hân	寒	frigus.	t'sān	參	par, æqualis.
	hàu	宇	rarò, rarus.	t'sàn	蠶	bombyces.
	hán	汗	sudor.	t'sàn	慘	crudelis.
	kān	甘	dulce.	t'sán	粲	oriza candidissima.
	k'ān	刊	præcidere.	tān	丹	color rubens.
	kàn	敢	audere.	tân	談	disceptare.
	k'àn	坎	fossa, periculum.	tàn	胆	fel, *courage*.
	kán	幹	truncus.	tán	淡	insipidum.
	k'án	看	aspicere.	t'ān	貪	concupiscere.
	lān	闌	consumi, finire.	t'àu	坦	terra elevata.
	làn	嬾	lentus, piger.	t'án	炭	carbones.
	lán	爛	putrescere.	vàn	萬	decem millia.
	mân	蠻	barbari quida n.	houān	完	perficere.
	mán	慢	male tractare.	hóân	還	reverti.
	nàu	南	meridies.	houàn	緩	procrastinare.
				hoán	患	afflictiones.
				kouān	冠	pileus.

G 2

AD LINGUÆ SINICÆ NOTITIAM. 28

kouàn	管	curam gerere.		t'ouàn	團	circumdare.
kouán	慣	assuescere.		t'ouàn	蹢	calcare.
k'ouān	寬	benignè.	3°.	t'ouán	豥	herinaceus.
k'ouàn	欵	bene tractare.	en	chēn	擅	hircum olere.
louān	鸞	crepitacula.		chên	崖	taberna.
louàn	卵	ova.		chèn	閃	declinare.
louán	亂	turbare, regere.		chén	善	bonum.
moûan	瞞	celare.		tchēn	瞻	suspicere.
moùan	滿	plenus.		tchèn	展	evolvere.
moúan	曼	terminus.		tchén	戰	præliari.
nouàn	暖	tepidum.		t'chēn	纏	fascia, vincire.
nouán	懦	debilis.		t'chèn	蟬	cicada.
ouān	刎	celare, *ciseler*.		t'chén	謟	adulari.
ouân	刓	præcidere		fēn	分	pars, partiri.
ouàn	碗	scutella.		fèn	墳	tumulus.
ouán	玩	ludere, *badiner*.		fèn	粉	orizæ farina.
pouān	般	modus.		fén	糞	stercus.
pouán	伴	socius.		gēn	髭	barba.
p'ouān	潘	nomen oppidi.		gèn	染	tingere, *tendre*.
p'ouân	盤	lances, vasa.		nghēn	恩	beneficium.
p'oúan	判	judicare.		hēn	痕	cicatrix.
souān	酸	acidum.		hèn	狠	rixosus.
souán	算	numerare.		hén	恨	odisse.
tsouān	鑽	terebrare.		kēn	根	radix.
tsouàn	纂	compendium facere.		k'èn	懇	instanter rogare.
tsouán	鑽	terebra.		kén	艮	forte, firmum, sistere.
t'souān	鑽	in foveam ingredi.		k'én	硍	tumor in lapillis.
t'souân	攢	in unum colligere.		mēn	門	porta.
t'souán	爨	focus, *le foyer*.		mén	悶	tristitia.
touān	端	extremum, *un bout*.		pēn	奔	currere.
touàn	短	brevis, curtus.		pèn	本	radix, principale.
touán	斷	secare, dividere.		pén	怵	hebes.
t'ouān	湍	citò fluere.		p'én	噴	sternutare.

	sēn	森	de multis arboribus.	piēn	邊	latus.
	tsēn	森	de amœnis frondibus.	p'iēn	偏	pravum, non rectum.
	t'sēn	參	montes inaequales.	p'iēn	骿	unum par equorum.
	tsèn	怎	nota interrogationis.	piēn	貶	vituperare.
	tsén	譖	infamare aliquem.	p'ién	諞	verbis fallere.
	t'sén	櫬	sandapila interior.	pién	便	commodum est.
	vēn	文	pulchrum, elegans.	p'ién	片	frustum.
	vèn	忿	ira, vulgò legitur fèn.	sien	先	priùs.
	vén	問	interrogare.	sièn	涎	saliva.
yen	yēn	煙	fumus.	sièn	鮮	parùm.
	yēn	言	verba.	sién	線	filum.
	yèn	眼	oculi.	tsien	尖	cuneus, un coin.
	yén	諺	adagium.	t'sien	千	mille.
	hiēn	軒	currûs latera.	t'sièn	前	ante.
	hièn	賢	sapiens.	tsièn	剪	praecidere, forcipes.
	hièn	險	periculum.	t'sièn	淺	non profundum.
	hién	限	impedimentum.	tsién	賤	ignobilis.
	kiēn	肩	humeri.	t'sién	倩	venustus, ridens.
	k'iēn	謙	humilis.	tiēn	顛	vertex.
	k'iēn	虔	venerari.	t'iēn	天	coelum.
	k'ién	遣	mittere.	t'iēn	田	ager.
	kièn	減	subtrahere.	tièn	典	libri *king*.
	kièn	見	intueri.	t'ièn	忝	dedecore afficere.
	k'ién	欠	deesse, defectus.	tién	電	fulgetrum.
	liēn	連	simul, connectere.	t'ién	搚	manum extendere.
	lièn	臉	facies.	ouen	溫	vel 膃, calor.
	lién	鍊	igne purificare.	hoēn	昏	obscurum.
	miēn	眠	dormire.	hoèn	魂	anima.
	mièn	勉	conari, animos addere.	hoèn	混	turbidum.
	mièn	面	vultus.	hoèn	渾	sordidum.
	nièn	年	annus.	kouen	昆	frater major.
	nièn	撚	digitis premere.	kouèn	滾	bullire.
	nièn	念	cogitare.	kouén	棍	baculus

	k'ouēn	坤	obediens.		t'suên	泉	scaturigo, fons.
	k'ouèn	捆	colligere in fascem.	in	yn	音	sonus.
	k'ouén	困	lassus, mæstus.		ŷn	湮	excessus.
	tchouēn	專	ex toto corde.		ỳn	引	dirigere.
	tchouèn	轉	vertere, volvi.		yń	印	sigillum.
	tchouén	傳	traditiones.		chin	身	corpus, ego.
	t'chouen	川	flumina.		cnín	神	spiritus.
	t'chouèn	船	navigium.		chìn	箴	investigare.
	t'chouèn	串	in lineam cogere.		chin	腎	renes, testiculi.
uen	yuēn	冤	grande odium.		tchīn	珍	pretiosum.
	yuên	原	principium.		t'chīn	嗔 vel 謓, irasci.
	yuèn	遠	longè.		t'chîn	臣	vasallus.
	yuén	願	desiderium.		tchìn	枕	cervical.
	huēn	諼	oblivione deleri.		t'chìn	疢	morbus ex repletione.
	huên	玄	color nigricans.		tchìn	朕	ego rex.
	huèn	烜	calidum siccare.		t'chín	趁	opportunitate uti.
	huén	炫	splendescere.		gîn	人	homo.
	kūen	涓	purum, nitidum.		gin	忍	patientia.
	k'uen	卷	circulus.		gìn	認	cognoscere.
	k'uên	拳	pugnus.		hīn	欣	lætari.
	kuèn	捲	in spiram colligere.		hìn	釁	illinere.
	k'uèn	犬	canis.		kīn	金	metallum.
	kuén	倦	lassus.		k'īn	欽	colere, venerari.
	k'uén	勸	hortari.		k'ín	禽	volatile.
	juen	捫	manu fricare.		kìn	謹	diligentia.
	juèn	軟	debilis.		kín	禁	prohibere.
	luén	戀	amare, ardere.		k'ín	揿	manu comprimere.
	suen	宣	publicare.		lîn	鄰	vicinus.
	suên	旋	circuire.		lìn	廪	horreum.
	suèn	選	eligere.		lin	吝	avarus.
	suén	選	electo uti.		mīn	民	populus.
	tsuēn	詮	explicare.		mín	閔	compati.
	t'suen	拴	januæ rectis.		nín	紉	filum acui addere.

AD LINGUÆ SINICÆ NOTITIAM.

nín	伎	male disertus.		t'sùn	村	pagus.
pín	賓	hospes.		tsùn	撙	plures simul.
pîn	稟	superiori significare.		t'sùn	忖	perperdere.
pín	鬢	capilli ad tempora.		tsún	俊	excellens.
p'ín	貧	pauper.		t'sún	寸	pollex.
pĭn	品	ordo, gradus.		tūn	惇	fidelis, sincerus.
sìn	心	cor, animus.		t'ūn	吞	deglutire.
sìn	怵	cum metu.		t'ùn	臀	nates.
sìn	信	credo, fides.		tùn	旽	dormitare.
tsīn	津	humor, saliva.		t'ùn	氽	aquæ supernatans.
t'sīn	親	parentes.	yun	tún	鈍	obtusus.
t'sìn	黍	species oriz æ.		t'ún	褪	exuere.
tsĭn	儘	omnino.		yūn	氫	de materia prima.
t'sĭn	寢	dormire, cubare.		yùn	云	dicere, loqui.
tsín	盡	exhaurire.		yùn	隕	ex alto descendere.
t'sín	沁	aquam metiri.		yún	運	circulariter moveri.
chûn	純	integrum, purum.		hiūn	薰	herba odora.
chún	順	obediens.		h'ún	訓	documenta.
tchūn	窀	fossa tumuli.		kiūn	君	princeps.
t'chūn	春	ver.		k'ûn	羣	grex.
tchùn	準	libella.		kiùn	窘	pauperrimus.
t'chùn	蠢	rudis, stupidus.		kiún	郡	civitas.
jùn	吮	lambere.				
jún	潤	irrigare.				
lùn	輪	rota.				
lùn	稇	segetum fascis.				
lùn	論	discurrere.				
nún	嫩	tenellus.				
sūn	孫	nepos.				
sùn	廵	lustrare.				
sùn	損	detrahere, óter.				
sún	遜	obsequens, humilis.				
tsūn	尊	vas vini, honorare.				

CLASSIS. NONA.

chāng	商	mercator.
chàng	賞	præmiare.
cháng	尚	adhuc.
tchāng	章	clarum, pulchrum.
t'chāng	昌	præclara verba.
t'chàng	常	semper, ordinarium.
tchàng	掌	mánûs palma.
t'chàng	敞	patens, clarum.
tcháng	帳	conopæum.

H 2

t'cháng	唱	vel 倡 præire.		p'áng	胖	pinguis.
fāng	方	quadratum.		sāng	桑	morus arbor.
fáng	房	domus.		sàng	顙	frons.
fàng	訪	investigare.		sáng	喪	mori, perdere.
fáng	放	laxare.		tsāng	臧	bonum.
jāng	瀼	de rore nimio.		t'sáng	藏	abscondere.
jàng	嚷	vociferationes.		tsàng	柴	corpore magnus.
jáng	讓	cedere, humilis.		tsáng	葬	sepelire.
hāng	夯	fortis, robustus.		tāng	當	convenit.
háng	航	navi transire.		tàng	黨	socii, cabale.
háng	筕	pertica.		táng	當	pignus.
kāng	鋼	calybs.		t'āng	湯	aqua calida.
k'āng	康	laetitia, pax.		t'âng	堂	aula, salle.
k'àng	慷	magnanimus.		t'àng	倘	quod si, etc.
káng	扛	duos portare simul.		t'áng	盪	pelvis, labrum.
k'áng	炕	torrere.		vâng	亡	non esse amplius.
lâng	郎	vir.		vàng	往	pergere.
làng	朗	splendens.		váng	望	sperare, spes.
láng	浪	undae.		leâng	凉	aura, lenis.
mâng	忙	occupatus.		leàng	兩	duo, par.
màng	恭	homo ruris.		leáng	亮	clarum, lux.
máng	滂	de aquis magnis.	yang	yāng	央	medium.
nâng	囊	saccus.		yâng	羊	agnus.
nàng	襄	nuper.		yàng	養	alere.
náng	儾	tardus, differre.		yáng	樣	forma, exemplar.
ngāng	妕	ego mulier.		hiāng	香	odor.
ngâng	卬	ego vir.		hiàng	響	echo in vallibus.
ngáng	盎	pelvis.		hiáng	向	finis, objectum.
pāng	邦	regnum.		kiāng	江	maximum flumen.
pàng	榜	asser, tabula.		kiàng	講	loqui.
páng	謗	obloqui.		kiáng	降	descendere.
p'āng	滂	pluvià madidus.		k'iāng	慶	felicitas (k'ing).
p'âng	旁	latus.		k'iàng	強	fortis.

AD LINGUÆ SINICÆ NOTITIAM.

	k'iāng	強	cogere.	hoāng	謊	mendacia.
	niáng	娘	fæmina, mater.	hoáng	況	quanto magis.
	niàng	仰	suspicere.	jêng	仍	sicut prius.
	siāng	箱	arca.	hēng	亨	penetrare.
	siáng	庠	schola.	hêng	恆	semper, æternum.
	siàng	想	cogitare.	kēng	更	vigiliae noctis.
	siáng	相	adjuvare.	kèng	梗	ramus inutilis.
	tsiāng	漿	succus escarum.	kéng	更	iterùm.
	tsiàng	槳	remi.	k'āng	坑	fovea.
	tsiáng	匠	opifex.	k'èng	肯	velle.
	t'siāng	鎗	hasta.	lēng	棱	cossæ, v. g. peponum.
	t'siáng	牆	murus.	lèng	冷	frigidum.
	t'siàng	搶	rapere.	léng	踜	non recte ambulare.
	t'siáng	嗆	tussire.	mēng	萌	pullulare.
ouang	ouâng	王	rex, (vâng).	mèng	猛	crudelis.
	ouàng	匡	non (vàng).	méng	孟	exordiri.
	ouáng	望	spes (váng).	nêng	能	posse.
	chouāng	霜	prima.	nghéng	硬	durum.
	choàng	爽	errare.	pēng	朋	cadere, mori.
	tchouāng	裝	fucus, se farder.	p'eng	烹	coquere.
	tchouàng	忯	non contentus.	p'èng	朋	amicus (p'ông).
	tchouáng	壯	fortis, robustus.	sēng	生	nasci, producere.
	t'chouāng	窻	fenestrae.	tsēng	爭	contendere.
	t'chouàng	牀	lectus.	tséng	贈	addere.
	t'chonàng	閬	caput erigere ad irridendum.	t'sēng	撐	fulcire.
	t'chouáng	創	incipere, fundare.	t'sèng	層	contignatio.
	kouāng	光	lux.	t'séng	撐	impellere, v. g. navem.
	k'ouàng	狂	stultus, ferus,	tēng	燈	lucerna.
	kouàng	廣	valde latum.	tèng	等	expectare.
	kouáng	誑	verbis decipere.	téng	橙	scamnum.
	k'ouáng	曠	non uxoratus.	t'ēng	鼟	tympani sonitus.
	hoāng	荒	annonæ caritas.	t'èng	疼	dolor.
	hoâng	黃	color flavus.	kouēng	肱	brachia.

2a. eng

3o. yug	chīng	升	ascendere.	pīng	兵	arma, miles.
	chíng	繩	corda.	pìng	炳	clarum, splendens.
	chíng	勝	vincere.	píng	病	morbus.
	tchīng	貞	solidum, firmum.	p'íng	娉	pulchrum.
	tchīng	整	compositum, ornatum.	p'íng	平	æquale.
	tchíng	正	rectum.	p'íng	頩	aspectus gravis.
	t'chīng	稱	laudare, vocare.	p'íng	娉	arrhæ nuptiales.
	t'chíng	成	perficere.	sīng	星	planetæ, stellæ.
	t'chíng	遑	citò.	sīng	餳	dulce, saccharum.
	t'chíng	秤	ponderare.	sǐng	醒	expergisci.
	yn̂g	盈	plenus.	síng	性	natura.
	yǹg	影	umbra.	tsīng	精	subtile, semen.
	yńg	應	respondere.	tsǐng	井	puteus.
	hīng	馨	odor diffusus.	tsíng	誶	quies, tranquillitas.
	hīng	形	corpus.	t'sīng	清	clarum, nitidum.
	hǐng	悻	odio habere.	t'sǐng	情	affectiones, amor.
	hǐng	幸	felix casus.	t'sǐng	請	urbanè invitare.
	kīng	京	regia.	tīng	釘	clavus.
	kīng	崇	clarum.	tǐng	頂	capitis vertex.
	kíng	敬	colere.	tíng	定	fixum, stabile.
	k'īng	輕	non grave.	t'īng	聽	audire.
	k'íng	擎	manu præferre.	t'íng	廷	palatium imperatoris.
	k'ǐng	頃 刻	kě in momento.	t'īng	梃	baculus.
	k'īng	磬	tympanum ex lapide.	t'íng	聽	judicare, v. g. lites.
4o. ong	ling	鬡	raris capillis.	ōng	翁	senex, honorificè.
	ling	零	residuum.	òng	聯	tinniunt aures.
	lǐng	領	recipere.	óng	甕	hydria.
	ling	另	præterea.	fōng	風	ventus.
	míng	明	clarum.	fòng	奉	offerre.
	mǐng	酩	valde ebrius.	fóng	縫	suere, coudre.
	míng	命	mandatum.	jōng	戎	arma.
	níng	寧	pax, melius est.	jòng	宂	occupatus.
	níng	濘	lutum, lubricum.	hōng	烘	siccare ad ignem.

AD LINGUÆ SINICÆ NOTITIAM.

hóng	弘	magnum.		tchóng	重	grave.
hòng	哄	decipere.		t'chōng	充	plenum.
hóng	汞	argentum vivum.		t'chòng	蟲	animalia.
kōng	工	opus.		t'chòng	寵	favor, gratia.
kòng	拱	salutare manibus.		t'chóng	銃	tormenta bellica.
kóng	共	totaliter.		tōng	東	oriens.
k'ōng	空	vacuum.		tòng	憧	rudis, turbatus.
k'òng	恐	timere.		tóng	動	movere.
k'óng	控	inducere.		t'ōng	通	benè penetrare.
lóng	聾	surdus.		t'óng	童	parvulus, virgo.
lòng	籠	cavea.		t'òng	統	monarchia.
lóng	弄	ludere, *badiner*.		t'óng	痛	dolor.
mòng	蒙	recipere.		yōng	雍	concordia.
mòng	惛	stupidus.		yòng	庸	consuetum.
móng	夢	somnium.		yòng	勇	fortitudo.
nóng	農	agricola.		yóng	用	uti, usus.
p'óng	篷	navium vela.		hiōng	胸	pectus.
sōng	松	pinus.		hiòng	熊	ursus.
sòng	聾	surdus.		hiong	酗	ebriosus.
sóng	誦	legere.		kiòng	綱	vestis grossior.
tsōng	宗	honore dignus.		k'iōng	穹	arcuatus.
tsòng	總	omnes simul.		k'iòng	窮	finis.
tsóng	從	sequi.				
t'sōng	聰	valdè perspicax.				
t'sóng	崇	colere.				
tchōng	中	medium.				
tchòng	種	talus.				

GENERALIS INDICIS.

FINIS.

NOTÆ

AD INDICEM PRÆCEDENTEM.

1°. Aliud per voces, aliud per litteras intelligi debet. Dictionarium *Pin tsee tsien* continet litteras fere 20,000, sed voces non plures habet quam 1500. Non tot reperies in indice, quia Sinæ de nostris 24 elementis non cogitant, ac proinde multas voces distinguunt quæ nullo modo distinguuntur.

2°. Non intendi facere dictionarium, sed merum indicem texere volui, et ileo unicuique voci unicam litteram, et cuilibet litteræ unicam significationem apposui. 487 sunt soni diversi, qui, superadditis accentibus, dant voces 1445; essent autem 2437 si sonus quilibet quinque accentus susciperet. At non ita est: major enim pars sonorum habet tantum quatuor accentus, quamplurimi hærent in tribus, alii non noverunt nisi duos, alii denique non pauci unicum accentum patiuntur, ut statim patebit indicem percurrenti.

3°. Inter illas 1445 voces quibus index absolvitur, quædam sunt adeò pauperes, ut unicam solummodò sinicam litteram possideant; tales sunt nghên 恩 beneficium, nghông 硬 durum, nêng 能 posse, &c. Quædam è contra sunt ditissimæ; exemplo sit vox y: in indice habes 義 justitia, at istæ 異 diversum, 藝 artes, 瑿 pulvis, 翳 florum umbraculum, 瘞 sepelire, 殪 opacum, 縊 occidere, 擅 profunde salutare, 議 consultare, 易 facile, 裔 posteri, 毅 tolerantia, 縊 suspendio necare, 枻 rami tenelli, 乂 regere, 劓 nares amputare, 睨 unico oculo dirigere, &c. illæ, inquam, omnes litteræ plurimum inter se differunt et quoad earum figuram et quoad earum sensum ut patet. Sed quoad sonum et accentum, nullum est prorsus inter eas discrimen, atque adeò litteræ quidem multæ sunt, sed vox y unica est.

4°. Quando inter legendum occurrent litteræ quæ in indice non reperiuntur, eas poteris referre ad proprium suum locum, v. g. occurrent istæ 似 similari, 賜 dare, 使 legatus, 事 negotia, 寺 fana, 士 litteratus, 俟 expectare, 耜 aratrum, &c. Quoniam omnes leguntur ssé, eas referes ad 四 ssée, quæ est in indice, atque hoc pacto paulatim multiplicabuntur litteræ donec impleant numerum requisitum, ut libros legere et Sinice scribere possis; adde quod sic longè melius hærent memoriæ, quàm si cum multis sat inutilibus in tuo dictionario sepultæ remanerent.

5°. Quicumque sinicam pronuntiationem discere incipiunt, unum aut alterum mensem in percurrendo indice cum ingenti fructu collocare poterunt. Ad hoc opus est ut habeant ad latus aliquem sinam qui litteras cognoscat quantùm satis est, ut cum accentibus et asperitatibus clara voce paulatim eas legere possit; sed cum in quolibet loco sit admodùm diversa pronunciatio, plærique litterati solent usurpare sonus quos in sua provincia vel civitate, à puero didicerunt. Si talis sit Sina qui te docet, nec linguæ mandarinicæ sonus benè calleat, ejusmodi magister minus tibi proderit quam nocebit; ideo conatus sum nostris litteris pingere sonus quos in linguâ mandarinâ locum habere credidi. Si plaerique legantur ab illo tuo doctore sicut à me scripti sunt tutò poteris illi homini fidem habere. Si mecum in aliquibus non sentit signum erit me errasse, maximè si plures alios litteratos eodem modo pronunciare audias, paucis tamen sonis exceptis circa quos inter se Sinas non constare monui; omnes porro indicis litterae cunctis fere litteratis notae sunt, paucas excipe quas asterisco notavi. His praesuppositis interim dùm magister Sina leget indicem, novus missionarius totis auribus bibat sonos et accentus quos audit; ipsemet postea easdem voces alta voce coram magistro pronunciet, et cum peccabit, sinat se argui, nec hunc laborem intermittat, donec aures tandem assueverint.

6º. Etiamsi superiori capite nihil omninò dixissem, nec de sonis nec de accentibus, solus index abunde sufficit, ut haec omnia quivis missionarius addiscat.

Quod enim attinet accentus, illos ita disposui ut quinque simul in ordine suo reperiantur. v. g. 迂 yū, 魚 yú, 有 yù, 雨 yú, 哦 yū, sic 溪 kī, 奇 kí, 把 kí, 桌 kí; 乞 kí, &c. Sic facile sentire poteris differentiam quae est inter illos. Si tamen haec via non sufficit, fac ut Sina legat deinceps multas litteras ejusdem accentus, v. g. 燒 chāo, 招 tchāo, 蒿 hāo, 尻 kāo, 包 pāo, 騷 sāo, 遭 t'sāo, 刀 tāo, &c; vel variando sonos, v. g. 該 kāi, 腮 sāi, 非 fēi, 雄 soūi, 酣 hān, 甘 kān, 先 siēn, 心 sīn, 孫 sūn, 方 fāng, &c; pergat deinde ad alium accentum eodem modo, v. g. 扶 fóu, 模 móu, 奴 nóu, 吾 ngóu, 無 vóu, &c, jungat etiam simul duos vel tres eosque diversos, v. g. 兒 èull, 耳 èull, 二 eùll, 安 ngān, 闌 ngán, 按 ngán; 訪 fāng, 放 fáng; 敬 kíng, 景 kìng; 禁 kín, 董 kín, vel miscendo aspiratas, v. g. 丹 tān, 佘 t'ān, 坦 t'ān, 胆 tān; 波 pō, 玻 p'ō, 播 pó, 頗 p'ó, 破 p'ó, 跛 pò, &c; innumeros denique similes modos experiatur, donec tam bene et tam facile sinicos accentus proferat, quam nostri cantores distinguunt tonos musicos, ut, re, mi, fa, sol, la.

Quod autem spectat sonos, cum maxime pendeant ab accentibus, missionarius audiat attente quomodo Sina quo utitur legat indicem, et sic dum veram pronunciationem imbuet, videbit in quo erraverim, praecipue circa medias litteras aliquarum vocum, v. g. hieou, tieou, hoan, tsuen kouei, &c; item circa vocum quantitatem quae nascitur ex accentibus, videbit v. g. utrùm quintus accentus breves revera faciat, 刀 lī 匹 pī, 夕 sī, 七 t'sī &c. utrum primus è contrà eas producat, 西 sī, 批 pī, 衣 y, &c; et sentiet quid in eas agant vel, 離 lí, 眉 mí, 泥 ní, 身 chīn, 伸 chīn, &c, vel 把 pà, 雅 yà, 哿 kǒ, 果 kǒ, 亡 vàng, 徃 vàng, &c; vel 小 siaò, 笑 siaó, 遠 yuèn, 願 yuén, 悔 hoèi, 誨 hoéi, 昧 ouèi, 悴 soùi, 和 hó, 火 hò, 貨 hó, &c. Uno verbo, quò magis totum indicem sibi familiarem reddet, hoc facilius et melius omnes voces sinicas pronunciabit.

CONCLUSIO.

Licet optimum sit sinicos libros de nomine saltem noscere, et scire quam sit necesse litteras pronunciare sicut Sinae pronunciant, quae duo in hac introductione mihi proposueram, nisi tamen Sinicæ linguæ genium benè noveris, numquam poteris nec accurate loqui, nec eleganter scribere. Ut autem vera linguæ Sinicae notitia benè comparetur, sequens opusculum aliquid, ut spero, proderit.

INTRODUCTIONIS
FINIS.

NOTITIA
LINGUÆ SINICÆ.

Quamvis eisdem litteris utantur Sinae tam in sermone quotidiano quam in libris elegantius scriptis, lingua tamen quâ vulgo utuntur, longe differt à linguâ quae in veteribus libris conservata est. Ut igitur linguae sinicae plena notitia possit haberi, ordo postulat ut primum tractem de linguâ usu familiari tritâ; deinde ut de linguâ librorum accuratè disseram; utrumque autem duabus hujus operis partibus praestare conabor.

Prima pars missionarios adjuvabit. 1º· ut Sinae eos loquentes facilius intelligant. 2º· Ut Sinas vicissim melius ipsimet audiant. 3º· ut libros humili stylo compositos cum gustu legant, et sic magis expeditè loquantur. 4º· ut in hoc scribendi genere, si quando opus erit, sese etiam exerceant.

Secunda pars eisdem missionariis plurimùm proderit. 1º· ut veterum librorum sensum rectò capiant. 2º· ut libros in aliud idioma sine errore vertant. 3º· ut sinicè non ineleganter scribant, si velint. Latinâ linguâ utor ut pluribus prosim. Unum omnes enixè rogo ut mei peccatoris ad sacrum altare meminisse dignentur.

NOTITIÆ LINGUÆ SINICÆ
PARS PRIMA.
DE LINGUA VULGARI ET FAMILIARI STYLO.

Lingua sinica non solum antiqua illa quae in veteribus libris conservatur, sed vel ea ipsa quae communi nunc usu teritur, suas habet amaenitates, quibus missionarii plaerumque non satis attendunt. Et ideo tam pauci sunt qui Sinicè, non dicam scribere, sed ne loqui quidem possint, ut deceret.

Itaque, quoniam proprium linguae Sinicae genium nativumque leporem exponere mihi proposui, et in hâc primâ parte loquor de linguâ mandarinâ, prout in ore hominum politorum versatur, juvat statim indicare libros aliquot ex quibus hausi quidquid dicturus sum; præcipuos tamen appellare satis erit.

Omnes reducuntur ad comœdias et ad opuscula quae dicuntur 說小 siaò chouĕ. Emi poterunt 1º· 種百人元 yuĕn gĭn pĕ tchŏng. Continet haec collectio centum comœdias quae sub dynastiâ yûen 元 prodierunt; earum quaelibet quatuor vel quinque scenis absolvitur. 2º· 傳游水 choùi hoù tchouén. Sed ut secretus hujus libri sapor melius sentiatur, emendus erit qualis ab ingenioso 嘆聖金 kĭn chíng t'án fuit editus, cum notis, quibus mirum authoris artificium primus detexit. Huic historiae quae satis longa est, libros enim (sinicè 卷 kuen) continet 75, aliquot multo breviores addentur: quales sunt 綠圖語 hoà t'où yuén, 流風醒 sìng fōng lieòu, 傳述好 haò k'ieoù tchouén, 梨嬌玉 yŏ kiaō li, &c. (*). Quilibet porro horum siaò chouĕ quatuor vel quinque tomis, sexdecim vel ad summum viginti capita (sinicè 回 hoei) continet non plures.

Nunc ut sciatur quid in hâc primâ parte operis mei tractare velim, tria erunt ejus capita. In primo, de grammaticâ et syntaxi linguae vulgaris loquar. In secundo, fusè agam de proprio hujus linguae genio, qui certis particulis ac figuris sese prodit. In tertio, ut quae dicta erunt ad praxim reducantur, 1º varios urbanè loquendi modos cum ordine colligam. 2º· aliquot dialogos vel historiolas humili stylo scriptas afferam.

CAPUT PRIMUM.

DE GRAMMATICA ET SYNTAXI LINGUÆ VULGARIS.

Sinica oratio, sive ore prolata, sive in libris contenta, suis partibus componitur. Quaelibet sententia seu phrasis, ut integra sit, requirit verbum, sine quo nullus subesset sensus, et nomen quo designetur, et quis agat et quid agat; accedunt adverbia, praepositiones, particulae et alia id genus, quae ad oratoris claritatem et ornatum, magis quam ad ejus essentiam pertinent.

Grammatici Sinae litteras quibus oratio componitur dividunt in 字虛 hiū tsée, litteras vacuas, et 字實 chĕ tsée, plenas seu solidas. Vacuas appellant quaecumque orationi non sunt essentiales. Nulla enim littera proprie vacua est, sed in se semper aliquid significat. Adeòque cum litterae supponunt pro meris particulis et dicuntur vacuae, id fit per 借假 kiù tsiŏ, seu metaphoram, hoc est à proprio sensu ad alienum transferuntur. Litterae solidae, 實 chĕ, sunt eae sine quibus oratio constare nequit, easque subdividunt in 字活 hŏ tsée, vivas, et 字死 ssĕe tsée, mortuas; per *vivas* designantur verba, et per *mortuas* nomina.

---

* Quinque lineæ in originali codice sequuntur, sed liturâ deletæ, ita tamen ut facilè legantur; sic se habent ; hunc ultimum opusculum (yo kiao li) tanti faciebat illustrissimus Dominus de Lione Rozaliensis episcopus, ut omnes ejus phrases in modum dictionarialis disposuere Non accedit tamen ad pulchritudinem aliorum trium inter quos magis elucet hoà t'où yuén.

In quâlibet phrasi statim videndum est an verbum exprimatur, an vero, quod saepissime accidit, subaudiatur. Quaerendum postea quis sit nominativus verbi, ac demum quaenam littera sit verbi regimen. Atque his tribus habitis, quae ad sensum efficiendum essentialiter requiruntur, facile erit colligere quòd reliquae litterae sint vacuae; haec porro locum habent tam in familiari sermone quàm in libris, quare maturè et benè cognoscenda.

ARTICULUS PRIMUS.

GRAMMATICA.

Quatuor paragraphis comprehendam quidquid ad grammaticam pertinet : 1us. erit de nominibus. 2us. de pronominibus. 3as. de verbis. 4us. de reliquis orationis partibus.

PARAGRAPHUS PRIMUS.

DE NOMINIBUS.

Sinae non inflectunt nomina per casus et numeros, sed habent certas notas quibus haec omnia clarè distingunt.

1º. Particula 的 tĭ posita post nomen denotat genitivum, v. g. 恩的主天 t'ien tchù tĭ nghēn, dei beneficium. Cum vero omnes litterae quae pro particulis sumuntur translatitiae sint ut diximus, et in familiari sermone saepè magis attendatur ad sonum quam ad sensum ejusmodi litterarum, idcirco pro 的 tĭ, reperitur aliquando 底 tĭ et 地 tĭ. Quando duo sunt nomina deinceps, quorum sensus facile percipitur debet omitti particula 的 tĭ, v. g. dicitur 國中 tchōng koŭĕ, medii regnum, non vero 國的中 tchōng tĭ koŭĕ. Si vero sequatur aliquod nomen ponitur 的 tĭ ante ultimum, v. g. 人的國中 tchōng koŭĕ tĭ gĭn, Sinae; tchōng koŭĕ tĭ 話 hoá, Sinica lingua, &c. At saepe omittitur, diciturque tchōng koŭĕ gĭn, tchōng koŭĕ hoá.

2º. Dativus exprimitur per particulam 於 yŭ, seu quod idem est 于 yŭ; non tamen adhiberi debet ad nauseam, sed vel aliquando debet omitti, vel usurpari in loco, vel utendum aliis particulis, prout usus docebit. Itemque de aliis omnibus quae posteà occurrent, intelligi debet.

Utuntur praetereà in significatione dativi particulis 與 yù, 和 hó, 對 toúi, 替 t'ì, &c.

見斯他與 yù t'ā t'sée kién, illi se videndum praebere.

說他和 hó t'ā choŭĕ, dic illi.

說他對 toúi t'ā choŭĕ, id.

了說他替 t'ì t'ā choŭĕ leaò, illi dixi.

AD LINGUÆ SINICÆ NOTITIAM.

In his phrasibus necesse est adhibere aliquam ejusmodi particulam, propter verbum 說 choŭĕ *loqui*, nam 他 說 choŭĕ t'ā non significat *illi loqui*, sed *loqui de illo*, vel *illum redarguere*, et t'ā choŭĕ significat *ille ait*.

3º. Accusativus nullam habet particularem notam; solet poni post verbum, sic 你 打 我 ngò t'à nì, ego te percutio, 我 打 你 nì t'à ngò, tu me percutis. Saepe tamen praecedit, ut dicetur alibi.

4º. Vocativus interdum dignoscitur per particulam 阿 ò, quae ponitur post nomen, vel qualitatem ejus qui vocatur, v. g. 阿 君 郎 lāng kūn ò, id est, ò mi sponse. Quando bis repetitur nomen personae signum est vocantis, maxime cum subsequitur 你 nì, pronomen secundae personae; v. g. 也 緣 無 好 你 和 我 仙 淡 仙 淡 tán siēn, tán siēn, ngò hó nì haò vóu yuén, yè, ò Tàn Siēn, ego et tu bene infelices sumus! 你 娥 嫦 娥 嫦 &c. ò Luna, Luna, tu &c. Vocat Lunam t'châng ngò, sicut vocant solem 和 義 y hó, velut poetae nostri dicerent Dianam et Apollinem.

5º. De ablativo vide infra, ubi de verbo passivo, et praeterea haec habe: materia ex quâ vult particulam 的 v. g. 的 鐵 ex ferro. Quando certa res exprimitur, omitte tī, v. g. ahenum ex ferro dic 鍋 鐵 tiĕ kŏ, cymbalum ex cupro 鑼 銅 tōng lŏ, patera ex argento 盃 銀 ìn poĕi. Quamquam haec reduci possunt ad regulam adjectivorum; quid enim est *ex ferro* nisi *ferreum*? Quòd si semel sciverimus ideas nostras ita resolvere, inutilis erit magna pars regularum quas multi obtrudunt, quaeque novos missionarios non alliciunt sed terrent.

6º. Plurale colligitur ex adjunctis litteris quae numerum indicant, v. g. 人 數 soú gīn, multi homines; 句 幾 aliquot verba; item 都 toū omnes, quodque nominibus postponitur, v. g. 天 在 都 人 聖 chíng gīn toū tsái t'iēn, sancti homines sunt in caelo; pessime diceres toū chíng gīn. Potest tamen dici 了 來 都 toū lài leaò, omnes venerunt; 要 都 toū yāo, omnia velle; 要 不 都 toū poŭ yāo, nihil volo; at in istis locutionibus satis subintelliguntur illi vel ea de quibus sermo est. Item 皆 kiāi etiam postponitur; 病 有 皆 人 gīn kiāi yeoù ping, singuli homines habent morbum, i. e. nemo sine vitiis nascitur. Item 眾 tchóng quae praecedit: 人 眾 tchóng gīn, omnes homines, 說 眾 tchóng choŭĕ, omnes, variae opiniones. Item 諸 tchū pariter debet anteponi; 般 諸 tchōu pouān, omnibus modis. Item 們 et 等 tēng, v. g. 們 他 illi, 們 爺 domini mei, 等 你 vos. Invenitur quoque 每, v. g. 每 我 ngò mèi, nos. Geminata littera plurale etiam importat, v. g. 日 日 ge ge, diebus omnibus, 家 家 kiā kiā, omnes domus seu familiae, et tunc saepe additur illud toū de quo supra, v. g. 了 來 都 人 人 gīn gīn toū lài leaò, omnes venerunt. Demum saepe exprimuntur numeri generales, v. g. 物 萬 ván oüè, decem milles res, sive res omnes; 般 百 pĕ pouān, centum modis, hoc est, omni modo, &c.

7º. Nomina substantiva, cum sola sunt, vel cum phrasim claudunt, volunt aliquid post se quo velut fulciantur; 子 房 fāng tseè, domus, 頭 石 chĕ teoù, lapis, 耳 盒 hŏ èll, arcula, 兒 孩 女 niù hái èll, parvula filia, 子 孩 小 siaŏ hái tseè, puer parvulus. In enumerationibus quaelibet res habet suam notam quâ designatur; exempla pauca haec habe:

    Tres viri 爺 老 位 三 sān oúei laŏ yĕ.
    Una sella gestatoria 子 轎 頂 一 y̆ kīng kiáo tseè.
    Una mensa 子 桌 張 一 y̆ tchâng tchŏ tseè.
    Unus piscis 魚 尾 一 y̆ ouèi yû.
    Unus porcus 猪 口 一 y̆ k'eoù tchū.
    Duo boves 牛 條 兩 liang t'iaŏ nieŏu.

Caetera paulatim docebit usus.

Nomina quæ artem vel officium notant, volunt post se habere particulam 的 tĭ, v. g. litteratus, seu studens, 的 書 讀 toŭ chū tĭ, tonsor 的 頭 剃 t'i teoù tĭ, faber ferrarius, 的 鐵 打 tà tie ti, &c. Sed haec revocari possunt ad participia, ita ut prima littera sit verbum, secunda regimen, tĭ vero nota participii sicut aliàs genitivi.

8º. Nomina adjectiva saepe habent 的 tĭ, v. g. 的 好 haŏ tĭ, bonus; 的 歹 tài t', malus; 的 白 pĕ tĭ, albus; 的 黑 he tĭ, niger, &c. Quando vero sensus est satis apertus, omittitur, v g. 人 聖 chíng gīn, sanctus homo, 邦 大 tá pāng, magnum regnum, 言 明 míng yĕn, clara verba, &c. Si geminatur littera pro adjectivo supponens, tunc debet apponi 的, v. g. tá tá tĭ fāng tseè, magna et ampla domus. Si duae sint voces vel synonymae vel affines, ponitur vel omittitur ad arbitrium; v. g. foù koúei tĭ gīn, vel foù koúei gīn, 人 貴 富, homo dives est honoratus. Nomina verbalia, ut vocant, designantur per 可 k'ò; 敬 可 k'ò kíng, honorabilis, seu honore dignus; 惡 可 k'ò oú, odibilis, seu odio dignus. Et potest addi 的 tĭ ut k'ò kíng tĭ, k'ò oú tĭ; additur vero semper quando subsequitur res vel persona, v. g. *amabilis flos*, 花 的 愛 可 k'ò n͵ái tĭ hoá, 人 賤 的 惡 可 k'ò oú tĭ tsíen gīn, vile caput odio dignum, &c.

PARAGRAPHUS SECUNDUS.

DE PRONOMINIBUS.

1º. Ego 我 n͵ŏ; tu 你 nĭ vel etiam 您 gīn; 他 t'ā, ille.
Inurbanum est apud Sinas istud *ego* vel *tu*, nisi maxima familiaritas intercedat, vel homines de plebe loquantur, vel superior alloquatur inferiorem, dominus servum. Itaque sciendum quomodo se et alios compellant Sinae. Plura hoc loco non referam quia satis multa occurrent

in decursu, vel in ultimo capite ponentur, ubi agetur de urbanitatibus. 生門 mên sêng, vel 生學 hiŏ sêng, vel 生晚 oŭàn sêng, ego discipulus; 弟小 siaò tī, ego tuus frater minor; 的小 siaò tī, ego servulus; 人罪 tsoúi gîn, ego peccator; &c. 爺老 laò yè, tu domine doctor, vel mandarinè, 人大老 laò tá gîn, tu magne vir, aut domine; 生先老大 tá laò siên sêng, magne magister mi; 公相 siáng kōng, tu litterate; 家人老 laò gîn kiā, senex; 師老 laò sé, magister; 父神 chîn foú, pater spiritualis; &c.

2º. 的我 ngŏ tī, meus; 的你 nī tī, tuus. Cum loquimus de nostris; 父家 kiā foú, pater meus; 母家 kiā moù, mea mater; 家壁 hân kiā, mea domus; 親舍 chè t'sīn, meus cognatus; 价小 siaò kiái, meus famulus; 恙賤 tsién yáng, meus morbus; 處敝 pí t'chú, locus ubi maneo, vel unde oriundus. Sed ista omnia quæ præcedunt rem vel personam in istis modis loquendi sunt adjectiva diminutionis.

E contrario quando sermo est de aliorum rebus vel personis, adhibentur epitheta honorifica; v. g. pater tuus 尊令 lîng tsūn, mater tua 堂令 lîng t'âng, 爺老太 t'ái laò yè, pater tuus; 太太老 laò t'ái t'ái, mater tua; loquendo cum mandarinis, 太太 t'ái t'ái; de uxore mandarini cum quo vel de quo loquimur, 姓上 cháng sîng, tuae familiae excelsum nomen; 名岁 fūng mîng, tuum nomen proprium; 顏尊 tsūn yèn, tua facies; 體貴 koúei t'ī, tuum corpus; &c.

3º. De 己 kī, v. g. 己自 tsée kì, egomet, vel ipsimet; 家自 tsée kiā, idem: dicitur etiam 手親 t'sīn cheoù, propriâ suâ manu; t'sīn keoù, ore proprio; 筆親 t'sīn pī, proprio calamo; &c.

4º. De 那 ná, ille, illa, illud, v. g. 候時那 ná chī heou, tunc; 日一那 nà y̆ gĕ; illo die; 事的樣那 ná yáng tī ss'e, istius modi res; 書本一那 ná y̆ pên chū, ille liber. 這 tché est iste, ista, istud, seu hic, hæc, hoc: 人這 tché gîn, hic homo; 事這 tché ssée, ista res, istud negotium; 日三這 tché sān gĕ, his tribus diebus. Adhibetur etiam aliquando, 此 t'seè, v. g. 理此有豈 kī yeoù t'seè lī̌, ubi est ista ratio, vel talis modus? Interdumque urbanitatis loco dicitur velut 敢豈 kī kàn, quomodo ausim?

5º. De 個 kó; scribitur etiam 箇 et 个. In libris melius impressis, cum agitur de homine, semper adhibetur 個; cum de aliquâ re, ponitur 箇 个 est satis indifferens, sed usus rarioris. Exempla de 個 kó. 兒人個一好 haò y̆ kó gîn èll, iste homo habet præclaram speciem; 意中不又個那意中不又個這, tché kó yeoú poù tchóng y̆, ná kó yeoù poù tchóng y̆, iste non tibi placet, ille non tibi arridet; 人的心有個是他 t'a ché kó yeòu sīn tī̌ gîn, ille est vir habens cor, seu conscientiam, cui potest credi; 人好個是必未 oúei pī ché kó haò gîn, non constat esse bonum virum; 有出個百一個一說要不 poù yaò choūĕ y̆ kó, y̆ pĕ kó yè yeoù, noli dicere unum, imo centum et amplius.

Exempla de 箇 kô. 容笑箇有曾不 poŭ tsěng yeoù kó siáo yông, nondum mihi risit; 是不箇說烖怎 tsèng mò choŭe kó poŭ ché, quomodo dicis hoc non ita esse? 箇有自子日的頭出 tséo yeoù kó t'chŭ teoŭ tĭ gĕ tseè, tandem aliquando caput attollet (vel se vindicabit, litur. delet); 物怪的常非箇是 ché kó feī t'chăng tī koúai ouĕ, numquam fuit ejusmodi monstrum; 文虛箇是過不 poŭ koŭo ché kó hiū vĕn, nihil aliud est quam inanis cæremonia; 了是不又箇那是箇還說若 jŏ choŭe tché kó ché, ná kó yéoă poŭ ché leaŏ, si dicas hoc verum esse, illud statim falsum erit; 是不箇認 gín kó poŭ ché, fateri errorem.

Exempla de 个 kô. 了不个笑 siaŏ kó poŭ leaŏ, vel 生不个笑 siaŏ kó poŭ tchŭ, (risum teneatis amici, litur. delet), continere non potest risum; 个一自個 toŭ tsé y kó, solus sine comite; 手對个做人才个一生再不天何爲 oúci hŏ t'iēn poŭ tsáï sěng y kó t'saĭ, gīn tsó kó toúi cheoù, cur cælum non producebat adhuc unum ingeniosum hominem ut esset meus compar?

Nota hoc loco: lectores monitos velim de certis punctis quæ per totum hoc opus millies recurrent. Primum est quod linguam sinicam melius docere non possum quam per varia exempla. Igitur nequis miretur quod tot phrases affero; id enim facio quod iter quod per præcepta longum est, per exempla breve fit. Secundum est quod nulla fere occurret phrasis sinica quæ non contineat aliquam regulam, quam pluribus verbis explicare valde operosum et molestum esset. Tertium est quod vix fieri potest ut phrases illas sinicas de verbo ad verbum latine vertam. Sensum indico. Illum forte facilius redderem in patriâ meâ linguâ, sed non laboro pro solis Gallis; unusquisque vel per se, vel ope sinarum detegere conabitur, quomodo talis sensus ex tali litterarum contextu nascatur, quod certe difficile non erit.

6º. Frequenter occurrit pronomen 其 k'ī, tum in familiari sermone, tum præcipuè in libris; v. g. 故其解不哉 ngŏ poŭ kiài k'ī kóu, ego non assequor hujus rei rationem; 故其知未尚 necdum scio illius causam; 理其論若 jŏ lŭn k'ī lỷ, si sermo sit de tali ratione, seu ideâ; 知不尹生夫老則哭中其 k'ī tchōng ouéi k'iŏ, laŏ foŭ k'ī ché poŭ tchī, ego nescio hujus negotii omnes anfractus.

PARAGRAPHUS TERTIUS.

DE VERBIS.

Apud nos verba dividuntur in activa, passiva, et neutra; quodlibet verbum habet varia tempora, varios modos, varias personas. Si agatur de pluribus, habent numerum pluralem; si de unica, habent singularem. Hinc variæ nascuntur inflexiones in quolibet tempore et modo. His omnibus carent Sinæ; nec, meâ quidem sententiâ, adeò magna jactura est, ut ex dicendis patebit.

AD LINGUÆ SINICÆ NOTITIAM. 45

Verbum substantivum multiplex est. 1ᵃ· 是 ché, v. g. 兒小是 ché siào ël̃, est meus filius; 人好個是 ché kó haò gĭn, est vir bonus. 2ᵒ· 爲 oûei: 實老人爲 oûei gĭn haò ché, est vir probus et sincerus; 弟爲他兄爲我 ngò oûei hiong, l'ā oûei tí, ego sum frater major, ille est minor. 3ᵃ· 在 tsái, cum agitur de loco, v. g. 家在不 poŭ tsái kiā, non est domi. 4ᵒ· 有 yeoù, v. g. 人有没 mŏ yeoù gĭn, nullus est; 有 est etiam verbum auxiliare. v. g. 說有没 mŏ yeoù choüĕ, non dixi.

2ᵒ· Verbum activum facile dignoscitur ex sensu, v. g. 人愛主天 t'iēn tchù ngái gĭn, deus amat homines; 主天敬人 gĭn king t'iēn tchù, homines colunt deum. Sed non semper hoc modo exprimitur nominativus verbi cum ejus regimine. Itaque ex contextu orationis hoc sæpius colligitur. In plærisque exemplis quæ affero tam bene potest poni prima, vel tertia persona quam secunda, ubicumque personæ non expressè nominantur, ut fit plærumque, quoniam ex contextu satis colligitur quænam sit persona de quà agitur.

3ᵒ· Verbum passivum, si tamen Sinæ illud habent, intelligitur, 1ᵒ· ex particula 被 pī, v. g. 了喫虎被 pī hoù k'ī leaò, a tigride voratus est; 也我殺喜你被 pī nĭ hī chà ngò yè, tu me facis lætitiâ emori. Dicunt etiam sæpe 吃 k'ī, manducare, v. g. 驚大了吃 k'ī leaò tà king, ad verbum manducavit (magnum) timorem, i. e. magno timore correptus est; 打吃 k'ī tà, verberari; 話笑人吃 k'ī gĭn siaò hoá, ab aliis irrideri. Item utuntur litterâ 見 kiĕn, v. g. 殺見 kiĕn chà, necari. Verum in his et similibus oportet semper attendere quomodo loquantur Sinæ. Si enim, v. g. dicas 好你說我被 pī ngò choüĕ nĭ haò, a me dictus fuisti bonus vir, certe non intelligeris, et erit barbara locutio. Cave igitur ne facias linguam Sinicam Europeæ tuæ linguæ servire, sed potius hoc age ut tua lingua Sinicæ linguæ sese accommodet.

4ᵒ· 了 leaò denotat tempus præteritum; 白涓了講 kiang leaò mĭng pĕ, dictum clare. Potest addi 過 kouò, quæ vox propriè significat rem præteritam, v. g. 了過説 choüĕ kouò leaò, jam dixi; 了來 lâi leò, venit, vel in significatione præsentis, venio, adsum, vel etiam in significatione statim futuri, statim veniam. Verum hic et alibi sæpe attendendum est circumstantiis. Sic 了去 k'iù leaò, abiit, vel abeo. Item 有 yeoù notat præteritum sicut apud nos: 說有没 mŏ yeoù choüĕ, non dixi, et 完 oûan: 了完寫 siĕ oûan leaò; absolvi scribere.

5ᵒ· Futurum colligitur ex adjunctis, v. g. 去日明我 ngò mĭng gē k'iú, ego cras eo, seu ibo. Sæpe utuntur litterâ 要 yáo: 去要我 ngo yaó k'iù, ego volo ire. Si dicas 上找要 yáo ngò k'iú, erit alius sensus, sc. vult me ire. Item littera 將 tsiāng, nota est rei propè futuræ: 死將 tsiāng ssée, prope moriturus. Item hoéi poniturpro futuris, sic 天昇會人善 chén gĭn hoéi ching t'iēn, boni ascendent in cælum. Ipsa littera 了 leaò, de quâ supra, in multis phrasibus habet aliquam significationem futuri, ut in ista: 了成做都日明 mĭng gē, tòn tsó t'ching leaò, crastinâ die omnia absolvero. Si vero addas 要 yáo, sic : mĭng gē tòn yáo tsó t'ching leaò, sensus erit : cras omnia absoluta volo. Sed hæc et similia ex solo orationis contextu facile percipiuntur. 去不我來你雖 soŭi nĭ lâi, ngò poŭ k'iú, etsi veneris, ego non ibo.

6º. De imperativo. Non patitur Sinica urbanitas ut quicquam imperes, præterquam tibi subditis, aut hominibus ex infimâ plebe. Sic dices 來你 nì lài, veni, accede; (vel 些來你 nì lài sle. adesdum, lit. del.) 去你 nì k'iú, abi, vel 罷去你 nì k'iú pá, abi scilicet; 不你我哄要 nì poŭ yáo hóng ngò, ne me fallas; ubi vides quod yáo 要 sit etiam nota imperativi. Si cum honestis viris agatur semper præcedit 請 ts'ing, quod est rogantis magis quam imperantis, sive dicatur nì, ut sæpe fit cum familiaribus sive non, v. g. 坐請 sede, quæso; 看你請 aspice sis. Sed hæc et similia magis patebunt in decursu; 休 hieōu et 莫 mŏ sunt prohibentis; 去休 hieōu k'iú, ne eas; 說莫 mŏ choŭe, ne dicas, &c.

7º. 得不巴 pā poŭ tĕ, vel 得不恨 hén poŭ tĕ, desiderium exprimit respondetque nostro utinam, ac proinde servit optativo.

Infinitivus sicut apud nos, tenet aliquando locum nominis substantivi, v. g. 難官做 tsŏ kouōn nán, agere mandarinum est difficile. Quamquam mihi videntur ineptum velle linguae sinicæ adaptare pleraque vocabula quibus utuntur nostri Grammatici, consultius multò erit, sepositis illis grammaticæ quisquiliis, per varia selectaque exempla, ad legitimum germanumque Sinicæ loquelæ usum et exercitationem tyrones festinato compendiosoque gressu veluti manu ducere.

PARAGRAPHUS QUARTUS.

DE RELIQUIS ORATIONIS PARTIBUS.

1º. De adverbiis haec pauca raptim collige: 裡這 tché lì, hìc vel hùc; 裡這在 tsái tché lì, est hic; 來裡言 tché lì lài, huc veni; 裡那 ná lì, ibi, illic, vel illuc, v. g. 裡那在 tsái ná lì, est illic; 去裡那到 táo ná lỳ k'iú, usque illuc ire. Vel interrogando: 去裡那 vel 去裡那往 ouàng nà lỳ k'iú, quonam pergis? respondetur, v. g. 去裡那往不 poŭ ouàng nà lỳ k'iú, non illo pergo, vel non cogito quoquam ire; 八裡那是你 nì ché nà lỳ gīn, unde es tu? (ex. 八裡那是我 ngò ché nà lỳ gīn, ego sum inde, vel ex hoc loco. lit. del.) 此在 tsái tseĕ, est hic, vel hic adest; 此到 táo tseĕ, advenit huc; 樣這 tché yáng, vel 般這 tché poŭān sic vel hoc modo; 樣那 illo modo, istius modi; 快 kou'ái, cito, vel 來些快 kou'ái siĕ lài, festino, veni, accelera; 慢 mán, lente; 慢慢 mán mán, paulatim; 三再 tsái sān, iterato; 來再 tsái lài vel 來又 yeŏu lài, iterum venit; 奕再三冉 tsái sān tsái ỳ, iterum iterumque, seu repetitis vicibus lit. delet.); 何如 jù hŏ vel 如何 hŏ jù, quomodo; 常 tch'áng, semper; 纔 ts'ái vel 纔方 fāng ts'ái, tunc; 還 hoàn, adhuc; 寔 chĕ, verè; 寔唯 ouĕi chĕ, profectò; 畧 liŏ, parùm; 誠 kouà, idem, &c.

AD LINGUÆ SINICÆ NOTITIAM.

2º. De præpositionibus hæc interim habe: 裡家 kiā lỳ, domi; 中堂 t'áng tchōng, in aulā; 中之闇黑 hĕ ngàn tchí tchōng, in tenebris. Et nota quod 之 licet in libris frequentissimum sit, in familiari etiam sermone melius aliquando ponatur quam 的 tí; 同 t'óng et 和 hó, cum, simul; 上 cháng, supra, 下 hiá, infra; v. g. 上天 t'iēn cháng, suprà caelum, aut in caelo; 下月 youĕ hiá, infra lunam, seu sub dio; 前面 mién tsi'ēn, vel 面當 tāng mién, coram, in facie; 前跟我 ngò kēn tsi'ēn, me coram; 後天三 sān t'iēn heóu, vel 日三了過 koóo leaò sān gĕ, post tres dies, &c.

Nota: cum sæpissime jungantur duæ litteræ ut sensus fiat clarior, plurimum juvabit scire utrum transponi possint, annon; essetque bonum, earum litterarum texere catalogum, quae transpositæ eumdem sensum retinent, et earum, quæ transpositæ diversum sensum efficiunt. Utriusque generis exemplo affero; 喜歡 houōn hī vel 喜歡 hī houōn, gaudere; 重打 tà t'chóng vel 打重 t'chóng tà, graviter percutere; 來往 ouāng lāi vel 往來 lāi ouāng, ire et redire, i. e. habere familiaritatem; 生童 t'óng sēng, vel 童生 sēng t'óng, scholares qui nondum gradum habent; 張主 tchù tcháng, vel 主張 tcháng tchù, liberum arbitrium; 鷄母 moù kȳ vel 母鷄 kȳ moù, gallina; 處居裡府 foù lỳ kiū t'chú vel 裡府處居 kiū t'chú foù lỳ, manet in civitate.

Secundi ordinis ista sunto: 主家 kiā tchù, domûs dominus, et 家主 tchù kiā, præsse domi; 帝天 t'iēn tí, cæli dominus, 天帝 dominari caelo; 話說 choüĕ hoá, loqui, et 說話 hoá choüĕ, historia ait; 上路 lóu cháng, ex itinere, de viâ, et 路上 cháng loú, iter aggredi; 上天 ti'ēn cháng supra caelum, et 天上 cháng ti'ēn, supremum caelum, vel ascendere caelum; 斤半 pouán kin, semilibra, et 半斤 kin pouán, libra cum dimidia; 馬下 hiá mà, ex equo descendere, et 下馬 mà hiá, sub equo, sub equi pedibus; 火家 kiā hò, supellex, artificum instrumenta, culinæ vasa, &c. 家火 hò kiā, opifices, domestici, socii, &c. 前面 mién t'siēn, coram, et 面前 t'siēn mién, anterior facies; 兄弟 ti hiong, fratres et 弟兄 hiong tí, frater minor; 杯酒一𣢩 tsieoù poĕi, una porcellana in quâ bibitur vinum, et 酒杯一𣢩 poĕi tsieoù, unus calix plenus vino. Sinae dicunt sicut nos 杯三飲 yù sān poĕi, siccare tres calices.

ARTICULUS SECUNDUS

SYNTAXIS.

Primò. Adjectivum nomen ordinariè praecedit substantivum. Quando sequitur alius est sensus: 人惡 ngŭ gín, malus homo, 惡人 gín ngŏ, homo est improbus; 子房大 tá fāng tseĕ, magna domus, 大子房 fāng tseĕ tá, domus est ampla; 性善 chén síng, bonæ indolis; 善性 síng chén, natura bona est; et sic de aliis.

2º. De comparativis, varii sunt loquendi modi omnes notandi. 1ᵘˢ. Hoc quidem est bonum sed pecunia melior, 好更子銀但好是好 haò ché haò, tán yn̆ tseè kēng haò. 2ᵘˢ. Quo plus, co melius, 好愈多愈 yù tō yù haò; multo melius, 好發一ў̆ fă haò, vel 好發越 yuĕ̌ fă haò. Quanto melius 子趋小多 tō chaò ché haò. 3ᵘˢ. Vinum multò melius est quam aqua, 多好水比酒 tsieoù pĭ choùi haò tō, vel 水於好酒 tsieoù haò yū choùi, vel 比水酒得不 choùi pĭ poŭ tĕ̌ tsioù, vel 好更水比酒 tsicoù pĭ choùi kēng haò. 4ᵘˢ. Melius est mori quam agere contra rationem, 甲肯可不死寧 nîng ssé poŭ k'ò poéi lỳ, vel 死可寧 理背致不 nîng k'ò ssé, poŭ kàn poéi lỳ. 5ᵘˢ. Haec ira sic crevit ut sit sicut montes alta, et sicut mare profunda, 袋般一海高幾一山有得積氣口這 tché k'coù k'y tsĭ tĕ̌ yeoù chān ў̆ poŭōn kaò, hǎi ў̆ poŭōn chīn 6ᵘˢ. Tres asses plus quam oporteat, 分三多 tō sān fēn; decem anni et amplius, 年多十 chĕ tō niên, vel 年累十 chĕ lâi niên: altius uno pede, 尺一高 kaò ў̆ t'chĕ̌. Si dicas ў̆ t'chĕ̌ kaò, erit, uno pede altum.

3º. De superlativis, isti sunt modi: optimum, vel optimè, vel optimius, 繁得好 haò tĕ̌ kĭn, 過不好 haò poŭ koüó, 好上 cháng haò, 極 k' haò, 好絶 tsuĕ̌ haò, 好分十 chĕ fēn haò 的好好 haò haò tī. Facile est haec exempla transferre ad alia: v. g. admirabile, 妙極 kĭ miaò, 絶妙 miaò tsuĕ̌, &c. Supremi ordinis, 的等上 cháng tèng tī, vel 的品上 cháng p'īn tī; valde diu seu diutissime, 久好 haò kioù, vel 久良 leáng kioù, &c.

4º. De relativo qui, quae, quod. 1º. 所莎: 能不所無 voù sò poŭ nêng, nihil (est) quod non possit, seu omnipotens; 知不所有 yeoù sò poŭ tchī, est aliquid quod ignoras; 説所我 quod ego dixi. 2º. Relativum inter duo verba non exprimitur, vel si ponatur, redundat; sic dicitur 例説你是 ché nĭ choüe tī, loco ché nĭ sò choŭe̋.

5º. De interrogatione et responsione: dixisti ne? 禀了説你 nĭ choüe laò mò? R. 了説 choüe leaò, dixi, vel 説有没 mŏ yeoù choüĕ, non dixi; 説曾不 poŭ tsēng choüe, nondum dixi. Item 肯不肯 k'ēng poŭ k'ēng, visne? 來不來 lâi poŭ lâi, veniet, annon veniet? 好不好 haò poŭ haò, bonum ne est? &c. Alii sunt interrogandi modi de quibus alio item loco dicetur.

6º. De verbis. Nominativus praecedere debet, ut dixi; sed potest etiam praeire regimen verbi. Sic in oratione dominica habes: 許我不而 cüll poŭ ngò hiù, et ne nos permittas. Sic quoque dici potest: 來拿水 choùi nà lâi, aquam affer, loco 來水拿 nà choùi lâi, vel 來水有 k'ān choùi lâi, ad verbum, aspice aquam, et veni; 去拿酒 tsioù nà k'iú, aufer vinum, &c.

AD LINGUÆ SINICÆ NOTITIAM.

Hæc pauca de Grammatica et Syntaxi dixisse, abunde est; præsertim cum eadem sæpissimè recurrant in sequenti capite, ubi per exempla longe melius illa disces quam per præceptas plerumque satis ingrata.

CAPUT SECUNDUM.

DE PROPRIO LINGUÆ SINICÆ GENIO.

Linguæ hujus ubertas, amænitas ac vis, ex frequenti certarum litterarum usu, ex variis particulis, denique ex figuris, mirum in modum elucet. Quare hæc tria totidem articulis fusè et accuratè tractare volo.

ARTICULUS PRIMUS.

DE USU ALIQUOT LITTERARUM.

Seligo eas quæ frequentius occurrunt inter loquendum et quarum usus varius est ac multiplex, ut simul cognoscatur illa quam modo dicebam, linguæ sinicæ ubertas, et novi missionarii paulatim et quasi ludendo loqui addiscant.

PARAGRAPHUS PRIMUS.

DE 得 TĔ.

Hæc littera significat obtinere, habere, posse. Quam autem latè pateat ejus usus ex sequentibus notis colligetur.

1º.] 得 tĕ jungi solet cum omnibus propè verbis: quid verò Illorum significationi superaddat, et ex versione latinâ quam ubique apponam, et ex usu sensim cognoscetur; 得作 tsó tĕ, fieri potest; 得不作 tsó poŭ tĕ, fieri non potest: 得來 lài tĕ, veniet, vel ut aiunt Lusitani, *pode passar*; 得不來 lâi poŭ tĕ, non sic erit; 來得不 poŭ tĕ lài, non potest venire: 得說 chouĕ tĕ, dici potest, sive agatur de locutione, sive de re alteri dicendâ; et sic 得不說 chouĕ poŭ tĕ, non potest dici. Hæc tamen ultima locutio sæpe significat, jacta est alea, nihil contra potest opponi; at 說得不 poŭ te choue, non possum dicere; 說得有莫 mŏ yeoù te choue, non potui dicere; 了得不說 choue poŭ te leaò, hoc nunc dici non debet, vel quod gallicè dicemus, *c'est nu faire le faut*; at 他得不說 choue poŭ te t'a, significat, ille non potest incusari, non est ejus culpa, vel nemo potest illum arguere: 快不得行 hing te poŭ k'ouai, non sat cito graditur; 快得不行 hing poŭ te k'ouai, non potest ire propere: 着得講 kiang te tchŏ, vel 理有得講 kiang te yeou li, vel 實得說 choue te che, cum ratione hoc dicitur: 得通不 poŭ t'ōng te, non percipit; 得不通 t'ong poŭ te, percipere non potest: 意得 te y, est contentus, vel putat se recte fecisse; 了意得 te y leaò, habet intentum: 矩規得不定 ting poŭ te kouei kiù, non potest determinari mos certus, seu regula fixa; 閑得 te hiēn, vacat, habet otium; 閑得不 poŭ te hiēn, non vacat, vel 夫工得不 pou te kong fou, non est otium: 已得不 pou te y, non potest se cohibere, non est sui potis; 了得不 pou te leaò, non potest absolvere, nullus est finis; 見得看 k'an te kien, visibile; at sæpe significat parum interest, vel res est parvi momenti; 彀得能不 pou nêng te kéou, non potest, non suppetunt vires, vel non est satis, non sufficit; 彀能nêng kéou, significat posse; 彀得 te kéou, habere sufficienter; 响得罵 ma te hiang, maledictis egregiè ornatus fuit; 憐可是真得餓 ngŏ te tchin che k'o lien, fame premitur ad commiserationem; 火如臉請得煮 gě te mouon lien ju ho, sic excanduit ut totus vultus ardore videretur; 開似花心得喜 hi te sin hoa kiū k'ai præ lætitia, cor, ut flos, se totum aperuit; 身在不魂得嚇 he te, hoen pou tsai chin, præ timore, anima non fuit in corpore; 色土如面得嚇 he te mien ju t'ou se, præ timore, vultus ejus emarcuit, factus coloris terræ; 過他得論理何如 ju ho li lun te t'a kouo, quomodo illum aggrediemur, seu quibus rationibus poterimus illum in disceptando vincere? 得難箇真 tchin ko nan te, certe ratissimum; 此到得難 nan te tao ts'ee, difficile est ad hoc pervenire, seu raro admodum huc venitur; 得不話得不說 choue pou te, hoa pou te, coram illo ne mutire quidem fas est; 得不活得不死 sse pou te, ho pou te, nec mori licet, nec vivere. Communius dicitur 活得不活要死得不死要 yao sse, pou te sse; yao hŏ, pou te hŏ.

2º. 得 te jungitur cum 省 seng et 免 mien, v. g. 心勞得省也我氣受得免也他 t'a ye mien te cheóu k'y, ngŏ ye seng te laò sin, hoc pacto ego et ille liberi erimus a molestia; 個一了虧個一了好得省他許都個兩 leang ko tou hiu t'a, seng te hào leaò, y ko, k'ouei leaò y ko, utramque ipsi concede, sic una beata erit, altera non misera; 怨埋來後得省 seng te heou lai mai youen, postea non paenitebit; 走好不的滑滑泥上路得省 seng te lou chang ni hoa hoa tî, pou hao tseou, evitabis difficultatem itineris lutosi et lubrici; 舌口非是多許了省 seng leaò hiu to che fei k'eou che, vitatæ sunt multæ altercationes In hâc ultima phrasi, non jungitur 得 te, quia res est de praeterito.

3º. 得 不 poŭ tĕ, post 巴 pā vel 恨 hén, exprimit desiderium, respondetque nostro utinam; 来要得不巴我 ngò pā poŭ tĕ yáo lâi, toto corde volebam venire; 買得不巴活快他 pā poŭ tŭ mài t'ā ko'ūai hoüŏ, nihil magis optabat quam illi parere lætitiam; 冀兩生身得不恨 hén poŭ tĕ chin sēng leang y, utinam haberem alas; 得不恨我吃狗與把肝心的他出剖 ngò hén poŭ tĕ oŭā t'chŏu t'ā tí sin kān, pà yŭ keoŭ k'ī, utinam possem illius cor jecurque avellere et dare canibus ad vorandum.

4º. tĕ 得 jungitur etiam cum nominibus adjectivis, v. g. 極得妙 miáo tĕ Lī, mirabile in summo gradu, i. e. optimum, &c. vel cum adverbiis, v. g. 得不少 chaò poŭ tĕ, infallibiliter, gallicè, *immanquablement*.

5º. Pro 得 reperitur etiam 的 in eodem planè sensu; exempla sunt quamplurima: 大雨繁的 yù tá t' kin, pluvia maxima. 的不吃人文斯他 t'ā ssē vèn gĭn, k'ī poŭ tĭ, est homo munditiæ cultor, hæc edulia non tanget; 是的說 choüĕ ti che, vel 是極的道 táo tĭ kĭ ché, verum dicis; 的會理 ll hoéi ti, rectè capio, intelligo; 兒法箇一的學 hiŭ ti y kó fā eŭlh, scio unum modum; 了去出他的不巴 pa poŭ ti t'ā t'chou k'iu leao, utinam jam abierit; 的曉 hiaò ti, scio, sufficit; 了的不說 choüĕ poŭ ti leaò, de hoc non est amplius loquendum, seu agendum; 火如光目的不當 tāng poŭ tĭ moŭ koüāng jŭ hò, non potest sustinere flammas quæ ex illius oculis erumpunt.

PARAGRAPHUS SECUNDUS.

DE 把 pà.

Hæc littera vulgò significat capere, seu manu accipere. Sed in usu sinæ illam adhibent variis modis, quibus plerique missionarii rarò attendunt.

1º. Potest utique verti per *accipere* in sequentibus exemplis: 手把 chĕou, prehensare manum, ut solent Tartari in salutationibus, recipiendo vel deducendo hospitem. Dicitur vero sæpius 手拉 lā chĕou, arripere vel trahere manu (litur. delet.); 碎粉得扯兒紙把 pà t'chĭ eŭll t'chè te fèn soŭi, acceptam chartam minutatim laceravit; 他糙去阻題難把 pà nán t'y mou k'iu nan t'a, elegit argumentum difficile ut illum exerceret, i. e. gravem difficultatem ei proposuit; 關上拽上門把 pà mên cháng sie chang kouan, pessulo fores occlusit; 內房到拉他把 pà t'a, la tao fang nuei, accepit illum traxitque intra cubiculum; 們你着坐裡這來抬床把 ni mên pà t'choāng t'âi lài, tché li tso tcho, accipite, afferte reclinatorium et hic sedete; 罵咒般百我把 pà ngò pe pouon tchsou ma, me mille conviciis excepit, execrationibus oneravit; 了綁縛子索把 pà so tses fou pang leao, accepto fune colligavit; 碎紛得淋益腦把 pà nao kai p'i te fen soui, cranium in sexcenta frusta discidit; 這把了殺吹都燈 pà tche teng tou tch'oui cha leao, extingue omnes istas lucernas; 頭舌把來出將伸 pà che t'eou chin tsiang t'chou lâi, linguam exeruit, ut solet cum videtur aut auditur aliquid insolens. 深一他問事的腦頭沒這把 pa tche mo t'eou nao ti ssee ven t'a y ching, circa hoc tam implexum negotium paucis illum interroga; 裡咳在揣兒氣惡把他吞來耳氣好出將 pà ngo k'y ell tcho'ui tsai hoai ly, tsiang t'chou hao k'y ell lai k'an, t'a, vultûs asperam speciem in sinu recondens, hilari fronte illum aspexit; 寒溫來酒把且 tsie pà tsiou lâi táng hân, vinum affer ad dissolvendum frigus; 任重番一的來天把頭肩个一他任擔 pà t'ien lai ti y fan tchong gin, tan tsai t'ā y ko kien t'eou, onus tam grave, illius humeris imposuit.

2° In sequentibus loquendi modis, 把 non significat *accipere*, nisi improprie; 一把日今了毀仝夭工尺 kin ge pà y t'ien kong fou ts'uen fei leao, hodie integræ diei otium perdidi, vel consumpsi; 瞟一波秋把 pà t'sieou po y tchouen, leviter oculos deflectit; tsieou po, autumni fluctus, sic oculos vocant formosos; 唆偷眼把 pà yen t'eou tsun, furtivè aspicere; 了息歇頭念的峭擇把是於 yù ché pa tse si ti nien t'eou, hie si leao, tunc eligendi generis cogitatio quievit et desiit; 淡冷般這得弄意生的們我把 pà ngò mea ti seng v, long te tche pouan leng tan, in causa est cur nostrum commercium ita refrixerit; 障孽成翻事好把 pà hao sse, fan t'ching nie tchang, rem quæ erat in optimo statu ad pessimum traduxit : *fān* est subito vertere ; *nie* pessumdare ; *tchang*, impedire ; 紅緋得揉眼把 pà yen jeou te fei hong, oculos terendo rubere fecit, (sc. ut multum lacrymasse videretur.) 伸一腰把 pà yao y chin, extensis brachiis totum corpus produxit; 了說他對都話心真把 pà chin sin hoa tou t'oui t'a choue leao, ei dixit quidquid habebat in corde; 了後背腦在丟家人老個這我把 pà ngò tchó ko lao gin kia, tieou tsai nao pei heou leao, quia senui, de me non amplius curat; 兩把你和我做去頭分俗一任各事大件 ngò ho ni pà leang kien ta'sse, ko gin y tchun, fen t'eou kiú tso, partiamur inter nos hæc duo gravia negotia, alter alterum suscipiat, et quisque seorsim agamur; 了變改腸心把 pà sin t'chang kai pien leao, animum mutavi; 擺一摩心把 pà sin mo y mo, pone manum ad cor; 他與遮色眼把 pà yen se ti yu t'a, oculos in illum conjecit; 了緋飛臉把 pà lien fei hong leao, toto vultu erubuit; 了醉灌他把 pà t'a koüan tsóui leao, invitum inebriavit.

AD LINGUÆ SINICÆ NOTITIAM.

3º· Non raro significat habere pro, gallicè *prendre pour*; 賊恁得看們我把 pà ngò mên k'án tě gín tsién, nos tam nihili facis; 比可雲浮做貴篤把 pà fóu kouéi, tsò feóq yûn k'ò pí, aspicit divitias et honores sicut nubem quæ transit; 土糞爲視銀金把 pà kin. ín chē oüéi fén t'où, divitias arbitratur sicut stercora; 的假了當他把我的眞做認我把他 t'ā pà ngò gín tsó tchīn tí, ngò pà t'ā tāng leaò kià tí, putat me sincerum esse, et ego illum fictum esse reor; 人好做當子賊那把 pà ná tsĕ tseè, tāng tsó haò gín, illos nebulones habet pro viris probis; 客當家把家當客把 pà k'ĕ tāng kiā, pà kiā tāng k'ĕ, foris manent velut essent domi, et domi velut essent foris. Id. Sinæ dicunt de mercatoribus.

4º· Servit ad certas res numerandas, v. g. 鎖把一 y pà sò, unā sera, gall. *cadenas;* 了鎖鎖把一把 pà y pà sò sò leaò, sera benè occlusit; 把 pà est verbum et postea nomen; 鎖 sò, est nomen postea fit verbum; 火把一 y pà hò, ignis, vel fax accensa; 火把一起放地白做燒廟這把 fang k'í. y pà hò pà tché miáo chāo tsó pĕ tí, applicuit ignam et totum hoc fanum redegit in cineres; 天艦焰烈得燒剝剝必必火憎無把一起放 fang k'í. y pà voù tsíng hò, pí pí. pǒ pǒ chāo. tě liè yĕn t'éng t'iĕn, gallice, *il y mit le feu cruel, et la flamme en pétillant* (pí. pí p'ǒ p'ǒ) *se leva jusqu'au ciel;* 磩骨把兩這 tché leang pà koù chě, hæc ossa parentum meorum; 子椅把一 y pà. y tseè, una sella, sedile; 伞把一 y pà sàn, una umbrella; 茱把一 y pà t'sái, unus herbarum fasciculus; 扇把一 y pà chèn, unum flabellum; 刀把一 y pà taò, unus culter, unus gladius; &c.

5º· Notandæ sunt præterea sequentes locutiones; 上臉任打掌巴個一 y ko pa tchang tā tsái lién chang, impegit illi alapam; 掌巴簡幾打該 kai tā kí kò pa tchàng, excipiendus est aliquot colaphis; 巴 pa. idem fere est ac 把 pà : sic dicitur: 得不把 pà poù te et 得不巴 pa poù te, utinam; 枘把了得 te leaò pà píng, habet nunc fundamentum; 臭巴無全 t'suén voù pa pí, nullum est hujus rei fundamentum. Reperitur etiam 臂把了没 nù leaò pà pí, non habebat quo niteretur; 戲把出做 tsó t'chòu pà hí, murmur excitare, tragædias agere. Item 戲把做 tsá pà hí, gallice *faire des tours de passe passe.* 把年了住 tchú leaò nièn pà, toto hoc anno; 子銀把百 pe pà în tseè, centum taeles, seu unciæ argenti; vulgo 子銀百一 y pe în tseè, vel 金白一 y pe kin; 着望的巴巴眼 yĕn pa pa tí oüáng tchò, intentis oculis prospicere.

PARAGRAPHUS TERTIUS.

DE 打 TA.

Vulgo significat verberare, percutere, sed in usu longè latius patet. Afferam 1º· varia exempla in quibus significat percutere. 2º· addam alios usus. 1º· Cum agitur de verberibus quæ accipiunt rei jussu mandarinorum: 招不打不 poŭ tà poŭ tchao, si non adhibentur verbera, crimen non confitebitur reus; 條荆百一打 tà y pe king t'iào, excipi centum virgarum ictibus; 板毛十二打各 kŏ tà éul che mâo pan, quisque accipiat viginti verbera; 板 pan est pertica ex cannis *bamboa* dictis inque duas partes fissis. Hæc verbera recipiunt rei super clunes; 棒柔黄百三打 tà san pe hoàng sang pang, dentur ipsi ter centum verbera quadrato scipione ex flavo moro; 綻肉開皮得打 tà te pĭ kai jŏ tchán, ex verberibus pellis rupta et caro aperta fuit; 打嗲般這得受裡那我 ngŏ nà lì cheòu te tché poüan kaò tà, quomodo possem pati tam duram quæstionem verberum?

In sequentibus non agitur de reis in judicio : 我打你你打我 ngò tà nì, nì tà ngò, ego te percutio, et tu me percutis; 識相成不打不 poŭ tà poŭ tchĭng siang tchĭ, non nascitur amicitia, nisi post data et accepta verbera; 打些重你 nì tchóng siĕ tà, percute paulò valdius; 打塺怎 tseng mŏ tà, quare percutiam, vel quomodo? 打般這 tché poüan tà, hoc modo percute; 成不狗打去你打不他 t'a poŭ tà nì, kiú tà k'coù poŭ t'chĭng, si te ille non verberat, ibit, credo, verberare canem; 去出斯那打我與 yù ngò tà ná sseĕ t'chŏu k'iú, hunc nebulonem furcillis mihi hinc ejicite; 來廳上打棍一步一我與 yù ngò y pòu y koúen ta chang t'ing lai, illum mihi crebris verberibus huc adducite; 地倒打拳一 y k'iuèn tà táo tí, uno pugno prosternere; 打來拳雙着搭 niŏ tchŏ choang k'uên lâi tà, compressis pugnis venire ad percutiendum; 打來蒿竹把 pà tchoŭ kao lâi tà, arrepto conto volebat percutere; 世出佛一得打 tà te y foe t'chou chĭ, plagis egregiè fuit exceptus; 子鼻的你破打 tà p'ŏ nì ti pí tsè, nasum tibi frangam; 血鮮得打上子鼻在打正拳一只遏半仕歪子鼻流遊 tchĭ y kuèn t'chĭng tà tsái pí tsē cháng, tà te siēn hiüe ping lieoû, pí tseĕ oüái tsái pán pien, pugnum directe in nasum impegit, sanguis abundè fluxit, nasusque ad latus alterum curvatus remansit; 罵是便打是不 poŭ chè tà, piên chè mà, si non verberat, certe maledicit. i. e. non cessat aut verberare aut maledicere; 脾噪得打曾不 poŭ ts'èng tà te saó p'î, nondum illum satis lautè ex sententià verberavi. Invenitur et 脾燥 saó p'î, i. e. lætus, vel de se contentus; 子光耳筒幾打連 liēn tà ki kŏ ûll kouang tseĕ, simul impegit plures alapas.

Loquendo de rebus inanimis hæc exempla sunto: 成不打不器 k'y poŭ tà poŭ tch'ĭng, vas quod libet non nisi repetitis ictibus perficitur; 的鐵打 tà t'ie ti, faber ferrarius. 的打鐵 t'ie tà ti, ex ferro factum, et sic de aliis metallis; 頭石打 tà che tc'oû, lapides elaborare, vel jacere, &c.

AD LINGUÆ SINICÆ NOTITIAM.

2°· Sæpe respondet verbo gallico *faire* v. g. 禮打 tà ly, reverentiam exhibere, *faire civilité*; 去兒夥打 tà hò èlt k'iú, simul se dare in viam *faire bande*; 結打 tà kië, nodum nectere, *faire un nœud*; 開不趙他急性越你結死筈打 tà kó ssè kiĕ, nì yuë sing kǐ, t'ǎ, yuĕ poŭ k'āi; est nodus mortuus, (i. e. valde difficilis et implexus), quo magis properas, eo difficilius solves; 心的他動打 tà tong t'ā t' sin, ejus animum commovere, *faire impression sur son esprit*; 上身我在打都 toŭ tà tsái ngò chin, omnia in me refundit, *il fait tout retomber sur moi*; 夢打 tà mong, somniare, *faire un songe*. Reliqua in globo referam; 睡打 tà choúi, dormire; 子擺打 tà pài tseè, febri laborare; 臺撂打 tà loú t'ái, luctari, palestræ ludus; 牌打 tà pài, ludere foliis pictis; 韆鞦打 tà tsioū tsiēn, oscillare, gall. *jour a l'escarpo lett!*; 呼打 tà hōu, ronchos edere; 睡鼾打肉口鼻 pí ke'cù núi tà hán chóūi, dormiendo ronchos naso et ore emitit; 鑼打鼓打 tà koù tà lò, pulsare tympanum et cymbalum; 打吹 tchoūi tà, inflare et pulsare : sic vocantur qui inflant lituos et pulsant tympana; 打大吹大 tá tch'oūi tá tà, omnibus instrumentis perstrepere; 扮打 tà pan, ornare se; 般一仙天如得扮打 tà pan tɛ jù t'iēn siēn y pouǎn, ornata erat sicut una dea; gallice, *paree comme une nymphe*; 聽打 tà tīng, vel 探 tà t'an, inquirere, investigare; 話打 tà hoá, loqui; 語訛打 tà kouáng yú, dicere ineptas; 謊打 tà hoang, mentiri; 咪噴簡兩打 tà leang kó pén tí, sternutare bis; 發打 tà fā, dimittere; 了去他發打 tà fā tā kiú leaò, aliquem dimittere, vel remittere, vel dare quod petit ut abeat; 而照簡打我與 yù ngò tà kó tcháo miēn, vultum ad me convertit; 兒狀簡我與打你 nì tà yù ngò kó tchöang ēll, da mihi aliquod signum, aliquam ejus ideam; 器兵磨打 tà mō ping ky, arma polire; 過經前門打 tà mēn t'siēn king koŭo, ante januam seu domum transire; 來起撈打 tà laò kí lâi, ex aquis extrahere; 掃打 ta sao, verrere; 掌打手拍 p'e cheōu tà tchang, manibus plaudere; 打相齒牙得寒 tong te yà t'chì siāng tà, ex nimio frigore dentium tremor; 來首驢的你下打 tà hiă nǐ t' liu cheou lai, tuum caput asininum demetam; 點打 tà tien, annotare, item præparare, it tentare. v. g. 他點打賒賄些要 yāo sie hoèi loú tà tien t'ā, offerendum aliquid pecuniæ, ad eum prehensandum, captandum; 水打 tà choŭi, haurire aquam; 酒打 tà tsioŭ, vinum emere vel ex vase haurire; 火打 tà hò, cibos parare; 火中了打 tà leaò tchong hò, paraverunt prandium, vel prandium sumpserunt; 含切家打 tà kiā kié ché, deprædari, usurpare; 味野捕打 tà poŭ yŭ ouéi, venari; 獵射園打 tà ouèi ché lā, idem; 手扶打 tà foŭ cheoŭ, aliquid parare quo manus fulciatur; 緊打不 poŭ tà kin, res est facilis; 紫不麼甚打邯 k'iŭ tà chin mò poŭ kin, quæ tandem tanta est difficultas?

PARAGRAPHUS QUARTUS.

DE 一 YE.

Quam frequens diversusque sit hujus litteræ usus, ex sequentibus exemplis clarè patebit; 個一 y kó, unus, v. g. homo; 箇一 y kó, una res; 一第 tí y, primus; 二弟 tí ell, secundus; 來一 y lâi, primo, 來二 ell lâi, secundo, &c. 定一 y ting, certe; 是定一了硬煞他 y ting che t'a, vou y leaò, profecto ipse est, nullum est dubium; 定一子狀這了的吿婆 tche tchoang tsee y ting yao ko ti leao, ratum ac fixum est hanc litem persequi; 氣詭的們他是定一 y ting che ta men ti kouei ki, procul dubio est illorum fraus et dolus; 些一 y sie, tantillum; 毫一 y hao, idem; 點一 y tien, idem; 落下些一見不 pou kien y sie hia lo, nullum angulum videt quo se refugiat; 意主毫一有没並 ping mo yeou y hao tchu y, nullum consilium capere valet; 的有没是借假毫一 y hao kia tsie che mo you ti, nulla penitus fictio subest; 意實情眞黙一有那 na yeou y tien tchin t'sing che y, habetne vel unum granum sinceræ amicitiæ, et bonæ voluntatis? 切一 y ts'ie, omnino: 都員官此文切一 y t'sie ven vou kouon youen tou, &c. omnes omnino mandarini simul congregati, &c; 備齊得俻切一 y t'sie pi te t'si pi, omnia parata sunt; 一萬 van y, affirmat quidem, sed cum aliqua formidine; 語後應不言前一萬 van y ts'ien yen pou ing heou yu, valde timeo ut posteriora verba concordant prioribus; 着得訪一萬他問訪去處各 ko tch'u k'iu fang ven t'a, van y fang te tcho, undecumque explora, nihil magis volo quam ut aliquid certi referar; 得了麽怎手上得弄一萬 van y lóng te chang cheou, tseng mo leao te, si semel potuerit habere in manu, quid faciemus? Si nullum remaneret dubium, non diceret, 一萬 van y, sed 萬萬 van van, aut aliquid simile; 能不萬萬 van van pou neng, nullo modo fieri potest; 發一 y fa, nullo magis, magis adhuc, &c. 笑好得說發一 y fa choue te hao siao, id quod ais longe adhuc ineptius est, vel multo magis ridendum; 說胡發一你 ni y fa hou choue, adhuc magis deliras; 了好發一得做肯他是若 jo che t'a ke'ng tso te y fa hao leaò, si vult ipsemet rem curare, longe sane melius erit; 我恨耍發一 y fa yao hen ngò, multo plus me oderit; 了得不看發一樣模的你 ni ti mou yang y fa k'an poù te leaò, tunc vultus multo minus potest aspici, v. g. irati hominis; 人是不發一你 ni y fa poù ché gin, abi, multo minus virum te ostendis.

子奇發一道道驚眷發一子天 tiĕn tsȳ sȳ tchĕ kiṇg táo; tchĕ y sȳ k’ï leád, Imperator multo magis timens ait istud adhuc mirabilius est. Hæc verba; 面 — y miĕn; 邊 — y piĕn; 湼 — y te’oû, bis poni debent; 想裡心面一酒欽面 — y miĕn in tsioù, y miĕn sin ll siang, bibens vinum simulque in suo corde cogitans, &c; 起不睅作頭低管只面一說面 — y miĕn choŭĕ, y miĕn, tchi koüàn tī te’oû tsó y poŭ k’ï, hæc dicens capite demisso salutabat nec audebat oculos tollere; 道問邊一酒食邊 — y piĕn in tsioù, y piĕn vĕn, táo, interea dum biberet vinum, simul inquirens, dixit, &c; 道想裡心頭一走頭 — y te’oû tscoù, y te’oû sim ll siang táo, incedens, simul intra se cogitans, dicebat, &c; 日半了吃又吃頭一說頭 — 八四 ssée gin, y te’oû choŭĕ, y te’oû k’y te’oû ki leád poŭàn gĕ, quatuor homines simul garriebant, simul que potabant, idque per dimidium diei.

Aliquando idem verbum iteratur interpositâ litterâ —, maxime quando quid præcipitur; 訪一訪去你要先 siĕn yáo nĭ k’iĕ fang y fang, prius oportet ut eas quæsitum quid rei sit; 瞰一瞰去不何如 jù hó poŭ k’iĕ tsiĕn y tsiĕn, cur non is ad videndum? 開掭你看一看眼 nĭ ta’ĕng kái yĕn k’án y k’án, aperi oculos et vide; 談一談去過你請 tsing nĭ koŭo k’iĕ t’án y t’án, te invitat ad colloquium; 正一反 — y fán y ching, modo inversus modo rectus; 下一上 — y chang y hià, nunc seorsum nunc deorsum; 徃一來 — y lái y ouang, eundo et redeundo; 磨一折一的弄 long tĭ y tche y mŏ, indignis modis tractavit; — y significat totum integrum; 夜一了坐的白白 pe pe ti tsó leád, y yé, per totam noctem sedens frustra expectavi; 眼無夜 — y, yé yŏu miĕn, totam noctem insomnem ducere; 來汗身一山嚇他替也我 ngŏ yé t’ĭ t’ă hĕ tc’hoù, y chin hán lái, propter illum ita expavi, ut toto corpore sudor manaverit; 手動齊一們我 ngŏ mĕn y t’sĭ tóng choŭ, omnes simul irruamus in illum; 了說都一 — y y toŭ choŭe leád, omnia dixit singillatim 了罷敎頭 — — y y ling kiáo pá le áo, omnia tua jussa exequar; — y aliquando idem valet ac postquam, et tunc in altera phrasis membro sequitur tsieóu, v. g.; 說一今如你了白明就我 nĭ jù kin y choŭĕ, ngŏ tsieoŭ míng pĕ leád, postquam ita locutus es, statim rem intellexi; 了道知就看 — y k’án tsioŭ tchi táo leád, ubi videris, illico scies; 一他等就到 teng t’ā y tao tsioŭ, &c; expecta donec venerit, &c. Aliquot alias loquendi formulas subdo; 筯狗的你斷打去 — y k’iŭ, tă t’oŭŏn ni tĭ keoŭ kin; si te semel arripio, frangam tuas caninas costas; 餓一了吃覺不 poŭ kiŏ, k’y leád y pá, incogitanter, sem

P. 2

sensim, comedit ad saturitatem; 驚一了吃 k'y leaò y king, timore correptus est; 時霎一 y chă chě, in momento; 筆下一 y hià pĭ, uno calami ductu; 口一 y k'oŭ, uno ore; 生一 y seng, per totam vitam; 心一 y sin, ex toto corde; 萌一 y mêng, statim ac pullulare cœpit.

PARAGRAPHUS QUINTUS.

DE 來 LAI ET 去 K'IU.

來 lâi, significat proprie venire et 去 k'iú significat ire, pergere. Sed duarum istarum vocum usus tam multiplex est, ut distinctis punctis illum explicare mihi necesse sit.

1ª. Sæpe junctim vel disjunctim ponuntur in eadem locutione; 去想來想 siang lâi siang k'iú, cogitando hinc et inde, seu animum in omnes partes versando; 去訪來訪 fang lâi, fang k'iú, omnibus modis investigare; 去說來說 choŭè lâi, choŭè k'iú, inter confabulandum &c.

Alter modus est: 來去裡那你 nì nà lì k'iú lâi, quonam vis pergere? vel unde venis? at sensus hoc loco, ut in multis aliis determinatur ex adjunctis; 來去你叫誰斯這你 nì tchè ssèe, choŭì nì k'iú lâi, vile caput quis te jussit ire? 來去花看 k'án hòa k'iú lâi, eamus videre flores.

En etiam alter loquendi modus: 來茶理料去俀了坐公相陪你兒我 ngò êll nì poêi siang kŭng tsó leaò, ngò k'iú leao lì tch'â lâi, fili, adesto et asside domino hospiti, interim dum ego ibo curare potionem tch'â; 兒去了去得只 tchì te k'iú leaò k'iú kién, necesse habuit ire ad videndum; notanda ista repetitio litteræ 去 k'iú.

2ª. Imprimis locum habent hæ duæ voces, cum aliquid jubetur; 來拿 nâ lâi, cape, veni hoc est affer; 去拿 nâ kiú, aufer; 來起 k'ĭ lâi, surge; 來出 tch'oŭ lâi, profer, vel egredere huc; 去出 t'choŭ k'iú, exi, abi; 酒看 k'án tsioŭ, vel 來茶看 k'án t'châ lâi, affer vinum, vel t'châ; 來茶泡去 k'iú p'áo t'châ lâi, ito parare t'châ et affer; 來過拿我與 yù ngò nâ koŏ lâi, mihi cape et affer ad me.

3º. 年來 lâi niên, anno venturo; 年去 k'iû niên, anno præterito; 世來 lâi ché, venturum sæculum; 世去 kiû ché, exiit è sæculo, i. e. mortuus est; 來將 tsiāng lâi, deineeps aliquando. v. g; 路條這上要竟畢來將 tsiāng lâi pî king yāo chang tchê t'iaó loû, tandem aliquando necesse erit hanc ingredi viam. Gall. *il faudra bien un jour y venir.*

4º. Interdum 來 lâi et 去 k'iú significare posse. v. g; 來不學 hiŏ poŭ lâi, non possum discere; 去不說 choŭ poŭ kiú, dici non potest, vel non possum dicere; 來不買 mái poŭ lâi, non possum emere; 去不賣 mái poŭ k'iú, non possum vendere; 伐我看你人 乜 來得應答裡那你看 tchóng gìn nì k'án ngò, ngò k'án nì, uà lŏ tă ĭng tĕ lâi, omnes se mutuo respiciebant, quis potuisset quicquam respondere? 來不了銀他弄 long t'â in tseò poŭ lâi, illum argendo emungere non est possibile; 來不娶低到力氣千萬了費 felĭleaò ván tsi'én k'y lì, táo tí ts'ú poŭ lâi, omnes conatus adhibuit, nec tamen potuit illam in uxorem accipere, &c.

5º. 來 lâi sæpe jungitur cum litterâ 起 k'i et respondet verbo incipere; 來拳起提 ty k'i kuên lâi, cæpit pugnum attollere; 來筆起提 ty k'i pî lâi, penicillum sumens; 就他來起蹈足舞手 tă tsióu cheoù voŭ tsoù táo k'i lâi, cæpit manibus plandere et pedibus tripudiare; 來起將哭 kou tsiāng k'i lâi, statim cæpit flere et gemere; 來起怨咀 mâi yuné k'i lâi, cæpit diris devovere et execrari; 來起說 choŭ k'i lâi, vel 來起諵 lùn k'i lâi, incipiendi loqui, vel discurrere: at hæc locutio significat sæpe, hoc igitur modo; 來起不想 siang poŭ k'i lâi, in memoriam revocare non possum; 來起臉笑面滿 moŭàn miēn siáo liēn k'i lâi, subito vultum hilarem ostendens renidere cæpit; 來起笑手拍 p'ē cheoù siáo k'i lâi, manibus plaudens ridere cæpit; 來仗起打下兩 leang hià tà k'i tchảng lâi bis elato baculo ferire cæpit; 求起把 pà k'i lâi, surgere, levare se; 來起列擺都 toû pài liě k'i lâi, omnia, (puta lantam supellectilem) depromere et ordinare cæpit; 來起醒甦 soŭ sing k'i lâi, cum ad se rediisset, v. g. depulso vino; 來起說等這你照 tcháo nì tché teng choŭ k'i lâi, juxta id quod ait; 來鬼起弄又 yeóu long k'i koŭai lâi, omnia rursum turbavit.

In hoc eodem sensu potest omitti littera 起 k'i, v. g. 差不來說 choue lâi pou tch'a, hoc revera ita est, non erravit; 理有是甚來說 choue lâi chin ché yeou lǐ, quod ait valde est conforme rationi; 來看 k'an lâi, idem est ac 來說 nec multum differt à 你據來說 k'iú ni choue lai, juxta quod refers; 來道我聽且你 ni tsiè t'ing ngò tao lâi, audi nunc quæ dicturus sum.

6°. Non minus crebrò jungitur cum 出 t'chou proferre, exire, &c. 來出拿 na t'chou lai, extrahe et affer; 來出發 fa t'chŭ lai, proferre, etiam in sensu morali; 來火出煮惡 k'ong je t'chou ho lai, timeo ne tragœdias excites; 來火出煮 go t'chŏu ho lâi, infortunium accersivit; 來戲把出弄 long t'chŏu pá hi lai, tumultuari cœpit et turbas ciere; 進忙來出服衣件兩尋去 mang tsin k'iu sin leang kien y fou tch'ŏu lai, festinanter intravit ut quæreret et extraheret vestes; 來麼甚出不說 choue pou tch'ŏu chin mo lai, nè os quidem aperire poterat; 來出他弄子法箇用我待 tai ngò yong kó fǎ tsee; long t'â t'chu lâi, expecta, bene faciam inveniam modum faciendi ut exeat; 來物怪箇這出生 seng tchou tche ko kouai oue lâi, hoc monstrum in lucem edidit; 來病出生得不少 chao pou te seng tchou ping lâi, certissime in morbum incides; 的來出做裡肚是子文 vên tseě ché tóu lì tsó t'chŭ lai tĭ, haec compositio ex ventre meo, i. e. ex cerebro prodiit; 的來出煮家自我是事苦樣這 tche yang ko'u ssee che ngo tsee kiǎ, ge t'chu lai tǐ, hanc calamitatem ego ipsemet accersivi; 來相本出露 lou t'chu pen siang lai, se tandem detexit; 來腳馬出露 lou t'chu ma kio lai; 事了壞弄 long hoai leao ssee, personam posuit vel quod latebat aperuit, et sic negotium pessundedit.

7°. Jungitur item cum 原 yuên, vel 元 yuên. Exempla docebunt quo sensu tunc sumatur; 你是正來原誰是道只我 ngò tchi tao chi choui, yuên lâi tchjng ché nǐ, mecum dicebam quis est ille? atqui tu ipse eras; 起不想白日半了認願只我敎你是來原 yuên lâi ché ni, kiao ngò tchi kou gin leao pouan ge, pe siang pou k'i, ô tu ipse eras, per mediam diem tentabam cognoscere, nec poteram; 人恩正眞是纔這來原 yuen lai tche ts'ai che tchin tching nghēn gîn, ô tandem iste est verus benefactor; 中命來原此如該原; yuên lâi ming tchōng yuên kāi jŭ tseě, atqui hoc erat in meis fatis.

AD LINGUÆ SINICÆ NOTITIAM

曲委多許有事此來原 yuên lâi t'seè ssée, yeoù hiù tŏ ouèi k'iŏn, in hoc negotio plurimi sunt nodi, ut video, satis implexi; 碎瑣多許有來原 yuên lâi yeoù hiù tŏ sò souî, video hic multas esse minutias; 你是就來元 yuên lâi tsióu ché nì, tu ergo ipse eras; 來從 t'sóng lâi idem est ac 來原 yuên lâi, præsertim cum sequitur negatio, v. g; 的面見肯不來從 t'sóng lâi poǔ k'êng kién mién tî, nullus unquam faciem ejus vidit; 理此無來原 yuên lâi voù t'seè lî, numquam fuit hæc ratio, hic mos. In hoc sensu potest omitti 來 lâi, v. g; 該不也原 yuên yè poǔ kāi, hoc quidem non debebat fieri; 你了虧原 yuên k'oūei leaò nì, vere tibi molestiam attuli; 人歷甚個是原你 nî yuên ché kó chín mŏ gîn? quis tandem es tu?

8º. Jungitur quoque cum aliis verbis; 合攏: 來攏合 hŏ lŏng lâi, adnuare, appropinquare vel approximare; 來攏走 tseoù lŏng lâi, prope accessit. Item 說胡米又 yeoú lâi hôu choüe, iterum venit inepta loqui; 了來又㑊這 tché ssée yeoú lâi leaò, ecce iterum adest hoc vile caput; 來起我纏來又, yeoú lâi tch'ên ngŏ k'î lâi, iterum mihi molestus esse incipis. Item 來裡家他到跑 p'âo táo t'ā kiā lì lâi, accurrit ad ejus domum; 去理府到跑 p'âo táo soû lî k'iù, accurrit in urbem. Item, 月來箇兩有 yeoù leang kó lâi yuê, sunt jam duo menses et amplius; 日來十了尋連一 y lièn sin leaò che lâi ge, quæsivit per continuos decem dies et ultra; 日來至 tchì lâi ge, sequenti die; 頭來沒好你 nì haò mŏ lâi t'eoû, inepta nec cohærentia dices; 由來問不 poù vén lâi yeoú, non quærere unde hoc venit; 歷來些有話說得聽 t'îng te choŭc hoà yeoù siē lâi lî, videns quod quæ dicebantur, non erant sine fundamento; 明不歷來 lâi lî poǔ mîng, nescitur quis sit et unde sit; 去不出是只來得入易容 yŏng y ge te lâi, tchì ché t'chŏu poŭ k'iú, facilis ingressus, sed hinc exire, hoc opus, hic labor.

PARAGRAPHUS SEXTUS.

DE 道 TAO.

Loquor de *Táo* præcisè prout usurpatur in familiari sermone. Tunc fere semper significat loqui, et sæpe jungitur cum choüe, v. g; 道說因 in choüe táo, ideo assumens sermonem ait; 道問因 in vén táo, petiit igitur ab eo et dixit; 字不箇道敢誰 chôui kàn táo kó poù tseè, quis auderet contradicere? Gall: *qui oseroit dire non?* 道喝 hŏ táo, iratas et vocem attollens ait: 道告 káo táo, illum admonens dixit; 道罵 má táo, maledicendo, dixit, &c.

Hæc littera juncta cum 你 nì, saepius interrogationem importat; 笑好不笑好道你 nì táo hào siáo poŭ hào siao, dic rogo, annon hoc risu dignum est? 奇不也奇道你 nì táo k'ĭ yè poŭ k'ĭ, dic ipse anne hoc mirabile est? 麽是得講我道你 nì táo ngò kiàng tĕ ché mŏ, dic, amabo, annon verum dicam, vel annon aequa postulem? Gall: *je vous le demande n' ai je pas raison?* 樣模生怎得喜道你 nì táo hì tĕ tsèng sēng moŭ yàng, an unquam vidisti tantâ laetitiâ exultantem? 好說一那是還道你 nì táo hoàn ché nà y choŭé hào, dic quaenam ex his sententiis videtur melior; 少多費也錢工便飾首樣這道你 nì táo tché yàng cheoŭ chĕ, pién kōng t'siēn yè féi tō chào, dic, hujus calanticae vel solum artificium quanti constitit. In ejusmodi phrasibus, plerumque ponitur in principio id de quo agitur, ut hic 飾首 cheoŭ che, calantica quae est muliebre capitis ornamentum. Numquam hoc loco posuisset Europaeus 便 pién, et postea 也 yè, sed nativâ linguâ male utens, dixisset: ngò vén nì, tsó tché kó cheoŭ che, féi leaò tō chào kōng tsién.

In eadem significatione reperitur 說 choue pro 道 táo v. g; 過不氣過得氣說你 nì choŭe, k'ĭ te kouó k'ĭ poŭ kouó, tu ipse dicas velim, istud ne fieri potest? 他叫說你死氣不死氣 nì choue, kiáo t'ā k'i ssèe poŭ k'i ssèe, dic annon satis est ut crepet? Gall: *n'est ce pas assez pour le faire enrager?* 殺喜不殺喜他叫說你 nì choŭe kiáo t'ā hĭ chă poŭ hĭ chă, annon hoc faciet illum prae laetitiâ mori? 好的淡冷好的熱鬧是還說你 nì choŭe hoàn ché náo je tĭ haò, leng tán ti haò, dic mihi, an melius est in negotio esse, an vero in otio? vel, uter tibi magis arridet, amicus calidus, an paulo frigidior?

Sæpe 道 táo jungitur cum 理 lĭ. Exempla sunt obvia; 理道何是 ché bŏ táo lĭ, quisnam agendi modus est iste? vel quid mihi narras? &c; 理道作再地彼到 táo pĭ tí, ts'âi tsó táo lĭ, cum erimus in hoc statu videbimus quid agendum sit. Vulgo 理道 táo lĭ, significat doctrinam.

道難 nān táo, proprié significat difficile dictu est. Sed in praxi servit interrogationi, et quam raro id accidit in nostris Europæis linguis, tam frequenter occurrit in lingua sinica; 了花睛眼我是道難 nān táo ché ngò yèn tsīng hoā leaò, an affusa est meis oculis caligo? Gall: *est-ce que j'aurois la berlue?* 甩是就的聞耳你虛是就的聞耳我道難 nān táo ngò èll vén tĭ tsióu ché hiù, nì èll vén tĭ tsióu ché che, ea quae his auribus audivi falsa sunt scilicet, tibi uni quae dicuntur vera erunt; 有没也鬼有没便人道難 nān táo gīn pién mŏ yeoù, kouèi yè mŏ yeoù, quid nullus homo est, nullus ne etiam Spiritus? Id est, fieri ne potest ut nemo penitus domi sit? Nota pién 便 et deinde 也 yè ejusmodi particulae

AD LINGUÆ SINICÆ NOTITIAM.

nos fugiunt, ideo quia de sermonis elegantia parum curamus; 我耷想還道難 nân táo hoân siàng tchŏ ngò, an adhuc de me cogitaret? 道難 nân taó proprie exprimit hunc modum temporis, an vellet an cogitaret, faceret ne, &c; 人明聰等這有上世道難 nân táo chí cháng yĕou tché tĕng ts'ōng mīng gĭn, ăn posset esse in mundo vel unus ita ingeniosus? 弟小道難年同是不就 năn táo siaò tí tsióu poŭ ché t'ông nièn, non fuerim credo tecum eodem anno promotus ad gradum doctoratus?

Optimi quique scriptores addunt in fine poŭ tch'îng 成不, ut exempla docebunt; 罷道難成不了 nân táo pá leaò poŭ tch'îng, vel 成不了罷等這就道難 nân táo tsioŭ tché tĕng pá leaò poŭ tch'îng, an putas quod hoc sic abibit? 成不了忘道難你 nĭ nân táo oüâng leaò poŭ tch'îng, an illius te cæpit oblivio? 成不的假是道難 nân táo ché kià tí poŭ tch'îng, dices ne hoc esse confictum? 成不去進了飛他怕道難 nân táo p'á t'ā fēi leaò tsìn ki'ú poŭ tch'îng, an times ne volando illuc intraverit? 成不去天上聰你怕道難 nân táo p'á nĭ fēi cháng ti'ēn k'iú poŭ tch'îng, an metuo ne volando te in cælum recipias 成不我打就道難 nân táo tsioú tà ngò poŭ tch'îng, an propterea debeo vapulare? 成不死餓眞當道難 nân táo táng tch'îng ngó sseĕ poŭ tch'îng, an ego continuo fame peream? 错聽我是道難成不了 nân táo ché ngò t'îng tsó leaò poŭ tch'îng, an forte ego non bene audiverim? 道難成不去了拿都 nân táo tōu nâ leaò ki'ú poŭ tch'îng, an omnia convasavit? 我道難成不你哄 nân táo ngò hōng nĭ poŭ tch'îng, an vellem te decipere? 宇二流風道難成不受用人面後我與餘地些一留不盡占人面前被都 nân táo fōng liŏu éŭll tsée, toŭ pí ts'ièn mién gĭn chén tsīn poŭ liĕou y sié yŭ tí yù ngò heóu mién gĭn cheóu yóng poŭ tch'îng, hanc phrasim attuli, quia cum sit satis longa, litteræ tamen ita sunt dispositæ ut nulla nascatur obscuritas: dono qui vere est fōng liĕou 流風 is abhorret ab omni prava libidine, et se gerit sicut veteres illi equites, quos prædicant nostræ historiae antiquae, *Romani* dicti.

Istud 成不 poŭ tch'îng reperitur etsi non præcedat 道難 nân táo, v. g; 成不我了吃不莫 mŏ poŭ k'í leaò ngò pou t'chìng, an me vivum comedet? 成不謊說非㒵我 ngò mŏ fēi choŭe hoang pou tch'îng, an ego tibi mentior? 成不狗打你打不 pou tà nĭ, tà keoŭ pou tch'îng, si non te verbero, an pro te verberabo canem?

PARAGRAPHUS SEPTIMUS

DE 見 KIEN.

Littera 見 kién, videre, tam bene convenit auribus &c. quam oculis, sicut apud Gallos *voir*, nonullis exemplis ejus usum ostendam.

見不看 k'an pou kién, non video; 見不聽 t'ing pou kién, non audio; 鬼見你 nì kién koüèi, tu somnias, vides defunctorum manes; 見得看 k'án tĕ kién, res est levis momenti; 利見 kién lì, attendere lucro; 兒憨 yû kién, mea sententia; 兒高 kāo kién, tua sententia; 兒可 k'ò kién, videre licet; 敎見事何有知不 pou tchī yeoù hò sséé kién kiao, nescio quid me velis? Urbanitatis est: ad verbum: nescio quid habeas negotii quod me doceas, vel potius a te docear. Sic 招見人大蒙 mông tá gin kién tchāö, vestra dominatio dignata est me advocare; 蒙 mông, recipere; est etiam vox urbana; 番一敎見請 t'sìng kién kiáo y fān, rogo te me doceas; 笑見要不位列 lie oüéi, pou yāo kién siáo, obsecro vos, risum teneatis. Sic urbanè dicitur quando nostra scripta coram litteratis legimus; 喜歡見不 pou kién hoan hì, nullum laetitiae signum dedit; 走該然自好不頭勢見 kién chĭ t'eôu pou haò, tsée jēm kāi tsèou; quando quidem resistere non poteras, certe debebas fugere. Gallice : *voyant quil ny faisoit pas bon, il falloit gagner au pied;* 得見以何他問 vén t'ā hò y kién tĕ, pete ab eo cur sic ipsi videatur, seu quomodo istud probet; 得見不也 yè pou kién tĕ, hoc est incertum, vel forte ita fiet, sed non audeo quicquam asserere. Haec locutio ponitur in fine sicut et ista; 知可不也 yè pou k'ò tchī, res est incerta; 理有得說他見 kién t'ā choüĕ tĕ yeoù lì, videns quod non loquebatur sine ratione, &c.

PARAGRAPHUS OCTAVUS

DE 心 SIN

Sin est proprie pars illa corporis interior quae vocatur *cor*. Metaphorice sumitur pro animo, sive quatenus intelligit sive quatenus amat.

AD LINGUÆ SINICÆ NOTITIAM.

1°. 看細心留 lieòu sīn sí k'án, videre, vel legere cum attentione; 理論心平 p'íng sīn lûn lí, sine ullo pravo affectu, et tranquillo animo discurrere de aliqua re; 不自心小 tsée poŭ siaò sīn, non sibi satis attendit, vel curam et diligentiam non adhibet; 意着心小須 siū siaò sīn tch'ó y, oportet cautè procedere; 決是腸心的他的變改不 t'ā tí sīn tch'áng ché kŭĕ poŭ kaĭ pién tí, ejus animus mutari nullatenus potest; 移不死至石鐵如心我 ngò sīn jû tiĕ ché, tchí sseĕ, poŭ y, meus animus est veluti ferrum et marmor, etsi mori oporteat non mutabitur; 頭心在放刻時 ché kĕ fáng tsái sīn t'eŏu, semper id cogitat.

2°. 事有上心我 ngò sīn cháng yeoù ssée, sum in magna solicitudine animi; 心惱事件一有我 ngò yeoù y kién ssée naò sīn, habeo aliquid quod angit animum; 心掛夜日 gĕ yĕ koüà sīn, nocte ac die curis angitur; 樂不然必上心他 t'ā sīn cháng pĭ gên poŭ lŏ, non dubium est quid id doleat; 悶納中心 sīn tchōng nă mén est animo tristis; 切痛生好中心 sīn tchōng haò sēng t'óng ts'ie, valde est animo afflictus; 躊躇是甚下心 sīn hià chín ché tcheōu t'chû, valde irresolutus et consilii inops, vel in corde valde cogitat quid opus facto sit: tchcou t'chû est deliberare; 焦心等這須何 hô siū tché tèng sīn tsiāo, cur ita tristis es? 割刀如心 sīn jû tāo kŏ, perinde ac si gladius secaret ejus cor; 起上心從怒 nóu t'sōng sīn cháng k'ĭ, vel 起火頭心 sīn t'eŏu hò k'ĭ, cor iracundia exarsit.

3°. 了我絕拒心有他是明分 fēn míng ché t'ā yeoù sīn k'iù tsŭe ngò leaŏ, clarum est quod habeat voluntatem me relinquendi; 了來人的上心你 nĭ sīn cháng tí gîn lái leaŏ, ecce advenit ille quem amas; 你愛分十上心他 t'ā sīn cháng ché fēn ngái nĭ, te deperit, toto corde te amat; 腸心的熱火 hò ge tí sīn t'cháng, cor ardens sicut ignis; 腸心的做鐵是道難 nân táo ché tiĕ tsó tí sīn tch'áng, an ferreum pectus gerit? 的心貝做可不 poŭ k'ŏ tsó foŭ sīn tĭ, cave ne sis ingratus; 肝心的我 ngò tĭ sīn kān, animo mi; amantis et blandientis vox; 膠如意心漆似情恩 nghēn ts'íng ssée t'sì, y sīn jû kiao, arcta necessitudine conjuncti; 交形在不投心在貝所 ǒŏ koŭeĭ tsái sīn teoŭ, poŭ tsái hîng kiao, animorum unio, non corporum, plurimi facienda est; 頭心是不頭口 k'ŏŏu t'eôu poŭ ché sīn t'eŏu, aliter loqui, aliter sentire.

4°. 癢的頭心着不撓 sāo poŭ tchŏ sīn t'eŏu tĭ yàng, nequeo illum scabere ubi cor prurit. Gall. *Je ne puis le gratter ou le cœur lui demange;* 撓難癢心 sīn yàng nân nâo, difficile est scabere cordis pruriginem; 情恩顧不于銀愛只情心的我 ngò tī sin t'sĭng tchī ngái In tseè, poŭ kóu nghên t'sĭng, pecuniam unicè amo, nec de beneficiis curo; 機心少多了費 féi leaŏ tŏ chaŏ sin ky, quas machinas non excogitavit? 心費你勞 lâo nĭ féi sin, hunc laborem ne, quæso, suscipias; 心本的家自於出是 ché t'choŭ yŭ tsée kia ti pèn sin, est propria ejus voluntas, illum nemo coegit; 問自心撫 foŭ sin tsée vén, manum apponere cordi, seipsumque interrogare. Gall: *mettre la main sur la conscience*; 頭心肴模去自人各 k'ò gîn tseè k'iú mŏ tchŏ sin t'eŏu, omnes exibant cogitabundi manumque cordi apponentes; 酒下做來肝心他取 t'sù t'à sin kân lâi tsŏ hià tsioù, avelle mihi cor ejus jecurque ut illa comedam, *que j'eu fasse un dejeune*; 心剖腹割要 yào kŏ foŭ, pe'oŭ sin, volo ventrem ejus aperire, et cor secare in partes; 心回他等 teng t'a hoêi sin, expecta donec redeat ad se; 心無淡冷 leng tán vôu sin, frigidum cor nihil amat, *insensible*; 友朋服心 sin foŭ p'ông yeoù, fidelis amicus; 的腹心知 tchī sin foŭ ti, amicus intimus; 這你得難心好片一 nân te nĭ tché y p'ién haŏ sin, difficile invenitur bonus animus sicut tu es; 處之愛相腹心到說正 t'chīng choùe táo sin foŭ siang ngái tchi tch'ú, incipiebant sermones teneros miscere; 事心些有 yeoù siē sin ssée, amat; 心願這 tché yuén sin, hoc votum; 願心的許勿自我是 ché ngò tsée yeoù hiù tĭ sin yuén, illud votum feci a puero; 心鳥面人 gîn mién niaŏ sin, vultus hominis, cor aviculæ. Gall *volage, inconstant*.

PARAGRAPHUS NONUS,

DE 氣 K'I.

Hæc littera proprie scribi debet 气 k'i, et significat acrem, seu materiam subtilissimam quæ sub sensum non cadit nisi prius condensetur. Huic litteræ addita est altera 米 mĭ, quæ orizam significat. Itaque 氣 k'i, est propria tenuis vapor qui ex oriza fervente sursum ascendit. Quare 气 k'i, desiit esse in usu. Utrum autem a Sinis metaphorice usurpetur 氣 k'i, sicut apud nos *anima* et *spiritus*, ex exemplis colligetur.

AD LINGUÆ SINICÆ NOTITIAM

1º. De 氣 k'i, materialiter sumpto; 氣之暑寒 hân chù tchī k'i, frigus et calor, Intemperies vel aeris, vel humorum corruptio; 氣天 t'iēn k'i, tempus v. g. 了發氣天 t'iēn k'i noûòn leaò, tempus est calidum; 雪落氣天 t'iēn k'i lŏ suĕ, tempus quo cadit nix; 氣天更三有已 y ycoù sān kēng t'iēn k'i, hora erat tertiæ vigiliæ noctis; 氣雲 yûn k'i, nubes; 氣風 fōng k'i, ventus; 氣春 tch'ūn k'i, ver benignum; 氣秋 ts'icōu k'i, autumnus gravis; 氣地 tī k'i, clima; 氣濕 chē k'i, humiditas; 氣潮 tch'âo k'i, idem; 氣臭 tch'eóu k'i, putor; 氣霉 m.eĭ k'i, mucor; 氣元 yuên k'i, humor radicalis; 氣力 lī k'i, vires corporis; 氣血 huĕ k'i, sanguis et spiritus animales; 氣虛 k'i, hiū, debilis; 氣壯 k'i tchoáng, robustus; 氣霜 oú k'i, pruina, aer caliginosus; 力氣神精 tsīng chĕn k'i lī, firma corporis constitutio; 色氣 k'i sĕ, vultus, v. g. in ægroto qualis sit: item physionomia; 氲氤氣花 hoā k'ſiīn yūn, de suavi et occulto florum odore; 氣之魚鮑 paò yū tchi k'i, odor malus qualem exhalant pisces saliti; 毬氣 k'i k'ieoû, pila lusoria aere plena. Gallice, ballon; 得踢是最 毬氣脚好 tsoúi chĕ tĭ tă haò ki'ŏ k'i ki'eoù, lusoria pila belle ludite; 息氣 k'ſsī, respiratio; 來趕的呼呼氣人個一見只 tchì kiéu y kŏ gîn k'i hiū hiū tī kàn lâi, vidit hominem magno anhelitu se consequentem; 呼呼氣 anhelans, Gall. tout essoufflé.

2º. 氣 k'i denotat affectus animi, maxime iram; 氣憤 fĕn k'i, ira; item 氣怒 noú k'i; item 氣忿 fĕn k'i; 氣着 tchŏ k'i; esse iratum; 氣動了着 tchŏ leaò tch'ōng k'i, magna ira correptus fuit; 氣燚 fā k'i, prodere suam iram; 氣出 tch'oŭ k'i, iram evomere; 氣之平不子肚一這出兒曲箇唱且 ts'iĕ tch'áng kŏ ki'oŭ ĕll, tcho'ŭ tchĕ y toŭ tseè poŭ p'ing tchī k'i, cane mihi unam cantilenam, ad placandum animum, vel ut ira, quæ me totum movet, tantisper ponat; 肚一 y toŭ, totus venter figura usitatissima, quâ usurpant continens pro contento, ventrem pro anima; 氣悶的皮肚一了受 chéou leaò y toŭ p'ī mén k'i, tristitia implevit cor ejus; dicit 皮肚 toŭ p'ī, ventris pellem, ut sic exprimat extentionem tristitiæ quâ venter veluti distenditur; 了破氣也子肚把人教 kiaò gîn pà toŭ tseè yĕ k'i p'ó leaò, adigis me ita ut ex ira crepem, vel, ira me rumpi facies. Gall. c'est me faire crever de dépit; 氣淘 taò k'i, movere rixas, bilem excitare; 氣淘塲一了啕 taò leaò y tch'âng ngheōu k'i, Gallice, il a fallu essuyer sa mauvaise humeur; 氣澭 nchèou k'i, hoc me macerat; 氣厭 yĕn k'i, hoc indignationem movet; 氣嘔的他受要還 hoân yào chéou t'ā tī ngheōu k'i, adhuc oportet ferre ejus ineptias, ineptamque ejus indolem, ejus injurias, &c; 消不氣 k'i poŭ siāo, ira nondum posuit, quievit, iram non concoxit;

氣閒爭 tsēng hién k'í, sine causa irasci; 氣閒惹莫他叫 kiáo t'ā mó gè hién k'í, suade illi ne frustra iram excitet, in re quæ ad ipsum nihil attinet; 惱氣嬰不 pou yāo k'í nao, noli, quæso, irasci; 氣合他與 yù t'ā hŏ k'í, rixari cum alio; 昏發的氣 k'í tī fā hoēn, præ ira non est apud se; 的 ti pro 得 tè; 聲吞氣忍 gīn k'í t'ūn chīng, vel 氣吞聲忍 gīn chīng t'ūn k'í, patienter ferre, iram comprimere; 人死氣 k'í sseè gīn, adigere ad insaniam, ad mortem, Gall. *faire enrager*; 死氣的活活不他怕不 pou p'á t'ā pou hoūŏ hoū ti k'í sseè, non timeas ne ex ira et mærore vivus moriatur. Gall. *surement il mourra de chagrin*; 死氣生氣 k'í sīng k'í sseè, magna ira corripi; 氣斷 toūŏa k'í, mori 了斷已氣 k'í y toūŏa leaŏ, jam mortuus est.

3°. 氣 k'í, metaphorice sumitur; 氣義 y k'í, zelus pro justitia; 氣福 felicitas 氣和好 k'í, pacificus; 氣傲 ngào k'í, superbia. Gall. *fierte*; 氣大 tá k'í, magnanimus; 氣小 siào k'í, pusillanimus, cor arctum; 氣正 t'chìng k'í, animus rectus, homo cui fidere possumus; 氣豪 haò k'í, animi fortitudo ac robus, Gall. *un homme courageux*; 夢雲吞氣 k'í t'ūn yūn móng, deglutiret mare integrum. Apud nos, malum sensum habet hæc metaphora; non item apud sinas: 夢雲 yūn móng, est maximus lacus vulgo dictus 湖庭洞 tóng t'ìng hoù; 氣有是弟小 siaŏ ti ché yoù k'í, ego sum firmus et constans; 氣迷 mí k'í, stupidus; 氣瘋 stultus; 氣精 tsīng k'í, vividus et acer, Gall. *vif agissant*; 氣筆 pi k'í, de compositione eleganti, Gall. *lair le style*; 象氣 k'í siang, Gall. *lair, les manieres*, v. g; 象氣之人聖 chīng gīn tchì k'í siáng, hoc habet speciem sancti, vel, ita se gerit sanctus.

4°. Sinæ dicunt 氣靈 lǐng k'í, intelligens anima; 氣神 chīn k'í, spiritualis anima; 氣志 tchi k'í, animus consilii tenax; 氣知 tchī k'í, cognoscens anima. Utrum porro hæ voces non possit tam bene designare animam hominis, quam illæ duæ litteræ; 魂靈 lǐng hoēn, quibus utuntur christiani sinæ, judicent alii.

PARAGRAPHUS DECIMUS.

DE 口 K'EOU.

口 ke'où, os hominis. Non minus late patet hæc littera quam 氣 k'í paragraphi superioris; 他罵口破該不 pou kāi p'ŏ k'eoù má t'ā, non oportebat illum tot maledictis petere; 口角他與 yù t'ā kiŏ k'eoù, vel 口講 kiàng k'eoù, vel 口撕 si koeù, vel 口各 kŏ k'eoù, verbis injuriosis aliquem afficere. Gall. *quereller*; 口其狐 k'ièn k'í k'eoù,

AD LINGUÆ SINICÆ NOTITIAM.

os ipsi linguario claudere; 箝 k'iĕn, significat fraenum; 爭 厮 口 交 kiāo k'eoù t'sĕ tsēng, invicem altercari, v. g. de pretio alicujus rei; 舌 口 非 是 chè fēi k'eoù chĕ, verborum contentiones; 吃 口 k'eoù k'ī; balbus, linguâ impeditus; 口 簧 hoàng k'eoù, blandus deceptor; Gall. *un enjoleur;* 口 佞 níng k'eoù, adulator; 口 利 lī k'eoù, maledicus mordax; 口 毒 toù k'eoù, os venenatum; 口 長 t'châng ke'où, garrulus; 口 多 tō ke'où, loquacior; 滑 口 ke'où hoă, os lubricum; 非 是 出 引 滑 口 家 子 哇 怕 只 tchì p'á oüä tseĕ kiā, ke'où hoă in tch'où chè fēi, timeo, ut puer est, ne aliquid effutiat, unde jurgia nascantur; 口 了 走 tseoù leaò ke'où, garrivit, secretum non tenuit; 了 口 多 我 是 chè ngò tō ke'où leaò, nimium fui loquax; Gall. *j'ai eu trop de langue;* 兒 小 口 黄 hoàng ke'où siaò êll, parvulus puer, Gallice, *un bel jeune;* 才 口 有 yeoù ke'où ts'âi, esse disertum, expeditè loqui; 臭 口 ke'où t'cheóu, fædum os, olens balitus; 口 漱 seóu ke'où, os abluere. Gall. *se rincer la bouche;* 口 檀 t'ân ke'où, os suave olens; 口 禁 kín ke'ou, ori imperare, quando ægrotas, nihil manducare quod noceat; 乾 口 k'ân kŏu, vel 渴 口 ke'où k'ŏ, sitire, os siccum habere; 口 上 不 吃 k'í pŏu cháng ke'ou, non posse manducare, præ nauseâ; 了 乾 口 一 y ke'ou kān leaò, uno haustu siccavit; *il la avale d'un trait;* 口 一 了 呷 hiă leaò y ke'ou, accepit unum haustum, Gall. *une gorgee;* 汁 湯 口 幾 了 呷 hiă leaò k ī ke'ou t'āng tchĕ, sumpsit aliquot haustus jusculi; 口 吐 t'ŏu ke'ou, mentem aperire; 氣 口 這 了 出 tc'hoù leaò tchĕ ke'ou k'ī, cum hunc aditum dedisset, vel alio sensu, cum iram evomuisset; 氣 口 的 他 看 k'ân t'ă tī ke'ou k'ī, videndum quod loquatur, aut quid intendat; 氣 惡 口 這 得 消 怎 tsēng siāo tĕ tchĕ ke'ou ngŏ k'ī, quomodo posset hæc patienter ferre, Gall. *le moyen d'avaler et de digerer cela?* 道 氣 口 一 了 嘆 t'án leaò y ke'ou k'ī táo, suspirans, dixit, &c; 口 隨 souì ke'ou, vel 口 信 sin ke'ou, loqui ex tempore, sine præparatione; 他 了 吞 氣 口 一 得 不 恨 hén pŏu tĕ y ke'ou k'ī t'ūn leaò t'ā, vellet illum unico oris hiatu deglutire; 口 充 不 食 身 遮 不 衣 y pŏu tchĕ chin, chĕ pŏu tch'ŭng ke'ou, in extrema est necessitate: ad verbum: nec vestem habet qua tegat corpus, nec cibum quo os impleat; 然 了 自 心 我 說 不 雖 口 他 t'ă ke'ou soŭi pŏu choŭĕ, ngò sīn tseĕ leaò gên, etsi nihil dixerit, ego tamen bene intelligo; 口 虎 於 落 lŏ yû hoù ke'ou, est intra dentes tigridis, i. e. in periculum incidit, 息 氣 無 全 鼻 口 ke'ou pí ts'uén voŭ k'ī sī, nullum dat vitæ signum, efflavit animam; 遊 口 一 有 只 裡 這 在 兒 氣 tchì yeou y ke'ou yeou k'ī êll tsài, tchĕ lī, tantum restat parvus halitus

s 2

errans circa labia. Gallice, *n'avoir plus qu'un souffle de vie*; 令眞詩其讀香俱舌口人 toŭ k'ĭ chī, tchīn līng gīn ke'ou che kiŭ hiāng, sola carminum ejus lectio totum os suavissimo perfundit odore. Gall. *embaume la bouche*; 得不合口了開 k'ái leaò ke'ou hŏ poŭ te, ore hiante et aperto remansit; 得不語言呆口睜目 moŭ tsēng ke'ou ngai, yên yu poŭ te, remansit apertis oculis, et ore hianti nec ullum verbum proferre poterat; 言無口有 yeou ke'ou voŭ yên, non audebat loqui; 心無口有 yeou ke'ou voŭ sīn, tu me verbis deludis; 舌口多許費徒 t'òu féi hiu to ke'ou che, quam multa verba frustra perdidit! 言狂口謗 k'oŭa ke'ou k'oŭáng yên, verba jactantiæ et stultitiæ plena; 口大了謗 k'oŭa leaò tá ke'ou, se inepte jactare; 道喝大裡口 ke'ou lĭ tá hŏ táo, magna voce clamans, dixit, &c; 疾道聲喝詞有念念中口 ke'ou tchong nién nién yeou ts'eê, hŏ ching táo tsĭ, incantamento ore immurmurans, elata voce, dixit, cito, &c. (Agitur ibi de magno incantatore); 強口還伺 chàng hoàn ke'ou ki'àng, adhuc garrire vis, Gall. *tu raisonnes encore?* 口牲 sēng ke'ou, vel 口頭 te'ôu ke'ou, unum jumentum; 口頭了騎 k'ĭ leaò te'ôu ke'ou, ascenderat jumentum, Gallice, *une monture*; 口海 hài ke'ou, fretum; 口山 chan ke'ou, montium fauces; 口湖 hoù ke'ou, os lacûs; 岸口大 tá ke'ou ngán, magnum emporium; 家口八 pa ke'ou kia, domus hominum octo, Gall. *de huit bouches*; 開不縫口 ke'ou fûng poŭ kai, nulla est rima; 口路字十 chē tsée loú ke'ou, quadrivium, Gall. *un carrefour*; 木棺口一 y ke'ou koŭan mŏu, una sandapila; 猪口一 y ke'ou tchū, unus porcus; 鍋口一 y ke'ou ko, sartago, Gall. *poele a frire*; 瓦口幾 kĭ ke'ou oŭà, aliquot tegulæ, &c.

PARAGRAPHUS UNDECIMUS

DE 手 CHEOU.

手 cheou, manus; 額加手以 y cheou kia nghe, manum fronti apponere; 俯手兩地在伏 leang cheou fou foŭ tsái tí, manibus innitens prosternit se usque ad terram; 跡筆手親 ts'in cheou pi tsi, litteræ propriâ manu excavatæ; 筆手的人女個一是 ché y kó niu gīn ti cheou pi, hoc a femina scriptum. Gall. *c'est une ecriture de femme*;

手親付交要 yāo kiáo fóu ts'īn cheoù, oportet hoc tradere in manum propriam; 頭手在不却 kiŏ poŭ tsái cheoù te'ôu, non habeo præ manibus; 手匹 p'ĭ cheoù, de manu in manum; 兒手的白雪雙一 y choāng suĕ pĕ tĭ cheoù ĕll, manus nive candidiores; 帕手 cheoù pá, sudarium, Gall. *mouchoir*; 去同手着拉手佃與 yù t'ā cheoù lā tchŏ cheoù t'ông k'iú, cum illo junctis simul manibus abiit; 去而手分 fēn cheoù, ĕll k'iú, dimisit ejus manum, abiitque; 跌一步一手着挽手 cheoù oüan tchŏ cheoù y póu y tiĕ, manibus invicem se trahentes, cadebant ad singulos passus; 手的我了着污 oŭ tchŏ leaò ngò tĭ cheoù, inquinavit meas manus; 手我了氷 pīng leaò ngò cheoù, manus mihi glacie frigidiores reddidit; 手放肯不 poŭ k'ĕng fáng cheoù, non vult desistere; 成而手唾管包 pao koüan t'ó cheoù ĕll tc'hîng, spondeo (me) rem cito et facile absolutum iri, Gall. *dans un tour de main;* 手砲 p'aó cheoù, is qui tormenta explodit, Gall. *un canonnier;* 手水 choŭl cheoù, nauta, Gall. *un matelot*; 手書 chū cheoù, scriba, amanuensis; 手賣 mái cheoù, mercator; 高手 cheoù kao, est valde habilis; 手老 laò cheou, peritissimus; 段手 cheou touon, habilitas; 一得做線針好手 tsó tĕ y cheou haò tchīn seen, optime scit acu laborare; 手幫了有日今 kīn jĕ yeoù leaò pang cheou, nunc habeo qui me adjuvet; 手幫得來 lái te pang cheou, venit ad adjuvandum; 脚手弄便不 poŭ pién long cheou kiŏ, non est locus strophæ et dolis; 脚手了慌家大 tá kia hoang leaò cheou kiŏ, omnes adeo turbati sunt, ut nullam technam reperire potuerint; 手下 hiá cheou, incipere opus, aliquid aggredi; 下手 cheou hiá, ab aliquo pendere, Gall. *être sous quelqu'un;* 弟子手游班一 y pan yeou cheou tseè tĭ, otiosorum juvenum turba; 手後 heóu cheou, furtum clam factum; 厮手 cheou sseĕ, latrinæ; 手净 ts'îng cheou, vel 手解 kiaì cheou, alvum deponere.

PARAGRAPHUS DUODECIMUS.

DE 大 TA.

小小大大 tá tá siaò siaò, omnes magni et pusilli; 話大 tá hóa, magnifica verba; 胆大 tá t'ân, magna audacia; 化造的大天 ti'ēn tá tĭ tsaò hóa, optima fortuna, maxima felicitas, velut cælum; 大胖 po'uàn tá, crassus et magnus; 尚和大 tá hó cháng, primarius bonzius; 路大馬官 koüan mà tá lóu, latum iter seu via regia quâ transeunt mandarini, et equites. Gall. *grand chemin*; 大老 laŏ tá, vel 官老大 tá laŏ koüon, sic appellant primum seu majorem natu inter fratres; 悲傷徒大老 laŏ tá t'òu chang pei, senex frustra luget præteritos annos; 爺大 tá yě, sic vocatur urbis gubernator; 步踏大 tá tă pou, cito et magnis passibus; 房大 tá fâng, legitima uxor; 緊要大不 pou tá yao kin, facile est, vel non adeo necesse; 帝皇行大 tá hîng hoâng ti, defunctus Imperator; 便大 tá piĕn, vel 慈大 tá kong, ventrem exonerare, &c.

PARAGRAPHUS TREDECIMUS.

DE 好 HAO.

Nulla forte littera sæpius occurrit. Hic selectiores tantum ejus usus subjicio; 好是少多 tŏ chaŏ ché haŏ, quanto satius? 好是生怎 tsèng seng ché haŏ, quid ergo faciendum? 好甚等這 tché tèng chín haŏ, hic modus est optimus; 是只好是便好 haŏ piĕn ché haŏ tchì ché, bene quidem est at enim &c; 好去裡那想思 ssĕ siàng nà lì k'íu hаŏ, cogitabat quo se potius reciperet; 好不得弄越事這 tché ssée yuĕ long té poŭ haŏ, hoc negotium est in statu longe pejori; 好不止我好不止你 nì yĕ poŭ haŏ ngŏ yĕ poŭ haŏ, istud nos ambos perderet; 裡這在怪妖有了好不 poŭ haŏ leaŏ yeoŭ yāo koüái tsái tché lì, perii sunt hic lemures; 怎子君文斯是你事人小這行好麽 nì ché ssée vên kiūn tsèe, tsèng mó haŏ hîng tché siaŏ gîn ssée? tu vir urbanus es et honoratus, quomodo potes facere ista quæ vilis nebulo vix faceret; 了好加愈 yù kiā haŏ leaŏ! Sic multo melius erit; 麽好知可憐見肯若 jŏ k'ĕng kién lièn, k'o tchī haŏ mó, si vellet mei miserescere bonum profecto esset. Nota in hàc phrasi. 1º. Littera *mo* non interrogat. 2º. littera 見 kién majorem habet gratiam quam si diceretur 憐可 ko liên, vel etiam 見憐可 k'o liên kién, 3º. dicitur quoque 好是知可 k'o tchī ché hao, perspicuum est quod esset bonum; 笑好等這見曾不 poŭ tsēng kién tché teng hao siaó, nihil unquam, vidi tam ridiculum; 看好 hao k'an, pulchrum visu; 相看好不 poŭ hao k'án siāng, habet tristem speciem, vel generatim indecorum est; 吃好 haò k'í, optimi saporis, Gall. *bon à manger*; 話說好今如 joú kīn haò choüē hoá, potest nunc res proponi, Gall. *il fait bon parler*; 飯吃好今如 jŭ kin haò k'i fán, nunc hora est prandii; 的惹好是不子性我 ngò síng tseè poŭ ché haò gè tĭ, ita sum a natura, ut me irritare tutum non sit.

麽好 haò mó, quomodo vales; 些好 haò siĕ, paulo melius; 好得不 poŭ tĕ haò, non possum convalescere; 了好 haò leaò, convalui; 了好病 píng haò leaò, ex morbo sanatus; 死餓不豈飯茶了斷若人個一好好 haò haò y kó gīn, jŏ toŭon leaò t'châ fán, k'é poŭ ngó ssèe? homini recte valenti, tolle cibum et potum, nonne fame peribit? Nota discrimen utriusque linguæ, in modo quo disponuntur voces; 了好是還般一命性 hoân ché haò leaò sīng míng y poŭan, perinde ac si vitam tibi servasset; 思意好不 poŭ haò y ssēe, vix poterat aliter fieri. Istud 思意 y ssee, hunc habet sensum. v. g. 思意些有 yeou sie y ssee, satis belle, v. g. dixit, vel fecit; 意好是不 poŭ ché hao y, non habet bonam intentionem; 好恰 k'iă haò, commode, ex tempore, Gallice, *justement, juste, a point nommé*; 好恰此如 jŭ tseè ki'ă hao, hoc modo sane ex sententia; 漢好條一 y ti'âo haò hán, fortis ac validus. Gall. *un brave*; 好也 yè hao, transeat, utique, Gall. *passe*; 話好 hao hoá, bona verba, vel sensu contrario et ironice, præclara narras scilicet! *Tu nous en contes de belles*; 好美 mèi hao, pulchrum et bonum, perfectiones; 反好 haò tài, determinatè, Gall. *a quelque prix que ce soit*; 來反好你走走 nĭ hao tài lâi tseoù tseoù, volo absolute ut ad me venias; 的好好 hao hao tĭ, ne propera, paulatim, Gall. *doucement*, vel noli quæso irasci, vel noli te macerare, vel quod commodo tuo fiat, vel bona valetudine fruitur. Ne tamen putes ex multiplici unius locutionis sensu sermonem sinicum obscurum esse: sensus quippe ex adjunctis clare cognoscitur; 趣沒生好 hao sēng mŏ t'sú, se deridendum præbuit. Istud 生好 hao seng, auget rem; 放生好下不心 hao seng fang sin pou hia, nullo pacto possum animo conquiescere.

貨好 hao hó, divitiarum amans; 色好 haò sĕ, voluptati deditus; 勇好 haò yong, bellicosus, qui amat videri fortis; 酒好 hao t'sioù, vini potator; 玩好 haò oŭan, nugator, Gall. *badin*.

PARAGRAPHUS DECIMUS QUARTUS.

DE 待 TAI.

1º. Significat expectare; 的怎待走不你 nì poŭ tseoù, tái tsèng tĭ, non te proripis, quid expectas? 他問我待 tái ngò vén t'ā, expecta donec illum interrogem; 心苦些費我待 tái ngò féi siĕ k'où sīn, necesse erit ut aliquem conatum adhibeam; 他翌回我待 tái ngo hoêi fou t'ā, expecta dum ei responsum dedero.

2º. Significat tractare; 待伏晚早 tsao oŭan fou tái, mane et sero humiliter servire; 待管 koŭàn tái, bene tractare, v. g. 他待管麼甚些胐安得不少 chao pou tĕ ngān pái sie chín mó, koŭàn tái t'ā, necesse est aliquid parare ad illum bene excipiendum; 意好將我我待禮無反他他待 ngo siang hao y tái t'ā, t'ā fán voŭ li tái ngo, illum bono animo recte tractavi, et ille me contempsit, inurbaniter habuit; 待相 siāng tái, sese mutuo bene tractare; 待相禮優 yeou li siang tái, in congressu tractare aliquem honorificentius quam ejus conditio exigit; 人待服人之福無待服人人之福有 yeoù fou tchi gîn, gîn fou tái, voŭ fou tchi gîn, fou tái gîn, is cui fortuna favet, habet servos cui vero non favet, servus esse cogitur.

3º. 待 tái jungitur cum 要 yāo, et satis difficile est divinare quid tunc significet; 去要待欲我去不要待欲 yŏ tái yāo poŭ k'iù ngò yŏ tái yāo k'iú. Si volo ire, si autem volo non ire. Quid ad hunc sensum addant duæ litteræ 要待 tái yāo, nondum scio. Sic 天上着窒就我天上要待你 nì tái yāo chang ti'en, ngo tsiou souĭ tchŏ cháng ti'en, si ascendas in cælum, ego statim sequar et tecum ascendam (in cælum); 海探荠隨就我海探要待你 nì tái yāo t'ān hài ngò tsioŭ soŭi tcho t'ān hài, si te projicis in mare, ego me quoque tecum projiciam.

4º. Forte significat *cum vel quando*, ut ex sequentibus exemplis magis patebit; 待却走要 k'iŭ tái yāo tseoù, &c, sed cum vellet fugere &c; 門出待却 kiŭ tái tch'ŏu mên, in ipso tempore quomodo exibat; 兒些睡待我 ngo tái chúi sie eŭl, vix somnum capiebam, cum &c; 也我打又來說要待我 ngŏ tái yāo choŭé lài yeoŭ tă ngo yè, si quando volo loqui, statim me verberat. In 3º. nº. potest esse idem sensus.

5º. Jungitur cum 吃 k'i, manducare; 吃待懶 lăn tái k'ĭ, cibos non appeto; Gall. *n' avoir pas d'appetit*; 吃待不本裡心我 ngo sīn lĭ pĕn poŭ tái k'i, vel nondum esurio. Si quis dicat quod 吃待 significet expectare cibum, non repugnabo.

6º. 去裡那走待師的我了殺你 nì chă leaò ngò tī sēe, tái tseoù nà lĭ k'iú, magistrum meum occidisti, quo tandem vis effugere? 來待去我 ngò k'iú tái lâi, ego abeo, en adsum &c.

PARAGRAPHUS QUINTUS DECIMUS.

DE 敢 KAN.

1º. 敢 kàn significat proprie audere; 當阻來敢人誰 chòui gîn kàn lâi tsoù táng, quis audeat impedimentum afferre? 葷食敢不 poŭ kàn chĕ hoĕn, jejuno, non ausim ista manducare: per 葷 hoĕn intellige, cæpe, allia, carnem quoque et pisces &c quæ secta Foe manducare vetat; 聲則敢不 poŭ kàn tsĕ chìng, mutire non audet; 敢不也子鼻嗅一嘩輕 pí tsè yè poŭ kàn, king hioŭ y hioŭ, animam naso ducere ne quidem audet, Gall. il n'ose pas souffler; 歷說敢是可話句一有 yeoŭ y kū boá, k'ò chí kàn choüĕ mò, habeo unum verbum, licet ne loqui; nos non uteremur illo 是可 k'ò chí, posset quoque dici 歷的得說是可 k'ò chí chuĕ tĕ tĭ mò.

2º. Sæpissime 敢 idem est ac puto, sic existimo, mihi videtur, &c; 生王是敢 kàn chí oüáng sēng, puto quod sit Ouang seng, Gall. je pense que c'est le jeune ouang; 他走就敢 kàn tsioŭ ché t'ā, ni fallor ipsus est; 也來哥哥是敢着望遠 yuen yuén oüáng tchŏ, kàn ché kō kō lâi yè, aspiciens a longe, videtur mihi quod ille qui venit est meus frater; 了拖猫野被敢 kàn pí yè mâo t'ō leaò, felis agrestis illum forte arripuit; 有是敢鬚髭些 kàn ché yeoŭ siĕ t'sée sŭ, habet, ni fallor, paululum barbæ; 我哄你是敢 kàn ché nĭ hông ngò, puto quod imponas mihi; 了認錯敢你 nĭ kàn t'só gìn leaò, forte non bene noveris; 歷饑敢你 nĭ kàn kī mò, videris mihi esurire, Gall. n'auriez vous point faim? 了饑肚是敢 kàu ché tóu kī leaò, fame, ni fallor, premeris; 間時一子娃娃養耍是敢來起疼肚就 y chĭ kien tsioŭ tóu t'óng k'ĭ lâi, kàn ché yĭlo yáng oüá oüá tsèè, derepente doluit venter, puto quod velit parere. Nota 間時一 y chĭ kien, derepente, et 娃娃養 yáng oüá oüá, filiolum in lucem odere; 與日昨我了惱是敢你笑取你 ngò tsò gĕ yù nĭ t'òu siáo, nĭ kàn ché naò leaò, heri tecum per jocum loquebar, credo quod mihi sis iratus; 夥入上山來也私家拾収倿隨怕敢 kàn p'á sońi heóu cheóu chĕ kiā sēe, yĕ lâi chăn chàng gĕ hò, brevi ut arbitror res domesticas componet, seu, vasa colliget, atque hunc montem ascendens in nostrum gregem se recipiet;

也 到 晚 早 在 只 也 怕 敢 kàn p'á yè tchī tsái tsaò oüàn táo yè, his diebus, vel mane, vel sero, ut opinor adveniet; 也 來 待 敢 晚 早 這 tché tsaò oüàn kàn tái lâi yè, credo quod hodie venturus sit.

3º. Sunt et alii modi quibus idem iste sensus exprimitur. 1º. 菅多 tŏ koüàn, v. g. 菅多 旬 五 至 及 未 tŏ koüàn ouéi kĭ tchí où sūn, vel 旬 五 及 未 是 菅多 tŏ koüàn ché ouéi kĭ où sūn, nondum, ut puto, annos quinquaginta attigit. Sic dicitur: 他 是 敢 多 tŏ kàn ché t'â, non dubito quin ipse sit. 2º. 情管 koüàn t'sìng, v. g. 到 先 你 比 情管 koüàn t'sìng pĭ nĭ sien táo, puto quod prius perveniet quam tu; 了 好 就 情管 koüàn t'sing tsioú haò leaò, arbitror quod res statim erit in vado, vel confido quod cito citius convalesces; 有 没 兒 事 些 一 情管 koüàn t'sìng y siē sséc eŭll mŏ yeoù, hoc pacto mihi videtur nihil esse timendum. 3º. 怕 p'á, v. g. 起 未 是 此 怕 只 tchī p'á t'seè chĭ ouéi k'ĭ, puto quod hâc horâ nondum è lecto surrexerit; 好 不 怕 恐 k'òng p'á poŭ haò, non videtur bonum esse.

Facile esset plures adhuc litteras eodem modo exponere. Sed quæ dixi sufficiunt ad dandum aliquod specimen; præsertim cùm lingua sinica sit tam locuples ut nequeat exhauriri. Particulæ de quibus postea tractabo, novum et majus studium postulant.

ARTICULUS SECUNDUS.

DE PARTICULIS

in sermone adhiberi solitis.

Hic articulus nimium excresceret, si vellem singillatim notare bene multa quæ unusquisque tum per seipsum, tum ab amanuensi sinico leviter adjutus, facile poterit cognoscere. Sicque non modo in singulis paragraphis, sed etiam in quolibet cujusque paragraphi numero mecum colliget quamplurimos loquendi modos, quos diligenter imitabitur, si recte loqui desiderat.

Igitur in omnibus exemplis quæ toto hoc articulo proferam, notabis litteras omnes, seu particulas, quæ nobis viris Europæis in mentem venire non solent, ut sic paulatim discas loqui sinice. Frustra enim recte pronuntiabis omnes accentus, si sinicis loquendi modis non uteris. Sed si sermo tuus sinicus est, et contra sinicos accentus aliquid pecces, apparebit quidem te esse hominem exterum, Sinæ tamen satis facile mentem tuam intelligent.

PARAGRAPHUS PRIMUS

DE PARTICULIS NEGATIVIS.

1º. Sit 没 mŏ, quæ differt à 莫 mó, ut patebit infra; 没 mŭ, fere semper subaudit 有 yeoŭ, v. g. 柄巴没 mŏ pā pĭng, idem est ac mŏ yeoŭ pā pĭng, nullum est fundamentum, nihil est quod apprehendas; 何奈没 mŭ nái hŏ, non potest aliter fieri; 法没得弄 lŏng tĕ mo fă, tam male habitus est, ut quo se vertat ignoret; 味意毫一没 mŭ y hâo y oŭsi, nullus erat sensus, nullus sapor, nulla mica salis; 緒頭箇没 mo kó te'oŭ sú, nullus ordo, nulla series, Gall. *ni pied ni tête*; 噓没場一了受 cheóu leaò y t'chàng mŏ t'sú, exsibilatus est, *il fut sifflé*; 聞不日一没 moŭ y gĕ poŭ hièn, semper vacat, continuo fruitur otio; 腦没頭没 mo te'oŭ, mo naò, sine capite sine cerebro; 没上身穿得 chīn chàng mo tĕ tcho'ŭēn, nihil habet quo se vestiat; 吃得没裡口 ke'oŭ li mŏ tĕ k'ī, nihil habet quod manducet.

2º. 不 poŭ, cujus pauca exempla dabo, quia nimis crebro occurrit; 肯不 poŭ k'èng, non vult; 消不 poŭ siāo, non necesse est; 怕不 poŭ p'á, noli timere; 了好不 poŭ haò leaò, male se res habuit; 人的你是不愁不 poŭ tse'oŭ poŭ chí nĭ tĭ gĭn, ne sis sollicitus, effugere non poterit, erit tua.

3º. 休 hieŏu, v. g. 要休 hieŏu yāo, idem ac 要不 pou yāo, noli; 的我哥哥了忘要休語言 kō kō, ngŏ tĭ yèn yù hieŏu yāo vâng leaò, frater cave ne obliviscaris verba mea; 怪休 hieŏu koŭái, ne mireris; 話這說休 hieou choŭĕ tché hoá, ne quæso hæc dicas; 了走他敎休 hieŏu kiáo t'ā tseoŭ leaò, cave ne se det in fugam, *ne se loissen pas echapper*; 見看他敎休 hieŏu kiáo t'ā k'án kién, non oportet illi ostendere, cave ne videat; 語是不言是耍休 hieou yāo ché yèn poŭ ché yù, vide ut stes promissis et eadem constanter loquaris; 他理要休料材是不他 t'ā poŭ ché tsâi leaò, hieou yāo lĭ t'ā, ineptus est, noli de eo curare.

4º. 別 piĕ eodem plane sensu dicitur ac 休 hieŏu; 着信要別 piĕ yāo sín tchŏ, ne magnam fidem adhibeas; 嘴說要別你 nĭ piĕ yāo choŭe tsoŭi, vide ne garrias; 我怪他交他對我說要別你 nĭ pie yāo choŭe ngŏ toui t'ā choŭe kiáo t'ā koŭái ngŏ, ne dicas quod ego hoc illi dixerim, ne forte de me conqueratur; 交 kiáo, idem est ac 敎 et 叫 kiáo.

5º. 莫 mó, quæ paulo latius patet. 1º· enim sæpe confunditur cum jam allatis; 他管莫 mó kouàn t'ā, ne cures de illo; 笑莫 mó siáo, ne ludibrio illud habeas; 怪見要莫 mó yāo kién kouái, (tam bene diceres 要休 vel 要別 pie yāo,) ne quæso mireris, aut mihi indigneris; 了錯認要莫 mó yāo gín t'só leaò, noli errare; 了錯非莫 mó féi t'só leaò, nisi forte erraverim. 2º· Jungitur sæpe cum 若 jo et sensus tunc est, quod nihil melius sit quam, &c. v. g. 印講兵息若莫計之日今為 ouéi kīn ge tchī kí, mó jo si pīng kiàng hò, melius consilium quod nunc capi possit, est arma deponere et loqui de pace; 罷也媒做他呌若莫 mó jo kiáo t'ā t'só mòei yè pá, satius est illo uti, has nuptias conciliet. Istud 罷也 yè pá vix explicari potest, quia non ita solemus loqui.
3º· Quando sequitur 於 yū signum est quod fiat aliqua comparatio. v. g. 甚莫情七女男於甚莫欲六欲愛於 t'sī t'sìng mó chín yū ngái yo, lou yo mó chín yū nân niù, inter septem passiones nulla fortior est quam amor, et inter sex amores, nullus est fortior eo qui est inter marem et fœminam. 4º· Sæpe jungitur cum 說 choŭ, vide infra particulam 就 tsióu; 雖不也簡卜帶便子各簡一帶說莫思意些有果若 jo kò yeoù sié y ssée mó choue tái y kò mìng tseè pién tái che kò yè pou nân, si qua spes affulgeat habendi quod promittis, non tibi nunc duntaxat (baccalaurei) nomen tradam, sed facile concedam decem; 便 pién respondet duabus litteris 說莫, et 就 eodem modo respondet particulæ 便 pién; 人於借假肯不也笑一覷一是就做肯不爭樣別說莫子男見 kién nân tseè, mó choue pie yàng sseè pou k'ĕng tsó, tsióu ché y p'ìn y siaó yè pou k'ĕng kiā ts'eè yū gīn, si forte videat aliquem adolescentem, non modo nollet facere quidquam minus honestum, sed nequidem illum intueri et leviter illi subridere licitum putat; 是就 tsióu chí, idem est ac 便 pién.

6º· 無 vou, nihil; 無皆女尺男寸 ts'ún nân tc'he niù kiāi vou, nec filium nec filiam habet; 無上地有上天 t'iēn chàng yeoù, tí chàng voū, in cælo forte reperitur, at super terram non datur; 畧無毫織 sien hâo voū y, ne minima quidem differentia est; 人無方四 ssée fāng voū gīn, ex omni parte nullus apparebat; 寶價無 vou kiá paò, res quæ prætium non habet, un bijou sans prix.

7º· 未 ouéi, nondum 未也了說 choŭe leaò yè ouéi, dixisti ne an nondum etiam?

8º· 非 féi, v. g. 可小同非 féi t'óng siaó k'ò, res est non parva, momenti non levis; 易容同非 féi t'óng yông y, hoc non est ita facile.

Non dubito quin usurpentur 勿 vou 咻 vòu 弗 fo, et 否 feoù. Sed non occurrunt mihi exempla; 匪 féi 靡 mì 罔 vàng 亡 vàng 死 voū, habentur in veteribus libris.

PARAGRAPHUS SECUNDUS

DE PARTICULIS AUGMENTATIVIS.

1º. 太 t'ái, v. g. 險太計這 tché kî t'ái hièn, hoc consilium nimis periculosum est; 謙太耍不 poŭ yāo t'ái ki'ēn, ne nimium modestus sis; 些靜冷太 t'ái lèng tsīng siĕ, paulo frigidior, hoc dicitur vel de loco vel de homine; 些了易容太又 yeoú t'ái yông y leaò siĕ, at illud quoque nimis facile est; 了重說太也話句幾這你 nì tché kî kiú hoá yè t'ái choŭĕ tch'ông leaò, hæc à te dicta sunt nimis duriter; 太目題易容出 t'ì moŭ t'ái tch'ŭ yông y, hoc argumentum facilius est. Nota 1º· transpositionem regiminis 話句幾這 non vero choŭĕ tché kî kiú hoá; 出目題 non vero tc'hŭ t'ì moŭ; 2º· transpositionem litteræ 太, non ait 重太說 sed t'ái choŭĕ tch'ông, non dicit 易容太出 sed 易容出太. Lingua latina aliter ordinat partes orationis, aliter lingua gallica, vel Lusitana. Sinica habet aliquid ex omnibus; 子鬚有沒光太上嘴 tsoùi chàng t'ái koŭāng, mŏ yeoù hôu tseĕ, ejus labia nimis lævia sunt, nullum apparet barbæ vestigium; 神精了損免未過太心用 yóng sīn t'ái kó, oüéi mièn sùn leaò tsīng chìn, animum nimis intendisti, fieri non potest quin vires imminueris.

2º. 忒 t'ĕ idem fere est ac 太 t'ái, v. g. 我得害是只我留要意好是雖簡些毒忒 sōui chí haò y yāo lièoŭ ngò, tchì chí hái tĕ ngò t'ĕ toŭ siĕ kó, licet intentio me detinendi apud vos bona fuerit tamen non leve damnum intulistis mihi; 了狠忒手下 hià cheoù t'ĕ hèn leaò, nimis graviter percussisti; 些了早忒却 k'iŏ t'ĕ tsaò leaò siĕ, Gall. *il est un peu trop matin*; 了細精忒 t'ĕ tsīng sí leaò, hoc nimis subtile ac delicatum; 高忒睛眼的我是知不又 yeoú poŭ tchī chī ngò tī yèn tsīng t'ĕ kāo, forte nimis delicati fastidii sum ego: oculos habeo nimis altos; 心多忒也你 nì yè t'ĕ tō sīn, *vous prenez les choses trop a cœur*, nimis afficeris; 了相惡得有忒 t'ĕ k'àn tŏ ngò siáng leaò, non ita fœdus est ac visus est tibi; 了急吃忒酒 tsioŭ t'ŏ k'ī kí leaò, vinum nimis festinanter bibi.

3º. 甚 chìn. Exempla sunt innumera; 透週甚不埋文 vèu lí poŭ chìn t'òng te'òu, *ce n'est pas un grand clerc*, non est admodum acutus et perspicax; 怪奇是甚 chìn ché k'ì koŭái, *cela est bien drôle*, hoc valde mirum est; 相雅不甚 chìn poŭ yà siáng, hoc erat turpe visu, *vous faisiez une vilaine figure*.

4º. 極 kï, v. g. 了極笑可也這 tché yè k'ŏ siaò kï leaò, nihil est hoc ineptius et cachinnis dignius; 工盡的巧極 ki k'iaò ti hoá kŏng, optimus pictor; 是等這了的妙極 tché tèng chí ki miaò ti leaò, hoc pacto nihil melius; 話的蔽沒極 ki mŏ k'iáo tĭ hoá, obscura nec intelligibilis locutio, *on ny comprend rien, cela est bouche*; 精極得說理此 ts'eŏ lĭ choue te ki tsīng, de hoc valde subtiliter discurrit; 是極得說 choue te ki ché, verissime dicis, *c'est parler juste*; 妙極張主哥 kō tchù tchāng ki miào, frater tua determinatio est optima; 極得想想想想想 siàng siàng siàng siàng te ki, de illo semper cogitat, repetitio litteræ 想 siàng rem pingit.

5º. 絕 tsue, v. g. 意主的妙絕 tsue miào ti tchù y, mirum sane consilium; 色絕 tsue se, summè pulchra; 會機無絕 tsue voŭ ki hoéi, valde infelix, qui nullam habet bonam fortunam; 居人無絕 tsue voŭ gin kiū, locus desertus ubi nemo habitat; 矣加以無而妙絕 tsue miào, ell voŭ y kiā y, peroptimum, cui nihil addi potest. Hæc phrasis redolet stylum nobiliorem; tales non raro reperire est, præsertim quando interlocutores litterati sunt; 絕夫旦一愛恩年四憐可 k'ŏ lièn ssé nièn nghēn ngái, y tàn kue tsue, eheu! quatuor annorum necessitudo sic uno die abrumpitur; hoc loco 絕 tsue non est particula, sed verbum *abrumpi* et 決 kue idem fere significat.

6º. 最 tsoúi, non valde differt a 極 et a 絕 v. g. 叚手高最 tsoúi kāo cheoù tonŭàn, maxima dexteritas, habilitas, vel in bonam partem sumitur vel in malam; 妙最 tsoúi miào, vel 絕妙 miào tsue, vel 言可不妙 miào pou k'ŏ yèn, nihil potest melius.

7º. 好 haò, sensum auget; 笑人吃好 haò k'i gin siaŏ, bene ridiculus fuit; 也怪奇好 haò k'i koăii yè, illud est valde mirum et insolens; 說胡好 haò hoŭ choŭe, magna ineptia; 臭朦好 haò saŏ tche'oú, quantus fœtor! 喜歡好裡肚 toù lĭ haò hoŭān hĭ, in corde valde lætatur; 子男的情有個好 hao kó yeoŭ ts'īng ti nàn tseè, iste habet optimum cor scit amare, vel scit gratus esse; 物人個好然果 kŏ gĕn haò kŏ gĭn oŭĕ, reverà pulcher est, *bien fait, de bon air*; 任所淨潔箇一好 haò y kó kie tsīng sŏ tsái, iste locus mundus est et secretus. Sæpe post 好 haò ponitur 不 poŭ quæ vox nullatenus negat, sed potius auget; 也苦不好 haò poŭ k'oŭ yè, idem est ac 告分十 che fēu k'oŭ, maxime afflictus; 鬧熱不好日一 y ge haò poŭ gĕ náo, toto illo die magnus fuit concursus, *le fut un grand fracas*; 熱鬧得去不好 haò pou k'iú te náo ge, discessit cum magna pompa; 過難不好們我得弄 lóng te ngò mèn haò pou nàn kó, redegit nos ad magnam miseriam; 害利不好風那

ná fōng haò poŭ li hái, ventus erat admodum vehemens; 在自得睡不好子漢這 tché hân tseè haò poŭ choŭi tĕ tseè tsái, Gall. *voila un drôle qui dort de bon appetit.* Loco 不 poŭ in eodem sensu reperitur 没 mŏ; 趣没好你 nì haò mŏ tʻsú, valde ridiculum te prebuisti; 心良没好 haò mŏ leāng sīn, bene oportet nullam habere conscientiam, bene oportet esse improbum; 氣志没好 haò mŏ tchi kʻi, nullum animi robur, nullum firmum consilium habet; 理道没好你 nì haò mŏ táo lì, Gall. *tu n'es pas raisonnable;* 思意没好 haò mŏ y ssēe, magnam confusionem recepit. Sic etiam potest poni 無 voŭ, v. g. 分福無好 haò voŭ foŭ fēn, bene sum infelix; 鼻巴無好 haò voŭ pā pí, nulla omninò est ansa.

8º. 分十 chĕ fēn, v. g. 讚稱分十 chĕ fēn tchʻing tsán, impense laudare; 得生秀清分十 sēng tĕ chĕ fēn tsʻing sieóu, erat nitidus et ornatus, *il avoit l'air tres fin;* 燥焦分十中心 sīn tchōng chĕ fēn tsiāo tsʻaò, valde turbatus erat animo; 熱鬧分十 che fēn náo gĕ, istud de multis variisque dici potest, de hominum concursu, de multo strepitu, de abundantia florum, gratiarum, amoris, &c. Adjungitur 大 tá, v. g. 好分十大不 poŭ tá chĕ fēn haò, non est usque adeo bonus; 酒用分十大不我 ngò poŭ tá che fēn yóng tsioŭ, *je ne suis pas grand buveur,* ego non multo vino utor.

9º. 過不 poŭ kō, eumdem sensum facit; 過不急 kí poŭ kō, maxime præceps animo; 過不到老 laò táo poŭ kō, molestissimus homo; 過不你愛咋兩貌才爲我 ngò oŭéi tʻsâi máo leāng kién, ngái nì poŭ kō, maxime te amo propter tuam pulchritudinem et tuum ingenium. Europæus non adderet 咋兩 duas res; 的過不道公 kōng táo poŭ kō tí, maxime justus et æquus.

10º. 煞 vel 殺 chă, occidere et 死 sseè, mori, rem exagerat, sicut apud nos, gaudio emori, aliquem tristitiâ enecare; 叨嘮煞忒你 nì tʻe chă laò tʻaò, tu nimis molestus es, tu molestia me occidis; 也用受煞忒也我 ngò yè tʻe chă cheóu yóng yè, essem nimium beatus; 了實老煞也你 nì yè chă laò che leaò, tu nimis simplex es, *tu es trop bon;* 殺活快正真 tchīn tchʻing koŭái ho chă, *il meurt de joie,* lætitiâ morior; 也子妹殺喜了來然果姊姊 tsiĕ tsiĕ kò gēn lâi leaò, hǐ chă moéi tseè yè, mea soror, ergo venisti, facis tuam sororem lætitia mori; 也我殺悶 mén chă ngò yè, tristitia me conflet; 也我殺想乎縂日兩這 tché leàng ge, kí hoŭ siàng chă ngò yè, his duobus diebus tui desiderio fere perii; 殺愛 ngái chă, amare quam maxime, *aimer à la folie,* 的殺人得愛是 ché ngái te gīn chă tí, adeo est amabilis, ut mori cogat; 人 gīn non cadit super 愛 ngái, sed super 殺 chă; 死氣的活活 hŏ hŏ tí kʻi sseè, *il creve de depit,* præ ira crepat; 定死悶是不死氣是, si tristitia illum non necat, ex ira certe morietur; si non mærore tabescit, certe iræ impatiens crepabit; 也我死氣來又 yeoú lâi k'i sseè ngò yĕ, en iterum venit ut me irritet et incendat; 死嚇要定一 y tíng yāo he sseè, ex timore morietur; 餓的活活成不死 hŏ hŏ tĭ ngó sseè poŭ t'chìng, an fame moriar? 死活活 hŏ hŏ sseè, *mourir tout en vie.*

PARAGRAPHUS TERTIUS

DE PARTICULIS DIMINUTIVIS.

Numerus 1ᵘˢ de 只 tchĭ.

1°. Jungitur cum 是 chí, v. g. 纏盤有沒是只 tchĭ chí mo yeoú poŭ'ân tch'ên, solummodo deerat viaticum; potest verti per *sed,* vel *dumtaxat,* unum dumtaxat deerat, scilicet viaticum; 罷了死是只我 ngò tchĭ chí sseè leaò pá, atenim moriar, esto sanè; 要不是只我 ngò tchĭ chí pou yāo, unum deest, nolo scilicet; 言明好不是只 tchĭ chí pou haò mîng yên, sed non audeo illud clare dicere; 高武睛眼你是只 tchĭ chí nĭ yên tsīng t'e kāo, sed majora petis, delicatus es nimus; 件一是只 tchĭ chi y kiên, atenim unum est, nempe, &c; 笑的暗暗裡肚是只 tchĭ chí tóu lĭ, ngán ngán tĭ siaŏ, solummodo secum in corde tacitus ridebat; 只定便定件一有還是 tíng piên tíng tchĭ chí hoân yeoú y kiên, ratum quidem est, potest tamen adhuc dici, &c; 吾舌番一多要也是只他怕不是怕 p'á chi pou p'á t'ā, tchĭ chí yĕ yāo tŏ y fān tch'ûn che, illum certe non timeo, sed necesse erit verbis iterum altercari. Licet videar forte plura exempla proferre, notandum tamen est unumquodque fere semper aliquam novam loquendi formulam continere, v. g. 他怕不是怕 1ᵃ· littera 怕 debet quasi seorsim spectari ut sensus sit: *si dicas quod illum timeam,* 不是他怕 illum certe non timeo: atque istud ad alia multa facile est transferre; 忍是只分三耐 tchĭ chí gin nái sān fên, quod restat, patientiam habe. Non diceremus 分三 tres partes, id est aliquantulum patère.

2°. Jungitur cum 怕 et tunc respondet nostro *forsitan,* vel idem est ac *credo,* quasi per ironiam; 子才生不怕只下天 ti'en hiá tchĭ p'á pou seng tsâi tsee, nullum, credo, nunc est in toto mundo præstans ingenium; 了勾能不怕只 tchĭ p'á pou nêng keoù leaò, sed istud, opinor, jam fieri non potest; 人了死嘔要氣臭那怕只 tchĭ p'á ná tch'eóu k'i yāo ngheoù sseè leaò gin, tantus fætor faceret homines vomendo crepare;

AD LINGUÆ SINICÆ NOTITIAM.

下上相不也怕只並比來走是若 jŏ chĕ tseòu lâi pĭ p'îng, tchĭ p'à yĕ poŭ siāng chàng hià, si comparentur inter se, nullum erit, opinor, discrimen. Si diceres 是若來起也比 idem sensus esset; sed non diceretur 並比來起是若 ideo posuit 走 tseeù. Quod initio dixi de ironia interdum verum est, non semper; 們你怕只死㡀娿 tchĭ p'à nĭ mên yāo hŏ sseĕ, sed forte vos ex timore moriemini; 怕只礙掛些生 tchĭ p'à sēng siĕ kouá ngái, sed nascentur, opinor, impedimenta et difficultates; 信不你怕只來說 choŭe lâi tchĭ p'à nĭ poŭ sin, si dixero tibi forte non credes; 了鬼了見你怕只 tchĭ p'à nĭ kién leaò koùéi leaò, lemures, credo, vides, je crois que tu rêves. Nota 了鬼了見 pro 鬼了見.

3º. Juncta cum 得 tĕ, novum sensum facit; 尚和了做髮削得只 tchĭ te siŏ fă tsó leaò hŏ cháng, necesse fuit comam tondere et bonzius fieri; 只法没入二他跟得 èll gĭn mŏ fă tchĭ te kēn t'ā, ambo necesse habuerunt illum sequi; 只人差了收得 tchāi gĭn tchĭ te cheoù leaò, qui missi fuerant acceperunt tandem quod offerebatur; 了去齊一得只 tchĭ te y t'sĭ k'iŭ leaò, necesse ipsis fuit simul abire.

4º. Junge cum 好 haò, et novus item fit sensus; 等這好只 tchĭ haò tchĕ tèng, hoc fere modo, c'est à peu près cela; 入文個做好只 tchĭ haò tsó kó vên gĭn, ad nihil aliud aptus est quam ut litteratim agat, on n'en peut faire qu'un lettré; 日六五如只 tchĭ hao ou lou ge, sunt quinque aut sex dies, il pouvoit y avoir cinq ou six jours.

5º. Jungitur adhuc cum 管 koŭan: 心放管只箇這 tchĕ kò tchĭ koŭan fāng sīn, ob hoc ne turberis, soyez en repos sur cela: subauditur 爲 oŭéi, propter, vel aliquid simile, quod regat 箇這; 心放管只母伯老堂令請 t'sing ling t'áng laò pe moŭ tchĭ koŭan fāng sin, domina mater tua potest animo esse tranquillo. Nota 母伯老 laò pe moŭ, mater tua, seu uxor patris tui, quam pro mea matre accipio, quia te habeo pro meo fratre. Ejusmodi nomina frequentissima sunt apud Sinas, non apud nos.

6º. Interdum 只 non habet litteram sibi cohærentem, et significat tantummodo, quem sensum semper includit, sed sæpissime non potest latine exprimi; 因只事別爲非 tei oŭéi pie sséo, tchi yn, &c. non propter quidvis aliud, sed unice quia; 苦得叫只 tchi kiao te k'oŭ, non poterat aliud quam se miserum dicere; 耳件物件一着用只 che yong tcho y kien one kien eŭll, tantum usus est unâ re nescio qua. Nota 耳件物件一 una res; diceremus 物—y oue, vel 西東箇—y ko teng si, pessime, nec cogitaremus de 只 tchi, nec de 着 tchŏ, multo minus de 耳件物件一 y kién oŭéi kién èll; 少日五上不多來就日三只 tŏ poŭ chàng où ge chaò tchi sān ge tsioù lâi, post dies quinque ad summum, et ad minimum post tres dies statim redibo; 知不當只我 ngò tchĭ tāng poŭ tchi, hæc simulo me nescire, scire nolo, est quasi nescirem; 背應人別有没話講他有只 tchi yeoù t'ā kiàng hoá, mŭ yeoù piĕ gĭn yŭg tsōui, loquitur solus, nec ullus est qui respondeat ipsi.

NUMERUS SECUNDUS

DE 止 tchi

止 tchi paulo latius patet quam 只 tchi; hoc est sæpe adhibetur 止 tchi, ubi non posset poni 只 tchi; v. g. 家作奴女有止 tchi yeoù niù kuén tsái kiā, sola ejus uxor serva domi; 千一止不 poŭ tchi y tsi'ēn, mille et amplius; 歲六五十好止 tchi haŏ chĕ où loŭ soui, nata erat admodum annos quindecim vel sexdecim; 身如之愛子如止不 ngái tchi jù chīn poŭ tchi jùtseè, illum amat quasi seipsum, neque solummodo velut filium.

NUMERUS TERTIUS

DE 但 tán.

1ᵃ Sensum habet valde affinem cum 只 tchi et 止 tchi ut exempla docebunt; 說但妨不 tán choŭe poŭ fāng, dic audacter idem est ac 說皆只 tchi koŭăn choŭe, sic 功成管包心放請但 tán ts'ŭng fāng sīn, pāo kouān t'chĭng kōng, ne sis quæso solicitus, hoc totum in me recipio; 子無郤十四過年限只但 tán tchi hén nién koŭo sseé chē, k'ĭō voù tseè, indigne hoc ferebat quod 40 annos natus nondum haberet filium; 是只但說他無也 yĕ voù t'ā choŭe, tán tchi chī &c, nihil aliud dicendum habeo, tantummodo &c. Quis ex nobis uteretur isto 只但 tán tchi? 此如願但 tán yuén jù t'seè, nihil aliud desidero; 便尊請但 tán t'sing tsūn pién, fac, quæso, quod tibi magis est commodum; 海人山人見但 tán kién gĭn chān, gĭn hài, vidit infinitum populum, homines velut montium cacumina et fluctus maris; 妨不坐但 tán tsŏ poŭ fāng, potes hic sedere. Istud 但 videtur nobis redundare, sed a Sinis numquam omittitur.

2°. 單 tān idem omnino significat; 說胡管只單 tān tchī koüān hoù choüĕ, pergit inepta effutire. Tamen proprie significat, *unice, tantummodo*; 個一他少單 tān chaŏ t'ā y kó, Gall. *il ne manque plus que lui*; 我近親來單人眾落冷 lĕng 15 tchóng ġìn, tān lài t'sin kin ngò, alios omnes frigide excipit, me solum adhibet. Reperitur quoque 但 in hac phrasi : 心寬請但親母 moù ts'in tán t'sing koüān siu, mater ne, quæso, sis sollicita, pande sinum.

NUMERUS QUARTUS

DE 些 sie

I°. Fere semper significat parum, *un peu*; 些好得覺可子身的日今 kin gĕ tī chīn tseè k'ò kiŏ tĕ haŏ sie, hodie paulo melius me habeo: diceremus 些好日今 sed nec de 子身 chīn tseè nec de 可 k'ŏ nec de 得覺 veniret in mentem; 來起怠倦些有 yeoù siè kuén tái k'l lài, sensit se aliquantulum lassum esse; 身覺便寒風些受兔未便不些有子 oueí miēn cheóu sie fōng hán, piēn kiŏ chīn tseè yeoù sie poŭ piḕn, frigore correptus est, et ideo paululum ægrotat. Nota 受兔未 forte acceperit, 便 piēn statim, et poŭ piēn 便不 non commodum; 戲把兒些出弄 lóng t'chù sie ĕll pà hí, lepidam aliquam stropham profers de tuo; 脚手些弄 long sie cheŏu kiŏ, fere idem, Gall. - *se de quelque tour d'adresse*; 静動兒些兒不 poŭ kién sie ĕll tóng tsīng, nihil quicquam potuit detegere; 水油兒些有 yeoù sie ĕll yeoŭ choui, dabitur aliquid olei et aquæ, i. e. pecuniæ; 物油些有是若 jŏ ché yeoù sie yeoŭ oüĕ, si spes pecuniæ refulserit; 剩些多不下 chíng hià poŭ tō sie ĕll, parum superat, non multum residui; 來兒些早去兒些疾你 ni tsì sie ĕll k'iú tsao sie ĕll lài, vade cito et cito redi; 兒些好畧畧 liŏ liŏ haŏ sié ĕll, paulo melius se habet. Ex his exemplis vides quod sie 些 amat post se particulam 兒 ell quæ sensum adhuc minuit: 畧 idem est ac 些 parum, paululum; 當勾的收而問不些做 tsŏ sie poŭ vēn ell t'sŏu tī keóu tang, furem agere, Gall. *prendre sans en dire mot* poŭ vèn ell t'sŏu; 怜不些有他和我當勾的倒 ngò hó t'ā yeoù sie poŭ lìng li tī keóu tāng, habeo cum illa commercium non bonum; 當勾 negotium, vix sumitur in bonam partem; 烘他與來火些籠 long sie hŏ lài yù t'ā hōng, affer carbones in vase, ut se calefaciat; 西東些我貼須 sū t'iĕ ngò sie tong sī, oportet ádhuc aliquid addere. Gall. *il faut me donner du retour;* 理道分二白明路罢 liŏ liŏ mîng pĕ ĕll fen taò li̇̀, non nihil intelligit, non omnino est hebes; in hac phrasi, 明 est verbum *cognoscit,* 白 pĕ *clarè*, 分二 duas partes &c; 壤撲改別些有 yeoŭ siē piĕ kăi mǒu yáng, videtur paululum mutatus vel se emendaturus.

2º. Jungitur cum 没 mo et subauditur 有 yeoù : 法家些没 mo sie kiā fă, nescit regere familiam, nullæ sunt domesticæ leges; 了情面些没 mo sie mién t'sîng leaò, non amplius respicit me, nullum dat amoris signum ; 思意些没 mo sie y sseé, insipidum est.

3º. Item ante 些 ponitur 一 deinde 也 sequi debet, v. g. 有没也响影些一 y sie yng hiáng yè mo yeoù, nulla illius umbra est, nullus sonus, nescitur ubi sit; littera 响 proprie scribitur 響; 是不也些一是不是不 poŭ chè poŭ chè y sie yé poŭ ché, Gall. *point point, vous n'y êtes point du tout,* non est ita, toto cœlo erras; 有没也下高些一 y sie, kāo hià ye mo yeoù, nulla est inter illos differentia.

4º. Bene jungitur cum adjectivis et pronominibus, v. g. 些強猶你比還 hoan pi ni mên k'iâng sie, adhuc vobis omnibus fortior, i. e. hoc loco formosior; 些奧深 chin ngáo siĕ, paulo profundius ac obscurius; 些净潔弄子身把澡大箇洗 sì kó tá tsaò, pà chīn tsèe long kie tsing sie, diù multumque te lava, ut tuum corpus fiat paulo mundius; 些那人婦的氣正不 ná sie poŭ tching k'ĭ tĭ foŭ gin, omnes istæ mulieres modicæ virtutis; 的口賊嘴賊些這有你 nĭ yeoù tchè sie tsē tsoŭi, tsē k'ou t'i, habes hanc pessimam linguam; 話假妝認要不的歷來有是句句語言些這 tchè sie yēn yù kiŭ kiŭ ché yeoù lài li ti poŭ yāo giă tsó kià hoă, in his omnibus quæ tibi dico, nihil est nisi verissimum, cave ne hæc sumas pro falsis; 怪古得來話些這 tchè sie hoa lài te koŭ koŭài, mira sunt quæ narras; 理有得説話些這你 nĭ tchè sie hoă choŭe te yeoŭ li, in omnibus quæ dixisti, rationem habes; 把管只覃孽蹇甚了造世前我滅磨來人婦些這 t'siēn ché tsaó leaò chin mo nie tcháng tchì koŭǎn pà tchè sie foŭ gin lài mò mie ngò, quid commisi tantum in præterito sœculo, ut per istas mulieres semper ita me exerceret. Quisnam sit qui 把管只 non dicit 些 juncta cum 那 et 這 non potest explicari per paululum.

5º. Post 些 ponitur 麽甚 et tunc sæpe interrogatio est; 麽甚些道知們你 ni mên tchī tāo siē chīn mò? quid vos potestis scire? nihil scitis; 兒說麽甚些見聽必想 sāing pĭ t'ing kiĕn sie chīn mò choŭe ĕll, aliquid forte audierit; 當勾歷甚些做 tsó sie chīn mò keŭu tāng, quid agis? vel sine interrogatione, nonnihil facere unde vivatur, et designatur aliquid modi; ut in sequenti exemplo: 麽甚些做日半裡這在們你 nĭ mên tsái tchè li̇̀ pán ge tsó sie chīn mò? hic simul estis ambo per mediam diem; vellem scire quid tandem facitis?

AD LINGUÆ SINICÆ NOTITIAM.

麼甚些做他與不 poŭ yù t'ā tsó sié chín mò, nihil cum illo feci; 麼甚些做來出他看 k'ān t'ā t'chŭ lái tsó sié chín mò, videcur vel ad quid exeat, quid tandem agat; 來趣麼甚些有 yeoŭ sie chín mò t'sú lái, quodnam postea erit tuum dedecus? *après cela quel visage aurez vous?* Loco 甚 potest poni 什, v. g. 見只麼什些說口開要剛 kāng yāo k'āi k'eoŭ choüe sie ché mò, tchì kién, &c. cum in eo esset ut aliquid diceret, vidit, &c.

PARAGRAPHUS QUARTUS

DE PARTICULIS INITIALIBUS.

1°. 呸 vel 唔 p'ī, utraque enim idem plane est; hac utuntur Sinæ per contemptum et interdum etiam quasi execrando in faciem; 鬼弄後背你是都呸 p'ī, toū ché nì poéi heów lóng koūèi, abi, pessime, hæc omnia ipsemet clanculum et à tergo perturbasti; 你呸 兒官的大多是, p'ī, nì mên ché tō tá tī koūàn èlī, hui! tu nempe magnus magistratus es; 屁放發一唔 p'ī y fā fàng p'ī, apage, multo fœdius pedis, i. e. longe ineptius loqueris.

2°. 呀 vel 訝 yá, admirantis et stupentis vox; 的做我是不並詩首這呀 yá, tché cheoù chí píng poŭ ché ngó tsó ti, ô, isti, versus profecto non sunt mei. Europœus diceret in sua lingua 詩簡這做有没 sed quam barbare! 人麼甚些是們你呀 yá, nì mên ché siē chin mò gìn, ô? et quinam estis vos? Quis cogitasset de isto 些 sie?

3°. 呀阿 hŏ yá eodem recidit, v. g. 燈了没却夜今呀阿 hŏ yá, kin yè k'iŏ mŏ leaò tēng, hoi, hei! hac nocte lucerna extincta est. Illud 却 k'iŏ nos fugisset; 噯 et 哦 et 樂耶 sunt fere similes explicationes quæ initio ponuntur.

4°. 兀 oūŏ vel 的兀 oūŏ ti, sæpissime occurrit in libro *Yuen gin pe tchong*, v. g. 哭啼耍不人媂那兀 oūŏ ná soù gìn poù yāo ti k'oŭ, heus! mulier, noli flere; 也我殺窮不的兀也天 ô cælum cur me inopiâ perire facis; 是不的兀 弟兄我 oūŏ ti poù ché ngŏ hiong tì, heus! quemnam video? nonne meus frater est? Alter ex sua parte exclamat etiam 哥哥我是不的兀 oūŏ ti poù ché ngŏ kŏ kŏ; 的書寄那兀 oūŏ ná ki chu tì, hola, ho! *porteur de lettres*.

Hic forte locus esset afferendi transitiones, saltem quæ frequentius occurrunt, v. g. 說却 k'iŏ choüe, dico nunc. Item 且 t'siè, cujus exempla passim reperies. Item 竟 king, denique, certe quidem, sed, &c. 為所其聽竟 king ting k'í sò oūéi, permiserunt ut pro ibitu suo ageret; 來中縣到竟 king tào hién tchóng lài, perrexit ad oppidi tribunal. Item 期不 pou kī, ut videre est in libro *Hoa tou yuen*. Sic enim incipit quoties aliter accidit ac spes erat; 想誰 choūi siäng, quis cogitasset, idem fere est ac 期不; item 來元 yuên lài, vel est mera exclamatio, vel idem est ac si diceret: scire oportet, notum esse debet, &c.

PARAGRAPHUS QUINTUS.

DE PARTICULIS FINALIBUS.

Omnes de quibus agam postea nunc omitto. Particula 者 tché non raro legitur in fine phrasis, nec videre possum quare, v. g. 者意在心小 siaò sin tsài y tché, magnam diligentiam adhibe (notat Imperativum)

1°. 呵 hō saepe confunditur cum 阿 ō, et utraque legi potest ā, vel hā; Hi porro sunt usus. Ante illam ponitur 也, v. g. 呵也悶愛好 haò yèou mén yè hā, heu! quanta tristitia me tenet; 呵也好奸是 ché haò haò yè hō, ō quam bonum esset! 生的我得弄 呵也熱鬧不好意 lóng tĕ ngò tĭ sēng y haò poù naò gĕ yè ō, meum commercium longe fructuosius reddidit. Item aliquando suspenditur sensus per conditionem expressam vel tacitam, et ibi ponitur 呵, v. g. 阿家在叔叔 choū choū tsài kiā ō, avuncule mi, si maneres domi nostrae; 呵你了負若 jò fòu leaò ni hā, si te desero, si sum ingratus erga te, *si je suis infidèle*, &c. Item servit cum aliquem voce vocamus, v. g. 阿哥 kō ō, ah mi frater; 生怎可呵天 t'iēn hō k'ò tsĕng sĕng, ō caelum! quid igitur? 袁的我 呵郎 ngò tĭ yuên lâng hō, ō mi sponse, vocabatur 袁 yuén, et mortuum sic inclamat uxor; 處何任人裡這在像的你呵人美劉 lieou moéi gīn hō, nh tĭ siāng tsài tché ll gīn tsài hò t'chú, ò formosa *Lieou*, habeo ante oculos imaginem tuam, sed tu ipsa ubi es? Eodem sensu ponitur 呀 yā, v. g. 呀妻的我 ngò tĭ ts'ī yā, ò mea uxor! 命薄你與我何呀姐小呀姐小 siaò tsiè yā, siao tsiè yā, hò ngò yú nh pò ming, ò misera puella, ego tecum pariter miser sum: vel est admirantis; 呀妙呀妙 miaò yā; miaò yā, nihil melius.

2°. 哩 li frequenter occurrit; 哩殺愛儿令要真 tchīn yāo ling gìn ngài chă li, profecto me ex amore mori coges; 哩打要還罵說英 mó choüé má, hoàn yāo tă li, non tantùm verbis, sed verberibus adhuc te excipiam; 哩魔風要怕只呵了見若你 nì jǒ kién leaò hō tchī p'á yāo fōng mǒ lì, si videre illam contingat, haud dubie præ amore insanies; 哩芽發有没還種下方今如 jù kīn fāng hiá tchòng, hoǎn mỷ yeoù fā yà lì, modo seminasti, nondum messis tua germen protulit; 哩緊得切密不好麽甚些說 chouě sič chin mǒ, haò poù mí t'siě tě kin lì, magna hic secreta vobis invicem dicitis; 知可哩是 k'ò tchi chě lì, ipsemet-erat, vel hoc ipsum est.

3º. Sunt plures aliæ quæ idem dicunt ac 哩, v. g. 呢箇這 tché kó nì, istud vel iste autem quid? item 波是不可 k'ò poù ché pō, an non ita est? item 那好不可 k'ò poù haò nà, nonne istud erit bonum? 那 nà est etiam particula vocantis, v. g. 那天 t'iēn nà, ô cœlum!

PARAGRAPHUS SEXTUS

DE PARTICULIS 兒 èll et 耳 èll.

兒 èll proprie significat filium et 耳 èll est auris. Sed cum sumuntur pro meris particulis, minima et forte nulla est inter utramque differentia.

1º. Jungi solent nominibus substantivis, v. g. 高忒兒眼大太兒心的你 nì tī sīn èll t'ái tǎ, yēn èll t'é kāo, cor grandius habes et oculos altiores, Gall. *vous etes trop difficile*; 你處兒法有也我 ngǒ yè yeoù fā èll tch'ù nì, scio modum te regendi; 作我與故耳頭對 koú yú ngǒ tsó toúi t'eǒu èll, et ideo vult esse meus adversarius, Gall. *mon antagoniste*; 兒頭老 laò t'eoǔ èll, senex grandævus; 兒話句說兒禮个見 kién kó lì èll, choūe kiú hoá èll, si leve signum urbanitatis dedisset, si me vel uno verbo allocutus esset; 我觀兒眼雙一將 tsiāng y choūang yēn èll koūan ngǒ, me oculis aspexit; 兒話看好句幾說裡口 ke'où lì choūe ki kiú hào k'án hoá èll, conabatur verba magnifica identidem proferre.

2º. Sæpe usurpantur per aliquem contemptum vel certe parvum aliquid esse denotant, v. g. 耳官文的頭筆弄這做喜不 poù hì tsó tché lóng pì t'eoǔ tī vén koūan èll, molo esse inter mandarinos pacis, qui solo calamo fortes sunt; 烏頂一這得不拾非耳帽紗 fēi chè poù tě tché y ting oū chā māo èll, non quòd tanti faciam istud lirotum mandarini; 說會都人兒話義忠些這 tché sie tchōng y hoá èll, gìn toū hoéi choūě, nemo est qui non possit hoc modo loqui ad pompam de fidelitate et justitia.

3°. Non raro 兒 et præcipue 耳 meræ sunt finales. Exempla passim obvia; 不怕只耳勾能 tchī p'à poù něng keōu èll.

4°. Amant pluries repeti, v. g.:

o耳 花 過 不 便 o神 精 甚 發 情 才 無 粉 o兒 美 云 固 媚 秀 目 眉 子 女
黃 珠 o枯 柳 o謝 花 於 至 o時 一 過 不 愛 所 人 爲 o耳 玉 o耳 珠 o耳 柳
o覺 化 安 美 其 o也 時 斯 當 o班 玉

Id est: quando puella habet oculos venustos, et supercilia jucunde arcuata, formosa esse dicitur. Sed nisi adsint ingenii dotes, quæ his quasi vitam tribuant, quid aliud est quam flos, quam salix, quam unio, quam onyx? Illo tempore ornatur, scilicet; sed ubi flos marcuit, salix aruit, unio flavescit, onyx elanguit, ubi tunc est illa quæ tantopere laudabatur formositas? In hoc exemplo verba sunt culta et stylus paulo comptior, quia loquitur adolescens nobilis, eruditus et ingeniosus.

5°. Fere semper adhibetur in descriptionibus, v. g. 眉 的 灣 灣 o兒 臉 的 白 白 o兒 腳 的 小 小 o兒 腰 的 細 細 o兒, pë pë tī liēn èll, oūān oüān ti mī èll, sī sī tī yāo èll, siaò siaò ti kiǒ èll, genæ candidæ, supercilia curva, Gall. *la taille legère*, pedes exigui, vel paulo fusius; o兒 眉 的 灣 灣 曲 o兒 臉 的 瑩 瑩 白 o兒 髮 的 油 油 烏 o兒 腳 的 尖 尖 小 o兒 腰 的 纖 纖 細 o兒 鼻 的 隆 隆 英 o兒 眼 的 生 生 俏 sic dat nigredinem capillis, candorem genis, curvaturam supercilii, vitam oculis; nasus rectus, latera tenuia, pedes parvi.—Sequens descriptio est in alio genere; 高 兒 鼻 o深 兒 眼 o髖 骷 病 個 箕 o顩 兒 唇 o空 兒 齒, Oculi concavi, nasus macer et proeminens, dentes inter se vacui, labia lata et pendentia, imo verbo viri mortui magis quam viventis caput.

PARAGRAPHUS SEPTIMUS

DE PARTICULIS 也 yè et 亦 y

Valde late patet usus particulæ 也 yè ut distinctis punctis ostendam.

1°. 有 也 yè yeoù locum habet in amœnis descriptionibus, v. g. 一 見 便 o特 多 不 也 o處 踈 有 也 o除 里 有 約 林 柳 帶 這 來 元 o望 在 青 青 林 柳 帶 o山 依 株 幾 有 也 o水 近 株 幾 有 也 o處 密 有: 1 Post breve tempus, 2 amœnum salictum nostris oculis se se obtulit. 3 Extendebatur ad unum stadium et amplius, 4 alicubi raris arboribus lucem admittebat. 5 Densus erat et secretus alicubi lucus; 6 pars erat prop-

AD LINGUÆ SINICÆ NOTITIAM.

ter aquam pars monti videbatur inniti. Aliud exemplum: o 有 也 草 花 o 清 清 到 房 書 有 都 件 件 o 石 山 假 o 缸 魚 金 o 有 也 木 樹, 1 Erat quietus, nitidus et ad studendum aptus locus, 2 ibi erant flores et gramina, 3 ibi arbores et umbræ, 4 ibi pisces aurei suis labris sic tanquam vivario inclusi, 5 ibi rupes et monticuli arte facti, omnia denique aderant quæ in talibus locis solent esse.

2°. 不 也 inter litteram quæ repetitur, et tunc aliquando interrogat non semper, v. g. 苦 不 也 苦 道 你 nì táo k'où yè poù k'où, dic, rogo an est quicquam amarius? 我 道 你 抄 不 也 妙 巧 不 也 巧 意 主 箇 這 nì táo ngò tché kó tchù y ki'ao yè poù ki'aò miaò yè poù miaò, iste modus quem inveni, annon egregius, annon mirabilis? 也 說 聲 一 說 不 ne unum verbum quidem proferre dignatur; 肯 不 也 肯 他 看 k'àn t'a k'èng yè poù k'èng, vide utrum velit necne; 是 不 也 是 知 不 poù tchī ché yè poù chí, nescio an ita sit necne; 任 不 也 在 知 不 poù tchī tsái yè poù tsái, nescio utrum sit domi vel non sit; 的 鬚 無 也 的 鬚 有 小 短 是 也 大 長 胖 肥 淨 白 也 瘦 黑 是 却 k'iù ché hě seoù yè pě tsing, fèi p'âng, tch'âng tá yè ché toūàn siaò, yeoù sū tí yè vou sū tí, niger ne est ac macer, an albus et pinguis? procerus et magnus, an brevis et parvus? barbatus an imberbis? In libro *Yuen gin pe tchong*, reperitur 共 kóng pro 也 yè; 兒 材 身 肥 共 瘦 兒 皮 面 o 短 共 長 chìn ts'ai èll tch'âng kóng toūàn, mièn p'î èll seoù kóng fei, an est corpore magnus vel parvus, facie macer vel pinguis? 共 hoc loco significat *vel*.

3°. 是 也 Gall. *cela même, c'est.* &c. 化 造 家 人 老 你 是 也 yè chí nì laò gìn kiā tsáo hoá, hoc tibi homini seni feliciter contigit; 了 思 心 費 枉 是 也 yè ché vàng féi sīn ssée leaò, frustra de his cogitasti, vel posthac cogitares; 的 該 應 上 理 是 也 yè ché lî chàng yng kāi tí, hoc debet ita fieri, ratio ita jubet; 用 沒 也 來 他 要 yāo t'a lâi yè mŏ yóng, etiamsi veniret esset inutilis. Aliquando inseritur negatio, v. g. 人 個 是 不 也 yè poù ché kó gìn, vir non est, *c'est un méchant homme, ce n'est pas un homme*; 事 難 麼 甚 是 不 也 yè poù ché chín mŏ nán ssée, non est adeo difficilis; 知 可 未 也 意 天 些 有 者 或 hoě tchè yeoù siē t'iēn y yè ouèi k'ò tchi, quis scit num forte sit cœli voluntas? 妙 有 別 或 知 可 未 也 用, hoě piĕ yeoù miáo yóng, yè ouèi k'ò tchi, forte fiet de eo melior usus; 知 可 未 也 等 這 是 就 者 或 hoě tchè tsioú chí tché tòng yè ouèi k'ò tchī, fortasse illud ipsum est; 知 可 未 也 做 官 個 有 來 後 你 者 或 hoě tchè nǐ heoú lâi yeoù kó koūàn tsó yè ouèi k'ò tchī, quis scit annon aliquam dignitatem tandem adeas; 得 見 未 也 yè ouèi kién tě, idem est omnino; 的 見 不 也 來 他 是 就 不 怕 p'â pou tsioú chí t'a lài, yè pou kién ti, puto quod ipse est qui venit, sed non tamen certum est; 的 pro 得.

4°. Eleganter repetitur in duabus phrasibus correlativis; 洗 不 也 臉 梳 不 也 頭 t'coù yè

pou soū, lièn yè pou si, nec capillos pectere, nec faciem lavare curat; 不也口動不也手
開 cheoù yè pou tóng, k'eoù yè pou k'aī, nec manum movere, nec os audet aperire; 惱也左
惱也右 tsò yè naò, yeóu yè naò, contra omnes irascitur, Gall. *il se fâche à droite et à gauche;*
裡心在也及裡心在也好 haù yè tsái sin lì, tái yè tsái sin lì, bonorum meminit,
nec malorum obliviscitur; 朗你容不也口 o 匠你容不也身 chin yè pou yông ni kín,
k'eoù yè pou yông ni k'aī, nec sinit, ut accedas, nec permittit ut loquaris; 做不也兒飯
掃不也兒地 fàn ell yè pou tsó, tí ell yè pou saò, nec orizam coquit nec domum verrit;
蹟筆人女像也蹟筆 o 氣口人女像也氣口 k'eoù k'i yè siáng niù gìn
ke'où k'i, pi tsí yè siáng niu gin pi tsi, ita mulier loqui, ita scribere solet; 不也門步一
會不也客個一 o 出 y póu mên yè pou t'chu, y kó ke yè pou hoéi, nec egreditur
domo nec ullum hospitem admittit; 喫去想不也飯 o 讀去心無也書 chū yè voù
sin ki'ú tou, fàn yè poù siáng k'iú t'che, nec de studendo curat, nec de manducando cogitat.
In his omnibus loquendi modis 也 non adhæret litteræ præcedenti, sed refertur ad id quod
sequitur. Diceremus 書讀心有沒 mò yeoù sin tou chū, quam melius 1 Statim ponitur verbi regimen, nempe 書 chū, libros; 2º Sequitur 也; 3º 讀去 Gall. *aller étudier,*
喫去 *aller manger.*

5º. Sæpissime ponitur post 這 tché, post 他 t'a, post 我 ngò, post 你 ni, &c. et idem
fere sensus est ac supra, ita ut 也 cadat in sequentia; 上心在不也他 t'ā yè pou tsái sin
chàng, quod ad eum attinet, hoc in ejus animo non hæret, Gall. *lui, il n'y pense seulement pas;*
modus loquendi nobis Gallis tam usitatus quam Sinis; 了何奈法無是也這 tché
yè ché voù fã nái hò leaò, hoc est prorsus intolerandum; hoc posito nullum datur remedium;
事小是還也這 tché yè hoàn ché siao ssée, *cela, ce n'est encore rien;* hoc quidem adhuc
parva res est; 理有得說也這 tché yè choùe te yeoù lì, hoc quidem cum ratione dicitur;
他管要不也這 tché yè pou yāo koùän t'ā, sed sinamus hanc rem vadere ut vadit;
得不他怪也這 o 驕氣往往人才有 yeoù t'sāi gìn vàng vàng k'i kiao, tché yè
kouai t'ā pou te, ingeniosi homines solent altos spiritus gerere; neque hoc mirum videri debet;
了罷也這知不是既 kí ché pou tchi tché yè pa leaò, si quidem ignorabat, ad
hoc hac vice non attendo; 了實老煞也你 ni yè chā laò che leaò, tu certe nimis simplex ac bonus es; 思意沒是處也他 t'ā yè chin chó mò y ssée, ille magno pudore
suffunditur; 意此有正也我 ngò yè t'ching yeoù ts'eè y, equidem hoc ipsemet volebam;
書年幾十過讀曾也我 ngò yè tsēng tou kouò ché ki niēn chū, et nos etiam decem et
amplius annos studuimus; 心放不也你的你受不若我禮此 ts'eè lì ngò jù pou cheoù
ni tī, ni yè poù fàng sin, si non recipis hæc munera tua, non poteris esse sine metu. Diceret

AD LINGUÆ SINICÆ NOTITIAM.

Europaeus; 心放不你竟必。禮的你受不我是若 sed ineleganter.

6°. Non solis pronominibus hoc accidit, ut videre est in exemplis quæ sequuntur: 没也鬼門上個 koüèi yè mŏ kó cháng mên, nemo illum invisit, Gall. *il ne vient par une ame chez lui*; 知不也鬼神 chīn koüèi yè poŭ tchī, ne ipsi quidem spiritus hoc scire possent; 也鬼神他怕 chīn koüèi yè p'á t'ā, ipsi etiam spiritus illum reformidant; 俞無也悔了做己做 tsó y tsó leao, hoèi ye voŭ y, acta res est frustra te pænitet; 日半等此在我了鬼見出個一見不也兒影人 kién koüèi leao, ngò tsái ts'eè teng poŭàn gĕ, gīn yng ell yè poŭ kién y kó t'chú, tu somnias, ego hic adsto expectans totā die, nec ullum hominis vestigium exire vidi; 心傷也說 choŭè yè chāng sīn, ipsa narratio dolorem excitat; 此如過不也貌才 t'sái máo yè poŭ kô jù ts'eè, ingenium et forma hos limites non excedant; 的契人與盃一捨不也水 choŭi yè poŭ chè y poĕi yù gīn t'chĕ tĭ, ne scyphum aquæ dare vellet; 然枉是也惱煩去失旣物財 tsái oūĕ ki chĕ ki'ú fān naŏ yè ché vang gèn, quando quidem rem omnem amisisti, frustra te dolore consumeres; 法没也箕 tchīn yè mŏ fǎ, profecto nullum est remedium; 雅幽潔精也郡 k'iŏ yè tsing kiĕ yeoŭ yà, atenim locus erat secretus et amœnus; 來正眞也子婆個這碎瑣得 tché kó p'ó tseè yè tchin tching lài tĕ sò soŭi, ista vetula vix sane ferri potest cum suis ineptis minutiis; 你由也聽不 poŭ t'ing yè yeoŭ nì, hæc sequeris vel non prout voles; 來出不想也仙神較計的妙絶箇有我 ngò yeoŭ kó tsūĕ miáo tĭ kí kiáo, chīn siēn yè siàng pou t'chŭ lài, inveni modum certe mirabilem, de quo ne immortales quidem umquam cogitassent; 用没也氣个如氣不你由不 pou yeoŭ nì pou k'í, jù kīn k'í yè mŏ yóng, non est in tua potestate, non sentire iram, sed nunc irasci nihil prodest; 得可手睡也貴富名功 kōng mîng foŭ koüéi yè t'ó cheoŭ k'ŏ tĕ, Gall. *dans un tour de main les biens et les honneurs pleuvront sur vous*; 逞爲不也訪來後塲 tch'âng heoú lài fàng yè pou oüĕi t'chì, finito examine hæc inquirere nondum serum erit; 開不你丟也死 sseè yè tieōu nì pou k'āi, etiam si mori oporteat, non te deseram; 來出不也死中山在躲 tò tsái chān tchōng sseè yè pou t'chu lài, abditus est in monte, et mallet mori quam hinc exire; 處好得也死便身老 laŏ chīn piēn sseè, yè to hào tch'ŭ, licet ego vetula statim morerer, bene mihi esset; 心甘也死見一 y kién good, yè kān sīn, si modo illum videam moriar libenter.

7°. Littera 一 sæpe præcedit, ut jam dictum est suo loco, 靈不也些一 y siĕ yè pou lîng, nullus omnino consequitur effectus; 差不也些一 y siĕ yè pou tch'ā, nihil penitus deest, vel ne tantillum quidem erat, vel rectissime divinasti; 嶷無也毫一 y haŏ yè voú ngái, nullum est vel leve impedimentum; 得不我少也釐一 y lĭ yè chaò ngò pou te, solves mihi usque ad ultimum teruncium; 有沒也人游個一要 yāo y kŏ yeŏu gìn yè mŏ yeoù, Gall. *on ne voit par une âme à la promenade;* 的饒不是也板一板十三打人每 moei gìn tā sān che pān, y pān yè ché p ou jaò tí, quilibet triginta plagis excipietur, ne unicam quidem ulli parcam; 盡不說也時一長話來說 choùe lâi hoá tch'âng. y chè yè choùe pou tsin, longa historia, nec finire possem, si eam narrare inciperem. Vides quod post 也 semper sequatur negatio.

8º. Aliquando præcedit 雖 soūi, v. g. 取可件一有也常尋貌姿然雖 soūi gên tsĕe maó sìn t'châng, ye yeoù y kién k'ò t'sá, licet forma sit satis communis, unum tamen habet bonum; 是只情才些有薄薄也雖帅 t'sá soūi yè pŏ pŏ yeoù siĕ ts'ái ts'ing tchì ché &c. Licet ingenio et affectu non careat, nihilominus, &c.

9º. 也 ponitur vel initio, v. g. 多不差也 yè t'chā pou tō, Gall. *et oui, vous y etes*; hoc dicitur ironicè; 了子本有算也 yè soūan yeoù pên tseè leaò, vel ex hoc sciri potest, quod dexteritatem habet. Vel in fine, v. g. 也苦是好 haò ché k'où yè, illud valde luctuosum et amarum est; 也了敢不我 ngò poŭ kăn leaò yè, posthac nihil tale committam; 也我殺喜要簡眞 tchin kŏ yāo hĭ chă ngò yè, profectò vis me lætitiâ emori. Vel in contextu, v. g. 了過受都也雖磨的他 t'ā tĭ mŏ năn yè toū cheòu koūo leaò, omnia pertulit quæ me pati voluit; 自爺命向柔一你賞龍也死免該不理論 罷者農歸 lùn lí pou kāi mien ssĕe, yè pá chàng nì y ti'aò keoù ming kŏ tsée koūči nóng tchĕ pá, vos omnes mortem commeruistis, sed satis est: do vobis vitam, abite canes et ad aratrum revertimini; 大志高心他得不澤也貌才剛一等這有 yeoù tchê tèng y foŭ ts'ái maò, yè koŭái pou te t'ā siu kaō tchì tá, cum hoc ingenio et hac formâ, non mirum quod elato sit animo.

Particula 亦 y non multum differt ab 也 yè ut exempla probant; 壁就觴巨一說莫 飲痛該亦觴巨十 mŏ choue y kiú chāng, tsioŭ ché ché kiú chāng, y kāi t'óng yn, non solum magnum hunc calicem, sed decem similes mihi siccabitis; 不可亦見即 可亦見 t'sĭ kién y k'ò, poŭ kién y k'ò, vel me videat, vel non videat ut volet; 你雖 憐可亦實取自 soūi nĭ tséa ts'ù, che y k'ò lién, quamvis tuâ culpâ id acciderit, commiseratione tamen dignus es; 知可未亦念轉思回時有者或 hoc tchè yeoù eht hoêi tsée tchoūen nién y oǎëi k'ò tchì, forte aliquando cogitationem et animum tandem mutabit; 言敢不亦生晚問必不亦生先老 lao siēn sēng y poŭ pī vén, oūàn sēng y pou kăn yén, domine, hoc ne à me quæras enim neque auderem dicere; 見相便不 說可言無亦時見見可面無亦 pou pién siāng kién, y voŭ mién k'ò kién, kién chî, y voû yên k'ŏ choüe, non convenit ut illum videam, nec audeo illum videre, nec ut illum videam, habeo quod illi dicere liceat; 看一看飽我等不亦快得走惱可 k'ŏ naŏ, tseoù tĕ ko'ûai y poŭ teng ngŏ paŏ k'ân y k'ân, me miserum! celerrime transiit, nec potui ejus visu satiari.

PARAGRAPHUS OCTAVUS

DE PARTICULA yeóu 又

Facile est illam confundere cum 也 yè et 亦 y; sensus enim fere idem est; unum generatim notabis: Scilicet quoties 又 yeóu debet vel potest explicari per *iterum, præterea*, differt ab 也 ye.

1º· In exemplis sequentibus vix ulla differentia est; 可不爲未又 yeóu oüéi oüǎi poŭ k'ŏ, tam bene diceres; 可不爲未也 adhuc licet, adhuc tempus est; 應不又他叫我 ngŏ kiaŏ t'ā yeóu poŭ yng, illum voco nec mihi respondet; 子妹的他和訖不又你親成 nǐ yeóu poŭ tséng hŏ t'ā tǐ moéi tseè t'chīng t'sin, nondum sororem ejus minorem duxisti; 鬼麼惹弄知不又你 nǐ yeóu poŭ tchī lóng chín mŏ koüěi, nescio quid turbarum excitare velis; 西話東指是又怕恐 k'ǒng p'á yeóu chē tchī tóng hoá si, adhuc, ut opinor aliud dicit, aliud intendit; 短長此說不並笑是只又 yeóu tchī chē siaŏ p'îng poŭ choüe t'chu tchàng toüǎn, ridere pergebat, nec quicquam dicebat vel pro vel contra; 人何在又而我在不姻婚則 tsè hoēn in poŭ tsái ngŏ ěll yeóu tsái hŏ gîn, si nuptiæ illæ ad me non spectant, quam tandem aliam respiciunt; 求有又托之人受早不得安人於 cheóu gîn tchī t'ŏ, yeóu yeoù k'icóu yū gin, ngān tĕ poŭ tsaŏ, alterius negotium in me suscepi, et alter mihi rogandus est; quomodo summo mane non venirem? 歷怎來起羞害等這是又面了見一 ts ng mŏ y kién leaŏ mién, yeóu chē tchē teng hái sieou k'ǐ lái, quare sic rubet vultus tuus quoties illum vides? 矣年兩又料不別一自 tsée y pié, pou leaŏ yeou leang nién y, duo sensim abierunt anni ex quo ab invicem discessimus; 了轉又水風日今料不 pou leaŏ kin gī fōng choüī yeoú tchoüen leaŏ, quis putasset fore ut hodie bona fortuna nos reviseret; 惱煩無又慢怠你由 yeŏu nǐ tái mán, yeóu vôu fán naŏ, quamvis me male tractes non irascar; ·人詩個像不又却·寫不待欲話笑他被怕恐又·篇一寫筆乎信要欲 yŏ t'ái pou sié, k'ŏ yeou pou siáng kó chī gîn yŏ yāo sín hoù pī sie y pién, yeóu ko'ng p'á pī t'ā siáo hoá, si nihil scribit non poetæ speciem dabit; si scribit aliquid timet ne se ridendum propinet; 色月有沒又夜今 kīn yĕ yeou mŏ yeoù yuĕ se, hodie luna non splendet.

2º. Bene jungitur cum 來 lái et tunc fignificat *iterùm* v. g. 笑取來又 yeóu lài t'sù siaò, adhuc iterum irrisum advenis : Non bene diceretur 來也yè lài ; 了遜謙來又 yeóu lài k'iēn sún leaò, de novo tuam modestiam ostendis ; 說胡來又 yeóu lài hoú choŭ, inepta loqui pergis : 了怪作來又子孩小 Gall. *ce morveux fil le sot plus que jamais*; 來又可 vel 了來又 ecce autem de integro.

3º. Amat bis terve repeti, et illud variis modis qui omnes notandi sunt. 1us: 打又了罵 罵又了打 má leaò yeóu tà, tà leaò yeóu má, injurias verbera excipiunt et post verbera denuò maledicit sicut prius ; 紅又了白・白又了紅孔面 miēn kŏ'ng hòng leaò yeóu pĕ, po leaò yeóu hong, ejus vultus pluries mutavit colorem ; 思又了哭・哭又了想 siàng leaò yeóu k'oū, k'oū leaò yeóu siang, cogitationem fletus, fletum cogitatio excipiebat ; 哭又了說・說又了哭 k'oū leaò yeóu choue, choue leaò yeóu k'oū ; sic 惱又了想 想又了惱 siang leaò yeóu naò, naò leaò yeóu siang, sensus satis patet ex prioribus exemplis. 2us modus; 氣又下心・饑又中肚 toù tchōng yeóu kī, sīn hià yeóu k'i, venter erat vacuus cibo, et cor erat plenum irâ. Similia exempla non desunt et notanda quando occurrent. 3us modus ; 得不就又就・得不辭又辭 t'seē yeóu t'seē poŭ te, tsioú yeóu tsioú poŭ te, non poterat honeste recusare, nec etiam accipere ; 退又退・悔不悔又悔 去不 hoèi yeou hoèi poŭ tchoŭen to'úi yeou to'úi pou k'iú, Gall. *il ne savoit ni comment se repentir d'y être entré, ni comment faire pour en sortir*; 得不涂又死・文不生又病 ping yeou sĕng pou kī, sseè yeou chè pou te, morbum non poterat advocare, et mortem timebat subire ; 出不發又發・去不洗又洗氣肚一 y toú k'ī yeóu sī pou k'iú, fà yeou fà pou t'chu, non poterat iram nec coquere nec evomere ; 軍不又立・安不又坐 tso yeóu pou ngān, lī yeou pou nīng, nec sedere poterat nec stare. 4us modus ; 吞又了看人二 蘊無喜歡・說又了說 óll gìn k'an leaò yeou k'àn, choue leaò yeóu choue, hoān hi vôu tsín, non poterant explere animum, vel legendo hos versus, vel eos laudando et incredibili gaudio exultabant. 5us modus ; 民個像不又民・官個像不又官 koŭàn yeou pou siáng kó kouān, mín yeou pou siang ko mín, homo erat quam neque mandarinum, neque plebeium posses dicere ; 上不他比又物人・過不他考又考 k'aò yeou k'aò t'ā pou koŭò gìn oŭò yeou pǐ t'ā pou cháng, nec illum in ingenii certamine vincere poterant, nec illi quoad formam corporis. 6us modus ; 富又家・高又官 koŭàn yeou kāo, kiā yeou foú, munus ejus est altum et domus dives ; 才又眼・高又才 tsái yeou kao, yèn yeóu tou; quia ingeniosus est, alios omnes despicit. 7us modus ; 了奇又這道喜又驚又下心 sin hià yeou king yeou hǐ tao tchó yeou k'í leaò, stupens et exultans ait: hoc certe mirabile est; 們他辱羞分十好不又郤笑好又惱又氣又上心 sīn cháng yeou k'í yeou naò yeóu haò siaò, kʻiǔ yeóu poŭ haò chĕ fēn sieōu joŭ tʻā mĕn, hoc ejus excitabat bilem, et risum etiam movebat, nec tamen bonum erat eos nimis contumeliose tractare; 又上心般一夢筐一了做像就惑又喜又疑又驚 sin chang yeóu king yeóu y yeóu hì yeóu hoĕ, tsioŭ siang tsó leaò y kó mong y pcūān, timor et metus et gaudium et dubia ejus animum simul pulsabant, ita ut homini somnianti similis videretur; 又秀俊又八為匙氣和又諉譓又實老又氣俠有又才多且 tʻā oūêi gin yeóu tʻsún sieóu, yeóu tʻsiè tō tʻsâi, yeóu yeoù hiĕ kʻi, yeóJ laò chĕ, yeóu kiʻen jang yeóu hò kʻi, iste quam plurimas dotes habet, est formosus, est ingeniosus, est fortis, est sincerus, est humilis, est pacificus.

PARAGRAPHUS NONUS.

DE PARTICULA 就 tsióu.

1º· Sæpe jungitur cum 是 chí, v. g. 他是就必想 siang pī tsioŭ chí tʻā, ipse est, ni fallor; 也來好就必想 siang pī tsioŭ haò lâi yè, videtur modo advenisse vel brevi venturus; 死餓是就死凍是不 poŭ ché tong sseè, tsioŭ ché ngò sseè, si frigore non moritur, certe frigore fame peribit; 家他是就兒門的比朝那 nà tchʻaò pì tĭ mĕn èll, tsioŭ chí tʻā kiā, porta illa ante quam murum pictum vides est porta domus ejus; 了是就 tsioŭ ché leaò, hoc ipsum est, vel ita est, vel ita fiet; 的匙受白白道難子公宰冡個一我了罷等這是就辱凌 ngò y kó tchōng tsài kong tseè, nán taó pĕ pe chcóu tʻá tĭ ling joŭ, tsiou ché tché teng pà leaò, Egone primi ministri filius, tantam ab eâ contumeliam acceperim et hoc impunè?

2º· Post 說莫 mó choūé, sequi deinde solet 是就 tsioŭ ché, et postea 也 yè, v. g. 他求去而無也我肯他是就肯不然是他說莫 mò choūe tʻā chē gēn poŭ kʻeng, tsiou ché tʻā kʻeng ngó yè voŭ meén, kʻin kiʻeòu tʻā, nedicas quod absolute non-vult, etiam si vellet, ego certe non auderem illud rogare; 紙說莫書讀心用管只你上身夫老在也得不少事·姻婚是就情不去老習之火燈資之筆 nĭ tchĭ kouàn yōng sin toŭ chu, mó choūe tchī pī tchī tsée teng ho tchī fèi lao soŭ pou si tsioŭ ché hoen yn y sséé chaò pou té yè tsài laò soŭ chīn chǎng, totis viribus incumbe studiis tuis, non modo charta et calami, ignis et oleum tibi per me non deerunt; sed tuas etiam nuptias promovendas in me suscipio; 道知也我是就人別說莫 mó choue pie gìn, tsioŭ ché ngò yè tchī táo, noli mirari quod alii nesciant, siquidem ego ipse hoc audivi; 說休

你依都件十是就作三 hieoŭ choüe san' kién tsióu ché che kién toŭ y nĭ, non tantum hæc tria sed etiam decem ejusmodi tibi libens concedo; 是就不材棺个一說休起役來也人小个十 hieou chou y kó koñu t'sái pên, tsióu chi che kó siaò gĭn yè lài te k'í, non modo pecuniam pro uno sarcophago tibi dabo, sed vel pro decem facile concederem; 來出不妨也在所樣這了明說是就說做不道莫 mó taó poŭ kán choue, tsióu chi choüe ming leaò tché yong sò tsái yè fing poŭ t'chŭ lài, dices ne quod non audeam loqui; etiamsi omnia clare patefacerem, tamen ex hoc loco nos expedire non possemus; 妻說莫你了處何在知不也子身連子 nĭ mó choüe t'si tseè lien chin tseè yè poŭ tchī tsái hó t'chù leaò, ne dicas de uxore, ipsemet quonam in loco sim ignoro. Hic 連 lien idem plane est ac 是就 tsióu ché.

3º Licet non præcedat mó choüe, idem est sensus; 心甘也死就 tsiou sseè yè kān sīn, mortem ipsam libenter suscipiam; 心甘自也死凍他爲就 tsióu oŭèi t'á tōng sseè yè tseè kān sīn, pro illo etiam frigore libenter moriar; 詔奉敢不也死就 tsióu sseè yè poŭ kán fong tchao, prius moriar quam tali mandato pareant; 的不禁也人石鐵是就 tsióu chi tie che gĭn yè kin poŭ tí, quamvis esset ferro et lapide durior, tamen non posset obsistere; 乞不是也我年百一跪就你 nĭ tsióu koŭ'èi y pe nièn, ngó yè ché poŭ k'í, licet per centum annos flexis genibus remaneas, tamen bibere non me coges; 點就他去情人這尋裡那燈亭 t'á tsióu tieu tchŭ teng, nà lĭ sīn tché gĭn t'śing k'iú, quamvis lucernam accendat, ubi reperiet qui beneficium velit præstare? 年幾他受就的該是也 tsióu cheou t'á ki nièn, yè ché kāi ti, licet illam per multos annos pati oportent, non recusabo; 然枉是也子才個一做就 tsióu tsó y kó ts'ái tseè, yè ché vàng gēn, quamvis sic ingeniosus, frustra tamen expectas; 些一了喫就們員生了耐忍得只也點 sēng yùen mēn tsióu t'che leaò y siē k'oŭū yè tchĭ te gĭn nǎi leaò, licet non baccalaurei aliquid pussi fuerimus, hoc tamen volumus ultra persequi; 是就你該也腸心的打鐵 nĭ tsióu ché tie tă ti sīn tch'ang, yè kāi, &ct. etsi viscera geras ferrea, debes tamen, &c.

4º Significat Statim, subito, v. g. 妨不去就 tsióu k'iú pou fāng, nihil impedit quin protinus abeas; 做就做要做不就做不要 yāo pou tso tsiou pou tso, yāo tso tsiou tso, facio vel non facio prout libet. Agitur de carminibus; 托推是便收不你了惱就我 nĭ pou cheoŭ, pién ché toui t'ō, ngo tsiou nào leaò, si hæc non recipis, idem est ac si renueres quod rogaris, et ego tibi irascar; 了死急就我 &ct. 若你如 &ct. ngo tsiou ki sseè leaò, si tu &ct. ego statim sollicitudine moriar; 怕我是不說你見的没是就說不你你 nĭ choue pou ché ngo p'á nĭ, nĭ pou choüe, tsioú ché ngo

AD LINGUÆ SINICÆ NOTITIAM.

tǐ ĕll, sic palam hoc facis, ego non timeo te ; si taces continuo eris meus filiolus ; 你哥的我了來進不就的怎 ngò tǐ kō nǐ tsèng ti tsioù poŭ tsin lâi leaò, mi frater, cur statim non intrasti ? 了處心疑有沒就來講樣這 tché yáng kiang lâi, tsioú mŏ yeoŭ y sin t'chú leaò, sic hæc ita sunt, nullus restat dubitandi locus ; 了罷就也了錯應我爲以只 tchǐ y oüĕi ngò t'ing ts'ó leaò, yĕ tsioú pá leaò, esto sanè, non recte audiverim, relinquamus ista.

5°. Solet jungi cum litteris quae similitudinem indicant ; 個一像就秀废姿丰得生 人美 sēng tĕ fong tsee tsŭn sieóu, tsioú siang y kó moĕi gĭn, tam bellus est ut bella puella esse videatur ; 鐵似生就 tsioú sseè sēng tiĕ, totus est ferreus ; 肉骨如就我待 t'ái ngò tsioú jù koŭ jò, tractavit me sicut seipsum ; 般一見聽不像就 tsioú siang poŭ t'ing kiĕn y poüān, se gerit perinde ac si nihil de tota re quicquam audivisset.

PARAGRAPHUS DECIMUS

DE PARTICULA 郤 k'iŏ

1°. Servit ut aliquid fortius asseratur ; 了惜可不郤 k'iŏ poŭ k'ŏ sĭ leaò, annon magnum foret damnum ; 跡筆的樣兩是郤 k'iŏ ché leang yàng tĭ pĭ tsi, evidens est non esse eamdem manum ; 解不人令郤這 tché k'iŏ ling gĭn poŭ kiĕi, istud profecto divinari non potest ; 我在郤只不求你由且肯不肯 k'ĕng poŭ k'eng ts'iĕ yeoŭ nì, ki'ĕou poŭ ki'ĕou ki'ŏ tsái ngò, pendet à te ut annuas vel recuses, sed certe meum est rogare vel non ; 來又郤 k'iŏ yeoŭ lâi, ecce autem de integro ; 好不郤的恁 gĭn tĭ k'iŏ poŭ haò, hoc pacto certe non bonum erit ; 好是宿去裡那投是郤 k'io ché t'eoù nà lĭ k'iú sioú ché haò, sed quo tandem me hac nocte recipiam ; 開郤夾回你待酒了斷就日今從 tsóng kin gǐ tsioú toüàn leaò tsioù, t'ái nǐ hoĕi lâi k'iŏ k'āi, ab hac die vinum mihi interdico, at cum redieris certe bibam ut soleo ; 非些該郤 k'io kāi chiá ts'oúi, pró hac culpa quid mereris ? 打彼看好不郤面體此彼了傷 jŏ tà chāng leaò pĭ ts'eĕ t'ǐ mién k'io poŭ haò k'ān, ci sangnis effusus fuisset, utrique pariter indecorum fuisset ; 特一郤辭推罢分十下心得回法没 sīn hiá ché fān yāo toüi ts'eĕ k'io y che mŏ fă hoĕi tĭ, corde volebat se excusare, sed nullum occurrit aptum responsum ; 真當郤我夢做便你 nĭ piĕn tsó móng ngò k'io tāng tchin, tu somnias, ego tanquam certum habeo ; 我是非我尋來你是郤你尋來 k'io ché nĭ lâi sĭn ngò, fĕi ché ngò lâi sĭn nĭ, tu ipse me quaeris, ego te non quaero ; 裡那詩律言七首一是郤事兵言是 nà lĭ ché yĕn ping sseè, k'io ché y cheoù t'si yĕu liu chī, nullatenus agebatur de bello, sed erant versus septem syllabarum; 知相舊還知不知相新是却 poŭ tchi hoán kiéou siang tchĭ, k'io che sīn siāng tchĭ, nescio utrum sit amicus antiquus an novus.

2º. Saepissime post k'io 却 ponitur 也 yě, v. g. 為鹿指是不雖話的說你牛易羊以是也却馬 nĭ choŭě ti hoá soūi poŭ ché tchī loŭ oŭěi mă k'io yĕ ché y yâng y nieŏu, id quod ais, non est quidem velle ut cervus sit equus, sed est bovem ove commutare; 得不他何奈也却過不他放雖你, non potes nec illum abjicere nec illum domare et subjicere; 強勉又得只理有得說也却意之我留母父是雖了住 soūi ché foŭ moù lieŏu ngŏ tchĭ y k'io yĕ choŭě tě yeoŭ lĭ, tchĭ te yeoŭ miěn ki'âng tchŭ leaò, licet id agant parentes ut me retineant apud se, vere tamen dicunt. Ergo necesse est adhuc manere domi; 情愛喜歡分十也却兒女個生然雖 soūi gēn sēng kó niù ěll, k'io yĕ che fēn hoān hĭ ngái si, etsi nata esset ipsis filia, maxime tamen gaudebant et eam valde amábant. Vides quod semper praecedat soūi 雖:生便姐小個一生說莫子兒個一得不莫也却姐小個十 mó choue seng y kó siaò tsiĕ, pién seng che kó siaò tsiĕ, k'io yĕ soüán poŭ te y kó ěll tseè, ne dicas suscepit unam filiolam; etiamsi decem haberet, certe cum unico filio non possent conferri;....是也却....得不莫雖 non est quidem....sed tamen est, &c.

3º. Saepe reperitur in phrasibus quae aliquam interrogationem involvunt. v. g. 何為是却 k'io ché oŭěi hŏ, sed cur ita porro? 了怎却 k'io tsēng leaò, quid igitur? 好麼怎却 k'io tsěng mŏ haò, vel 好的怎是却 k'io ché tsēng ti haò, quid ergo faciam? quid videtur esse melius? 何奈將却 k'io tsiāng nǎi hŏ, vel 處區生怎却這 tchĕ k'io tsēng seng k'iū t'chù; quid denum accidet? quorsum res evadet? quodnam remedium; 相位這人何是却公 tché oŭěi siang kong k'io ché hŏ gīn? quis est iste juvenis? 的你是却何如 jû hŏ k'io ché nĭ ti, quomodo probas hoc ad te pertinere? 來裡那從却你 nĭ k'io tsóng nă lĭ lâi, unde tandem venis? 處何在却裡這在不既 kĭ pou tsái tchè lĭ, k'io ts'ái hŏ t'chŭ si quidem non est hic, ubinam igitur erit? 地何於我置將却女此了聘又果若 jŏ kŏ yeŏu p'ing leaò ts'eè niù, k'io tsiāng tché ngŏ yû hŏ tí, si destinata est ipsi in uxorem, quid de me fiet; 也我死害的活活不却 k'io pou hŏ ho ti hài sseè ngŏ yĕ? annon hoc est me vivum occidere?

4º. Sequentes phrases non sunt negligendae; 笑好也却 k'io yĕ haò siaò, jocosa res; 平公是也却 k'io yĕ ché kong p'ing, sed denique hoc aequum est; 見聽曾不當只却 k'io tchĭ tang pou tsēng t'īng kién, facit perinde ac si nihil audivisset; 通不字一又却 k'io yeŏu y tseĕ pou t'ōng, insuper erat in litteris plane rudis; 意好毁一你了負辜不却 k'io pou koŭ foŭ leaò nĭ y toŭán haò y, annon esset inutilem reddere bonam tuam erga me voluntatem? 夢一是却來醒 sìng lái; k'iŏ ché y móng, evigilans cognovit esse somnium; 上身他在定射眼雙一心片一却 k'iŏ y p'iĕn sin y choāng yèn ché tìng tsái t'ā chīn cháng, illum oculis suis, sicut sagittis, confixit; 看偷又却看偷去要疑多自却了錯 k'io tsée tŏ y, yāo k'iú t'eōu k'an k'iŏ yeóu teōu k'án t'só leaŏ, omnia timebam, volebam furtim aspicere, et non bene aspexi; 我了却忘你 nì vâng k'io leaŏ ngŏ, tu mei oblitus est.

PARAGRAPHUS UNDECIMUS.

DE PARTICULA 着 tchŏ.

Videtur idem esse ac 却 k'io, præsertim quoties sensum firmat. Sed tamen, sicut in reliquis ejusmodi litteris affinibus accidit, non est omnino pervius utriusque particulæ usus pract. Sentietur ex exemplis.

Jungi solet quamplurimis verbis ac nominibus et ipsis majorem vix addit. Hoc dicitur quoque de 却 k'io. sed k'io praecedit, et 着 tchŏ, semper ponitur post nomen aut verbum; 着等 tĕng tchŏ, expecta; 着記 kí tcho memento; 哩着記牢我 ngŏ láo kí tcho lì, optime commemini; 着些漫 mán siē tcho, ne tantopere properes; 着拿 ná tcho, accipe; 着遇 yù tcho, alicui occurrere, v. g. in viâ; 了着訪尋 sìn fàng tcho leaŏ, illum tandem reperi; 氣麼甚有了罷便着不尋 sìn poŭ tchŏ piĕn pá leaŏ, yeoù chín mŏ k'í, non potes reperire, satis est, cur propterea irasceris? 着不睡 choŭl poŭ tchŏ, non possum dormire; 口牲匹一着騎 k'í tchŏ y p'ĭ sēng k'eoù, equitabat unum jumentum; 容笑着帶 tái tchŏ siaó yòng, ostendit vultum hilarem; 褔萬個一深深他着望 vàng tcho t'ā chīn chīn y kŏ ván foŭ, ad illum conversa profunde salutavit; 痛疼着忍 gìu tcho tòng t'ŏng, dolorem sustinet, non dat signum doloris; 着得趕歷怎 tsèng mó kàn té tchŏ, quomodo possem illum assequi? 我着留奴 cheóu lieóu tcho ngŏ, me retinuit apud se; 打實着 tcho chĕ tà, illum bene et lauté verbera; 事本些有習着 tcho chĕ yeoù siē pèn ssée, certe quidem habet industriam; 他俻實實着誃就 tsiŏu kāi toho chĕ tsž pí t'ā, debebas statim illum bene corrigere; 親母着背 poĕi tcho moŭ ts'in, celavit matrem. Gall: *en derrière de sa mère*; 從落着沒到 táo mŏ tcho lŏ t'chú, nescio quo m⸗ vertam, quid fiet de me; 否落看亳一有曾裡那在却各功的你 nì tĭ kōng míng k'io tsái nà lì? tseng yeoù y haŏ tcho lo feoù, ubi sunt illa merita tua? quid hactenus tibi haec profuerunt? 了着不使宇二心良那當勾般這做要 yāo tsò tchê poüân keóu tang nà leang sin ĕll tsée sseè poŭ tcho leaò, si tam iniqua vis agere, quomodo probitatem conservabis; 着不摸惱頭些一 y siĕ t'eoŭ naò mó poŭ tcho, nihil in hoc negotio capere possum; 他着忩記生好 haò sēng kĭ nién tcho t'ā, non cessat de illo cogitare; 是便你着依 y tcho nĭ pién ché, faciam ut voles; 急着上心 sīn cháng tcho kĭ, corde turbato et præcipiti; 急着必不你事此 t'sèe sséa nĭ poŭ pĭ tcho kĭ, non necesse est propter hoc ita properare; 氣着不怎 tsēng poŭ tcho k'í, quis posset non commoveri? 惱着須何 hǒ sū tcho naò, quid opus est irasci? 忙着加愈 yu kiā tcho mâng, multo magis turbatus fuit; 是不右是不左漵着紅急了着 tcho leaò ki, hòng tcho lièn, tsó pou chí, yeoŭ pou chí, corde motus est, vultus erubuit, quocumque se vertat, nihil occurrit quod approbet; 事何着爲來此你 nì t'sèe lâi, oüéi tcho hǒ ssée, quid habes quod huc veneris? 是想魘了着也 siāng ché yè tcho leaò mǒ. Gall: *je crois qu'il a le diable au corps*; 杯一飲再他着, effice ut unum adhuc calicem bibat; 來進他着, jube ut intret, *faites le entrer.*

PARAGRAPHUS DUODECIMUS

DE PARTICULIS 到 vel 倒 táo et 轉

Littera táo 到 vulgo significat *pervenire*, v. g. 手到 táo cheoŭ, ad manus pervenit; 那到去裡 táo nà lì k'iú, quo pergis? 處之到不無 voŭ pou táo tchī tchú, semper scopum attingit; 地田此到今如你 nĭ jŭ kin táo ts'eò t'ien tĭ, cum ad hunc statum nunc deveneris; 我到不瘦他着不肥 fēi pou tcho t'ā, seoŭ pou táo ngǒ, non pinguis evadit, nec ego macer; 底到 táo tĭ, usque ad fundum; denique.

Littera 倒 táo, proprie significat *cadere, labi*; 地倒迷昏 hoēn mî táo tĭ, *il tomba evanoui*, stupore correptus ad terram cecidit; 頭了倒一 y táo leaò t'eoŭ, statim atque mortuus cecidit; 地於倒拜 pái táo yŭ tĭ, salutare usque ad terram; 倒不他處 t'chù t'ā poŭ táo, regi non potest ac subjici; 倒不他服壓 yă foŭ t'ā poŭ táo, idem fere sensus, cogi non potest ut acquiescat; 歪西倒東 tōng táo sī vâi, vel de veteri muro jam jam casuro, vel de ebrio titubanter gradiente.

Haud equidem scio utrum hinc per analogiam deduci possint omnes sensus et usus istarum litterarum quando sunt particulae. Unum scio quod minima sit inter utramque differentia.

AD LINGUÆ SINICÆ NOTITIAM.

Et quia de iis inter loquendum pauci Europæi cogitant, ideo diligentius est attendendum.

1ᵃ· 也 yĕ saepe post illas ponitur, et tunc fere nullum est inter 到 et 倒 discrimen. Exempla de 到 táo: 好也到這 tché táo yè háo, utique hoc bonum est; 是得說也到這 tché táo yè choüĕ tĕ ché, hoc vere dicitur; 罷也到 táo yè pá, Gall. *encore passe*; 計奠弟兄 &ct. 也到是只全莫 hiōng tí soŭán kí táo yè mó t'suēn tchi ché, consilium quod sumis non est sine difficultate, etenim, &ct. 人之計心有是也到生王言 tché vāng sēng táo yè ché yeoŭ sin kí tchi gín, iste Vang Seng habet utique varios in corde modos, Gall. *des expediens*; 疑可分三有也到話這 tché hoá táo yè yeoŭ sān fēn k'ŏ y, non omnis fides his dictis habenda est; 妙也到見一見步一早 tsáo y poú kién y kién táo yè miǎo, uno passu citius, illum vidissem, *j'aurois eu le bonheur de le voir*; 知不也到生學此如來原 yuēn lái jŭ t'sèe, hiŏ sēng táo yè poŭ tchī, res itaque sic se habet; atqui ego hæc nesciebam; 名有赫赫也到爲敢氣任人爲 oŭĕi gín gín k'i kàn oŭĕi táo yè hĕ hĕ yeoŭ míng, est vir magnanimus et audax: praeclaram famam consecutus est.

Exempla de 倒 táo: 了忘也倒字名 ming tseé táo yè vàng leaŏ, oblitus sum illius nomen; 羞不得說也倒話句這你 nĭ tché kiù hoá táo yè choŭĕ tĕ poú tch'ā, hoc vere quidem et aperte dixisti; 上心在不也倒窮貧今那 ná kin p'ín k'iōng táo yè poú tsái sin chang, de miseria praesenti ne quidem cogitat; 有也倒搭一有日今人好個一了害是只味滋些 kín gĕ yeoŭ y tchūn, táo yè yeoŭ siĕ tsēe oŭĕi, tchī ché hài leaŏ y kò haŏ gín, est una res non utique injucunda, sed necesse erit perdere hominem innoxium; 好也倒今如他 t'a jŭ kin táo yè haŏ, nunc illi satis bene est; 也倒活快 táo yè k'oŭái hoŭŏ; volupe utique esset.

2ᵃ· Idem est sensus etiam cum omittitur illud 也 yĕ. Exempla de 到 táo 消不到我 ngŏ táo poú siāo, hoc ego non indigeo; 去回要到何爲兄諸來們弟小 siaŏ tí mēn lái, tchū hiong oŭĕi hŏ táo yāo hoĕi k'íu, statim atque venimus, cur illicò vultis abire? 是若了好到物人個一等這 jò ché tché teng y kó gín oŭe táo haŏ leaŏ, saltem si talis esset, beatam essem; 言明好不是只個一有到子樣者美謂所弟小 siaŏ tí sŏ oŭĕi moĕi tchè, yang tseè táo yeoŭ y kó, tchi ché poŭ haŏ míng yēn, quod appello pulchritudinem, hujus equidem formam unam habeo, sed non audeo me explicare; 一有到我此在計 ngŏ táo yeoŭ y kí tsái t'sèe, Gall: *voici l'expedient que j'y trouve*; 你你拿我是若了化造到 jŭ ché ngŏ ná ní, ni táo tsáo hoá leaŏ, si ego te caperem, ut dicis, felix quidem esses; 得不去進到們我道難 nán táo ngŏ mēn táo tsín k'iú poú te, an nobis solis aditus non patebit? 人別與恣到的怎 tsēng tĭ táo sóng yŭ pie gín, quare hoc alteri, non mihi, dedisti?

AD LINGUÆ SINICÆ NOTITIAM.

Exempla de 倒 táo : 話說會倒人裡那是你 nì chĕ nà lĭ gīn, táo hoéi choŭ? hoá, unde es tu? expeditam habes linguam; 好的說倒家人老你 nì laŏ gīn kiā, táo choŭe ti haŏ, recta quidem ais optime senex; 了去身脫要倒你了來我 ngò lài leaŏ, nĭ táo yāo t'ó chīn k'íu leaŏ, ecce advenio et tu statim vis aufugere; 好倒的吃 k'í tí táo haŏ, si posset aliquid comedere, res esset in vado; 好倒臉了洗 si faciem lavasset, spes aliqua foret; 得意消不倒這 tché táo poŭ siaŏ liú te, hoc non tanti est ut tantopere cogites; 有倒事疑椿兩 y sseé táo yeoù leang tchūn, sunt duo puncta de quibus dubitari potest; 慢以可寧得不容從倒次一這些容從 nĭng k'ò y heou ts'ŏng yŏng siĕ tché y tseé táo ts'ŏng yŏng poŭ tĕ, alias paulatim, nunc mora non opus est; 了忘倒們我 ngò mĕn táo vāng leaŏ, hoc ex memoria nobis exciderat; 熱爛得記倒我 ngò táo kí te lán choŭ, ego totum hoc apprime recordor; 雅文得生倒 táo sĕng te vĕn yà, non putabam illum habere tam bonam speciem; 些本費太是只好倒意主 tchŭ y táo haŏ, tchĭ ché t'ái féi pĕn sié, bonum quidem consilium sed nimios sumptus postulat; 肯不倒他 t'ā táo poŭ k'ĕng, denique non vult; 好倒了去你 nĭ k'íu leaŏ táo haŏ, Gall: *fasses tu bien loin!* 死不倒死 Gall: *pour mourir il n'en mourra pas*; 消不倒那 ná táo pou siāo, hoc necessarium non est; 鬼怕倒朕怎可人是我 ngò ché gīn, k'ò tsĕng mŏ táo p'á kcŭèi, ego vivo et valeo, quomodo trepidas quasi videres reducem ab inferis? 日今聽中出倒話的別你他聽煩耐不些有郤我話說些這 nĭ pie tī hoa táo yĕ tchōng t'īng kīn ge tchŏ siĕ choŭe hoá ngò k'íò yeoù sie poŭ nái fān t'íng t'ā, alias satis libenter audio te, nunc quae dicis, vix possum audire.

3°. Sæpe debent explicari per *è contra*, ut ex dictis jam notari potuit; sed tunc melius est uti littera 倒 táo; 去而颺沒場一了討倒皮燥欲本 pĕn yŭ sáo p'í táo t'áo leaŏ y tch'áng mŏ t'sú ĕll k'íu, volebat se jactare, nomenque sibi facere; at è contra cum magno dedecore hinc rediit; 了受倒氣臭的人媒這毫一見聞曾不氣香的人夫子壯一 foŭ gīn ti hiāng k'í poŭ tsĕng vĕn kién y hâo, tché mŏei gīn tĭ tch'eou k'í táo cheou leaŏ y toú tseé, Domina nedum uno verbo me allocuta est; e contra satiatus sum fætentibus dictis illius vetulæ quae de matrimonio tractat; 的死個着拿倒着不拿的活 hŭ tí na pou tchŏ táo ná tchŏ kó sseé tí, vivum non cæpisti, e contra mortuum nobis affers; 緣郤今如命性他害去倒何 jù kīn k'íò yuén hŏ táo k'íŭ hái t'ā sīng mīng, cur nunc è contra vis illum occidere? 有倒才口無雖才文 vĕn ts'ái sōui voŭ, k'eoù ts'ái táo yeoù, non admodum valet ingenio, sed è contra lingua fortis est; 今假是的真日前了真是倒的假日 t'siēn ge tchīn ti ché kià, kīn ge kià ti táo ché tchīn leaŏ, nuper verus habebatur pro falso, nunc è contra falsus habetur pro vero; 請是不酒的日今

了酒交絕是倒・酒`的`罪 kin gĕ tī tsioù poŭ ché t'sing tsoúi tī tsioù, táo ché tsuĕ kiāó tsiou leaò, hodiernum vinum non est vinum reconciliatIonis, è contra vinum est dissociationis; 了極奇也還・來我起罵反倒麽怎 tsèng mỏ táo fàn má k'ĭ ngỏ lái tché yè k'ĭ ki leaò, cur è contra maledictis me petis? hoc certe mirabile est; 作做反倒來起 táo fan tsó tsŏ kĭ lái, è contra irascitur; 反 fan idem est ac 倒, sed simul junctæ vim majorem habent; 作做 turbari, tumultuari; 壻佳一覔不處無事姻兒女爲我床東個一有倒中家期不 ngỏ oŭéi niù ĕll yn ssée vôu t'chú poŭ mí y kiā si, poŭ k'ĭ kiā tchōng táo yeoù y kó tūng tch'oŭáng, ubi non quæsivi generum me et tua filia dignum? atqui habebam domi; 下不下上不上我得弄倒 táo lóng tĕ ngỏ cháng pou cháng hià poŭ hià, è contrà me eò redigit, ut quò me vertam ignorem; 思意沒箇弄倒 è contra se ridiculum præbuit.

4º· Interdum eleganter repetuntur. v. g. 爺大道雖氣性會倒的家嘗做你氣性沒倒 nĭ tsó koüàn kiā ti táo hoéi síng k'í, nân táo tá yĕ táo mŏ síng k'ĭ, tu licet servus vis irasci, nihil pati potes, et dominus tuus omnia patietur scilicet; 把个是你脚手了慌倒你,慌不倒我,的舡撐个是我的舵 nĭ ché kó pà tó tĭ, ngỏ ché kó ts'ēng tch'oŭen tĭ, ngỏ táo poŭ hōǎng, nĭ táo boāng leaò cheoù kiŏ, tu naucleri partes agis et ego remigis, ego non timeo, et tu toto corpore contremiscis; 倒他,他說意好倒我我罵的了紅睜眼把 ngỏ táo haò y choŭĕ t'ā, t'ā táo pà yèn tsing hông leaò tĭ má ngỏ, ego illam bono animo corripueram, et illa oculis ex ira rubentibus mihi maledicit; 短說長說倒你,語言不倒我 ngỏ táo poŭ yèn yù, nĭ táo choŭĕ tchâng choŭĕ touan, ego nihil dico, et tu perperam loqui non cessas; 易容倒說家親舍與事此難覩些有倒說兒孩女與怕只 t'seĕ sseĕ yù chỏ t'sīn kiā choŭĕ táo yồng y, tchĭ p'á yù niù hâi ĕll choŭĕ táo yeoù siĕ kien nân, nihil facilius quam hæc referre ad meum cognatum, sed de his filiae suæ loqui res est ardua.

5º· Haec ad huc notabis 罷了去如不倒生諸勸我 ngỏ ku'én tchū sēng táo poŭ jù k'íu leaò pá, nihil melius vobis suadere possum quam ut discedatis; 的見不如不倒好 táo poŭ jà poŭ kién tĭ haò, longe melius fuisset non vidisse; 妙爲….如不倒 táo poŭ jà….oŭĕi miáo, hoc et hoc modo….multo melius erit. Item 罷敎領日明是倒 táo chè ming gĕ lìng kiaó pá, sed hæc remittamus in diem crastinum; 先子女衣青是倒道說口開 táo ché ts'īng y niù tseĕ siēn k'āi k'eoù choŭĕ táo, prior locuta est famula et dixit; 了真成假弄要倒今如 jù kin táo yāo lóng kià tch'ĭng tchĭn leaò, nunc vellet ut falsum haberetur pro vero; 兒子公個像倒他說常 t'chǎng choüe t'ǎ táo siáng kó kōng tseè èll, *on disoit qu'il avoit l'air d'un jeune homme de qualité.*

6º. Non raro reperitur 轉 tchoüèn in eodem planè sensu ac 倒 *è contra*; exempla multa sunt in libro Hoà t'óu yuén et alibi.

PARAGRAPHUS DECIMUS TERTIUS

DE LITTERIS SEU PARTICULIS 叫 敎 ET 交.

叫 kiáo significat *voce vocare*; 敎 kiáo est *docere*, at in usu de quo nunc loquor utraque eumdem sensum efficit; 敎 kiáo videtur paulo elegantior; 交 kiáo, significat *conjungi*, et forte per errorem reperitur eodem sensu posita ac aliæ duæ, v. g.: 我頁欺來人外交 kiāo vái gīn lài k'i fóu ngò, efficit ut homines externi me contumeliose tractent; 知不叔叔處會理没裡心奴交, 門上不並日幾好, 了見錯的怎 choŭ chou pou tchi tsēng ti t'sŭ kién leaò, haò kī ge píng pou cháng mēn ; kiāo nòu sin ll hoèi tch'ú, avuncule mi, nescio quid tibi displicuit; à multis diebus non venisti ad nos. Ego certe non possum hoc capere.

Exempla de 叫 kiáo : 回去生怎我叫 quomodo vis ut redeam ? non possum, kiáo ngò tsēng sēng k'iú hoèi ; 下心得放何如我叫 kiáo ngò jù hò fǎng te sīn hia, quomodo potes suadere ut animo sim tranquillo ? 下不心放我叫免未 oúèi mièn kiāo ngò fang sin pou hià, tu me in magnam sollicitudinem conjicies; 謎啞箇這緣方著得猜何如我叫 fāng ts'ái tchè kó yā mí kiáo ngò jù hò ts'ái te tchò, ænigma quod modo proposuisti qui possum solvere ? 得走何如我叫心奵叚這有旣你去開 nǐ kí yeoù tchè toúán haò sīn, kiáo ngò jù hò tseoù te k'ǎi k'iú, cum hanc habeas erga me tam bonam voluntatem, quomodo potes velle ut ego te relinquam ? 的没我叫口開 kiáo ngò mǔ ti k'ǎi k'eoù (的 pro 得), id agis ut ne os quidem audeam aperire ; 會理做没們我叫 kiáo ngò mēn mǒ tsó ll hoèi, efficis ut quid agendum sit nesciamus; 想望要不們我叫 kiáo ngò mēn pou yāo váng siang, id agit ut omnem nobis spem eripiat ; 人見目面麼甚將我叫 kiáo ngò tsiāng chīn mǒ mién moŭ kién gīp, qua fronte vis ut homines posthac aspiciam ; 叫今如到直何爲來就後場許公相煩耐不得等漢老我 siang kong hiù t'chǎng heóu tsióu lāi, oúèi hò tchi táo jù kīn kiáo ngò laò hán tēng te pou nái fān, promiseras te finito examine statim rediturum : cur me hominem senem in tantem sollicitudinem conjecisti, dum te tamdiu expecto. Interdum

AD LINGUÆ SINICÆ NOTITIAM.

directe accipitur pro *jubere*: 官做他叫個那 nà kó kiáo t'ā tsó koŭân, quis illi suasit ut mandarinus fieret; 數不箇打他叫 jussit illum innumeris plagis excipi; 西東多許這守看個那叫上門逼完不買也日一 tché hiù tŏ tŏng sī, y gĕ yè maì poŭ oŭân, tché mên chang kiáo rà lŏ k'án cheoù, uno die hæc omnia vendere non poterimus; quis interim januam custodiet?

Exempla de 敎 kiáo: 悶好裡肚我敎 kiáo ngò toú lĭ haò mén, tu me summo mœrore afficis; 見看人敎休 hiĕou kiáo gîn k'án kién, cave ne quisquam videat; 好麼怎我敎 kiáo ngò tsēng mŏ haŏ, quid igitur vis faciam? 行先自獨何如我敎 kiáo ngò jû lŏ teŭ tsée sièn hîng, quomodo vis ut ego solus hoc iter faciam? 的上心把我敎後之去你求說誰對事 nĭ k'íu tchī heóu kiáo ngò pá sīn chang tĭ tsée toúi choŭi choue lâi, quando abieris, cui n e jubes intimos animi mei sensus concredere? 苦不得怎我敎 kiáo ngò tsēng tĕ poŭ k'eù, an potes velle ut dolore caream? 過得氣生怎我敎 kiáo ngò tsēng sēng k'ì te kouō, quomodo vis ut tantam iram concoquam, ut talia patienter feram? 尋敎却他配個一等這尋再去裡那 k'iō kiáo ngò rà lì k'iú ts'ái sīn tché teng y kó p'oeì t'ā, ubi possum reperire unum alterum sponsum illi similem? 上的看兒眼箇半有我敎 kiáo ngò yeoŭ poŭân kó yèn ĕll k'án tĭ cháng, quomodo possum vel leviter oculos sursum nunc attollere? 你愛不我敎怎 tsēng kiáo ngò poŭ ngái nì, quomodo vis ut te non amem? 開不丟又丟·得不恨又恨人敎 kiáo gîn hén, yeóu hén poŭ tĕ, tieōu yeóu tieōu poŭ k'āi, vis ne ut te deseram, non possum; ut te non amem, multo minus; 又來我叫得不去又去有不來 kiáo ngò lâi yeóu lái poŭ tĕ, k'iú yeóu k'íu poŭ tĕ, efficis ut nec accedere possim nec discedere.

PARAGRAPHUS DECIMUS QUARTUS

DE PARTICULA 可 k'ò.

1º. Sæpe significat *decet, convenit*, v. g. 可不何有 cnr non? 動可不口動可只于 tchī k'ò tóng k'eoù, poŭ k'ò tong cheoù, linguam movere fas est, sed ad manus venire non convenit; 飲下他容可不香聞他使可只 tchī k'ò sseè t'ā vên hiāng, poŭ k'ò yŏng t'ā hía tscú, potest olfacere sed non est permittendum ut quicquam gustet.

2º. Juncta cum verbis facit gerundiva; 愛可人令 lĭng gĭn k'ò ngái, se amabilem reddit nimis; 憎可 vel 恨可 vel 惡可等這兒老這 tché laò èll tché teng k'ò où, vel k'ò hén, vel k'ò tsēng, iste senex hoc odio dignus; 聽可得說句一這有只 tchī yeoù tché y kíu choūe te k'ò t'īng, in his sola hæc phrasis meretur audiri.

3º. Quando venit interrogatio 麽 mò, saepe solet praecedere 可 k'ò, et eum lem fere sensum habet, v. g. 麽道知可你 nì k'ò tchī tào mò, illud ne scis bene? 人官那會不要我麽得見可知不 ngò yaò poù hóei ná koūan gîn, pou tchī k'ò kién té mò, vellem convenire illum dominum: est ne visibilis? 麽活得說可裡這 tché lì k'ò choūe te hoé mò, licet ne hic tuto loqui? 麽任還可今如 jù kīn k'ò hoán tsái mò, est ne adhuc ibi? 有麼也可麽思意些 k'ò yè liù yeoù siē y ssé mò, datur ne vel levis aliqua spes? vel, an est in eo vel exiguus aliquis gustus? 麽致景好麽什有可 k'ò yeoù che mò haò kīng tchí mò, est ne aliquis amœnus prospectus, aliqua pulchra deambulatio? 甚什 hic non interrogat, sed ultima littera mò 麽 hoc praestat; 的早指長手左賓行沒皮而淨白是可麽, k'ò ché pe tsīng mién p'ì mò yeoù sū, tsò cheoù tchāng tchì kiá tī mò, nonne est ephebus ille facie levi et candida, plane imberbis, et sinistra manu unguem prolixum gerens? Non tamen necesse est in fine adhibere 麽 mò in fine vel etiam in contextu; 他見看曾可未也身起 k'ò tsèng k'án kién t'ā k'ī chīn yè où sī, vidistī ne illum discedentem an nondum etiam; 據柄麼莖有可 k'ò yeoù chīn mò pīng kíu, quodnam hujus rei fundamentum habes? 的得笑取是可 k'ò ché t'sù siaò te tī, an impure deridendus est? 醜的上世步地般這到醜會可有也人 ché chang tī tch'eoù gîn yè yeoù, k'ò tsèng tch'eoù taò tche poūán tī poú, videntur quidem turpi facie multī; an vero visus est unquam usque adeo turpis atque ille est?

4º. Est etiam affirmantis seu potius invitantis et urbane jubentis; 實可人甚是你你饒便我了說 nì ché chīn gîn, k'ò che choūe leaò, ngo pièn jaò nì, quis tu homo es? dic mihi sincere et ego tibi parcam; 去茶杯獎可 k'ò t'che pōei t'chà k'iú, bibe saltem unum haustum t'chà priusquam discedas; 說我對實可你 nì k'o che tóùi ngo choūe, fatere mihi quod res est; 惡好些有曾包說我對明可 k'o mîng tóùi ngo choūe pāo koūán yeoù siē hao t'chú, clare mihi loquere, non te poenitebit; 果結勾能可知不 pou tchī k'o nèng kéou kie koūo, nescio an possit fructus facere, bonum finem habere; 來進請可在如面外在可位一那看去你 nì k'iú k'án ná y oūéi k'o tsái vái mién, jù tsái k'o ts'ing tsīn lâj, vide num ille homo sit adhuc ad januam. Si etiamnum ibi est, invita illum, meo nomine, ut ingrediatur; 他請我與可你•在是若看一去可你來 Idem est sensus.

5º. Notandi sequentes usus: 可可 k'o k'o, eo ipso momento, Gall. *justement*; 來又可

AD LINGUÆ SINICÆ NOTITIAM.

k'o yeoú lâi, ecce autem iterum advenit, *le revoici encore*; 可小遐非世勞功塲這 gloria quam hac vice comparasti non minima est; dicitur quoque in fallor, 可小同非 fēi t'ông siaò k'ŏ, non est quid levis momenti.

PARAGRAPHUS DECIMUS QUINTUS

DE PARTICULA 還 hoân.

1°. Potest vulgò explicari per etiam, adhuc, *encore*, v. g. 得記還他想不 poŭ siáng t'ā hoân kí tĕ, non putabam quod adhuc meminisset; 景光年半上不還 hoân poŭ cháng poŭān niên koŭáng king, nondum elapsus erat semi-annus; 做上世在活還我 麽甚 ngò hoân hoŭŏ tsái ché cháng tsó chīn mŏ, post hoc an possem adhuc remanere in vivis? 早何還他見要時此 ts'eè ché yāo kién t'ā hoân cháng tsaò, Gall. *il est encore trop matin pour le voir*; 信不還若 jŏ hoân poŭ sín, si nondum credis; 麽甚有還 得講 hoân yeoù chín mŏ kiang tĕ, quid adhuc poteris mihi dicere? 力眼些有還這 tché hoân yeoù siē yèn lì, ostendit per hoc se non habere malum gustum; 宜便得自還 hoân tsée tĕ pién y, fuit adhuc pro illo non leve commodum; 個那有還我了除 t'chŭ leaò ngŏ hoân yeoù nà kó, si non ego sim quis tandem erit? 鬼弄要還 hoân yāo lóng kouèi, vult adhuc omnia permiscere; 步地般這到不還 hoân poŭ táo tché poŭán tí poŭ, nondum hucusque pervenit; 活死知不還你 nĭ hoân poŭ tchī sseĕ hoŭŏ, tu nedum periculo te proripis? 過得充還也物人他 *sa figure peut encore passer*; 這麽怎 好不嫌還西東樣 tseng mŏ tché yang tōng sī hoân hiên poŭ haò, quid? tam pulchra res tibi non arridet; 話的氣喪等這說還你 tu adhuc tam indigna et iniqua loqueris.

2°. Interdum repetitur et tunc interrogat; 耍當是還眞當是還 hoân ché táng tchīn hoân ché táng choà, an serio hæc agis, an joco? 是還眞當是還話些這你 假當 nĭ tché siē hoá, hoân ché tang tchīn hoân ché táng kiă, quæ nobis dicis vera ne sunt an falsa; 詩做是還 · 酒吃是還 an vinum bibimus, an facimus versus? 說是還 說纔了完酒飲是還 · 酒飲過 hoân ché choŭŭ koŭŏ yn tsioù, hoân ché yn tsioù ouân leaò, t'sái choŭĕ, an statim loquemur de nostro negotio, an prius bibemus et deinde loquemur? 來不也來還知不日今 kīn gĕ poŭ tchī hoân lái yè poŭ lái, nescio utrum hodie ventura sit; 留不與留是還你 nì hŏân chè lieoû yû poû lieoû, illum ne apud te retinebis annon? 他見不他見是還 hŏân ché kién t'ā poù kién t'ā, an illum admittes coram te annon? In his phrasibus, particulæ 也 yĕ 與 yû et 不 poù locum tenent repetitionis litteræ hŏân 還: 鬼是還人是還知不 pou tchī hŏân ché gīn hŏân ché koûèi, nescio an vivus sit, an redax ab inferis 的我了同他是還 的他了同我是還知不 pou tchī hŏân ché ngò t'ong leaò t'ā tī, hŏân ché t'ā t'ong leaò ngò tī, vel 你是還知不作所他是還·作所 pou tchī hŏân ché nì sò tsŏ, hŏân ché t'ā sò tsŏ, nescio utrum hoc carmen feceris, an vero ille. Litteræ 知不 tollunt interrogationem.

3°. Videtur saepe redundare saltem quantum ad nos; 的聞耳的見眼你是還 hŏân ché nì yèn kién tī, èll vên tī, an oculis vidisti an fama accepisti; 論理他是還得是 hŏân ché t'ā lì lûn ché tĕ, oportet ut ille haec omnia disponat; 還事大椿兩這起做椿一那從該 tché leang tchūn tá ssée hŏân kāi t'song nà y tchūn tsó k'í, ex his duobus negotiis tanti momenti à quo potius debet incipi; 十加還死比苦的樣這我倍 ngò tché yáng tī k'où pì sseè hŏân kīa chī pŏèi, mallem mori millies quam pati quae patior; 分幾薄淡要還日前比 pì ts'iên ge hŏân yāo t'án pŏ ki fēn, adhuc tenuis vivendum quam antea; 緊打不還也這 tché yè hŏân pou tà kīn, non magna in eo difficultas; 的緊要是還子銀這 tché yn tseè hŏân ché yāo kīn tī, rien n'est tel que l'argent; 醫藥心將還病心 sīn ping hŏân tsiāng sin yŏ y, cordis morbus cordis remedia postulat; 出得認還裡那 nà lì hŏân gīn te t'chŭ, quomodo potuisset illum agnoscere? 說就我見識有愛令是還 ngò tsioú choùe hŏân ché ling ngái yeoù che kién, bene dicebam filia tua haec elucidabit melius quam nos; 妙爲來出他請是還 hŏân ché t'sìng t'ā, t'chu lâi oùèi miao, nihil melius quam illam rogare ut exeat.

PARAGRAPHUS DECIMUS SEXTUS

DE PARTICULIS 則 tsĕ et 且 ts'iè.

1°. De particula 則 tse plura dicam in secunda parte. Hoc loco sufficit notare quod 箇則 tse kó, solet poni ad finem cum aliquid precamur, v. g. 箇則罪恕 chú tsoúi tse kó, condona mihi, obsecro, peccatum quod feci; 箇則救一救蒼上 ò cœlum, salva

AD LINGUÆ SINICÆ NOTITIAM.

me; 箇則救垂憐可天皇 hoâng t'ien k'ò liên tch'oùi kieóu tsĕ kó, ô cœlum, miserere mei et salva me; 箇則會面要 rogo ut illum coram alloquar; 箇則的小救爺老求 k'icoû laò yĕ kicóu siaò tĭ tsĕ kó, domine, te rogo, libera me; 箇則心小夜今 kīn yĕ siaò sīn tsĕ kó, hac nocte diligenter vigilate; 箇則悶解愁消酒些買 maì siĕ tsioù siaò ts'e̊u kiài n én tsĕ kó, eme mihi vinum ad depellendam melancholiam; 來過他請箇則話說 ts'ǐng t'ā kō lâi chcūĕ hoá tsĕ kó, roga eum ut veniat huc ad loquendum mecum.

2º. 且 ts'iè plures ac varios usus habet, qui facile per exempla agnoscentur; 你問且我 ngò ts'iè vén nǐ, peto à te, dic mihi; 說慢且話些這你 nǐ tché siĕ hoá ts'iè mán choūĕ, paulo lentius hæc nobis narra, vel, hæc ne dicas statim; 知不當只且我 ngò ts'iè tchī táng poŭ tchī, perinde me gero ac si hæc nescirem; 看看你據憑些把先且我 ngò ts'iè siēn pà siĕ p'ǐng kiŭ nǐ k'án k'án, ego statim dabo tibi fundamenta quibus nitor; tu vide; 杯三吃該麼怎說且你 nǐ ts'iè choūĕ tseng mô kai k'ī sān pōei, dic rogo cur oporteat tres calices potare? 了完做事經正把且你 nǐ ts'iè pà tchīng kīng ssée tsó oūán leaò, prius rem seriam absolvamus. Vides jam quod venire soleat post pronomina, 我 ngò, 你 nǐ, 這 tché; 起提必不且話這 tché hoá t'sìè poŭ pì t'ī k'ǐ, non oportet de hac re loqui; 哭要不且公相 noli flere; 下放且酒 tsioù ts'iè fang hiá, calicem tuum depone. Quis Europæus in his cogitaret de 且 ts'iè? 說其終且是不與是 ché yŭ poŭ clé, ts'iè tchōng k'ǐ choūĕ, historiam hanc veram vel falsam absolve; 要不且說 ts'iè poŭ yāo choūĕ, noli cuiquam hoc dicere; 住且 ts'iè tchú, siste gradum; 他看且的怎 ts'iè k'án t'ā tsēng tǐ, vide quo in statu sit, vel quare sic illam aspicis? 驗應看且如何 ts'iè k'án yng niên hò jŭ, videamus quem effectum sortiatur; 活過生怎你看且 ts'iè k'án nǐ tseng séng kō hŏ, videbimus quomodo et unde vivas; 他說莫且 laissons-le là, sed de illo non curemus; 嚇一他嚇我待且 ts'iè t'ái ngò he t'ā y he, expecta, illum terrebo ut oportet; 怕只且 ts'iè tchī p'á, &c. Sed timeo. Vides quod ponatur initio; 來出說可不切你各姓我問若他 t'ā jŏ vén ngò sīng mǐng, nǐ ts'ie poŭ k'ò choūĕ t'chŭ lâi, si quærit nomen meum, cave ne illi dicas. Posset quidem poni 且 ts'iè in hâc phrasi loco 切. Tamen 切 t'sie majorem vim habet, omnino cave ne dicas.

AD LINGUÆ SINICÆ NOTITIAM.

PARAGRAPHUS DECIMUS SEPTIMUS

DE PARTICULIS 了 leaò et 過 koüŏ.

1º. 了 leaò denotat tempus præteritum, seu rem jam factam; 了說已說 dixi, jam omnia dixi. Jam notavi hunc loquendi modum Sinis familiarem; &c. 下住便住 mansit, sane mansit, sed &c. 已 y solet jungi cum 了 leaò, et sensum adhuc auget; 己氣的我了出 ngò tĭ k'í y t'chŭ leaò, iram meam penitus evomui; 了來出說明明 míng míng choüe t'chŭ lâi leaò, omnia clare retexit; 了你爲難等這 tché tèng nân oüêi nĭ leaò, hoc pacto intuli tibi molestiam; 了勾得受也苦之邊海 hài piĕn tchī k'òu yè cheóu te keòu leaò, jam satis multa in hoc littore pertuli; 了的其是來起說等這 tché teng choüe k꞊ lâi, ché tchín tĭ leaò, juxta id quod ais, hoc itaque verum est; 在下回該你了家 nĭ kāi hoêi poŭ tsái kīa leaò, debebas dicere me non esse domi; 了已扮打 tá p'àn y leaò, quando se bene præparaverant; 了已拾收 cheóu che y leaò, cum omnia composuerunt; 了來就臉了洗 sĭ leaò liĕn tsioú lâi leaò, postquam faciem lavero, statim ibo; 來了叫他 t'ā kiáo leaò lái, illum advocavi, venire jussi.

2º. Sæpe incertum est utrum denotet tempus an potius sit mera finalis; 了膽大身老 laò chin tá tàn leaò, ego vetula sum valde audax. Sic loqui solent quoties pecuniam vel aliquid aliud recipiunt; 了嘴多身老是 ché laò chin tō tsoùi leaò, fui loquacior, *j'ai eu trop de langue*; vetulæ se vocant 身老 laò chin; 了慌嚇 he hoāng leaò, non est apud se præ metu; 了退他怕不便 pien poŭ p'á t'ā t'oúi leaò, hoc pacto non poterit retrocedere; 了目爾難是又這 tché yeóu ché nàn t'꞊ moú leaò, istud argumentum adhuc difficilius est; 了怪鬼個是竟 king ché kó kouèi kouái leaò, Gall. *il faut que ce soit un diable*.

3º. Benè ponitur 也 yè initio, et 了 leaò in fine, v. g.: 了處極到富也 yè foú taó kĭ t'chŭ leaò, divitiæ ad summum pervenerunt; 了事你關不也 yè pou koūan ni sséo leaò, hoc ad te non attinet; 了子日得過就將也 yè tsiāng tsioú koŭo te ge tsèo leao, habebis postea unde vivas.

4º. Non necesse est ut semper ponatur in fine: 虧大塲這了吃 k'i leao tché tch'âng / tá ko'ūēi, post tantum damnum, vel post acceptam tantam contumeliam; 了丟肯生惢

爭好這 tséng seng k'èng tieòu leaò tché haò ssée, velles ne rem adeo bonam deserere.

5ª. Potest eleganter repeti, v. g.: 了去了拐子拐被都 tōu pí koūài tsèe koūài leaò k'iú leaò, fures omnia ipsi eripuerunt; 了茶了吃纔剛 kāng ts'ái k'i leao tch'â leaò, justement apres avoir pris une tasse de thé; 了好了去你 nǐ k'iú leaò, haò leaò, vix abieras, cum &c. Quæris: 未也了了 leaò leaò yè oüéi, an res jam absoluta est? R. 怕些一有是只了了了 leaò, leaò leaò, tchè ché yeoù y sié p'á, absoluta? utique absoluta est, sed parumper timeo. Ex his tribus 了 1ᵘˢ est quasi diceret, petis utrum res confecta sit; modus loquendi usitatus; 2ᵘˢ est verbum *absolvere*; 3ᵘˢ est particula.

6º. Collige adhuc quæ sequuntur: 得了雄英分十 che fēn yūng hiòng leaò tě, est vir fortissimus, *c'est un brave à trois poils*; 得了 leaò tě, plurimi faciendus; 了何如量力等這 得 tchè, teng lǐ leáng jû hô leaò te, quantum robur, fortitudo animi, vir ingenii, &c; 得不了 leaò poù te, hoc monstri simile est; dicitur sive in bonam partem, sive in malam; 然了 leaò gēn, clarissime; 白明然了了 leaò leaò gēn mīng pĕ, hæc meridiana luce clariora sunt; 了不个踌躇下心 sin hià tch'éou tch'û kó poù leaò, cor ejus infinitis curis angitur.

7º. 過 koüō etiam indicat tempus præteritum; 了過說 choüë koüō leaò, dixi; 已了過 y koüō leaò, jam transiit; 親母了過見 kién koüō leaò moù t'sìn, matre salutata; 手過了 leaò koüō cheoù, ab aliqua re desistere. Sæpe denotat excessum; 憊過 koüō liù, nimis cogitare; 慎過 koüō chín, nimis cautus; 求過 koüō k'ieoù, nimia petere.

PARAGRAPHUS DECIMUS OCTAVUS

DE PARTICULIS 與 yù et 替 t'í.

Utramque conjungo quia nunc de iis loquor quatenus respondent præpositioni *pro, propter*, Gallicè *pour*, alterius loco, ut patebit ex exemplis: 何如伐作兄仁與去弟小容 yōng siaò tí k'iú yù gīn hiōng tsó fă jù hô, sine me, ut pro te de hoc conjugio tractem, placet ne? 事此就成你與 yù nǐ tch'ìng tsioù ts'eè ssée, hoc negotium tibi, hoc est pro te perficiam; 的做上身我與似一却 k'iò y sseè yù ngŏ chīn chàng tsó tí, hæc vestis videtur facta esse pro me; 厮這打力加我與右左 tsò yeoù yù ngŏ kiā lí tà tché tseè, pueri totis viribus hunc nebulonem mihi verberate; 氣恨口這得消我與纔 ts'aí yù ngò siáo tĕ tché ke'ŏu hén k'í, tunc me vindicaveris; 恨之窮無口這得消我與來他得請我與去快喫同 k'oúai k'iú yù ngo t'sing te t'ă lâi t'ông t'chĕ, curre et meo nomine eum invita ad prandium; 伐作子兒他替人央 yăng gin t'í t'ă ĕll tseè tsŏ fă, rogavit qui pro suo filio matrimonium conciliaret; 罪障孽這了除你替 t'í nì t'chū leaò tché niĕ tcháng tsoúi, liberabo te de hoc homine molestissimo, vel pro te dissolvam hoc negotium pessimum; 替 idem plane ac 與 yù. 與 Sæpe est mera nota dativi et explicari potest per *dare*, ut jam alias dixi; 坐他與船大．穿他與服衣．吃他與飯酒把 pà tsioù fán yù t'ā k'í, y foù yù t'ā tch'oŭen, tá tcho'uēn yù t'ā tsó, prandium illi dedit, eum novis vestibus induit, et magnam navem quâ conscenderet, parari jussit; 禮了見他與 yù t'ā kién leao lĭ, exhibita illi solitâ reverentiâ; 枷了開長兄與不何如 jŭ hŏ poŭ yù hiōng tchang k'ai leao kiă, cur illi non abstulistis hanc machinam; 枷 kiă, vulgo *canga*, quadrata tabula, quæ humeris imponitur, ita ut caput exeat per foramen in medio.

與 ponitur in dubio; 是不與是真不與真知不 nescio an hoc verum sit an falsum.

PARAGRAPHUS DECIMUS NONUS

DE PARTICULA 便 pién.

1º. Significat quamvis, etsi, etiamsi, Gallicè *quand même*, et tunc paulo post venit 也 yè: 活快也見夢是便 pién ché móng kién yè k'oūai hŏ, gauderem illum videre vel in somnis; 處好得也死便身老 laò chĭn pién sseè, yĕ tĕ haò t'chú, etiamsi morerer vel in morte mihi bene esset. Idem prope supra notatum fuit de 就 tsiou; 是便．等這是既了的成不是也馬駙招廷朝 kĭ ché tché teng, pién ché tch'áo t'ĭng tchăo foú mă, yè ché poŭ tch'ing tĭ leaò, hoc pacto, licet Imperator vellet tibi dare filiam suam in uxorem, illam nolles ducere; 有人放也．人殺子天師京是便 pién ché king sseē ti'ēn tseè chă gĭn, yè fang gĭn k'án, vel in aula cum imperator aliquem morte plectit, liberum est omnibus hoc spectaculum cernere; 的動不拿是也筆小便．筆大說莫 mó chouĕ tá pĭ, pién siaŏ pĭ yè ché nă poŭ tóng ti, quis posset, magnum aliquid componere, ne unam quidem lineam ducere potest.

2º. Ex sequentibus exemplis disces in quo 便 pien differat à 就 tsiou: 有便打要有没可賞要 yăo tà pién yeoù, yăo chang k'o mŏ yeoù, verbera et pænæ non desunt,

AD LINGUÆ SINICÆ NOTITIAM.

at mercedem ullam ne speres; 人嫁不人嫁知不倒. 裡這在便在他 t'ā tsái, pién tsái tché lì; táo poŭ tchi kiá gĭn poŭ kiá gĭn, est quidem domi, at nescio utrum velit nubere. Nota 在便在 sicut supra 下住便住 tchŭ pién tchŭ hià, *pour demeurer, il demeura*.. 但 . 了是便是 ché pién ché leaò tan, &c, recte quidem sed, &c; 是便 pién ché, verum dicis; 說等這是便 pién ché tché teng choŭě, ita quidem ait; 毒得罵便罵 má pién má tĕ toŭ, si de maledictis agitur certe maledicit egregle. *pour des injures, il en dit des plus grosses;* 時何待便 pién t'ái hŏ chē, si non modo, quando tamen? quid expectas? 好便道公錢價還要只 tchĭ yāo hŏan kia tsién kōng táo, pién haò, detur justum pretium, nihil aliud peto; 着不睡便我着得睡你麼甚爲 oŭĕi chín mŏ nĭ choŭi tĕ tchŭ, ngŏ pién choŭi poŭ tchŭ, quare tam facile dormis et ego dormire non possum?

3º. Eleganter repetitur; 罷便買不買便買 mài pién mài, poŭ mài pién pá, si vis emere, eme; si non, desine; 你等便去先我 . 我等便去先你 nĭ siēn k'íu, pién tēng ngŏ, ngŏ siēn k'íu pién teng nĭ, si prior iveris, expecta me; si prior ivero, te quoque expectabo.

PARAGRAPHUS XX[us].

DE PARTICULA 連 lièn.

Littera 連 significat *connectere, unà, simul, usque ad,* &c. Hinc sæpe idem est ac pién, v. g. 洗不也臉連 lièn lièn yĕ poŭ sĭ, ne quidem faciem lavat; 知不也我連 lièn ngŏ yĕ poŭ tchĭ, vel ego hæc nescivi; 要他問不也錢房連 lièn fáng tsièn yĕ poŭ vén t'ā yāo, ne quidem ab eo exigit pretium locationis domûs; 得吃消不也藥連 lièn yŏ yĕ pou siāo k'í tĕ, ipsa remedia ne quidem juvare possunt; 身運子妻說莫你處何在知不也子 nĭ mŏ choŭĕ t'sī tseè, lièn chín tseè yĕ pou tchī tsài hŏ tch'ú, quid petis de uxore meâ? ne quidem scio in quo loco ipsemet sim; 影踪有没子妻他但不見影没也毋史人才他運 pou tán t'ā t'sī tseè mŏ yeoù tsŏng yng, lièn t'ā tcháng gĭn tcháng moŭ yĕ mŏ yng ĕll, non modo ignorat ubi sit uxor, sed socer et socrus pariter evanuerunt, nec eos reperire potest; 了落着有都妹妹運 . 落着了有姊愚特不 pou tĕ yŭ tseù yeoù leaò tchŏ lŏ, lièn moéi moéi toŭ yeoù tchŏ lŏ leaò, non ego sola maritum habebo, sed tu etiam, dilecta soror, tu nubes; 鬧熱分十也縣府運 . 勤殷友親獨不 pou tou ts'ĭn yeoù yn k'ĭn, lièn fóu hièn yĕ chĕ fēn gĕ náo, non tantum cognati et amici frequentes adfuerunt, sed ipsimet mandarini venere et pompam ornavere; 了見不都飾首服衣連 lièn y fŏu cheoù chě toū pou kien leaò, *elle ne trouva plus ni ses habits ni ses cœffes*; 也你連經正沒 liên nǐ yě mŏ tching king, tu ipse non satis sapiens es, *je ne me fie pas même à vous*.

PARAGRAPHUS XXI.us

DE 更 kéng et de 都 toū.

Hoc loco sumo 更 keng, prout significat *magis, multo magis, iterum, ultra*, &c; 仁得再妙更行一兄 tsái te gĭn hiŏng y hîng kéng miaó, si velis hoc iter una mecum facere, longe adhuc erit melius; 言此做更不生卯見若 · 生枊得見曾不兄吾是還怕只 tchĭ p'à hŏan chě ngòu hiong poŭ tsēng kién te lieoù sēng; jŏ kién lieoù sēng, pou kéng tsó ts'eè yĕu, ratio est, opinor, quod tu nondum videris *Lieou seng*; si enim illum vidisses, non posses ultra sic loqui.

Jam alias dixi quod 都 toū, sit universalitatis nota, hujus usum nunc expono: 不都這下話任 tché toū pou tsái hoá hià, hæc alia nunc relinquo et ad alium locum remitto; 他管娶不都這 tché toū pou yāo koüàn t'ā, permitte illum de iis omnibus noli curare; 話假是都這 tché toū ché kià hoá, hæc omnia falsa sunt; 話夢是都的說 choüc tĭ toū ché móng hoá, quæ dicis mera sunt somnia; 得不少都件兩 leàng kién toū chaò pou te, ambæ istæ res nobis sunt necessariæ; 得認還都件件 kién kién toū hŏàn gĭn te, unamquamque rem adhuc recognoscit; 中腹我在都得說消不事心的你 nĭ tĭ sīn ssée pou siāo choüc te, toū tsái ngò fŏu tchōng, cordis tui res non opus est mihi, dicas, hæc enim omnia scio memoriter; 裡眼在看都我 ngò toū k'án tsái yèn lĭ, haec omnia tacitus considerabam; 上不比都們我 ngò mēn toū pĭ pou chàng, ad illum nequidem attingimus; 手了佐都人二...說我聽都鬧要不且道叫 kiáo táo, ts'iè pou yāo teóu, toū t'ing ngò choüc èll gĭn toū tchú leaò cheoù, alta voce exclamavit, cessate á pugnâ et me audite....tunc ambo restiterunt; 道來起大都胆這 tché tàn toū tá k'í lài táo, subito plenus audacia dixit; 了勾俤喬都你和我 ngò hó nĭ toū kīng te keoŭ leaò, nos ambo satis metuimus; 邊一過放且都事的我把 pà ngo tĭ ssée toū t'siè fàng koŭo y pién, omnia mea negotia neglexit; 的中天是都的中人是不 pou ché gĭn tchóng tĭ, toū ché t'iēn tchóng tĭ, non electi sunt ab hominibus, sed à cœlo; 是都事椿這

訐詭的他 tché tchūn ssée toŭ ché t'ă tī koŭèi k'ī, istud negotium malis suis artibus pessumdedit; 的食裡口你是都 toŭ ché nī ke'où ñ chĕ tī, tu illa omnia comedisti; 傷重是都身遍 pi'èn chin toŭ ché tch'ông chăng, toto corpore graves plagas acceperat.

PARAGRAPHUS XXII.

DE 方 fāng, 放 fáng et 妨 fāng.

1º. 方 fang, significat tunc, Gall. *alors*; 心放方我 ngŏ fāng fáng sīn, tandem tunc quietus ero; 學才中脆貝不方.人此配得愛今 ling ngái te p'óei t'seè gīn, fāng poŭ foú hiōng tchēng t'sái biŏ, si filia tua huic nubit, tunc illam ingenii sui et scientiae non pœnitebit. Saepe adjungitur 繾 t'sái, v. g. 去事得行繾方道鬼分三帶要 yāo tái sān fēn koŭèi táo, fāng t'sái bīng tĕ ssée k'īu, Gall. *sans un peu de diablerie ou n'en pourra jamais venir à bout;* 來轉活也麼怎.了死繾方你 nī fāng t'sái ssée leaŏ, tsèng mŏ yè bcŭŏ tchŭăn lâi, modo eras mortuus: quo pacto iterum redis ad vitam? 麼怎是竟華意的你得中繾方樣 pī kíng chĕ tsèng mŏ yáng, fāng t'sái tchóng tĕ nī tī y, quomodo tandem debet esse factus ut tuis votis tunc respondeat?

2º. 放 fáng significat *solvere, dimittere,* &c. v. g. 心放 fáng sīn, solvere cor, sollicitudinem dimittere; 放不也死 ssee yè poŭ fáng, vel si mori oporteat, illum non dimittet; vel ne mortuum quidem dimittet, &c. Exempla sunt obvia.

3º. 妨 fāng significat obstaculum, v: g. 妨不也死 ssee yè poŭ fāng, etiam si morior quid obstat? 事妨不 poŭ fāng ssee, nihil est, noli timere; 得妨不 poŭ fāng tĕ, non est timendum, nihil impedit; 妨何日繋遲便 就成然果若 jŏ kŏ gên tch'íng tsioú, pién t'chī kī gĕ hŏ fāng, modo res perficiatur, aliquot dies differre parum refert; 走走去他等便行同個兩我有礙妨無也 pién tèng t'ă k'íu tseoù tseoù yè vōu fāng ngái, yeoù ngŏ leăng kŏ t'óng híng, cum nos ambo una pergamus, nihil obstat quominus obstat quo volet.

E e 2

PARAGRAPHUS XXIII.

DE 般 poüān et 半 pán.

般 poüān, 1°. significat modum, v. g. 般百 pĕ poüān, vel 般諸 tchū poüān, modis omnibus; 樣各 kŏ yáng, omnis generis; 般般 poüān poüān, idem est.

2°. Servit comparationibus, v. g. 般一命性如他惜愛 ngái sī t'ā jù sing míng y poüīn, illum amant sicut suam vitam, vel 般一珠珍如就 tsioú jù tchīn tchū y poüān, sicut lapides pretiosissimos; 般一人石如就口河在立 stat ad caput fluminis sic tanquam statua marmorea; 般一林得鳥如水得魚如人兩 leáng gīn jù yú te choŭī, jù niaò te līn y poüān, erant ambo simul velut pisces in aquâ et volucres in silvis, *n'es l'un pour l'autre*; 樣一般一你與貌面 miēā máo yŭ nì y poüān y yáng, perfecte tibi similis est; 般一年幾了去像意日幾這得去你 aliquot diebus abfuisti, et mihi visi sunt totidem anni; 般一罪受獄地是明分 sum sicut in inferno.

3°. Jungitur cum 這 tché et cum 恁 gín, v. g. 當勾般這 ejusmodi negotia; 般這心動不何如物之白黃, *comment être insensible à la vue de ce doux metal*; 般這樣模 tché poüīn moú yáng, hoc modo, *de cet air*; 苦愁般恁要不 noli sic te macerare; 人的樣小般恁是不我 non sum animi tam angusti; 恁得來何爲早 oüéi hŏ lāi tĕ gín tsaò, cur venis tam mane, melius quam si dixisset 早般恁.

半 pán vel poüān, media pars. 1°. amat repeti: 鬼半人半 ex metu semimortuus; 低半高半 de argento partim puro partim malo; 信不半信半 non omnino credit; 推不半推半 non omnino recusa.

2°. Sunt et alii modi; 得不動走也步半 ne unum quidem passum facere potest; 日半這了聽 a multo tempore te loquentem audio; 話說日半這講 totis diebus simul colloquuntur; 的眞是句半有曾何 in his quæ dicit ne unum quidem veritatis verbum est; 半一他得比恁 tsèng pī tĕ t'ā y poüān, *il ne le vaut pas, il s'en faut la moitié*; 留不個半 *il n'en laissa pas la queue d'un*, interfecit omnes, nemino excepto; 晌半 pán hiàng, aliquandiù per unum momentum; 酣半 pán hān, *entre deux vins*, semi-ebrius.

AD LINGUÆ SINICÆ NOTITIAM.

PARAGRAPHUS XXIV.

DE 再 tsái et 纔 t'sâi.

Minima est inter utramque differentia; melius tamen dicitur 三再 tsái sān, repetitis vicibus, sicut melius dicitur 纔方 fāng t'sâi, tunc; 與再弟小兄仁過見氷進他等說他 cum advenerit et te viderit postea tandem illi loquar; 再知相是又年同此彼說得沒 erant studiorum socii, erant amici, ne uno quidem verbo contenderunt; 他無再了他是定人 est ipsemet, nec potest esse alius; 來禍出惹纔事生去你是竟畢 pí kíng ché nì k'ǔu sēng ssée, t'sâi gè tch'ǔ hó lâi, tu ipse infortunium istud accersisti, *tu as été chercher ce malheur*; 是纔過做. 口謗必不 poǔ pí k'oūa k'eoǔ, tsó kō t'sâi ché, non necesse est gloriari, re absolutā videbimus; 手到得纔日幾遲要還 hoán jāo tch'í ki gè, t'sâi tě táo cheoù, expectandi sunt adhuc aliquot dies, ut istud veniat ad manum; 鈎上他得騙纔 t'sâi pi'én tě t'ā chàng k'eōu, tunc poterit induci ut hamum mordeat; 這計之久長簡是纔 tché t'sâi ché ló tcháng kieoù tchi kí, *voila enfin ce qui s'appelle un expedient pour maintes années.*

PARAGRAPHUS XXV.

DE 耐 nái et 奈 nái.

Sæpe occurrit 煩耐 nái fân, et 何奈 nái hô, in eodem fere sensu, ut patebit ex exemplis; 也煩耐不生好 haò sēng poǔ nái fân yè, valde difficile est hoc patienter ferre; 煩耐不得弄上心 sīn chàng lóng tě poǔ nái fân, corde sum ita turbatus et afflictus, ut quid agam non occurrat; 心耐 nái sīn, patientiam habere. 何奈可無於出 t'chū yū ióu k'ò nái hô, fuit quædam necessitas, non poteram diutius perferre et pati; 了何奈可無 ióu k'ò nái hô leaò, nullum est amplius remedium, vel, *ou ne peut plus y tenir, ou perd patience*; 他得何奈人誰 choǔ gīn nái hô tě t'ā, quis posset illum ferre? vel 得不他何奈 nái hô t'ā poǔ tě, nullus est modus illum domandi, *il n'y a* pas moyen de le reduire ; 他何奈 yāo nái hò t'ā, *il faut un peu l'excuser*. Item 天何奈 nái hò t'iēn, patienter ferre quæ nobis a cælo accidunt ; 何奈没 mŏ nái hò, nihil aliud fieri potest ; 何奈何奈 nái hò, nái hò, quid agendum ? quid mihi autor es ?

乃 nai, certè, scilicet, equidem, certe, &c. frequentius occurrit in libris quam in sermone.

ARTICULUS TERTIUS

DE FIGURIS.

Figuræ de quibus nunc agitur, in verbis præcipuè consistunt. Tales sunt repetitio, antithesis, seu oppositio, et interrogatio, quibus accedet copiosa proverbiorum collectio.

PARAGRAPHUS PRIMUS

DE REPETITIONE.

Ampla certe materia sese offert, nihil enim familiarius est Sinis quam eamdem litteram repetere, sive ut oratio sit clarior, sive etiam ut sit elegantior. Itaque modos omnes quibus repetitio fit proferam, nec timebo in exemplis esse longior, quia quo plura erunt, hoc melius ac citius Missionarii Sinice loqui addiscent.

PRIMUS MODUS

Eadem littera bis terve repetitur et majorem inde vim accipit :

EXEMPLA :

語不默默 mě mě poŭ yù, altum silentium servat ; 說的輕輕 k'ĭng k'ĭng tĭ chouĕ, demissâ voce loqui ; 見驉遠遠 yuĕn yuĕn t'siaò kièn, à longe aspicere ; 呵呵 vel 笑大哈哈 hā hā vel hà hà tá siaò, in cachinnos erumpere ; 意致多多 tŏ tŏ tchi y salutem plurimam ; 着睡的駒駒 heōu beōu tĭ choŭi tchó, profundo dormit ; 的呼呼了睡 hōu hōu tĭ choŭi leaò, ronchos edit ; 了得鵡都句句一 y kiú kiú toŭ t'ĭng tĕ leaò, distincte omnia audivi; 哭恫哀哀 ngāi ngāi t'óng k'oŭ, amare flere; 心散散 sán sán sīn, animum relaxare; 拂拂風香 hiāng fōng foĕ foe, aer undequaque spargitur; 的洞洞黑 hē tóng tóng tǐ, in mediis tenebris, intempestiva nocte; 經誦朗朗 lāng lāng sóng king, clara et alta voce legere; 來山上摸步步一 y póu póu mó cháng chān lâi, pedetentim montem ascendit; 是是是道頭點連連 liên liên tiēn t'eŏu táo, chí, chí, chí, multiplici capitis motu approbando dixit: est, est, est, istud ipsum est.

SECUNDUS MODUS.

Duæ litteræ synonymæ vel saltem affines, eleganter iterantur, efficiuntque usitatissimas quatuor litterarum phrases.

EXEMPLA:

安安平平 p'íng p'íng ngān ngān, secure sine periculo et metu; 倒倒顛顛 tiēn tiēn táo táo, sus deque, inverso et perturbato ordine; 飽飽醉醉得吃 k'í tĕ tsoúi tsoúi pāo pāo, benè potus et bene pransus; 落落冷冷 lèng lèng lŏ lŏ, frigidam vitam agit; 哭哭啼啼 t'í t'í k'oŭ k'ou, flens et ejulans ut solent pueri; 容容從從 ts'ông ts'ông yông yông, sensim, lentè; 當當停停 t'ing t'ing tāng tāng, ad amassim, sicut oportet; 冷冷清清 lèng lèng t'sīng t'sing, de loco solo, sine tumultu, et strepitu; 擺擺搖搖 yâo yâo paï paï, tumidè et superbè ambulare; 喜喜歡歡 hoēn hoēn hi hi, lætitiâ gestiens; 慌張張慌 hoāng hoāng tch'àng tch'àng, ex timore præceps; 眊眊絮絮 siú siú kŏ kŏ, clamitare ad aures; 叨叨絮絮 siú siú t'aō t'ao, inter se garrire; 許了說噯噯唧唧話悶多 tsī tsi nông nông choŭe leaò hiū tŏ hiēn hoá, summa garrulitate nescio quid non dixerint; 曲曲委委 ouèi ouèi k'iŏu k'iŏu, per anfractus et per ambages; 烈烈朗朗得說 choŭe te làng làng, lie lie, loqui alte et confidenter; 敬敬恭恭 kòng kòng kíng king, cum magnâ veneratione; 整整齊齊 tsì tsì tchīng tchīng, cum magnâ pompâ et ornatu multo; 淨淨乾乾得燒 chāo te kān kān tsing tsing, omnino conflagravit; 想只念念心心他着 oin oin niên niên tohī niàng tchŭ t'ā, de illo solo semper cogitat; 放的念念心心下不他 sin sin nien nien ti fáng t'ă poù hià, illum non potest pellere ex corde suo; 忽不來起哭咽咽鳴噎 poŭ kǐ mîng mîng yēn yen k'oŭ k'i lâi, subito in fletus erupit; 昏昏昧昧 hoēn hoēn moèi moèi, non est apud se, v. g. præ dolore; 眞眞假假吐吐吞吞惑惑疑疑人使 t'ūn t'ūn t'où t'où kià kià tchīn tchin, sseè gín y y hoĕ hoe, partim reticet partim evomit, falsa miscet veris, facit ut plura dubia nascantur; 擠擠挨挨 ṣāi yāi tsì tsì, de densâ hominum multitudine; 安安亭停 t'ĭng t'ĭng t'ò t'ò, res est in vado; 暮暮朝朝 tchāo tchāo moù moù, mane et serò; 哈哈嘻嚂 hi hi hà hà, hilariter; 跡血足邨漓漓淋淋上身 chīn chàng līn līn, lí lí toū ché huī tsī, toto corpore sanguis apparebat, totum corpus sanguine fœdatum erat; 搜搜扯扯 tch'è tch'è ye ye, aliquem trahere, raptare; 突突髇髇 hoŭ hoŭ t'oŭ t'ou, sine ordine et attentione, stultè et ineptè; 倉倉踉踉 láng láng ts'iāng ts'iāng, de homine ebrio qui superbe graditur; 明明白白 ming ming pẻ pẻ, clarissimè, apertissime; 想想思思 ssēe ssēe siàng siàng, profundè cogitare; 酣酣沉沉得飲 yn te chīn chīn hān hān, se inebriavit; 端端得寫正正 sié te toūān toūīn tching tching, scriptum est egregiè et accuratè

TERTIUS MODUS.

Eadem littera cum duabus aliis inter se synonymis, vel oppositis, vel affinibus, jungitur. Iste modus est satis elegans.

EXEMPLA:

覺不知不 poŭ tchī pou kiŏ, ne quidem sentit; 白不明不 poŭ míng poŭ pẻ, non clare; 事的當不了不 pou leao pou tāng ti ssēe, negotium incertum, nec satis firmum; 不小不大 pou tá pou siaò, neque magnum neque parvum; 忙不慌不 pou hoāng pou máng, sine præcipitatione; 四不三不 poŭ sān pou ssée, ad unum intentus constans; 死願生願 yuén sēng yuén ssēe, mortem optare; 活要死要 yāo ssēe yāo hò, vult mori; 死氣生氣 k'í sēng k'í ssēe, magnâ irâ corripi; 活不死不得弄 lóng te poŭ ssēe pou hò, in hoc statu nec mortuus nec vivus dici potest; 惱可恨可 k'ò hèn k'ò naò, dignus est omni odio; 巧似奇似 ssée k'í ssée k'iaò, diceres magnam stabilitatem habere; 暖做襄做氣之春初 t'soū tch'ūn tchi k'í tsó hān tsó noŭàn, initio veris aer est modo frigidus, modo calidior; 掩半開半 poŭán k'ai poŭàn yén, partem aperit partim tegit; 吐半含半 poŭàn han poŭàn t'oŭ, partem reticet, partem evomit; 半雨半雪 pán yù pán suĕ, imber nive mixtus; 鬼半人半 pán gīn pán koŭèi, semimortuus; 猜半疑半 pán t'sāi pán y, licet ferè divinet, adhuc dubitat; 好半病半 pán píng pán haò, nondum penitus convaluit; 鬼弄神弄 lóng chīn lóng koŭèi, omnia perturbat tragedias excitat; 舌弄嘴弄 lóng tsoŭi lóng che, inepta blaterare, garrire; 去弄來弄

lóng lâi lóng k'iù, de die in diem corradere unde vivas; 語自言自 tsée yên tsée yù, secum solus loquitur; 語輕言輕 k'ing yên k'ing yù, non superbe loqui; 語胡言胡 hoû yên hoû yù, inepta dicere; 小罵大罵 má tá má siaò, injurias temere dicere; 酒大肉大 tá tsioù tá jŏ, convivia quotidie agere; 碗大盤大 tá p'oüân tá oüân, magnis catinis et grandibus poculis uti, largiter manducare; 賤自輕自 tsée k'ing tsée tsién, seipsum reddere contemptibilem; 樣喬模喬 k'iâo môu k'iâo yáng, altis et grandibus modis; 樣怪模怪 koúai môu koúai yáng, modis ridiculis et ineptis; 親日近日 gĕ kin ge ts'in, necessitudo in dies crevit; 戶離門離 ll mên lí hoú, domum suam deserere; 惱暗氣暗 ngán k'í ngán naò, iram corde premere; 肯意肯心 sin k'èng y k'èng, toto corde annuit; 去說來說 choüĕ lâi choüe k'iú, inter loquendum; 意用心用 yóng sin yóng y, omnem animi conatum adhibere; 去走來走 tseoù lâi tseoù k'iú, eundo et redeundo; 痴如醉如 jù tsúi jù tch'ĭ, sicut ebrius et hebes; 舌插嘴插 t'chă tsoùi t'chă chĕ, multa verba interserere.; 戶各門各 kŏ mên kŏ hóu, suâ quemque via progredi; 眼下眼上 yên chàng yên hià, undequaque aspicere; 西取東取 t'sù tōng t'sù sī, accipere ab omni parte; 苦吃辛吃 k'í sin k'í k'où, multa amara pati; 話的淨不乾不句幾 ki kiú poù kān poù tsíng tī hoá, aliquot verba minus honesta; 當勾的俐不佾不 poù lĭng poù lī ti keōu tāng, familiaritas minus honesta; 短面長面他得認不 poù gín tĕ t'ā miĕn tch'âng, miĕn t'oüân, nescio qualis sit, non illum vidi; 地黑天黑 hĕ ti'en hĕ tí, maximæ tenebræ; 地謝天謝 sié ti'ēn sié ti, magnas agere gratias; 心小胆小 siaò sin siaò tăn, sollicitus, cautus; 想自思自 tseé ssēe tsée siàng, in corde secum reputans; 據有憑有 yeoù p'íng yeoù kiú, illud solide fundatur; 疑將信將 tsiāng sin tsiāng y, adhuc incertus; 故沒源沒 mŏ yuēn mŏ kóu, sine causa et ratione; 影沒踪沒 mŏ tsōng mŏ yng, nihil quicquam de eo auditur; 腦沒頭沒 mŏ t'eoú mŏ naò, sine cerebro, sine ordine et serie; 夢非無笑夢啼愛 móng t'í móng siáo voù fēi móng, somnium sive triste sive lætum non nisi somnium est.

QUARTUS MODUS.

Adhuc elegantius assumuntur duæ litteræ vel synonymæ, vel affines, vel oppositæ, ac decussatim ponuntur. Tunc fere semper non verborum sed sententiæ repetitio fit, et tamen sentitur litteræ ad litteram relatio, quæ non levem gratiam conciliat.

EXEMPLA:

清愛潔好 haó kië ngái ts'ing, munditiæ amator: haó kie, idem est ac ngái ts'ing, haó et ngái significat amare; kie et ts'ing significat purum et mundum esse. Pessimè diceres, haó ts'ing ngái kie, optimè autem dicitur haó kie ngái ts'ing. Idem de sequentibus phrasibus esto judicium; 苦共甘同 t'ông kān kóng k'oŭ, utramque fortunam simul experiri; 容敬賓尊 ts'ŭn pin kíng kĕ, optime tractare hospites; 合意投情 t'sìng t'eoŭ y hŭ, concordes; 足意滿心 sin moŭán y tsoŭ, abunde contentus; 地喜天歡 hoān t'iēn hì tĭ, lætitia exultat; 地盟天誓 cum magnis juramentis aliquid promittere; 俗敗風傷 chāng fông pái soŭ, bonas consuetudines violare et evertere; 友酒朋詩 chi p'ông tsioŭ yeoŭ, poesi et vino inter se conjuncti; 友怪朋狂 k'oŭáng p'ông ko'ŭái yeoŭ, stulti et ridiculi amici; 怨雪讐報 páo t'cheoŭ suĕ yuēn, vindictam sumere; 叫小呼大 tá hoŭ siaŏ kiáo, vocare cum strepitu, strepitum edere; 怪小驚大 tá kíng siaŏ koŭái, tumultuari; 齒利牙伶 lîng yā li tch'ĭ, qui habet linguam bene expeditam; 齒切牙咬 kiāo yā t'siĕ tch'ĭ, ex irâ frendere dentibus; 貌月容花 hoā yông yue máo, vultus formosus, vel 貌玉容花 hoā yŏng yŭ máo; 貌之月似容之花如 jù hoā tchi yông ssée yue tchi máo, formosa ut flos, pulchra ut Luna, vel 玉似花如 jù hoā ssée yŏ, idem; 少實多花 hoā tō che chaŏ, flores multi sed fructus pauci; 思亂思朋 hoŭ ssée loŭán siàng, inanes cogitationes nutrire; 想暮思朝 tchāo ssée moŭ siàng, mane et serò meditari; 想右思左 tsŏ ssée yeoŭ siàng, omnem in partem cogitando se vertere; 後想前思 ssée ts'iēn siàng heoŭ, ex præteritis futura cogitare; 念博思司 hoŭ ssée tchoŭán nién, mutare animum, alia cogitare; 走亂行棚 hoŭ hàng loŭán tseoŭ, perturbate incedere; 禍惹災招 tchaŏ tsāi gĕ hó, infortunia sibi accersere; 活覓死尋 sìn ssĕĕ mĭ hŏ, se interficere; 渴耐饑忍 gìn k'i'nái k'ŏ, pati famem et sitim; 衰力邁年 nièn mái lí chouāi, senio confectus et debilitatùs; 狗罵猪指 tchĭ tchū má keoŭ, digito monstrare porcum et maledicere cani; sic 西說東指 tchĭ tōng choūe sī, ad aliud intendere et loqui de alia re; sic 西罵東指 tchĭ tōng má si; 望西張東 tōng tcháng si váng, in omnem partem respicere; 腦望頭張 tcháng t'eŏu váng naŏ, caput erigere ad inspiciendum; 腦探頭張 tcháng t'eŏu t'ān naŏ, idem; 嘆短呼長 tcháng hoŭ tou'ân t'án, vel 呼長嘆短 tou'ân t'ān tcháng hiū, suspirare; 短道長說 choūe tcháng táo tou'ân, vel 黑道白說 choūe pe táo he, male loqui de proximo; 大志高心 sin kāo tchi tá, magna intendere; 骨刺心鑽 tsoŭán sin t'sí koŭ, penetrat animum, pervadit usque ad ossa; 心獸面人 gìn mièn cheŏu sin, hominis vultum habet et cor bestiæ; 怪做妖粧

tchoŭāng yāo tsó kouāi, spectri speciem induere; 樣做模粧 tchoŭāng moû tsó yáng, magnos spiritus affectare; 跡隱名埋 mâi míng yn tsǐ, latēre, sese abscondere; 跡涸名埋 hoén tsi mâi míng, idem; 跡避踪藏 ts'âng tsōng pí tsi, idem; 尾露頭藏 ts'âng te'oû lcú ouèi, caput tegere et caudam proferre; 聲吞氣忍 gìn k'í t'ūn ching, iram comprimere et tacere; 渴似饞如 jù kī ssèe k'ǒ, sicut esuriens et sitiens; 夢如醉似 jù móng sseó tsoùi, sicut somnians et ebrius; 虎似狼如 jù láng ssèe hoù, sicut lupi et tygres; 漆似膠如 jù kiaō ssèe t'sǐ, simul tenaciter agglutinati; 水玩山看柳問花尋 k'ān chān oûán choûī sĭn hoā vén lieoù, rus amat, quaerit flores et lucos, gaudet montibus et rivis; 香花語鳥綠水青山 chān ts'íng choùi loû niaō yù hoā hiāng, amœnus collis, fons dives, volucres garruli, odori flores; 響谷鳴山 chān míng koŭ hiàng, aves canunt in montibus, resonat in vallibus echo; 珍奇味美 moèi ouéi k'í tchīn, vel 錯海珍山 chān tchin hài t'só, delicata fercula; 飯淡茶麓 ts'ōu t'châ tán fán, tenuis et pauper victus; 窮怕富舂 hī foú p'á ki'òng, amare divitias, timere paupertatem; 魃山鬼野 yè kouèi chān siáo, ad summam miseriam redactus; 手白拳空 k'ōng k'uên pě cheoû, vacuis manibus; 浪逐波隨 soûi pō soúi láng, se fluctibus permittere, torrentem sequi; 正歸邪改 kǎi siĕ koūèi tchíng, vitam emendare; 去眼來眉 mī lâi yèn k'íú, oculos crebro conjicere in hominem; 笑眼花眉 mí hoā yèn siáo, hilari ac renidenti vultu; 額瞥首疾 tsi cheoû t'sí nghĕ, tristi facie, caperatâ fronte; 學抱才懷 hoǎi t'sâi páo hiǒ, ingeniosus et doctus; 日白天清 ts'íng t'iēn pe gĕ, in ipso meridie, clara luce et palam; 舌弄唇調 tiáo tsoùi lóng chĕ, vel 舌弄唇調 tiáo chūn lóng che, vel 語亂言胡 hoû yēn louán yù, garrire, blaterare, inepta loqui; 舌多嘴多 tō tsoùi to che, nimis loquax; 舌狗嘴油 yeōu tsoùi keoù che, pessima lingua; 快舌尖嘴 tsoùi tsiēn che k'oúai, lingua mordax, et volubilis; 舌弄唇翻 fān chūn lóng che, obloqui; 語花言巧 ki'ǎo yēn hoā yù, verba dolosa et fucata; 言良口苦 k'où k'eòu leâng yēn, verba salutaria; 古發口合 hǒ k'eòu féi che, verbis contendere; 舌鐵嘴釘 tīng tsoùi tiĕ che, os ferreum; 犯牙打人和嘴 hó gīn tà ya fán tsoùi, cum aliquo verbis contendere; 量我商你 nī chǎng ngǒ leǎng, simul consultemus; 愛我貪你 nī t'ān ngǒ ngái, mutuo se amaro; 西我束你 nī tōng ngǒ sī, inter se non convenire; 答我問你 nī vén ngǒ tǎ, inter se garrire; 活我死休箇併你和 hó nī píng ko nī ssèe ngó hǒ, volo tecum pugnare usque ad mortem; 夜黑日白 pě ge hě yé, die ac nocte; 詞野歌胡 hoû kō yé ssèe, cantilenæ rusticæ; 實外虛裡 lĭ hiū vái che, intus inanis, solidus foris; 應裡合外 vái hŏ lĭ yng, correspondentia intus et foris; 罵暮打朝 tchāo tă móu mă, verberibus et injuriis me quotidie excipit; 枕共牀同 t'ŏng tchoŭáng kóng tchin, simul cubare; 就暗推明 mìng t'oūi ngán tsioù, palam recusare et clam concedere; 誰名甚姓 síng chìn mîng choûi, quomodo vocatur? 名高姓上 chàng sing kāo mîng, vel 號雅名高 kāo mîng yà haŏ, quomodo vocaris domine? 飲渴食餓 kĭ che k'ŏ yn, cum esurit manducat et cum sitit potat; 啞粧聾推 t'oūi lòng tchoŭāng yā, se fingit surdum et mutum; 亂脚忙手 cheoù mâng kiŏ loŭán, perterritus nihil efficere potuit efficere; 盞換杯交 kiāo poĕi hoán tsàn, vel 盞弄杯傳 tch'oŭen poĕi lóng tsăn, simul potare; 舌張口騙 p'ién k'eoù tcháng che, verbis dolosus et pellax; 歪西倒東 tūng taŏ sī vāi, in pessimo statu positus; 杖弄刀拿 ná tāo lóng tchàng, arma manibus agitare; 婢使奴呼 hoū noù sseĕ pí, habere servos quibus imperes; 鬼謊神謗 moŭan chìn hoăng koŭĕi, imponere spiritibus; 樂暮歡朝 tchāo hoān moú lŏ, ducere dies in lætitia; 睡早起遲 k'ĭ tsaŏ choúi t'chì, surgere bene mane, et valde sero decumbere; 對戸當門 mēn tāng hoú toúi, æquales dignitate et divitiis; 凶眼惡面 mién ngŏ yèn hiōng, homo improba facie; 災逃難躲 tó nán t'āo tsāi, vel 難避災逃 t'āo tsāi pĭ nán, periculis et infortuniis se subripere; 快手疾眼 yén tsĭ cheoù kou'ái, oculis et manibus celer ac promptus; 志惑心疑 y sīn hoĕ tchĭ, suspiciones et dubia nutrire; 地勁天驚 kīng t'ien tóng tí, magnas tragædias excitare; 隨婦唱夫 foū tch'áng foú soúi, maritus præit, uxor sequitur; id dici solet de optimo conjugio; 竹修林茂 meóu lîn sieōu tchoŭ, amœnus et densus lucus; 希尋子覓弟撓兄呼 hoū hiōng hoán tí mĭ tseĕ sîn yĕ, in fuga fratres se vocant, pater et filii se quærunt; 落胆飛魂得嚇 hĕ te hoĕn fēi tàn lŏ, vel 魂得驚散魄飛 kīng te hoĕn fēi p'e sán, magno timore correptus fuit; 地黑天昏得苦 k'oŭ te hoĕn t'ien he tí, de magno ejulatu hoc dicitur; 次兩回三 sān hoŏi leàng ts'eĕ, vel sān hoĕi 五 où ts'eĕ, vel 次三番兩 leàng fān sān t'sceĕ, repetitis vicibus; 飯六茶三日一 y ge sān t'chá loù fán, quotidianæ comestiones; numerus 3 et 6 positus est ad arbitrium, ut solet; 友四朋三 sān p'òng sseé yeoù, amici aliquot; 句兩言三 sān yĕn leăng kiŭ, aliquot verba; 四阻三推 t'oūi san tsoù sseé, varia obstacula ponere; 舌八嘴七 ts'ĭ tsoui pă che, multi sermones; 活八死七 ts'ĭ sseĕ pă hŏ, fere mortuus; 舍八鄰四 sseé lîn pă ché, vicini; 脚八手七 ts'ĭ cheou pă kiŏ, manibus et pedibus, omni ope et opera; 利八本七 ts'ĭ pĕn pă lí, sors et lucrum; 倒八顛七得弄 lóng te ts'ĭ t'ien pă táo, ad extrema redactus; 春萬歡千 ts'ien hoan vàn hĭ, maxima lætitia exsultans: 苦萬辛千

ts'iēn sīn ván k'où, omnis generis afflictiones; 謝百恩千 ts'iēn nghēn pĕ sié, vel ts'iēn nghēn ván sié, mille gratiarum actiones; 計百方千 ts'iēn fāng pĕ kí, omni arte et modo omni; 難百磨千 ts'iēn mô pĕ nán, omnia dura expertus; 痛九病千 ts'iēn píng kicòu t'óng, fere semper ægrotat; 金千貿百 pĕ paò ts'iēn kīn, omni pretio, pretiosissimum; 隨百依百 pĕ y pe scòi, omnia ipsi annuit; 倒百伶百 pe līng pe lí, ingeniosus solers; 求萬求千 ts'iēn ki'éóu ván ki'éóu, instanter rogare; 算萬算千 ts'iēn scuán ván scuán, omnem modum excogitare; 肯萬肯千 ts'iēn k'èng ván k'èng, omnino vult, nihil negabit.

Qui serio volent discere recte loqui Sinice, non conquerentur exempla nimis multa proferri; imo hæc potius memoriæ mandabunt, et sic innumeros sinisque familiares loquendi modus ita ediscent, ut accentus quos exacte notavi, studeant semper recte pronuntiare. Quos porro fructus inde percipiant, brevi cum ingenti gaudio experientur.

QUINTUS MODUS.

Eadem phrasis sæpe solet repeti, sive ob numerum, sive ex affectu ut sensus animo melius hæreat.

EXEMPLA:

絕妙絕妙 miáo tsuĕ miáo tsue, optime, nihil melius; 奇大奇大 tá k'í tá k'í, mira sane res; 得難 (bis), nán tĕ nán te, hoc raro contingit, est bona fortuna; 勞重 (bis), t'chōng láo t'chōng láo, tibi plurimum debeo; 感多 (bis), tō kàn tō kàn, gratias quamplurimas; 了勾 (bis), kéōu leaò kéōu leaò, satis est, sufficit; 怪休 (bis), hiéōu kouái hiéōu kouái, vel 怪莫 (bis), mŏ kouái mŏ kouái, ne quæso mireris; 傷可 (bis), k'ò chāng k'ò chāng, hoc certe est lamentabile; 此如 (bis), 般這 (bis), jû ts'eà, jû ts'eà, tché pouān tché pouān, hoc et hoc modo erit agendum; 惜可惜可呀阿 ò yā! k'ò sī k'ò sī, ò quam dolendum! eheu! quod damnum! 訓年 (bis), láo kí láo kí, fac ut bene memineris; 屁放 (bis), fāng p'í fāng p'í, ridiculum est quod dicis, ore pedis; 呀是 (bis), ché yā, ché yā, ita est; 呀苦 (bis), k'où yā k'où yā, eheu! me— miserum! vox dolentis; 他是正他是正 tchíng ché t'ā tchíng ché t'ā, vere ipsissimus est; 得說消不了是了是 ché leaò ché leaò, poŭ siaŏ choŭĕ tĕ̆, istud ipsum est; quid opus est verbis; 玩遊玩遊去他同 t'óng t'à k'iŭ yeoŭ ouàn yeoŭ ouàn, cum illo ire ad deambulationem.

SEXTUS MODUS.

Idem verbum repetitur interposita particula 的 tĭ quæ participia designat.

EXEMPLA:

走的走坐的坐 tsó tĭ tsó tseoù ti tseoù, sedentes sedent, ambulantes ambulant; 迎的迎送的送路一 y loù sóng, tĭ sóng yng tĭ yng, toto itinere, quam plurimi eum deducebant, alii veniebant obviam; 舞的舞唱的唱彈的彈吹的吹 t'choŭi tĭ t'choŭi, tân ti tân, tch'áng ti tch'áng, voù ti voù, alii fistula ludebant, alii fidibus, cantabant alii, et alii saltabant; 了選的選了中的中 tchóng ti tchóng leaò, suèn ti suèn leaò, attigerunt quotquot debebant attingere, et electi sunt qui debebant eligi; 打鼓打的鼓打鑼打的鑼 tà koù ti tà koù, tà lò ti tà lò, alii tympanum pulsant, alii cymbalis perstrepunt.

PARAGRAPHUS SECUNDUS.

DE ANTITHESI.

Toto hoc paragrapho vox illa antithesis valde late sumitur; interdum est vera antithesis, interdum est mera correspondentia seu correlatio; nescio quo alio nomine possim appellare hanc figuram, quæ tam sæpe occurrit, cum in sermone, tum in libris, ut ex mille modis loquendi, quos in hoc opusculo legere est, vix duas tres-ve reperiri putem, in quibus non sit oppositio aliqua, vel in sententia vel saltem in verbis. Hoc scilicet linguæ Sinicæ proprium est. Sensus quidem unâ et alterâ litterâ posset absolvi, sed ad oppositionem vel repetitionem recurrere necesse est, ne cadat oratio et ore hiante spiritus per vim abrumpatur, ut notari jam potuit in exemplis paragrapho superiori, et maxime modo quarto relatis.

AD LINGUÆ SINICÆ NOTITIAM.

EXEMPLA:

才有必未的貌有·貌有必未的才有 yeoù t'sâi tĭ ouéi pĭ yeoù máo, yeoù máo tĭ ouéi pi yeoù t'sâi, amænitatem ingenii rarò comitatur par vultûs gratia; oris venustati vir ingenii non semper respondet; 貌其副才·才其稱貌 máo t'chīng k'ĭ t'sâi, t'sâi foú k'ĭ máo, corpóris et animi dotes in eo pariter elucent; 建子同才·安潘比貌 máo pĭ p'oüân ngân, t'sâi t'ông tseĕ kién, pulcher P'oüân ngân non erat pulchrior, nec ingeniosus Tseĕ kién ingeniosior; 口充不食·身遍不衣 y poŭ tchē chīn, chē pou tch'ōng ke'oŭ, non habet quod induat nec quod edat; 尋不處甚·竟不處何 hŏ t'chú poŭ mĭ, chin t'chú pou sīn, ubi non quæsivi? Duæ sunt phrases planè similes quæ sese mutuo fulciunt; 送是知不·賣是知不 poŭ tchī ch.é mái pou tchi ché sóng, an vis vendere, an vis dono dare? 句一熱句一冷 lèng y kiú, gĕ y kiú, modo frigide, modo valde familiariter loquitur; 得不假認·得不真認 gīn tchīn poŭ tĕ, gīn kiá poŭ tĕ, certa fides huic rei dari non potest; 你訪我是便我尋你是不 poŭ ché nĭ sīn ngò, pien chĭ ngò fâng nĭ, si non me quæris, ego te quæro et vicissim; non possunt à se invicem avelli; 推你要不你推我·我 poŭ yāo nĭ t'oūi ngò, ngò t'oūi nĭ, cavendum est ne culpam in me transferas, vel ego in te rejiciam; 得不閉又口閉要·得不閉又口閉要 yāo k'āi k'eoŭ yeoú k'āi poŭ te, yáo pĭ k'eoŭ yeoú pĭ pou te, non possum nec loqui nec tacere; 涙無泣要語無言要 yáo k'ĭ vŏu loúi, yáo yĕn vŏu yù, non invenit nec lacrymas nec verba; 言欲言可惜無又·情言欲·言難深恩·恩 yŏ yĕn nghĕn, nghen chīn náu yĕn, yŏ yĕn t'sīng yeoú vŏu ts'īng k'ŏ yĕn, ejus beneficia superant quidquid dicerem, et ejus amorem amor ipse non posset eloqui; 亡他爲必我·死我爲他 t'ā oüéi ngò sseĕ, ngò pi oüéi t'ā váng, mortuus est pro me et ego pro illo determinata sum mori; 死則你無·生則你有 yeoù nĭ tsè sēng, vou nĭ tse sseĕ, tecum vivam, sine te moriar; 唱彼和我或和彼唱我或 hoĕ ngò tch'āng pĭ hò, boe ngò hò pĭ tch'āng, quod volo et ipse vult, quod vult et ego pariter volo; 弃可路無·投可家無 vŏu kiā k'ŏ teoú, vŏu loù k'ŏ pēn, nullum habet refugium; 門無地入·路無天上 chàng t'iēn vŏu loù, ge tĭ vŏu mĕn, non est quò fugiat; 覺不厭可覺不·喜 poŭ kiŭ k'ŏ hĭ, pou kiŏ k'ŏ yĕn, istud nec lætitiam affert, nec fastidium parit; vel, nescit gaudere nec tristari; 你的日前是我·我的日今是你 nĭ chi kīn ge ti ngò, ngò chi ts'iĕn ge ti nĭ, tu es sicut ego nunc sum, et ego sum sicut olim tu eras; 作做後背·承應面當 tāng mien yng tch'īng, poéi heóu tsó tsŏ, coram quidem omnia annuit, clam verò cuncta turbat; 渺渺魄七·飄飄魂三 sān hoĕn pi'aŏ pi'ao, t'si pe miaŏ miaŏ, nimio timore correptus non est apud se; 睡似醒·醒似睡·想不飯·思不茶

t'chā pou ssēe, fán pou siàng, choūi ssée sìng, sìng ssée choūi, nec bibit nec manducat, nec dormit nec vigilat; 鬼不鬼．知不人 gín poŭ tchī koŭèi pou kiŏ, hoc homines nesciunt et spiritus ipsos latet; 虚空內手．餒餓中腹 foū tchōng kī nuĕi, chaoù nuéi k'ŏ .; hiū, ventre et manibus vacuis; 和慈面外．勇剛邊裡 lì piēn kāng yòng, vái m'én tsēe hŏ, intus rigidus et fortis, foris comis et blandus; 馬乘暖天．轎坐寒天 ti'ēn hân tsó kiáó ti'en noūàn chīng mà, si frigus est in cathedra sedet; si calor est equitat; 必．托之人受事之人終當 cheóu gín tchi t'o p'í tāng tchōng gín tchi sàée, qui negotium alterius in se suscepit, debet perficere id quod promisit; 不你酒遞我偏．酒吃肯裡手他在吃肯 tsái t'ā cheoū lī k'ĕng ki tsioù, pi'en ngŏ tí tsioù nī pou k'ĕng ki, si tibi offerat vinum, bibis, si offeram ego, non vis bibere; 去水裡水．去火裡火願情 t'sīng yuén hŏ lī hŏ k'iú, choùi lī choùi k'iú, libenter me in ignem et in aquam te jubente projicerem; 起顏從歡生腮向暮 boān ts'òng hàn k'í, hì hiáng sāi sēng, toto vultu hilaritatem ostendit; 是活你鬼家他是死．人家他 nī hŏ chí t'ā kiā gín, ssēè chí t'ā kiā kouei, mortuus ipsi adhaerebis; 捨不退欲．能不進欲 yŏ tsín pou nĕng, yŏ t'oúi pou chè, progredi non potest et regredi non sustinet; 仇無日今．冤無日往他與我 ngŏ yù t'ā váng ge vōu yuén, kīn gĕ vou ki'eoù, nihil ego unquam egi unde me oderit; 明到睡夜．夜到睡明 mīng choúi táo yé, yé choúi tao mīng, die et nocte semper dormit; 後其顧不．前其顧只 tchī koú k'ī ts'iĕn pou koú k'ī heoú, curat quae sunt ante, negligit quae sunt retro; 言一你句一我 nī y yén, ngŏ y kiú, inter se garriunt; 盃一我鍾一你 nī y tchong ngŏ y tchàn, inter se potant; 短我說．長我說 choue ngŏ tch'áng, choue ngŏ toŭ'ǎn, de me male loquitur; 前人於立獨亭亭．上世於孤孤矛子 kiĕ kie koū koū yū ché chàng, t'īng t'ing tou lí yū gín ts'iĕn, solitarius in ipso sœculo, heremita in medio hominum; 半一．辭兒半一肯兒 y pán ĕll t'seĕ, y pán ĕll k'ĕng, partim recusat, partim recipit; 他的隨也是要他的隨也短要 yāo tch'áng yè soūi ti t'ā, yāo toū'ǎn yè soūi ti t'ā, petat quidquid volet; 的 hoc loco idem est ac 得.

PARAGRAPHUS TERTIUS.

DE INTERROGATIONE.

Quamplurimæ sunt litterae quae serviunt interrogationi; omnes conabor aperire et selectis exemplis earum usum docebo.

AD LINGUÆ SINICÆ NOTITIAM.

1⁰· Littera 不 poŭ, in medio posita inter eamdem litteram quæ repetitur, interrogationem denotat, v. g. 去不去 kʻiú poŭ kʻiú, abiit ne an non? 來不來 lâi poŭ lâi, veniet ne? 不肯肯 kʻèng pou kʻèng, vult ne an non vult? 允依不允依 y yùn pou y yùn, concedis hoc an non? interdum tamen nulla est interrogatio, v. g. 動不動 tóng poŭ tóng, ferè semper significat, statim illico, quidquid accidat, &c. 打不子刮耳你打我看 kʻán ngò tà nì èll koŭā tseè poŭ tà, vide an colaphos tibi non infringam; Gallicè, *je te frotterai les oreilles*, &c.

2⁰· Particula 也 yè, et post eam negativa particula est etiam interrogantis, v. g. 吃親父未也飯 fóu tʻsin kʻí fàn yè ouéi, mi pater, aliquidne comedisti, an nihildum etiam? 有可無也事這 kʻò yeoŭ tché ssée yè vōu, istud ne negotium contigit revera an non? 未也了了 leaò leao yè ouéi, absolvisti ne an nondum! vel omittitur 也 v. g. 未了飯晚吃 kʻí ouàn fàn leaò oŭéi, an jam sumpsisti cœnam? sed hoc rarius est. In hac phrasi 肯你知不不也去 pou tchi nì kʻèng kʻiú yè pou, nescio utrum velis annon? duae litterae 知不 tollunt interrogationem.

3⁰· Initio ponitur 非莫 mŏ fèi vel 不莫 mŏ poŭ, et in fine 麽 mŏ, v. g. 是就非莫麽人此 mŏ fèi tsióu ché tsʻeè gìn mŏ, nonne is est quem dixeras mihi? 了做夜昨非莫麽夢好麽什 mŏ fèi tsŏ yè tsó leaò ché mŏ haŏ móng mŏ, nonne hoc est gratum aliquod somnium quod hesternâ nocte somniasti? vel omittitur in fine 麽 mŏ, v. g. 了見他是非莫鬼 mŏ fèi cĺs tʻà kién leao kouèi, num forte vigilans somniat? 風秋打來非莫 mŏ fèi lài tà tsʻióu fóng, an non forte venit aliquid pecuniæ transeundo emungere? 的花偷是不莫 mŏ poŭ ché tʻeōu hoā tí, nonne est ex illis qui furantur flores? Notandus sequens modus; divina mihi si potes, &c, nonne est, &c. R. minime, &c, forte est, &c, nec istud. Q. an ergò est, &c. R. multo minus; 莫·是不也 .... 是不莫·是不 .... 是不莫·猜一猜且你是不發一 .... 是不 nɛ tsʻiè tsʻaí y tsʻaí, mŏ poŭ ché, &c: pou che..mŏ pou ché, &c: yè pou ché, mŏ pou ché, &c: y fǎ pou ché.

·4⁰· Littera 何 hò, de se interrogat, v. g. 礙妨何有 yeoŭ hò fāng ngái, quid impedit? 可不何有 yeoŭ hò pou kʻò, quare non expedit? cur non facerem? 好的等何 hò tèng ti haò, quid potest esse melius? 時何待更走不時此 si nunc non fugis, quando nam dabitur hora opportunior?

5⁰· 少多 tō chaò, quot? v. g. 耳釘少多得打鐵是身渾 hoēn chiu ché tie tà tè tō chaò ting èll, si corpus meum ferreum esset, quot ex eo confici possent clavi? 人少多有 yeoŭ tō chaò gìn, quot sunt ibi homines? Hæc verba 好是少多 tō chaò ché haò, de se non interrogant: quanto melius esset?

6⁰· Paulo plura dici debent dᵉ 怎 tsèng; 1⁰· solet jungi cum 麽 mŏ, v. g. 得使麽怎

tsèng mò ssée te, quî fieri istud potest? 出得看麽怎西東的裡肚 tóu lǐ tǐ-tǒng sī tsèng mò k'àn tě t'chù, quomodo videri possunt quæ in animo latent? 說日白天清麽怎來話夢起 tsèng mò ts'ing t'iēn pě gě chouě k'í móng boá lâi, quomodo media luce nobis somnia narrare incipis? 樣怎該意主的你你 y nǐ ti chù y kāi tsèng mò, yáng, quid tibi videtur agendum? Juxta tuam sententiam, quid et quomodo facere oportet. 2°. Jungitur sæpe cum 的 ti, v. g.: 的怎他怕 p'à t'ā tsèng ti, cur illum timerem? 的麽怎怕 p'à tsèng mo ti, quid habes quod timeas? 的怎他說話閒 hièn hoá chouě t'ā tsèng ti, cur otiose de illo male loqueris? 你得捨我教 * 地怎 tsèng ti, kiáo ngò chě tè nǐ, quomodo vis ut ego te carere possim? 的怎他罵又白平 píng pe yeóu má t'ā tsèng ti? cur sine causa illum injuriosis verbis accipis? Nota hanc phrasim: Quamobrem illum interrogas? R. ob nullam quidem: tantummodo quæro unum verbulum, &c. Siquidem quæris, profecto est aliqua causa; 故緣有必問你·兒聲問我·的怎不 R 的怎他問你 nǐ vén t'ā tsèng ti? R. pǒu tsèng ti, ngǒ vén a ching ěll. Q. nǐ vén pí yeóu yuēn koú; 往般一的命没怎的慌的怎走外 hoāng ti gín mǒ míng ti y poūān, vàng vái tseoù tsèng ti, timore quasi mortuus, cur foras tam præcipitanter te proripis? 的慌 hoāng ti, id est 得慌. 3°. Jungitur cum 生 sīng, v. g.: 扮打生怎 tsèng sēng tà p'àn, quænam habitum habitum præfert? quonam ornatu vestitus erat? 果結生怎竟畢知不 pou tchí pí kīng tsèng sēng kiě kouǒ, quò res ista evadet, nescio. Non interrogat propter istud 知不 nescio. 4°. Jungitur cum 奈 nái, v. g. 何奈怎邱 k'iū tsèng nái hǒ, quinam igitur est modus? 影踪煕奈怎 tsèng nái vōu tsōng yng, quomodo nihil prorsus de illo auditur? 5°. Demum jungitur cum 敢 kàn, v. g.: 頭低不敢怎 tsèng kàn pou ti t'eoú? quomodo non annuerem? 是可話句一有我麽說哦 ngò yeóu y kiú hoá, k'ǒ chí kàn chouě mo, habeo unum verbum, licetne illud dicere? In eodem plane sensu reperitur 那 nà, v. g. 那好不可 k'ǒ pou haò nà, hoc modo nonne bonum est? 那麽怎简似可我 ngò k'ǒ ssée kó chín mò nà, qualis igitur tibi videor. Item eodem sensu ponunt 波 pō, v. g. 波能般這則 tsǒ tché pouān pá pō, an ergo id ita erit.

7° Sola littera 歷 mò indicat interrogationem, v. g. 麽課功樣別有又是想 siàng ché yeóu yéou pie yàng kōng k'ǒ mo, an forto habes alterius generis preces dicendas?

8°. Idem fere dicendum de 甚 chín quod supra de 怎 tsèng, ut clare patebit ex exemplis: 羞歷甚害 hài chín mo sieóu, cur ita pudibundus es? 病歷甚是的害你 nǐ hāi ti chó chín mo píng, qualis est morbus quo laboras? 来鬼個出走面裡房洞歷甚為 ouéi chín mò tóng fāng lǐ mién tseou t'chū kó kouèi lâi, quid est quod ex nuptiali cubiculo tam deforme monstrum exiit? 害利等這得氣故原歷甚為呀 yā ouéi chín mo yuēn

---

* 地 vel 的 idem est.

AD LINGUÆ SINICÆ NOTITIAM.

kóu k'ï tĕ tché tĕng lí hài, cur tam graviter irasceris? 吃難醫甚嘗好病得醫他要只 tchĭ yāo t'ā y te píng haò: koüàn chín mò nân k'ï, nihil aliud quærimus quam ut morbus hoc remedio sanetur; quid refert quod amarum sit et difficile sumatur? Sæpe nulla est interrogatio, v. g. 麽甚有你 nì yeoù chín mò, R. 麽甚沒我 ngŏ mŏ chín mò, quid habes? nihil habeo: sic 麽甚差不也 yè poŭ t'chā chín mo, nihil quicquam deest; 麽甚說曾沒又我 ngò yeoù mŏ tsēng choŭĕ chín mò, nondum quicquam dixi. Ante chín mò, solet poni 做 tsó, v. g. 麽甚做去樓空所一是面上 chàng mién ché y só k'óng leoù, k'iú tsó chìn mò, sursum est tabulatum vacuum, cur vis illuc ascendere? 麽甚做事閒這嘗 koüàn tché hièn ssée tsó chín mò, cur hæc aliena curas? 麽甚做他問你 nì vén t'ā tsó chín mò, cur illum interrogas? quid prodest illum interrogare? 麽甚做他理人樣這 tché yàng gìn lí t'ā tsó chín mò, cur tali homini attendis? cur illum curas? Diceret Europæus: 你麽甚爲人的樣這理 quia gustum linguæ sinicæ non habet. 的 Jungitur cum 甚 chín sicut supra cum 怎 tsĕng: 事的甚你干 kān nì chín tĭ ssée, quid hoc ad te attinet. In hac phrasi, 的甚他道敢不 poŭ kàn táo t'ā chín ti, non audeo quicquam illi dicere, illum arguere; chín non interrogat. Interdum ponitur sola, v. g. 事大甚有 yeoù chín tá ssée, quid est tanti momenti? 人見去出嘴臉甚有 yeoù chín liēn tsoùï t'chū k'iú kién gìn, quà fronte, quo ore possum egredi domo et homines aspicere?

9°. 什 chĕ, idem planè est ac 甚 chín, v. g. 麽什做 tsó chĕ mò, cui bono? 麽什說人古 choŭĕ che mò koù gìn, quid mihi veteres narras? 活過麽什把 pà che mò kō hŏ, unde, quæso, vives? 裡眼你在落綻破麽什有 yeoù che mò p'ó tchán lŏ tsái nì yén lì, vidisti ne aliquid in eo unde tibi minus placeret? 麽什說我 ngŏ choŭe che mò, quid igitur dico? Interdum quoque non interrogat, v. g. 飯茶麽什些用來面裡進請 ts'ĭng tsin lì mién lài yóng siē che mò t'chá fán, ingredere obsecro ut aliquid sumas; 麽什知不正症病 tching poŭ tchī che mò píng tching, nescio quodnam sit morbi genus; 麽什成曾不事大 poŭ tsēng tch'íng che mò tá ssée, nondum magnum est operæ pretium.

10°. Littera 安 ngān, etiam interrogat, v. g. 專自敢安弟小 siaŏ tí ngān kàn tsée tchoŭēn, quomodo præsumerem meo me more ac modo gerere? 用錯次遉肯安 ngān k'ĕng ts'aŏ ts'ée ts'ó yóng, an vellet tam imprudenter ac perperam agere?

11°. Licet particula 豈 k'ï sit frequenter in stylo nobiliori, tamen in humili quoque locum habet, v. g. 敢豈 k'ï kàn, quomodo essem tam audax? 理此有豈 k'ï yeoù ts'ĕ lì, qui fieri potest? 事大了恨不豈 k'ï pou où leaŏ tá ssée, annon esset rem tanti momenti totam perdere? 願人從天是不豈 k'ï pou chè t'iēn ts'òng gìn yuén, annon est quod dici solet, cœlum respondet hominum votis; 死羞不豈 kṇ poŭ sicoŭ sseè, an non deberet emori præ pudore? 羡為不豈 kʻi poŭ ouêi moèi, vel 哉羡不豈 kʻṇ pou moèi tsāi, quid melius ?

12º· Nihil frequentius occurrit quam 那 nà, quæ littera jungitur cum certis aliis, ut exempla docebunt. 1º· cum 個 kó : 筆手的個那是 ché nà kó tí cheoŭ pĭ, cujus hæc scriptura? cujus est manus? 嚻多肯還個那 nà kó hoán kʻēng tō tsoŭi, quis adhuc vult garrire? 的說你敎個那是話句這 tché kiú hoá ché nà kó kiáo nì choŭë tí, quis te hæc dicere docuit? Gallicè: *qui vous a si bien fait le bec?* 朋好個那·節時的裡鍋在飯没你看你助資來升五斗一把友 kʻan nì mŏ fān tsái kō lì ti chē tsiĕ, nà kó haŏ pʻōng yeoŭ pà y teoŭ oŭ chīng lâi tseē tsoŭ nì, die, amabo, quando non habebis orizam in ollà, quis ex illis præclaris amicis tuis dabit tibi quod comedas? 你理個一那 nà y kó lì nì; quis ad te respectum habet? 臣奸是個一那臣志是個一那你問且我 ngŏ tʻsiè vén nì nà y kó chi tchōng tʻchīn, nà y kó chí kiēn tʻchīn, peto à te quis est ex nobis fidelis ille subditus quis est ille homo nequam ? 2º· Cum 裡 lì: 辭推死低受肯裡那 nà lì kʻēng cheoŭ, tĭ sseĕ toúi tsʻeê, quomodo illud recipere sustinuisset ? recusavit usque ad mortem, i. e. omnino noluit; 話裡耶說 choŭë nà lì hoá, quid istud ais? rides; est urbanitas et idem ferè est ac 敢不 poŭ kàn; 去裡那 nà lì kʻiú, qno pergis? 來人個這出得尋裡那 nà lì sīn tĕ tʻchū tché kó gīn lâi, ubinam hunc hominem reperire potuisti ? 理道的家出是裡那 nà li ché tʻchi kiā tí táo lì, an ita se gerere debet Bonzius ? 嚇邵靈魂·前面到走他見來話得講還裡那·了去 kién tʻā tseoŭ táo mién tsʻiēn, hoēn līng toū hĕ kʻiú leaŏ, nà lì hoán kiàng te hoá lâi, ubi illum vidit ad se accedere, præ metu non fuit apud se; quomodo vel unum verbum proferre potuisset? 相窮個這是裡那 nà lì ché tché kó kiʻōng siàng, an quæso habebat talem figuram ? iste miser non est profecto ille; 面見勾能裡那 nà li nĕng kéou kién mién, qui tandem posset illius vultum cernere ? 上他得比裡那 nà lì pǐ te tʻā chàng, an possunt cum illo comparari ? 出得辨裡那·詩見不若 jŏ pou kién chī, nà lì piēn te tʻchu, nisi carmina legero, quomodo possum hæc discernere ? 裡那右左 tsŏ yeóu nà lì, heus! servi mei adeste; 道知裡那們你 ni mēn nà lì tchī táo, unde vos hæc possetis scire ? Interdum ommittitur 裡 li, v. g.: 去那拿你 ni nâ nà kʻiú, quonam illud vis ferre ? 理之睦不和不有那 nà yeou pou hŏ pou moŭ tchī li, quomodo non possunt non concordari inter se ? 理道的玩遊去有那 nà yeoŭ kʻiú yeoŭ oŭán ti táo lì, ubinam licet hoc modo ire ad otiosam deambulationem ? 3º· cum 曉 hiao : 事的邊外他得曉那 nà hiaŏ te tʻā vái piēn ti sséĕ, unde resciret quæcumque agit foris ? 4º· Cum 見 kién : 枯見那來花出生上樹 nà kién kʻoū chú chàng sēng tʻchu hoá lâi, quandonam arbor sicca protulit flores ?

13ᵃ. 誰 choûi, quis? v. g. 誰罵你罵不 poŭ má nĭ má choûi, si tibi injurias non dico cui dicam? vel: quemnam ergo injuriis peto, si tibi non loquor? 誰是知那 nă tchī chí choûi, quis scit quisnam sit ille? vel: quid ego curo quisnam sit? Sæpe occurrit 想誰 choûi siàng, quis credidisset? quis in animum induxisset? &c.

14°. 道難 nân táo, proprie significat difficile dictu, sed in praxi servit interrogationi, v. g. 了罷就道難 nân táo tsieòu pá leaò, an putas quod res sic remanebit? Plura exempla vide articulo superiori, litterâ 道. Solent in fine addere 成不 poŭ tch'īng, v. g. 罷道難成不了 nân táo pá leaò pou tch'ĭng, an putas quod sic abibit? Interdum non opus est ponere nân táo, v. g. 成不誆說非莫我 an ego mentior? an tibi volo imponere?

PARAGRAPHUS QUARTUS.

COLLECTIO PROVERBIORUM.

Ex sententiis moralibus et antiquis proverbiis non parum gravitatis ac roboris acquirit Sinicus sermo. Quamobrem quidquid in hoc genere hactenus colligere potui hoc loco congeram. Si quæ mihi nondum occurrerunt aliis commemoranda libenter relinquo. In his porro proverbiis non modo ad sententiam attendendum, sed ipsæ etiam phrases notandæ sunt.

1. 炕火入將相盲众引盲一 y mêng yn tchŏng mêng, siāng tsiāng gĕ hò k'ēng, si cæcis cæcus ducatum præstet, simul omnes in ignis foveam cadent.
2. 入口從病出口從禍 hò ts'ông k'eoù tch'ŭ, pĭng ts'ông k'eoù gĕ, infortunia ex ore exeunt, et morbi per os intrant.
3. 兵當不人好釗打不鐵好 haò tiĕ pou tă tĭng, haò gín pou tāng pīng, ex bono ferro non fiunt clavi, nec ex bono homine miles.
4. 浪起不風順 chùn fông pou k'i lâng, secundo vento fluctus non assurgunt.
5. 船推水順舵倒風隨 soŭi fōng taò tó, chùn choŭi toŭi tch'oŭen, id agere ut secundo vento et secundo flumine semper naviges.
6. 船行水下火吹風順是 chè chùn fēng tch'ōui hò, hià choùi hīng tcho'ŭen, istud est flanto vento ignem accendere, et aquâ currente, navim agere.
7. 年萬念一 y niên vân niên, animus non mutandus.
8. 得兩堅一 y kiù leàng tĕ, vel 便兩舉一 y kiù leàng piĕn, duos parietes ex eadem fideliâ dealbare, *faire d'une pierre deux coups*.

9. 悔之身終羞之念一 y nién tchī tch'ě tchŏng chīn tchī hoèi, error unius momenti, dolor totius vitae.
10. 謀大亂忍不小 siaŏ poŭ gĭn louàn tá meoû, parva impatientia, evertit magna consilia.
11. 滿難心人塡易壑谿 k'ī hŏ y t'iēn, gĭn sīn nân moüàn, vastae lacunae repleri possunt, cor hominis non potest.
12. 命得不醫·病得醫 y tĕ pĭng, y poŭ te mĭng, morbi possunt curari, coeli mandatum non potest mutari.
13. 心得不醫·身得醫 y tĕ chīn, y poŭ te sīn, corpus curatur, animus non sanatur.
14. 應故虛惟谷山·靈故虛惟心人 gĭn sīn ouêi hiū koŭ lĭnɼ, chān koŭ ouêi hiū koŭ yng, cor vacuum omnia percipit, collis vacua omnia respondet.
15. 散猻猢倒樹 chú taò hoŭ sūn sàn, excisâ arbore, simiae fugiunt, vel
16. 陰無到樹 chú taò voŭ yn, arbore cadente umbra deficit.
17. 遊同不鹿虎 hoù loŭ pou t'ông yeōu, cervi cum tigride non ambulant.
18. 兔顧不者鹿逐 soŭi loŭ tchè pou koŭ t'oŭ, qui cervum sequitur leporem spernit.
19. 肉伏吃不蟲大 tá tch'ông pou k'ī foŭ jŏ, tygris non comedit carnem humi jacentem; parcit subjectis.
20. 悔莫後過取不取當 tāng t'sù pou t'sù, kouŏ héou mŏ hoèi, qui occasionem amisit, ne paeniteat.
21. 亂其受反斷不斷當 tāng toŭàn pou toŭàn fàn cheóu k'ī loùàn, res, quae suo tempore non secantur magis deinde intricantur.
22. 魚鬻不上湖薪賣不中林 lĭn tchōng pou mái sīn, hoù chàng pou yoŭ yù, in silvis non venduntur ligna, nec pisces in lacubus.
23. 水吃的河管·柴燒的山管 koŭàn chān tī chaŏ tsée, koŭàn hŏ tī k'ī choŭl, montis custos comburit ligna, et custos fluminis bibit aquam.
24. 聾者雷聽·眩者日視 chī gĕ tchŏ huēn, t'īng lùei tchè lŏng, solis splendor privat oculis, et fulminis fragor auribus.
25. 中雪走而迹滅欲 yŏ miĕ tsī, ĕll tseoù suĕ tchōng, vult tegere sua vestigia et incedit super nive, *il se jette dans l'eau de peur d'être mouillé.*
26. 芳求而臭懷 hoài tch'eoù ĕll k'ieŏu fāng, foetorem gerit et vult bene olere.
27. 驢覓驢騎 k'ī liŭ mĭ lìu, Gallicè: *il cherche son âne et il est dessus.*
28. 慢下則緊不上 chàng pou kĭn, tso hià mán, cum dominus remissus est, a servis suis despicitur.
29. 道氣悔眺睛眼 yĕn tsīng t'iáo, hoèi kʻī táo, cum trepidant oculi, malum est omen.

30. 誅遭族九反造人一 y gĭn tsáo fàn kieoù tsoŭ tsáo tchū, pro uno tota familia patitur.
31. 己自了輪先．人他說莫 mŏ choŭĕ t'ă gĭn, siēn chū leaò tsée kĭ, non alios se te solum incusa.
32. 生復當終根去不草 ts'aò poŭ k'iù kēn, tchōng tāng foŭ sēng, si radix manet, herbæ renascentur.
33. 夫工死下須活快生泒欲 yŏ k'ieoû sēng k'oúai hŏ, sū hiă sscè kōng foŭ, magnæ voluptates nisi magnis doloribus non emuntur.
34. 發不芽萌根除草剪 tsièn ts'ào t'chŭ kēn, mèng yă poŭ fă, si radix extirpatur, surculi non pullulant.
35. 跌防路行噎防飯吃 k'ĭ fàn fāng yē, hĭng lóu fāng tiĕ, qui manducat cavet ne cibus exorbitet, et qui ambulat cavet ne pes labatur.
36. 知就問一袿口在路 lóu tsái k'eoù lĭ, y vén tsióu tchī, Gall. *qui langue a, à Rome va.*
37. 油添上火 hò chàng ti'ēn yeōu, oleum in ignem jacere.
38. 裡屋如不里一家離 lĭ kiā y lĭ, poŭ jū ouŏ lĭ, melius est esse domi quam abesse vel uno stadio.
39. 里千謬釐毫差 t'chā haŏ lĭ, mieóu ts'ièn lĭ, error vel minimus ad maximum ducit.
40. 量斗可不水海．貌可不八凡 fān gĭn poŭ k'ŏ máo siāng, hăi choŭï pou k'ŏ teoù leáng, homo ex vultu non cognoscitur; mare ex modio non mensuratur.
41. 道成不磨不人．器成不琢不玉 yŏ poŭ tchŏ pou tch'ĭng k'í, gĭn pou mŏ pou tch'ĭng táo, nec lapis sine labore perpolitur, nec homo sine adversis perficitur.
42. 敵死須必急告臨丘 ki'eou lĭn káo kĭ, pí sū sseè tĭ, in urgenti periculo, pugnandum sine modo.
43. 里千於閒言之耳附 foŭ èll tchi yēn, vén yū t'sièn lĭ, quæ in aurem dicuntur, ad mille stadia audiuntur.
44. 重任能不棟其大不 pou tá k'ĭ tóng, pou nèng gĭn tchóng, parva trabs gravo pondus non sustinet.
45. 口鼠出不牙象 siāng yă pou t'chū chù k'eoù, ebur in ore murium non nascitur.
46. 妻我淫不人．妻人淫不我 ngò pou yn gĭn t'sī, gĭn pou yn ngŏ t'si, si uxorem aliorum non tango, nec alii meam.
47. 惡舊念不子君 kiūn tseè pou nién kieóu ngŏ, sapiens veteres injurias obliviscitur.
48. 春一生草世一生人 gĭn sēng y chĕ, ts'ăo sēng y tch'un, homo sicut flos fœni transit.
49. 無了有可不．有了無可寧 nĭng k'ŏ voŭ leaò yeoŭ, pou k'ŏ yeoŭ leaò voŭ, melius est acquirere quam perdere.

50. 鬬子石與子鵝 kì tseǒ yù chě tseǒ teoú, ovum cum saxo pugnat.
51. 馬爲鹿指 tchì loŭ oŭei mà, dicere quod cervus sit equus.
52. 牛易羊以 y yâng y nioù, dare ovem pro bove, Gall. *donner un œuf pour un bœuf.*
53. 物當不人當 tăng gin pou tăng oaé, probitas omni pignore securior.
54. 離則人驀逢泪人好 hǎo gin siāng fòng, ngǒ gia siāng lì, boni se quærunt et mali se fugiunt.
55. 線成不絲單 tān ssēe poŭ tch'ǎng siéa, uno filo non fit finis; una hirundo non facit ver.
56. 儌乞餓饑乌止悔望 váng moěi tchi k'ǒ, hoá pìng kě kì, vanis chimeris se pascere.
57. 揚外可不醜家 kiā tch'eoù pou k'ǒ vái yâng, domesticæ turpitudines non sunt foris vulgandæ.
58. 容笑忻危臨婦烈・色難無死視臣忠 tchōng t'chìn chi sseǒ, voŭ nān sě, liě foŭ liu hoěi yeoú siaǒ yŏng, fidelis subditus mortem imperterritus videt, et honesta fæmina quodcumque periculum læta suscipit.
59. 假說莫前面友朋・真欵莫前面屋左 fou t'si miên tsi'ěn mǒ choŭe tchīn, p'ông yeoù miên tsi'ěn mǒ choŭe kiā, inter conjuges nihil veri dicendum, inter amicos nihil falsi.
60. 飯家兩得不吃兒女家一 y kiā niù ěll k'ǐ pou to leàng kiā fán, puella sapiens non iterum nubit.
61. 後其知便・前其驗 nién k'ì tsi'ěn pién tchi k'ì heoú, ex præterito futura prospicere.
62. 罪無斬不・快離刀鋼 kāng tāo soūi ko'ŭěi pou tchǎi voǎ tsoúi, gladius quamvis acutus non lædit innocentes.
63. 妒個九・八嬬個十 che kó foá gin, kieoù kó toú, inter decem mulieres, novem zelotypiā laborant.
64. 先爲荃行百・首爲淫惡萬 ván ngǒ yn oŭei cheoù, pe hìng hiǎo oŭei siēn, omnium malorum caput est luxuria, et obedientia filialis omnia bona supereminet.
65. 殃之爲福得人惡・賞之爲福得人善 chén gìn te foŭ oŭei tchǐ chàng, ngǒ gìn te fou oŭei tchì yāng, lauta fortuna bonis est merces et malis pernicies.
66. 風過耳說聽人惡・刺中心說德人善 chén gìn t'ing choŭe sin tchōng lǎ, ngǒ gìn t'ing choŭe ěll pien fōng, verba in cor sapientium penetrant et aures stultorum prætervolant.
67. 名清得不玷・命性得害 hái te sìng míng, tiěn pou te tsing mìng, vita eripi potest, bonum nomen fœdari non potest.
68. 生悲極樂 lǒ kǐ poei seng, extrema gaudii luctus occupat.

69. 地田者得易 · 弟兄者得難 nân tĕ tchĕ hiŭng tí, ỳ te tchĕ t'iên tí, facile comparantur agri, difficile inveniuntur fratres, rara concordia fratrum.

70. 靈無老神 · 能無老人 gîn laŏ voū nêng, chín laŏ voū líng, homo senex nihil potest, spiritus qui senuit nihil exaudit.

71. 香屁的家自 · 臭屁的人別 piĕ gîn tĭ p'í tch'eóu, tsée kiă ti p'í hiāng, homo sibi palpat, aliis nil parcit, alii omnes foetent, solus bene olet.

72. 跙是筆風是口 k'ĕou ché fēng, pi ché tsōng, verba volant, scripta manent.

73. 遠久見天 · 前目見人 gîn kién moŭ ts'iên, t'iên kién kieoŭ youên, homo videt quæ sunt ante oculos, cœlum vetera et remota conspicit.

74. 脚佛抱來急 · 香燒不時閒 hiên chĕ poŭ chāo hiāng, kĭ lài paó foĕ kiŏ, Itali dicunt: *passato il pericolo, gabbata il santo.*

75. 色娶妾娶 · 德娶妻娶 t'sú t'sī t'sú te, t'sú t'sie t'sú sĕ, in uxore virtus, in concubinâ vultus attenditur.

76. 實是見眼 · 虛是聞耳 èll vên ché hiū, yēn kíen chí chĕ, quod oculis cernitur verum est, quod auribus accipitur non item.

77. 工舵靠船 · 工天靠人 gîn k'áo t'iên kōng, tch'ōen k'áo tó kēng, homo pendet à cœlo, sicut navis a nauclero.

78. 入不犬牢離 lî laŏ k'ūen poŭ gĕ, si sepes bene clausa sit, canes non intrabunt.

79. 壯裡如不壯表 piaò tchoūāng poŭ jù lĭ tchoūāng, melius est fortem esse quam videri.

80. 來人得不喚錢無 · 動鬼得使錢有 yeoù ts'iên ssĕ te koùèi tóng, voū ts'iên hoán pou te gîn lâi, cum pecunia potes vel mortuos excitare, sine pecunia vivos movere non potes.

81. 色無文妙德 te miăo vên voū se, virtus non quaerit fucum, se ipsa satis pulchra est.

82. 家人好是必 · 僕俊無中堂 t'âng tchōng voū tsūn poŭ, pi ché hao gîn kiă, cum in domo nullus est famulus formosus, signum est quod proba sit.

83. 長不身安 · 強剛無人 gîn voū kāng ki'âng, ngān chīn pou tchâng, qui non est durus, non diu durat.

84. 牢不身安骨剛無人 gîn vou kāng kou, ngān chīn pou lâo, idem est sensus.

85. 鄰近如不親遠 yuên t'sin pou jù kín lîn, bonus vicinus praestat malo cognato.

86. 里千傳事惡 · 門出不事好 haŏ ssée pou tch'ū mên, ngŏ ssée tcho'nên ts'iēn lĭ, bona opera domi remanent, mala vero ubique sparguntur.

87. 身由嫁再 · 說從嫁初 yeoù kiă t'sōng t'sīn, tsái kiá yeōu chīn, puella nubit, ex parentum arbitrio, vidua suo.

88. 夫畏女賢 · 婦畏人痴 tch'ī gín oúéi foú, hiên niù oúéi foū, stultus maritus timet uxorem, sapiens uxor timet maritum.

89. 路嚟不多車．港嚟不多船 t'chouèn tō pou ngái kiàng, kiū tō pou ngái loǹ, navium et curruum multitudo non nocet viae.

90. 福禍夕旦有人．雨風測不有天 t'iēn yeoù poŭ t'sĕ fóng yù, gīn yeoù táu sĭ hó foŭ, venti et pluviæ inopinato accidunt, sic utraque fortuna.

91. 去得易來得易 y tĕ lài y te k'íu, quod facile venit, facile quoque abit.

92. 爲莫非除知不要若 jŏ yāo poŭ tchĭ, t'chŭ fēi mŏ oüéi, si rescitum iri times, id ne agas.

93. 了死害纔人害天．死不人害人 gīn hâi gīu pou sseè, t'iēn hái gīn tsái hái sseè leaŏ, mala quæ ab hominibus veniunt, non sunt extrema, sed qui à cœlo punitur non habet quo effugiat.

94. 佛士勸佛泥 nì foē k'uèn t'où foe, quam nigra es nigræ dicebat cacabus ollæ!

95. 嫌人惹直幹．話好說情順 chùn ts'ĭng choüe haŏ hoá, kán tchĭ gè gīn hièn, obsequium amicos, veritas odium parit.

96. 塔靠兒無．兒靠兒有 yeoù èll k'áo èll, voŭ èll k'áo sí, qui filium habet nititur filio; si non habet, nititur genero.

97. 歪梁下正不溜上 chàng leâng poŭ tchíng, hiá leâng vái, si trabs superior curva est, inferior pariter erit.

98. 鍾日一撞．尙和日一做 tsó y ge hŏ cháng, tch'óng y ge tchōng, uno die monachus es, uno die campanam pulsabis.

99. 主二煩不客一 y ke pou fān èll tchù, hospes hospitium non mutat.

100. 鞍一馬一 y mà y ngān, unus asinus, una clitella.

101. 事有此事沒．寺僧女着對寺會男 nàn sēng sseé todi tchŏ niù sēng sseé, mŏ sáoe ye yeoù sseé, bonzii habitant propè bonzias, et vel cum nihil est negotii, tamen semper habent quod agant.

102. 得不眞的假．得不假的眞 tchīn ti kià poŭ te, kià tì tchīn pou te, quod verum est falsum esse non potest et vicissim.

103. 來誰來不時．來不誰來時 chē lài choùi pou lài, chē poù lài, choùi lài, suo tempore omnia veniunt, alieno nihil.

104. 命薄顏紅 hóng yēn pŏ míng, formosis brevis est ætas, formosæ miseræ sunt.

105. 心知不面人知 tchĭ gīn mièn pou tchĭ sīn, vultus cognosci potest cor non potest.

106. 多頭舌多人 gīn tō che t'eoŭ tō, ubi multi sunt homines, multæ etiam linguæ.

107. 鬼家得不弄人家着不 pou tchŏ kiā gīn, lóng pou te kiā kouèi, sine domesticorum auxilio pessimus servus detegi non potest.

108. 然未然未理天．此如此如便人 gīn pién jù ts'ĕe jù ts'ĕe, t'iēn lì oüéi gēn oüéi gēn, homo proponit et cœlum disponit.

AD LINGUÆ SINICÆ NOTITIAM.

109. 人小責不人大 tá gìn poŭ tsĕ siaò gìn, sapiens stultum non arguit.
110. 哄宜不兒孩小·逞可不才奴 noŭ t'sâi poŭ k'ò tch'ing, siaò hâi ĕll pou y hōng, mancipiis non decet nimis indulgere, et infantulos decipere turpe est.
111. 鞭一馬快·言一子君 kiūn tseè y yên, k'oŭái mà y piēn, unum verbum sapienti dicere sufficit.
112. 磨多竟必事好的來從 ts'óng lài tĭ haò ssée pĭ kìng tō mŏ, nihil sine magno labore bene fit.
113. 人迷能也才·人迷能色但不 pou tán sĕ nêng mí gìn, ts'âi yè nêng mí gìn, non solius corporis, sed ingenii etiam pulchritudo dementare potest.
114. 伸大有必屈大 tá k'iŭ pĭ yeoù tá chin, qui multum se deprimit, multum certe exaltabitur.
115. 傷不跌高不飛 fēi pou kāo tiĕ pou chāng, qui non cadit ex alto non læditur.
116. 琴彈而牛對 toúi nieŏu ĕll t'ân k'în, asinus ad lyram.
117. 嚮外見不聲·打內在鼓 koŭ tsái nuéi tà, ching pou kién vái hiàng, tympani sonus quod intus pulsatur, fores non auditur.
118. 落自熟瓜 kouā choŭ tsée lŏ, fructus maturus sponte sua' cadit.
119. 之隨必禍·福獲端無 voŭ toūān hoĕ foŭ, hó pi soŭi tchī, opes malè partae malè dilabuntur.
120. 敵仇暮弟兄朝 tchaō hiōng tí, moŭ kieoù ti, manè fratres, serò hostes.
121. 四暮三朝 tchaō sān moŭ ssée, mane ut tria, sero ut quatuor, non constans.
122. 成不年三·旁道舍作 tsŏ ché táo pāng, sān niên pou tch'ing, qui secus viam aedificat in tribus annis non absolvet.
123. 利得人漁·持相蚌鷸 kiŭ póng siāng t'chì, yŭ gìn te lí, inter duos litigantes, tertius gaudet.
124. 清之流求而源其濁 tchŏ k'i yuên ĕll ki'eoŭ lieoŭ tchī ts'ing, inquinare fontem et velle ut rivus sit purus.
125. 過易時歡·熬難日苦 k'oŭ gĕ nân ngào, hoūān ché y kó, dies mœroris sunt longi, et laetitiae brevissimi.
126. 席筵的散不無下天 t'len hia voŭ pou sán ti yèn sí, mundi voluptates finem habent, In terra juge convivium non habetur.
127. 逢相不面對緣無·會相能里千緣有 yeoù yuén ts'iēn lì nêng siāng hoéi, voŭ yuén toúi mién pou siāng fòng, si sic decretum est, quam longè ab invicem dissiti simul conveniunt, secus, coram erunt, nec sibi occurrent.

к к 2

128. 枝之木一非．材之廟廊 láng miáo tchi ts'âi féi y moŭ tchi tchī, ligna maximi palatii non ex unâ et eadem arbore prodierunt.

129. 漿夢之渴．救夢之囚 ts'iôu tchi móng ché k'ŏ tchi móng tsiāng, vinctus catenis somniat se liberum esse, sitiens somniat se bibere.

130. 行單不禍．至雙不福 foŭ poŭ choüāng tchi, hó pou tān hĭng, Gall. *un malheur ne vient jamais seul.*

131. 來之燭明憎者裸夜 yé lo tchè tsēng míng tchŏ tchi lài, qui nocte nudus est timet lucem quae ipsum retegit.

132. 名留死人．皮留死豹 páo ssèè lieôu p'í, gĭn ssèè lieôu míng, tigris in morte relinquit pellem, et homo nomen.

133. 秋一生草．世一生人 gĭn sēng y ché, ts'aò seng y ts'iōu, homo vivit unum spatium 30 annorum et flores unum autumnum.

134. 紅之日百無花．好之日千無人 gĭn voŭ ts'iēn gĕ tchi haò, hoā voŭ pĕ ge tchi hóng, flos non servat suum colorem per centum dies, nec homo florentem statum per mille.

135. 也人爲非．報不恩知 tchi nghēn poŭ páo, fēi ouŏi gĭn yè, qui beneficiis non respondet, homo non est.

136. 動不樹來不風 fōng pou lâi, chù pou tóng, si ventus non flat, folia non agitantur.

137. 醉自人．人醉不酒 tsioù pou tsoúi gĭn, gĭn tsée tsoúi, vinum non inebriat hominem, sed homo ipse.

138. 蛇驚草打 tá ts'aò kīng chē, qui percutit rubum serpentes terret.

139. 別一有終．里千君逡 sóng kiūn ts'iēn lì, tchōng yeoù y piĕ, oportet tandem ab invicem divelli.

140. 結可不解可讐冤 yuēn tch'ĉou k'ŏ kiaĭ, pou k'ŏ kiĕ, inimicitiae deponendae, non subeundae.

141. 信全能豈言之後背．真未恐猶事之目經 kĭng moŭ tchi ssée yeou k'ŏng ouéi tchīn, poéi heóu tchi yēn k'í nēng ts'uên sín, de iis quæ ipsimet cernimus adhuc est dubitandum; quænam ergo fides iis quæ à tergo dicuntur?

142. 追離馬駟．出既言一 y yēn ki tch'u, ssée mà nân tchoūi, volat irrevocabile verbum.

143. 亂不心使．欲所見不 pou kién sò yŏ, ssèe sin pou louán, si non vides quod amas, cor erit in pace.

144. 桃代李以 y li tái t'aó, Gall. *rendre feves pour poil.*

145. 白露要不容做外出 t'chu vái tsó ke, pou yāo loú pe, si pergis ad mercatum, ne ostendas argentum.

146. 事萬和杯三 sān pèi hǒ ván ssée, omnia negotia componuntur inter scyphos.
147. 籠被鳥嬌 kiaō niaò pí lòng, aviculæ formosæ caveis includuntur.
148. 命從如不敬恭 kōng king pou jû ts'ông míng, Gall. *il vaut mieux être incivil qu' importun.*
149. 火怕不金真 tchin kin pou p'á hǒ, verum aurum nihil timet ab ignæ.
150. 愛人隨各莱苦油熱 ge yeoū k'où ts'ái, kŏ soûi gĭn ngái, quisque habet suum gustum.
151. 事敗能酒·事成能酒 tsioù nêng tch'ing ssée, tsioù nêng pái ssée, vinum bona et mala secum affert.
152. 言之腹心發酒 tsioù fă sin fou tchi yên, in vino veritas.
153. 辨事公到錢·爛頭豬到火 hǒ táo tchū t'eoû làn, tsièn táo kōng ssée pièn, ignis coquit caput porci et pecunia lites absolvit.
154. 子父無上塲錢賭 toù tsièn tch'âng chàng voū foú tseè, in alearum palæstrâ, non habetur ratio patris et filii.
155. 行當厭行當 táng háng yèn táng háng, figulus figulo invidet.
156. 耳有壁風有墙 tsi'âng yeoù fōng, pī yeoù èll, parietes audiunt.
157. 施西出內眼人情 tsīng gĭn yèn nuéi t'chu si che, amor cœcus est; quisquis amat ranam, ranam putat esse Dianam.
158. 醜所有施西·美所有母嫫 moù-moù yeoù sò moèi, si chi yeoù sò tch'eòu, turpissima Moù-mou in aliquo pulchra est, et formosissima Si chi in aliquo fœda.
159. 杭蘇說下·堂天說上 chàng choūe t'ien t'āng, hià choūe soū hàng, supra est Paradisus, infra sunt urbes Sou tcheou et Hang tcheou.
160. 散易容雲彩·圓常不月明 míng yue pou tch'âng yuèn, t'sài yûn yòng y sàn, Luna non diu plena est, et nubes aurea facile dissolvitur.
161. 火救薪抱 páo sin kieóu hǒ, ligna ferre ut ignem extinguas.
162. 惡不禮惡人 gĭn ngǒ lĭ pou ngŏ, lex bona est sed homo malus est.
163. 來初嫁敎孩嬰子訓 hiūn tsee yng hai, kiao fou tsou lâi, pueri à teneris annis docendi, et uxor à primo suo adventu instituenda.
164. 殃者人訟·祥者心訟 song sin tche tsiang, song gin tche yang, qui secum pugnat felix, qui cum aliis decertat miser.
165. 近相慕與醒初睡老 lao choui yeou sing, yu mou siang kin, *Jeune qui veille et vieux qui dort, ne sont pas fort loin de la mort.*

FINIS.

NOTA.

In hâc secunda parte non jam alloquor tyrones; itaque paulatim omitto notare accentus, imo litteras sinicas latinis characteribus reddere necessarium esse non arbitror. Quisquis primam hujus operis partem benè semel didicerit, talibus adjumentis non ultra indigebit.

NOTITIÆ LINGUÆ SINICÆ

PARS SECUNDA.

DE SINICA ORATIONE IN NOBILIORI LIBRORUM STYLO.

Quoniam in introductione non pauca dixi quæ libros sinicos generatim attingunt, utile erit illa identidem consulere, neque enim in his ultra velim diutius immorari.

In quinque capita hanc secundam operis mei partem divido. 1um Caput satis breve quædam exponet circa grammaticam et syntaxim, quorum in primâ parte mentio facta non fuit; 2um Caput continebit tractatum de particulis, quibus proprius hujus linguæ genius maxime cognoscitur, et phrases ab invicem distinguuntur; 3um Caput aget de diversitate styli et de optimo genere scribendi; 4um Caput explicabit varias figuras tam verborum quam sententiarum; 5um Caput varias locutiones ex elegantioribus colliget.

CAPUT PRIMUM.

DE GRAMMATICA ET SYNTAXI RELATIVE AD LIBROS.

Iterum moneo quod verus orationis sinicæ sensus haberi non possit, nisi sciatur, $1^{o.}$ An in phrasi de quâ agitur exprimatur verbum, et quænam littera illud indicet; an vero, quod sæpe accidit, verbum subaudiatur; $2^{o.}$ Quis sit nominativus verbi; sive exprimatur, sive non; $3^{o.}$ Quodnam sit verbi regimen; $4^{o.}$ An quædam sint nomina quæ a se invicem pendeant, ut apud latinos, *Deus Sanctus, liber Petri*. Cum semel hæc nota erunt, facile colligetur litteras quæ supereiunt, vel meras particulas esse, vel adverbia et alia id genus.

AD LINGUÆ SINICÆ NOTITIAM.

Quæ ad grammaticam et syntaxim sinicam pertinent satis fusè jam exposui in prima hujus operis parte, et quoniam hæc omnia etiam in stylo grandiori plærumque servantur, in istis quisquiliis nunc non immoror, sed pauca quæ librorum propria sunt aliquot numeris breviter absolvam.

NUMERUS PRIMUS.

Vocabula quæ multitudinem denotant, quamplurima sunt, nec unicus eorum usus, alia enim postponi debent et alia præire.

Postponi debent 皆 kiāi, 俱 kiū, 咸 hièn, 都 toū :

1º. 皆 kiāi, omnes ; v. g. 也弟兄皆內之海四 ssée hài tchī nuéi kiāi hiōng tí yè, in toto terrarum orbe, omnes sumus fratres ; 惡可知皆子童尺三 sān t'chī t'óng tseè kiāi tchī k'ò où, vel parvi pueri omnes sciunt hoc esse odio dignum ; 知尋日皆人 gìn kiāi yuē yù tchī, homines omnes jactant se scire. Pessimè diceres 日人皆.

2º. 俱 kiū, idem fere est ac 皆 kiāi. Eleganter Tchoüang-tsee ait : 愛與也生之人生俱 gìn tchī sēng yè, yū yeōu kiū sēng ; si simpliciter dixisset 生俱愛與人 sententia multum lucis et roboris perdidisset, ideo suspendit orationem et ait 也生之人 quando homo nascitur ; 生俱愛與 ad ærumnas perferendas sine ullo discrimine nascitur. Non nisi post longum usum senties quod hoc loco 俱 kiū melius ponatur quam 皆 kiāi. In libro Chu-king legitur 亡皆汝及予 yù kī jù kiāi vâng, utinam nos tecum pariter pereamus. Sed 皆 kiāi hoc loco non mere significat *omnes*, et ideo Mong-tsee hunc textum citans non posuit 皆 sed 偕 kiāi, unâ, simul : 亡偕汝及予 yù kī jù kiāi vâng, nos tecum unâ pereamus. Reperitur apud Sun-tsee et in commentariis Gě-kiang et alibi littera 樛 kiú, in eodem plane sensu ac 俱 omnes,

3º. 咸 hièn, v. g. 寧咸國萬 vàn kouě hièn nîng, regna omnia mundi pace fruuntur.

4º. 都 toū : non dicitur 人都 toū gìn, omnes homines, sed 都人 gìn toū. Hoai-nan-tsee ait quidem 得可不都 toū poù k'ò tě, hæc omnia haberi non possunt, sed illa prius commemoraverat et deinde simul conjungit more solito per 都 toū.

Debent anteponi 眾 tchóng, 諸 tchū, 庶 chú, 多 tō.

1º. 眾 tchóng, omnes, bene multi. Tchoüang-tsee ait: 夌 𣲺 技 眾 tchóng kĭ tchóng y, omnes sese mutuo tollunt; 紜 紛 說 眾 tchóng choüĕ fēn yûn, omnes sententiæ confusæ inter se et permixtæ. In libro Chu-king additur 有 yeoù et deindo sequitur adhuc 咸 hièn ; 俞 朕 憝 咸 眾 有 濟 濟 tsì tsì yeoù tchóng hièn t'îng tchín míng, vel: 有 方 萬 爾 嗟 誥 儿 一 予 德 明 眾 tsiĕ ĕll ván fāng yeoù tchóng míng t'îng yŭ y gìn kaó; vel 西 呼 鳴 言 朕 聽 誡 眾 有 土 oū hoū sī t'oū yeoù tchóng hièn t'îng tchín yĕn, tres istæ phrases eodem fere recidunt sensus est : ó vos omnes qui conferti adestis, simul audite mea jussa. Notabis in quo differant, ut vis styli sensim agnoscatur. 師 Ssée idem prope est ac 眾 tchóng : 有 以 師 之 有 九 y yeoù kieoù yeoù tchī ssée, ut haberet novem regionum multitudinem, i. e. ut totius mundi populis imperaret.

2º. 諸 tchū, v. g. 說 諸 tchu choü³, omnes opiniones ; 儒 諸 tchu jū, omnes litterati ; 家 諸 tchu kiā, omnes philosophorum familiæ ; 子 諸 tchu tseè, omnes philosophi ; 侯 諸 tchū heóu de se significat omnes reges tributarios, sed usus invaluit, ut hæ duæ litteræ talium regulotum dignitatem significarent.

3º. 庶 chú, v. g. 士 庶 chú ssée, omnes mandarini ; 人 庶 於 至 子 天 自 tsée t'iēn tseè tchí yu chú gìn, ab ipso Imperatore usque ad omnes homines.

4º. 多 tō multi, v. g. 士 多 爾 ĕll tō ssée, ó vos quotquot adestis mandarini ; 方 多 爾 ĕll tō fāng, ó vos ex omnibus regionibus collecti. In eodem sensu Chu-king ponit 僉 tsiēn, v. g. 曰 僉 tsiēn yuĕ, omnes unâ voce dixerunt.

Quædam nomina de se multitudinem denotant, v. g. 民 mîn populus ; 民 下 祐 天 t'iēn yeoù hiá mîn, cœlum adjuvat inferiores populos ; 羣 ki'ûn, grex : 龍 羣 ki'ûn lóng, omnes dracones. Item assumuntur magni numeri 兆 tchaó, 億 y, 千 ts'ien, 萬 ván, imo 四 ssée, quatuor, et 九 kieoù, novem, v. g. 方 萬 ván fāng, omnia loca, 民 萬 ván mîn, omnes populi ; 海 四 ssée hài, omnia maria ; 方 四 ssé fāng, omnia loca ; 凶 四 ssée hiōng, omnes improbi; 州 九 kieoù tcheōu, vel 佡 九 kieoù yeoù, totus orbis.

Universalitas etiam declaratur per duas negationes, v. g. 不 無 voù po ŭ, vel 不 莫 mŏ poŭ, nihil non, nullus non, i. e. omnia, omnes. Interdum inseritur relativum 所 sò: 能 不 所 無 在 不 所 無 . 知 不 所 無 voù sò poù nèng, voù sò poù tchī, voù sò poù tsái, omnia potest, omnia scit, est in omni loco.

Denique potest assumi comparatio aliqua, v. g. 林 如 jū lîn, sicut arbores silvarum ; 山 如 sicut montes, vel omisso jū : 海 人 山 人 gîn chān gîn hài, hominum montes et maria, i. e. homines conferti sicut montium cacumina et fluctus maris.

AD LINGUÆ SINICÆ NOTITIAM.

NUMERUS SECUNDUS.

1°· Pronomen 1ª personae multis modis exprimitur. 1°· Olim quilibet homo poterat dicere 朕 tchín, ego. Tsin-chi-hoang voluit id esse solis imperatoribus proprium. In Chu-king Rex de se loquens ait : 人一予 yû y gîn, ego unus homo, vel 予小子 yû siaò tseè, ego parvus filius. In Tso-chi, &c., Reges tributarii dicunt 人寡 kouà gîn, vel 仁寡 kouà gîn, ego. In multis locis senes dicunt 夫老 laò fôu, ego. Subditi se vocant 臣 t'chín, discipuli 生門 mên sêng, &c.

2°· 我 ngò, frequenter occurrit in veteribus libris. Confucius aiebat; 之知而生非我者 ngò fei sêng êll tchī tchī tchè, ego non illud scivi a nativitate meâ. Littera tchi 之 designat virtutem, sapientiam, bonum, &c ; praecipue in hoc libro Lun-yu. Idem Confucius ait: 未我者仁好見 ngò oûéi kién hǎo gîn tchè, ego neminem adhuc vidi qui virtutem vere amaret. Unus ex ejus discipulis ait: 也我諸加之人欲不我 ngò poû yǒ gîn tchi kiā tchū ngò yè, ego non amo ut melior dicar quam revera sum.

3°· 吾 ngoû, etiam saepe occurrit ; Confucius ait : 學於志而五有十吾 ngoû chě yeoû où êll tchī yū hiô, ego decimo quinto aetatis meae anno me totum virtutis studio tradidi. Tseng tsee ait : 身吾省三日吾 ngoû gě sān sīng ngoû chīn, ego me quotidie examino circa tria puncta ; et statim affert illa. Secus potest esse sensus : ego ter in die me examino.

4°· 予 yû, 予於德生天 t'iēn sēng tě yū yú, cœlum, inquit Confucius, produxit virtutem quæ est in me; 之愛始予 yû chī ngǎi tchī, ego tunc amavi librum istum, inquit Ngheou-yang-sieou ; 余 yû idem est ac 予 yû. Tchouang-tsee ait 如語余來 lâi yû yù jù, veni et ego instruam te.

5°· Saepe adhibeat suum proprium nomen. Sic Confucius vocabatur 丘 k'ieôu; ideò ait: 之知必人過有苟·幸也丘 k'ieôu yè híng, keoù yeoû koûǒ, gîn pí tchi tchi, næ ego sum felix ; si quid erravi, omnes statim id resciunt. Ngheou-yang qui vocabatur Sieôu ait : 焉修於取奚 hī tsù yū sieôu yēn, quis ego sum ut alii ex me aliquid discant? Sæpe loco nominis proprii ponunt litteram 某 meòu.

6°· In suis epistolis iidem authores dicunt 僕 poù, ego servus tuus, sicut nos in Europâ. Quando agitur de doctrina sua et afferunt sententiam suam, modestè dicunt 愚 yû, ego qui minime sum ingeniosus.

7°· Ista pronomina aliquando respondent Gallicæ particulæ *on*, nec personam ullam indicant, sed hominem ut sic interdum supponunt pro noster, v. g. 朝國我 ngò kouě tch'aó, nostra hæc familia regia; 上皇我 ngò hoàng chàng, noster Imperator. Sic in Chu-king, 后予奚 hi yù heóu, expectamus nostrum regem.

Pronomen 2æ personæ non minus diversimodò exprimitur. 1º· Subditi alloquentes suum Imperatorem dicunt 上皇 hoàng chàng, vel 下陛帝皇 hoàng tí pi hià, vel 子主 tchù tsè, si sunt Tartari. Imperator vero regni ministros vocat 鄉 k'ing. Alia id genus habes prima parte duobus in locis.

2º· 爾 èll in Chu-king et aliis antiquis libris sæpe occurrit; 及所爾非 fèi èll sò kï, hoc vires tuos superat; 犬是有爾與我惟 ouèi ngo yû èlfyeoù ché fou, ego et tu soli hoc habemus.

3º· 汝 ju est valde usitata vox. Chu king ait: 矜不惟汝賢汝惟禹來 lài yù ouèi ju hièn, jù ouèi poù kin, advesdum, Yu, tu solus sapiens, tu solus te non jactas. Tchouang-tsee ait: 乎者虎養夫知不汝 jù poù tchi fou yàng hòu tchè hoù, an ignoras mores eorum qui alunt tigres?

4º· Apud Tchoüang tsee legitur 女 jù, 如 jù, et 若 jŏ, in eodem prorsus sensu ac 汝 jù, v. g. 若語吾 ngoû yù jŏ, vel 女語余 yû yù jù, vel 如語余 yù yù jù, tibi dico.

5º· Persæpè utuntur litterâ 子 tseè, v. g. 若奚爲以子吾 ngoû tseè y ouèi hi jŏ, quid tibi ea de re videtur? Tchoüang-tsee interrogat pisciculum quem cœperat et illum vocat 子 tseè, periu le ac si esset gravis aliquis philosophus. Magistri vocant discipulos 子小 siaò tseè, filioli; 如語余進子小 siaò tseè tsín, yù yù ju, ingredere fili mi et ego dicam tibi. Confucius ait; 子小三二 èll sān siaò tseè, filioli mei: 三二 èll sān, duo, tres, numerus indefinitus, signum est quod pluribus loqueretur. In Chu-king, Rex milites vocat 子夫 foù tseè, et sic eos hortatur; 哉最子夫子夫哉最 tsoúi tsāi foù tseè, foù tseè tsoúi tsāi, contendite, generosi commilitones, viri estote.

6º· In epistolis multæ sunt urbanæ compellationes; frequentius occurrit 下足 tsoŭ hià. Ngheou-yang-sieou ait: 哉信取所下足爲足安 ngān tsoŭ ouèi tsoŭ hià sò t'sù sín tsāi, quis ego sum ut a te obtineam fidem? In hoc exemplo litterâ 足 tsoŭ primo loco posita significat satis, sufficit; sic dicitur 信足不 poù tsoŭ sín, hoc non est satis credibile; 足 quae sequitur significat pedes et dicitur 下足 tsoŭ hià, tu domine, sicut dicitur 下陛 pi hià, tu Imperator. Dicitur quoque 子夫老 laò foù tseè, vel 八大老 laò tá gīn, vel 生先老 lao siēn sēng, compellando eos quos volumus honorare, ut pote nobis multum superiores sive dignitate sive scientiâ.

Pronomen 3æ personæ etiam latè patet. 1º· 是 ché, hic, hæc, hoc, v. g. 是於 yū ché, tunc in hoc sc. tempore, in his circumstantiis; 以是 ché y, hoc propter, ideo, &c; 也時是當 tāng ché chě yè, in illo tempore; 是反人小 siaò gīn fàn ché, improbi non hoc sed plano contrarium agunt. 2º. In eodem sensu reperitur 時 chê, sed rarius; nam 時 proprie significat tempus. 3º. 斯 ssēe, v. g. 者三斯知 tchi ssēe sān tchè, qui bene novit hæc tria. 4º. 之 tchī quoties est regimen verbi; 之知 tchi tchī, scire hoc. 5º. 諸 tchū, v. g. 諸有識不 pou chī, yeoù tchū, ignoro utrum hoc sit, detur, accidat, et respondent 之有 yeoù tchi, datur hoc, hoc revera fit, &c. 6º. 彼 pì, v. g. 時彼 pì chê, vel 時微 ouêi chê, in illo tempore. 7º. 此 ts'eè, v. g. 此以 y ts'eè, propter hoc; 此知如 jù tchi ts'eè, si semel hæc noverit. Adjungitur 之 tchi, vel 其 k'ı, v. g. 也謂之此 ts'eè tchi ouêi yè, atqui is est hujus loci sensus; 所其此矣鮮之至以 ts'eè k'ı sò y tchí tchi sièn y, et hoc est propter quod tam pauci huc usque perveniunt. 8º. 夫 foū, v. g. 者學夫 foū hiŏ tchè, illi qui litteris student; 夫 foū, bene incipit orationem. 9º. 厥 kuĕ, frequenter legitur in Chu-king: 常匪德厥·位厥保·德厥常亡以有九 tch'âng kuĕ tĕ paò kuĕ ouêi, kuĕ te fêi tch'âng, kiĕou yeoù y vâng, qui constans est in virtute conservat suam sedem, si vero virtus non est constans, totum orbem amittes. 10º. 茲 tsēe, v. g. 茲在不文 vēn poù tsái tsēe, nonne vera doctrina hic adhuc vivit? et in Chu-king, 茲在茲念 niên tsēe tsái tsēe, cogitat de hoc qui hic adest. 11º. 其 k'ı, v. g. 餘其 k'ı yû, reliquum; amat poni post nomen; 與也知大其舜 chún k'ı tá tchi yé yù, Chun ille quam sapiens erat! 乎處其地·乎運其天 t'iēn k'ı yún hoû, tì k'ı t'chú hoû, cœlum ne movetur? stat ne terra? inquit Tchoüang-tsee; 乎矣神匕心人 gīn sīn k'ı chīn y hoû, animus hominis ille annon est spiritus? Valde usitatus est ille loquendi modus: Videtur primo quidem esse veluti nominativus absolutus, 心人 hominis animus, ita ut lector ibi tantisper hæreat, et deinde rursus incipiat per 其 k'ı, ille sane spiritus, verbum *est* subauditur. Sic 乎矣順其母父 foù moù k'ı chún y hoû, parentes, proh! quam contenti et laeti sunt!

Pronomen 己 kı̆, respondet nostro *sui, sibi, se*, v. g. 之有己若技有之人 gīn tchi yeoù kı̆ jŏ kı̆ yeoù tchi, oportet de proximi bonis lætari sicut de propriis; 之欲而己於同欲不而己於異 t'ông yū kı̆ êll yŭ tchi, y yū kı̆ êll poù yŏ, amamus quod nobis est conforme et quod est contrarium odimus; 己克 kĕ kı̆, seipsum vincere; 人從己失 chĕ kı̆ ts'ông gīn, aliorum sententiam suæ propriæ præponere. Litteræ 身 chīn, 躬 kōng, et 親 t'sīn, propriam quoque personam denotant. v. g. 身修 sieōu chīn, propriæ perfectioni vacare; 耕躬了天 t'ien tsēe kōng keng, Imperator ipsemet propriis manibus terram arat; 之筆筆親 t'sīn pı̆ pı̆ tchi, propria manu, proprio calamo scripsit hoc; 口親 ts'īn ke'oŭ, proprio ore, nihil porro refert an hoc dicam de me ipso, an de te loquar, an demum de aliquo tertio.

NUMERUS TERTIUS.

Eamdem litteram modo nominis, modo verbi locum tenere posse notum est etiam tyronibus. Id tamen aliquot exemplis juvat ob oculos ponere; 王之下天 t'iēn hiá tchi váng, totius orbis rex: 下天王 váng t'iēn hià, regere totum orbem; 帝天 t'iēn tí, cœli dominus; 天帝 tí t'ien, dominari cœlo. Quidam petiit a Mong-tsee, 定乎惡下天 t'ien hiá oū hoū tíng, quomodo possit imperium stabiliri? Stabit, inquit Mong-tsee, quando non erit divisum, 一於定 tíng yū y. Reponit alter quis illud poterit adunare, seu facere ut non sit divisum, 之一能孰 choŭ něng y tchī. Mong-tsee respondet, is scilicet qui sanguine non gaudebit, 之一能者人殺嗜不 poŭ chì chă gin tchě něng y tchī. Eadem littera 一 y sumitur ut vides, pro verbo *adunare* et pro nomine adjectivo *unus*. Volunt hodierni scholarum magistri ut littera mutet accentum quoties de nomine fit verbum. Hoc negat author dictionarii Tching-tsee tong, et contendit quod olim non erant hujusmodi accentus. Ut ut sit, certe verbum ex solo contextu orationis et independenter ab accentu cognosci potest, v. g. in his quatuor litteris 之一能孰 choŭ něng y tchi, nullus sensus esse potest nisi littera 一 y sumatur pro verbo, nam 孰 choŭ, *quis?* est nominativus verbi něng 能 *posse*: quis potest, quis poterit. 之 est relativum supponens pro 下天 t'ien hiá, seu pro orbe de quo sermo est. Restat 一 y, quæ littera nullum omnino sensum efficiet nisi sumatur pro verbo quod regat 之 tchi, et sic clarissime patet litteram 一 hoc loco esse verbum. Sic Han-yu loquens de Bonziis ait oportere 人其人 gin k'í gin, facere ut sint homines, illos humanizare, si sic loqui fas est. Sic liber Tao-te-king : 道可道 táo k'ò táo, ratio de qua licet loqui ; 名可名 míng k'ò míng, nomen quod potest nominari. 1ª. Littera 道 táo et 名 míng est nomen ; 2ª. est verbum. In 人其人 gin k'í gin, 1ª. littera 人 gin est verbum, 2ª. est nomen. Facile est Europæis omnia nomina, sic, ut ita loquar, *verbificare*. At in eo non nimis audendum censeo, ne multa nobis excidant sinicis auribus insolita, ac proinde 生 seng, hoc est nova, cruda, et nimis acerba.

Sunt quidem aliquæ litteræ quæ de se actionem aliquam ita significant, ut ad nomina descendere posse vix putem, hoc est, ut cum grammaticis loquar, quæ de se ita vivunt ut mori nequeant fierique ex vivis, 字活 hŏ tsée, mortuæ et inanimae, 字死 sseě tseé. Sed nullae, nisi fallor, reperiuntur, quibus de se mortuis vita non interdum detur saltem in aliquo sensu. Sic v. g. duae litterae 地天 t'ien tí, materialiter sumptae designant vulgo cœlum et terram. Si vero dicas 天天 t'ien t'ien, erit cœlificare cœlum, seu constituere cœlum in ratione cœli, et

AD LINGUÆ SINICÆ NOTITIAM.

地 地 ti tí eodem modo erit dare terrae ut terra sit. In vulgari sermone 天 天 t'ien t'ien idem est ac 日 日 gĕ gĕ, quotidie; 地 地 ti tí, non puto esse in usu inter loquendum, quamvis recte dicatur 處 處 t'chú t'chú, in omni loco. Atque ex ejusmodi notis sensim disces quod lingua sinica, licet amphibologiis suis non careat, tam multas tamen non habet quam videtur imperitis. Circa verborum regimen notandum est, 1°· quod eleganter ponatur ante verbum v. g. 也知吾不 poŭ ngoû tchī yè, nemo me novit, inquit Confucius; si dixisset 也吾知不 poŭ tchī ngoû yè, minùs elegans fuisset oratio; si dicas 也知不吾 ngoû poŭ tchi yè, sensus erit ego nescio. 2°· Multa verba postulant ut regimini addatur 於 yū vel 乎 hoû. Sic 善乎明 míng hoû chén, melius dicitur quam 善明 míng chén, cognoscere quod bonum est; 我於問人 gīn vén yū ngò, aliquis petiit à me. Plura exempla vide infra, cum agitur de particulis 於 et 乎 Caput sequens longe majoris momenti est.

CAPUT SECUNDUM.

DE SINICÆ ORATIONIS PARTICULIS
TRACTATUS.

Non me fugit eos qui grammaticae tradunt leges vulgo dividere particulas orationis in quaedam genera seu classes, v. g. in copulativas, disjunctivas, augentes, et minuentes, &c. Si vellem eos in eo sequi nullum foret operae pretium. Absit ut ad nostras linguas sinicam revocare velim; nihil è contra cupio magis quam efficere ut missionarii mature assuescant suas ideas resolvere, easque a proprio uniuscujusque idiomate abstractas et nudas sinicis vestibus induant. Valeant itaque Despanterus et Alvarus, dum sinicas particulas in decem et octo distinctis articulis minutatim discutere et explicare conabor.

ARTICULUS PRIMUS.

DE PARTICULA 之 tchī.

§... 1... Quod in familiari sermone est 的 ti, hoc in libris est particula 之 tchī: notat genitivi casum, v. g. 道之學大 tá hiŏ tchi táo, magnae sapientiae ratio, seu id in quo consistit magna disciplina; 孝 hiáo, seu pietas filialis est 義仁·宗之善衆·原之行百

寶 之 pě hĭng tchī yuĕn, tchóng chén tchī tsŏng, gĭn y tchi chě, omnium recte factorum fons et radix, bonorum omnium longe præstantius, charitatis et justitiæ fructus et soliditas. Solent plures ejusmodi phrases inter se similes deinceps ponere ut suo loco dicetur uberius. Si post nomen quod est in genitivo casu sequuntur duo alia nomina, numquam omittitur 之 tchi, v. g. 之天命明 t'iēn tchī mĭng míng, cœli clarum mandatum. Si vero duæ sint litteræ in genitivo, sæpius subauditur 之 tchi, v. g. 命帝上於寧敢不 pŏu kàn nìng yŭ chāng tí míng, non ausim securus esse mandatorum supremi domini; 命帝上替敢不 pŏu kàn t'ì chàng tí míng, non ausim transgredi mandatum domini. At cum sunt duo nomina substantiva deinceps, inter utrumque subauditur 之 v. g. 命天 t'iēn míng, cœli mandatum; 意天 t'iēn y, cœli voluntas et intentio; 心天 t'iēn sin, cœli cor seu animus; 道天 t'iēn táo, cœli via; 典天 t'iēn tièn, cœli leges immutabiles; 討天 t'iēn t'ào, cœli castigationes; 子天 t'iēn tseè, cœli filius; 法國 kouĕ fă, regni leges; 路水 choŭl loú, iter per aquam: Si diceres 路之水 choŭl tchi loú, tunc esset aquæ seu fluminis cursus. Si vero sunt duo nomina vel ante vel post, tunc omittitur vel ponitur 之 tchi, prout docebit usus; 主之物萬 ván ouĕ tchi tchù, omnium rerum dominus; 宰主之地天 t'iēn tí tchi tchù tsài, cœli ac terræ dominus et arbiter; 人之國中 vel 人國中 tchōng kouĕ gĭn, sinenses; 人之實老 vel 人實老 laŏ chĕ gĭn, homo rectus, bonus, simplex; 人之土西 sī t'où tchi gĭn, occidentales; 强之方北 pĕ fāng tchi k'iâng, borealium robur; 子君之德盛 tchíng tĕ tchi kiūn tseè, homo magnæ virtutis, Aliquando repetitur 之 ad quodlibet nomen, v. g. 韓氏之文之道尊世所共 hân chí tchi vên tchi táo, ván ché sŏ kòng tsūn, modus scribendi, eloquentis, Han-yu ab omnibus in ævum laudabitur. Ita Ngheou yang: 也心一原心之人之下天與心之人聖 chíng gĭn tchi sin yŭ t'iēn hià tchi gĭn tchi sin yuên y sin yè, sancti cor ab aliorum orbis hominum corde primitus non differt. Poterat dicere 心人之下天 sed longe melius ac clarius dixit 心之人之下天 quia 心人 significat affectus naturales homini qui diversi esse possunt, et tunc sensus esset quod affectus naturales omnibus hominibus iidem sint ac cor sancti, quod falsum est. Necesse proinde est repetere 之 tchi post 人 ut sensus sit quod cor (心).. 之人 gĭn tchi, hominum, 之下天 totius orbis, &c.; 也神之教之王先此 ts'eè siēn vàng tchi kiaó tchi chĭn yè, atque is erat priscorum regum docendi spiritualis modus. Quisquis scit linguam sinicam sentit quod illud 之 inter 教 et 神 non possit omitti quin phrasis et sensus claudicent.

§ us 2 us. Saepe 之 fit regimen verbi et supponit pro 其 k'í, ille, illa, illud. Dices tunc non est particula. R. Scio, sed quid refert? an mihi nefas est omnes usus alicujus litteræ una simul explicare? 習之之行如未要之之知 • 要之之知如未博之之學 hiŭ tchi tchi pŏ, ouéi jŭ tchi tchi tchi yaó, tchi tchi tchi yaó ouéi jŭ hĭng tchi tchi che, satius est scire quod est

AD LINGUÆ SINICÆ NOTITIAM.

in virtute praecipuum quam addiscere quidquid ad eam spectat, et longe melius est ad praxim illud praecipuum reducere, quam illud praecise cognoscere. Ex duobus illis 之, primus est casus verbi, secundus est nota genitivi. Quod Tchu-hi verbose ait, idem ante brevius et elegantius dixerat liber Lun-yu; 之行如不之樂 ·之樂如不之知 tchi tchi poŭ jŭ lŏ tchi, lŏ tchi poŭ jŭ hĭng tchi, melius est gaudere bono quam bonum cognoscere, et melius est operari bonum quam sterili amore illud prosequi; 之救誠心 sīn t'chīng ki'eôu tchī, corde sincero salvare eum; 之求心一 y sīn ki'eôu tchi, totis viribus ad eum contendere.

§ us 3 us. Eadem littera 之 interdum verbaliter sumitur et significat ad aliquem locum transire, accedere. Et si tunc sequatur 之 erit regimen verbi 之, v. g. 之之能不 poŭ nĕng tchi tchi, non potest illuc ire, transire; 路之之之知不 poŭ tchi tchi tchi tchi loú, ignoro viam quæ illuc ducit. 1ᵃ Littera 之 est verbum pergere; 2ᵃ est verbi regimen, pergere ad illum locum; 3¹ est nota genitivi; et 路 loú, via, est regimen verbi 知 scire.

§ us 4 us. 之 frequentissime jungitur cum nominibus tam substantivis quam adjectivis, nec tunc est nota genitivi sed potius videtur esse articulus postpositus; 之人 gĭn tchī, homo, Gall. l'homme; 之民 mín tchi, le peuple, populus; 之命天 t'iēn mìng tchi, mandatum à cœlo; 也人爲之回 Hoêi tchī ouêi gĭn yè, Hoei discipulus Confucii, homo erat qui, &c.; 義仁小之子老 laò tseè tchī siaô gĭn y, philosophus Lao-tsee extenuat charitatem et justitiam. Si nomina sint adjectiva vel participia potest poni 之 tchi, sed sæpius ponitur 者 tchè: 之古 koù tchi vel 者古 koù tchè, veteres, 之老 laò tchi vel 者老 laò tchè, senes, 者學 hiŏ tchè, studentes. Cum sequitur aliud nomen non ponitur 之 tchi: 人老 laò gĭn senex; 帝古 koù, tí, Rex antiquus; 天形 hĭng t'iēn, visibile cœlum; 天神 chĭn t'iēn, spirituale cœlum; 人詩 chī gĭn, Poeta; 人文 vên gĭn, homo politus et urbanus; 人罪 tsoúi gĭn, peccator.

§ us 5 us. 之 et 者 simul eleganter ponuntur, idque fit variis modis: 1º· 也經於之者學 hiŏ tchè tchi yŭ kīng yè, studentes quando agitur de libris *king*. Hunc modum loquendi explicabo fusius articulo quarto. 2º· Ngheou-yang ait: 也過之者易學是 chi hiŏ y tchè tchi koŭó yè, atque is est excessus eorum qui toti sunt in libro Y-king; 之者政爲善此 也術 ts'eè chén ouêi tching tchè tchi chú yè, atque hæc est ars eorum qui rectè gubernant; 者學之後 heóu tchi hiŏ tchè, litterati posteriorum œtatum, 者政爲之故 koú tchi ouêi tching tchè, veteres qui rempublicam administrabant. Modeste de se loquens Ngheou yangsieou ait: 者賤之士某 meoù ssée tchi tsièn tchè, ego quo nullus inter litteratos vilior. Scio equidem quod in exemplis 之 tchi designat genitivum. Separatim tamen posui, quia mihi videtur esse styli forma.

§ us 6us. Littera 謂 ouéi bene jungitur cum 之 hoc modo: 道之矩潔謂之此 ts'eè tchi ouéi kiĕ kiù tchi táo, atque istud est quod appello mensuram et regulam charitatis erga proximum; 謙自謂之此 ts'cè tchi ouéi tseè k'iĕ, hoc vocatur seipso contentum esse. Han-yu ait: 道謂之爲之而是由 yeōu ché èll tchi yēn tchi ouéi táo, ad hoc pergere et progredi vocatur via. Littera 之 tchi prima est verbum, secunda est particula; inseruit 焉 yēn ob majorem claritatem; vide particulam 焉 yen, articulo decimo. In Ta-hiŏ legitur 本知謂此 ts'cè ouéi tchi pèn, hoc dicitur scire radicem. Sequens phrasis notanda propter stylum: 神謂之者之妙・帝謂之者之主 tchù tchi tchè tchi ouéi tí, miáo tchi tchè tchi ouéi chĭn, qui rebus omnibus dominatur, is appellatur Dominus, et qui pulchritudinem illis addit vocatur spiritus. Litteræ 主 et 妙 sunt verba, seu participia propter particulam 者. 1ª littera 之 est casus verbi, secunda est particula. Verti 之 per res omnes, quia hæc phrasis explicat verba libri Y-king: 物萬妙 miáo ván ouĕ, decorat res omnes. Idem sensus potest sic exprimi: 神之謂言之妙以・帝之謂言之主以 y tchù tchi yēn, sub hoc respectu, ouéi tchi tí, vocatur dominus,—y miáo tchi yēn, sub hoc alio respectu, ouéi tchi chĭn, dicitur spiritus.

§ us 7us. Notandi adhuc sunt modi sequentes: 行能之未 ouéi tchi nĕng hĭng, nondum valet hoc agere; Transpositio elegantior quam si diceres 之行能未 Sic Mong-tsee: 之莫禁 mŏ tchi kĭn, nihil illum prohibere aut retardare potest. Dic 之禁莫 alius sensus exsurget. Soleat statim aliquid pouere quod vulgo accidit, v. g. 之有者至不而行 hĭng èll poù tchi tchè yeoù tchi, sese movere nec tamen pervenire, hoc quidem contigit. Deinde addunt aliquid quod est ADUNATON: 也有之未者至能而行不 poù hĭng èll nĕng tchi tchè ouéi tchi yeoù yĕ, sed nullum possum facere et tamen pervenire quo cupis, umquam hactenùs id accidit. Nota 1º. 有之 transpositio elegans; nam in primo membro non potest dici 有之, sed dicendum 之有 accidit quidem hoc. In secundo autem membro si 之 pingatur cum 未 idem erit ac numquam; 之未 si sit regimen verbi 有 erit elegantius; 日之有諺故 koú yén yeoù tchi yuĕ, est antiquum proverbium quod ait; 之無 voù tchi, hoc esse, vel fieri nequit.

ARTICULUS SECUNDUS

DE PARTICULA 者 tchè.

§ us 1us. Jungitur cum verbis et sic participia denotat, v. g. 者生 sēng tchè, viventes; 者死 sseè tchè, mortui. Nunc magistri utpote seniores vocantur 生先 siēn sēng, antea nati;

Juvenes vero dicuntur 生後 heóu sīng, postea nati. Non ita Confucius, sed sine metu mortis dicere solebat 者死先 nos qui prius moriemur, 者死後 vos qui postea moriemini; 無者情 vou ts'ǐng tchè, homines male nati, nullum affectum habentes. Subauditur verbum 有 yeóu, habere; 之敬恒人者人敬之愛恒人者人愛 ngái gin tchè gin hêng ngái tchi, kíng gin tchè gin hêng kíng tchi, qui alios amat ab aliis etiam semper amatur, et qui colunt, vicissim coluntur: ita Mŏng-tseĕ. Jungitur quoque nominibus, v. g. 者聖 chíng tchè, sancti; 者愚 yû tchè, stupidi et improbi; 者性 sing tchè, natura; 水樂者知山樂者仁 gin tchè lŏ chān, tchi tchè lŏ choŭ, viri optimi gaudent montibus et viri docti gaudent aquis.

§ᵘˢ 2ᵘˢ. In nostris linguis frequentissima sunt nomina quæ vocantur abstracta, v. g. bonitas, fortitudo, &c; et qui virtutes illas habet dicitur bonus, fortis. At in lingua sinica cavendum ne nimium audeamus. Longe securius est iis tantum uti formulis quæ apud optimos authores reperiuntur, quam velle de suo nova procudere. Liber Tchong yong ponit differentiam inter 者誠 tch'íng tchè, et 者之誠 tch'íng tchi tchè, et addit quod 誠自者誠 tch'íng tchè ts'ée tch'íng, veritas sit a seipsa veritas, sicut 道自道 táo tsée táo, ratio est à se ratio. Unde mihi videtur quod 者誠 tch'íng tchè, sit ipsamet summa perfectio atque veritas, 者之誠 tch'íng tchi tchè vero dicatur de homine qui habet perfectionem labore suo partam, uno verbo 者誠 est in abstracto, et 者之誠 est in concreto.

§ᵘˢ 3ᵘˢ. 者 postulat sæpe particulam 也 yè sibi correspondentem, vel sibi conjunctam, et hinc nascuntur tres modi valde notandi.

Primus modus quoties explicatur aliqua littera, v. g. 也本者德 tě tchè pěn yè, virtus est quid principium ac veluti radix; 也原之泉者山 chān tchè ts'uěn tchi yuěn yè, montes sunt origo fontium; 也人者仁 gin tchè gin yè, charitas est ipsemet homo; si sensus sit libri Tchong yong quod charitas sit naturalis homini, sive quod à naturâ suâ homo propensus sit ad charitatem et virtutem; verum utique istud erit: Si vero, ut vis hujus loci videtur innuere sensus est quod homo sit ipsamet charitas, istud de puro homine sine errore dici non potest, de homine-Deo verissimum; 也正者政 tchíng tchè tchíng yè, 也孝者敎 kiáo tchè hiáo yè, littera 政 gubernium, idem est ac 正 rectitudo, et littera 敎 lex, institutio, idem est ac 孝 obedientia et amor filialis. Non erit, opinor, inutile hoc loco pauca notare. Inter duas litteras 政 et 正 sicut inter 敎 et 孝 tota differentia, ut ipsis oculis patet, venit a littera laterali 攵; Porro juxta Choŭe ven 攵 significat urgere, percutere; unde 敄 min, urgere, maturare, nihil est aliud quam 毋 crebrò, 攵 percutere: si semper aliquem urgeas, tandem properabit; dant animos plagæ. Tolle illud adjutorium à 敎 et à 政 nihil aliud remanebit quam 孝 hiáo, amor filialis, et 正 tchíng, rectitudo, nec amplius 政 tchíng, gubernio, vel 敎 kiáo documentis opus erit. Hinc dicitur quod justo non est lex posita, neque enim rectificatur quod rectum est, nec impellitur ad amorem quisquis à se ipso amat. Sed hæc per transennam.

Secundus modus quoties aliqua littera de qua sermo fuerat resumitur, ut adhuc melius explicetur, tunc post illam ponitur 者也 yè tchè. Sic in libro Tchong-yong, postquam locutus est de lumine naturali, seu de rectà illâ viâ quæ dicitur 道 táo, sic postea resumit; 者也道 也道非離可·離臾須可不 táo yè tchè poŭ k'ŏ sŭ yŭ lì, k'ŏ lì fēi táo yè, illa recta via de quâ loquor ne puncto quidem temporis potest deseri; si deseri impune posset hoc ipso recta via non foret. Sic idem liber: 也本大之下天者也中 tchōng yè tchè t'iēn hiá tchī tá pèn yè, quod appello medium est veluti magna totius orbis radix. Potest addi 夫 initio; v. g. 也蘆渭者也政夫 præclarum illud regimen de quo agimus est simile grandibus illis calamis qui crescunt juxta aquas.

Tertius modus: in fine ponitur 也者 tchè yè, sive præcedat 者 sive non: 繼善者孝夫 也者事之人述肇·志之人 foŭ hiào tchè chén kí gìn tchī tchí, chén chù gìn tchī sáo tchè yè, amor filialis in eo est, ut filius continuet patris incepta, et eum posteritati clarum reddat; 也者嫁后而子養學有未 ouéi yeoù hiŏ yàng tsèě èll heoú kiā tchè yè, numquam visa est puella quæ disceret modum alendæ prolis, ut postea nuberet. Littera 后 heoú in libro Tá-hiŏ sumitur pro 後 heoû, postea; 也者身其及哉者此如 jū tsèě tchè tsāi kǐ kí chīn tchè yè, qui sic se gerit, procul dubio feret infortunium. Reperitur apud Ngheou-yang 邪者 tchè yè, pro 也者 et idem auctor aliique optimi scriptores habent 也是 v. g. 有人之故 也是王武·者之行 koŭ tchī gìn yeoù hīng tchī tchè, voù vāng chó yè, non desunt inter veteres qui sic fecerunt, talis fuit Vou-vang. In hoc et similibus exemplis, male diceres 也者 pro 也是.

§ 4. Interdum omittitur istud 也 finale, v. g. 山而悖亦者入而悖貨 hó póei èll gē tchè y póei èll t'chŭ, male parta, male dilabuntur. Si posuisset 也者 alius esset sensus, nimirum afferret hoc vetus dictum ad probandum id quod intenderet. Nunc autem adducit ejusmodi proverbium præcise ut illud afferat: 者之爲知不而善遷日民 populus quotidie melior evadit, nec scit quomodo sic in virtute proficiat, vel quis talem mutationem efficiat. Notandus est hic locus ex Han-yu 也之言義與仁去者云德道言所之子老 laŏ tseè tchī sò yēn tà y té yūn tchè, k'iú gìn yù y yŏn tchī yè, Lao-tsee discurrens de via et virtute, quidquid dicit, ideo dicit ut charitatem et justitiam de medio tollat. Nota 1°. 言所 habet 者云 cui respondet. 2°. Post 子老 Lao-tsee est particula, at post 言 est regimen et refertur ad 德道. 3°. 之言 respondet ad 言所. 4°. 也 refertur ad 者 more solito. 5°. Denique 言所.... 者云 sò yēn....yûn tchè, est modus loquendi quem vidi quoque in aliis libris in eodem prorsus sensu.

AD LINGUÆ SINICÆ NOTITIAM.

ARTICULUS TERTIUS.

DE PARTICULA 也 yĕ.

Licet jam quædam dicta sint de hac particula longe tamen plura dicenda superant.

§⁰ˢ 1⁰ˢ. Non est semper necesse ut præcedat 者 v. g. 也仁己成 tch' īng kī gīn yĕ, seipsum perdere charitatis est; 也 過 遠 能 不 而 退, 退 能 不 而 善 不 見 kién poŭ chén ĕll poŭ nĕng toŭi, toŭi ĕll poŭ nĕng yuĕn, kouó yĕ, videre malos nec illos abigere, abigere quidem se non ita longe, lenitatis excessus est; 能不 non potest, non debet semper rigorosè accipi, non potest abigere; 退能不 id est non sustinet abigere, non expellit quia non vult; 遠 yuĕn, longe, vel est verbum elongare, vel subauditur 逐 expellere. Tchouang-tsee ait: 哉遠呼鳴 也道於分其 oū hoū yuĕn tsāi kī fĕn yū táo yĕ, id est latinè 道於遠分其 ille aberrat longe à viâ. Sed sinicè quam ornatius et fortius! 1⁰. Exclamat 呼鳴 eheu! 2⁰. affectum suum adhuc exprimit per 哉; 哉遠 proh quam longe! 3⁰. demum in fine ad lit 也; sic 哉大 也言 tá tsāi yĕn yĕ, grandia sunt ista verba. Modus loquendi admodum frequens.

§⁰ˢ 2⁰ˢ. Aliquando videtur esse mera finalis, v. g. 也人猶吾訟聽 t'īng sóng ngoŭ yeoū gīn yĕ, audire lites, ego sicut alter; id est, possem ego secare lites sicut quivis alius; 也故 也獨其慎子 ideo sapiens comprimis vigilat super ea quorum solus est conscius et testis.

§⁰ˢ 3⁰ˢ. Interdum debet poni 也 in fine primi membri, v. g. 矣之知吾也行不之道 táo tchi poŭ hīng yĕ, ngoŭ tchi tchī y, quod vera doctrina peccat, ego scio cur ita sit. Est mera finalis quæ sæpissime sic ponitur post yĕ, ob numerum et gratiam; 猶人也大之地天 憾所有 t'ien ti tchi tá yĕ gīn yeoū yeoū sŏ hán, quantumvis vasta sit cœli et terræ magnitudo, homo tamen aliquid ultra desiderat: &c. 其也下天有之農神者昔 olim Chinnong habuit orbis imperium is, &c. Ngheou yang tsee ait: 也物為之禮夫 具之僻邪其閒而情之人飾以所之人聖 Ritus seu exterior urbanitas in manibus sancti est velut instrumentum quo decorem addit hominum affectibus, et pravos eorum excessus reprimit. Paulò clarius hæc phrasis est enucleanda: Nota 1⁰. Sex primæ litteræ nihil aliud dicunt quam quod innuit sola littera 禮 ritus. Europæus dicerat 也具者禮 ritus sunt instrumenta; ac deinde adderet, &c. 以之用人聖 sanctus illis utitur ut, &c. 2⁰. Videamus quomodo elegans Sina orationem suam disponat: 1⁰. Sensum suspendit in primis sex litteris. 2⁰. Litteram 具 instrumentum remittit ad finem, et facit præcedere quæcumque fiunt cum tali instrumento. 3º. 人聖 sanctus, est nominativus duorum verborum 飾 et 閉. 4º. 情之人 passiones, affectus, est regimen verbi 飾 chĕ. 5º. 而 est particula copulativa. 6º. 其 refertur ad 情 illos affectus. 7º. 僻邪 est regimen verbi 閉. 8º. 之 quod est ante 具 notat genitivum et regitur à 具, quæ littera sic debet poni ultimo loco, propter 以 所 quod importat duo, scilicet, ornare 飾 et reprimere 閉, instrumentum per quod, 以 所, ornat et reprimit. Si phrases omnes hoc modo vellem grammatice dissecare nullus esset finis. Oportebit ergo ex iis, quas interim minutatim sic expono, periculum facere in aliis quas enucleandas relinquo.

§us 4us. Particula 也 fere semper adjungitur nominibus propriis. Sic in libro Lun yu Confucius loquens de suis discipulis Yeōu, Kieoù, Hoéi, vel ipsos alloquens, dicit: 也 曰 yeōu yè, 也 求 k'ieōu yè, 也 回 hoéi yè; 封呼嗚 ou hou fōng, et 禹來 lái yù; fōng et yù, sunt nomina propria: Ridicule diceres 也 禹 來, si vero dicas 來 也 禹 poterit esse sensus quod Yù veniat vel venerit. Sed cum dicit 禹來 sensus est quod jubeat Yù accedere, adesdum Yù. 封 Fōng vero satis fulcitur per illam exclamationem 呼嗚 ou hou. Pessime diceres 也封呼嗚.

§us 5us. 也 locum habet in responsis, v. g.: Quæres: 乎可 k'ò hoù? licet ne? R. 也可不 poù k'ò yè, non licet. Q. 乎善 chén hoù, R. 也盡未而矣善 chén y èll ouéi tsìn yè, bonum quidem at nondum optimum: 盡 exhaurire, subauditur 善 chén.

§us 6us. Amat multoties repeti ut dicam cap. 4º. Interim pauca hæc collige; 也同所姓 也獨所名 sing só t'ong yè, míng sò toù yè, nomen familiæ commune est multis, parvum nomen unicuique est proprium; 也一也異無 voù y yè y yè, nulla vel levis differentia est. Affert rationem et deinde concludit: 也異無也一則 tsĕ y yè voù y yè, ergo nullum est discrimen: Ita Ngheou yang tsee. 也符信也燭智也服禮也路義也宅仁 gin tsĕ yè, y loù yè, li foù yè, tchi tcho yè, sín foù yè, charitas est nostra domus, justitia nostrum iter, urbanitas nostra vestis, prudentia nostra fax, fides nostrum sigillum; Ita Yang-tsee. Quinque sunt phrases omnino gemellæ et quælibet præclaram speciem menti offert. Liber Tchong-yong ait: 也能可不府中也蹈可刃白也辞可禄爵也均可下天 t'ien hiá k'ò kiūn yè, tsió loù k'ò ts'eĕ yè, pĕ gin k'ò táo yè, tchòng yòng poù k'ò nèng yè, orbis pacificari potest, dignitates possunt recusari, calcari possunt nudi enses, medium teneri non potest; nihil difficilius quam auream mediocritatem servare.

§us 7us. Sæpe adhibetur ut fulciat aliquam litteram quæ secùs injucundè caderet, v. g. 也一賤貴無喪之母父 foù moù tchi sāng voù koùéi tsién, y yè, in luctu parentium, i. e. cum agitur de luctu post mortem patris et matris servando, sinicè 喪之母父, sic oratio suspenditur, et fit quasi nominativus absolutus. Tres litteræ sequentes non referuntur ad 喪 luctum, sed ad filios qui luctum servare debent, non interest utrum sint nobiles aut plebei.

Demum littera 一 y refertur ad 喪 et ostendit quod sive dives sive pauper, ad unum et idem tenentur omnes. Littera 一 y sic sola remanens male rueret et ideo additur 也 yè.

§⁰ˢ 8⁰ˢ· Post 也 in fine orationis non raro reperies 與 yû, v. g. 出同道之民化見可與也栂一 k'ò kièn hoá mìn tchī táo t'ông t'chŭ y k'oŭèi yè yû, unde apparet quod ars convertendi populos ex unâ et eadem orbita procedit: ita Ngheoù-yang-sieoù; et in libro Lun-yu : 與也回其者惰不而之語 yù tchī êll pou tó tchè, k'ì hoêi yè yû, qui non segniter reducat ad praxim præcepta quæ ipsi dentur, ille certe est Hoei discipulus meus: sensus est quod ille Hoei non erat tardus ad agendum. Europæus latinè non sinice diceret 惰不回而回語 vel paulo melius 惰不而之語人爲也回 sed longe pulchrius generatim initio dicitur 者惰不而之語. Illud 之 nullo modo refertur ad discipulum Hoei, sed ad quemlibet in genere; deinde hoc applicatur isti discipulo, 與也回其. Littera 其 refertur ad totam phrasim quæ præcedit.

§⁰ˢ 9⁰ˢ· In libro *Sing-li-ta-tsuen* sæpe legitur 有也 yè yeoù, hoc etiam accidit; 也 tunc præponi debet, ac idem valet ac 又 yeoù vel 亦 y, sed locutio familiaris est et abjecta. Sic enim in hoc libro affectavit loqui.

ARTICULUS QUARTUS.

DE PARTICULA 於 yū vel quod idem plani est 于 yū.

---

§⁰ˢ 1⁰ˢ· Hæc particula respondet latinæ præpositioni *in*. Exempla sunt obvia ; 此於 yu ts'eè, hic, in hoc loco; 善至於止 tchì yū tchī chén, requiescere in summo bono; 隅丘於止 tchì yu k'ieōu yû, de ave quæ sistit in latere montis ; 仁於止 tchì yu gìn, in charitate manere; 左於交以毋右於惡所 sò oú yu yeoú voù y kiāo yu tsò, quod tibi displicet in iis qui sunt ad dexteram, vide ne idem facias erga eos qui sunt ad sinistram ; 於俶善好乎國魯況而下天 huó chén yeōu yū t'iēn hiá êll hoáng loù kouè hou, quisquis amat virtutem bene tractatur in toto terrarum orbe, nonne à fortiori in regno Lou ? 1⁰· Si 好 sumeretur pro nomine, non esset ullus sensus, ergo est verbum : 善好 amare virtutem; 2⁰· non dicit 乎國魯於 melius subauditur 於; forte dici posset 乎嘗於況而

§ us 2us. Plurima sunt verba quorum regimini debet addi 於 exempla diligenter colligenda; 我於問 vén yu ngò, petiit a me; 人於求不 pou k'ieôu yu gin, ad alium non recurrere; Mong tsee: 氣於求勿心於得不心於求勿言於得不 pou të yu yên, oue k'ieôu yu sin, pou të yu sin, oue k'ieôu yu k'í, si aliquid non occurrat ad os, ne quaeras in corde; si non venit in mentem, ne contendas ut veniat. Ex his duobus primum merito damnat, alterum approbat. Contendendus est animus, sed sine perturbatione; 窞於入 gë yu t'ân, in foveam cadere; 經於見不 pou kién yu king, hoc non reperitur in libris *king*; 人聖於道不 pou táo yu chíng gîn, de hoc sancti nihil dixerunt; 王於從 ts'ông yu vâng, sequi regem; 性於害 hái yu síng, hoc naturae nocet, &c.

§ us 3us. Particula yu dat verbis significationem passivam; 物於有非物有子君 kiun tscè yeoù oue, fei yeoù yu oue, sapiens res possidet, non possidetur a rebus. Mong-tsee ait 人於食者人治 · 人食者人於治 · 人於治者力勞 · 人治者心勞 laô sin tchè t'chì gin, laô li tchè tchì yu gin, t'chì yu gin tchè sséa gin, t'chì gin tchè sséo yu gin, qui vires mentis adhibent, regunt; qui vero solis corporis viribus contendunt, reguntur; qui reguntur nutriunt; et qui regunt nutriuntur; 母父於愛之年三有 y eoù sān niên tchi ngái yu foú moù, amanter educati fuimus a nostris parentibus per tres annos.

§ us 4us. Notandus comprimis sequens loquendi modus: 也國於之人寡 &c; ego inquit quidam Rex apud Mong-tsee, ego quidem quantum attinet ad regnum meum, &c. Ngheou-yang tsee ait: 也病於之者醫夫 fou y tchè tchi yu píng yè, &c, medici relative ad morbos, quando volunt aliquem sanare, &c. In ejusmodi formulis quæ crebrò apud optimos authores occurrunt, sic semper ordinantur litteræ.

§ us 5us. 於 yu servit comparativis, v. g. 我於富 fóu yu ngò, me ditior est, &c. Cavo ne confundas 與 cum 於; discrimen quod est inter utramque hanc particulam facile incipientes fallit.

§ us 6us. Juncta pronominibus vel nominibus facit hunc sensum, quoad me, respective ad te, quod illum attinet, &c; 雲浮如我於 yu ngò jù feôu yùn, ego vero haec omnia non pluris facio, quam nubeculam quae a ventri dispergitur. Quot verba latina ut quinque litterarum vim attingas! 乎安女於 yu jù ngan hou, an hoc contentus esses? inquit Tchoüang tsee.

§ us 7us. Interdum debet legi *ou* et tunc notat aliquem affectum, vel admirationis vel desiderii. Chi king ait: 天于昭於上在王文 vén vâng tsái chàng, ou tchaô yu t'iēn, Ven-vâng est sursum, proh quam splendet in coelo!

Invenitur quoque 乎於 ou hou, sed rarius; item 王前戲於 ou hou ts'iên vâng, eheu! antiqui reges. Idem fere est ac 呼嗚 ou hou, sed 呼嗚 saepius est dolentis, 傷哀 ngai chang; contra vero 戲於 ou hou est laudantis et admirantis, 美欸 tān moei; ita Dictionarium *Kang hi tsee tien*.

AD LINGUÆ SINICÆ NOTITIAM.

ARTICULUS QUINTUS.

DE PARTICULA 乎 hou.

———

§ 1us. Jungitur cum regimine multorum verborum plane ut 於 yu, supra. Han yu ait: 德謂之外於待無已乎足 tsou hou ki, vou tai yu vai tchi ouei te, sibi sufficere nec quicquam expectare extra se, id vocatur virtus. Phrasis longiuscula; decem enim litteris constat, sed clara, imo brevis, cui nihil est quod demas. Tchouang tsee ait: 叩乎聲 ki hou men, cum pervenisset ad januam; 身乎藏所 so tsang hou chin, quod abscondit in se ipso, seu in corde; 神鬼乎孝 hiao hou kouei chin, pius erga spiritus; 德乎慎先 sien chin hou te, ante omnia sis attentus ad virtutem; 知乎丘學好 hao hio kin hou tchi, qui studium amat non multum abest à sapientia; 間所乎異 y hou so ven, hoc differt ab iis quae hactenus didici; 習乎隱無吾 ngou vou yn hou ell, nihil abscondi a vobis, inquiebat Confucius suis discipulis; 矣恆有乎難 nan hou yeou heng y, difficile est ut talis homo diu perseveret; 貴富乎行貴富素 so fou kouei hing hou fou kouei, si dives es age ut divitem decet.

§ 2us. 乎 est admirantis vel commiserantis, v. g. 乎惜 si hou, eheu sane dolendum! 乎巍巍 ouei ouei hou, proh, quanta sublimitas! 乎洋洋 yang yang hou, quam immense diffusum! 乎深乎深 chin hou chin hou, quanta profunditas! Sic saepe repetitur, maxime apud Lao-tsee et Tchouang-tsee. Jungitur in eodem sensu cum 嗚 et tunc solet scribi 呼 hou, v. g. 矣至德之舜堯呼嗚 ou hou yao chun tchi te tchi y, ò quam extrema est virtus regum Yao et Chun. In luctu istud 呼嗚 est dolentis.

§ 3us. 乎 ponitur interdum solius gratiae et numeri causâ, v. g. 興乎是於樂禮 &c. 足乎是於食衣 li yo yu che hou hing, y che yu che hou tsou, tunc urbanitas et concordia incipiunt esse in pretio, tunc omnis populus habet quod satis ad vestitum et ad victum. Ita Tso chi. Sed de yu chi hou iterum infra.

§ 4us. Saepissimo interrogationem denotat, sed id fit variis modis.

1us modus. Quando sola est: 乎可 k'ò hou, licet ne? 乎宜 y hou, an justum est? 乎矣仁 gin y hou, an hoc conoctur vera charitas? 矣 hoc loco nihil servit interrogationi, sed inseritur pure ad ornatum. Si post 乎 aliquid sequitur, non amplius interrogat; v. g. 悔有乎宜 y hou yeou hoei, æquum est ut illum pæniteat. Si postea eum pænitet, id ma retur. 乎 solummodo sustinet litteram 宜 y.

2.us modus. Quando jungitur cum 豈 ki, v. g. 乎得可豈 ki ko te hou, qui fieri vel obtineri istud potest? Frequens admodum est iste modus, nec plura exempla necesse est addere.

3us modus. Quando post 乎 ponitur 哉 tsai, v. g. 哉乎遠仁 gin yuen hou tsai, usque adeone remota est charitas? poterat dicere: 乎遠其仁 sed longe fortius dixit 哉乎遠仁

4us modus. Quando 亦不 pou y præcedit, v. g. 乎可亦不 pou y ko hou, annon et hoc licitum est? 乎樂亦不 pou y lo hou, annon vel in hoc voluptas est? 乎悲亦不 pou y poei hou, nonne et id dolendum est? 乎這亦不已後而死 ssec ell heou y, pou y yuen hou, hoc usque ad mortem constanter tenere, quid amabo potest esse diuturnius?

§us 5us. Servit comparativis sicut dictum est de 於 yū, v. g. 儞乎長日一吾 ngou y ge tchang hou ell, ego sum te senior uno die. Tunc eleganter ponitur negativa 莫 mo, v. g. 天乎高莫 mo kao hou tien, nihil cœlo altius. Ngheou-yang-tsee ait: 美所之書詩舜堯乎大莫 chi chu tchi so moei mo ta hou yao chun, libri chi et chu nihil magis prædicant et extollunt quam reges Yao et Chun; 唐與漢乎盛莫者盛之世後 heou che tchi tching tche mo tching hou han yu tang, quod spectat posteriorum temporum gloriam et decus, nihil illustrius familiis Han et Tang.

§us 6us. Debet repeti quoties dubitatur vel de diversis sermo est; Tchouang-tsee ait: 乎者夢其乎者覺其者言之今識不 pou chi kin tchi yen tche, ki kio tche hou, ki mong tche hou, nescio utrum ego qui nunc loquor, vigilem an dormiam. Confucius dicebat: 乎射執乎御執 tchĕ yú hoù, tchĕ ché hoù, agamne aurigam, an potius jaculatorem? 乎否乎宜 y hou feou hou, aequum ne est an non.

§us 7us. Bene jungitur cum 庶 ut sonus, qui paulo durior esset, sic emolliatur, v. g. 矣可其乎庶則 tse chu hou ki k'ŏ y, videtur quod hoc demum pacto istud facere liceat; 矣至乎庶則中乎及以 mihi videtur quod qui medium semel attigit, nihil habet ultra quo pergat. Urbani sinae non audent durâ fronte asserere, sed dicunt 乎庶 vel 幾庶 parum abest, sic opinor, &c.

ARTICULUS SEXTUS.

DE PARTICULA 諸 tchū.

§us 1us. Aliquando idem plane est ac 於 yu et 乎 hou ut videre est in exemplis; 諸求惟己 a se et in se solo quaerere; 民庶諸徯・身諸本道之子君 kiun tsee tchi tao pen tchu chin, tching tchu chu min, ratio seu virtus sapientis radicem habet in ipso et probatur per modum quo populi se gerunt. Mong-tsee ait de custode ovium: 卯乎人其諸反則與死其視而立亦 tse fan tchu ki gin hou y y li ell chi ki ssee yu, an oves reddet ei qui sibi eas tradidit? an ipse stans videbit eas miserè pereuntes? 與 interrogat et respondet particulae 乎 membri superioris; 紳諸書 chu tchu chin, illud scripsit et reposuit ad cingulum; 掌諸示 chi tchu tchang, ostendere super manum.

2º. Videtur esse mera finalis in hac phrasi et similibus: 諸病獪其舜堯 ipsi etiam Yao et Chun satis in eo sudarunt. Nota 其 k'ι pronomen post Yao et Chun ad quos refertur ping 病 esse verbum patet, neque enim aliter constabit sensus. Forte hoc loco 諸 est pronomen et casus verbi 病 ping.

§us 3us. Quamvis 諸 sit pronomen, tamen fere semper interrogat, v. g. 諸有 yeoù tchu, datur ne hoc? R. 之有 yeoù tchī, datur utique; 諸舍有人 gin yeou che tchu, illum ne homines rejicient? 諸食而得豈吾粟有雖 soui yeou sou, ngou ki te ell che tchu, etiam si fruges suppeterent an illis vescerer?

ARTICULUS SEPTIMUS.

DE PARTICULA 邪 yé, 耶 idem est.

---

§us 1us. Istae duae particulae interrogant, et in fine orationis debent poni sicut 乎 hou et 哉 tsai. Quibus porro in locis utendum sit vel 乎 hou vel 邪 aut 耶 vel 哉 tsai docebit attentio in legendis libris. Talia enim usu et aure numero attritâ percipi possunt, praeceptis et regulis tradi non possunt. Selecta exempla haec habe: 耶禱後而病有待豈 kī tai yeou ping ell heou tao ye, quasi vero expectaverim morbum nec prius preces obtulerim? 大知豈耶者臣 ki tchi ta tchin tche yé, hoc ne scire est quid sit agere magnum mandarinum? 耶者居舟於樂眞豈 an quod revera gauderem esse in navi? maluit dicere 居舟於 quam 舟於居 sic enim particula 者 tche usus est aptius; 邪淸人於近豈此 tsee ki kin yu gin tsing ye, an hoc conforme est humanis affectibus? Tchouang-tsee inducit arborem sic loquentem. 邪也人此得且用有而也宁使 ssee yu ye ell yeou yong, tsie te tsee ta ye ye, si ad aliquid fuissem idonea, potuissemne ad tantam proceritatem pervenire.? Nota 1º. Sensum qui hac parabola tegitur. 2º. Numquam Europaeus diceret 用有而也宁使 sed Europaeo modo diceret: 我得用人若 si homo me potuisset uti, vel 大得故用無我

eram inutilis ideo crevi. 3º· 邪 ; si poneres tantum 邪大此得 aures non tam gauderent.

§ ⁰ˢ 2 ᵘˢ· Eleganter ingeminatur, sicut dictum est suprà de 乎 hou. Exempla quae hic affero valde notanda sunt: Tchu hi ait: 客爲·耶主爲·耶二爲·耶一爲·者心謂所則然耶者物於命爲·耶者物命爲·耶 verum enimvero istud quod vocamus animum est ne ens simplex, an vero compositum aliquod? est ne Dominus an hospes? imperatne rebus externis, an contra res externae imperant ipsi? facile est degustare quam dilucida et tersa sit haec oratio. Tchouang-tsee ait: 邪樂不果邪樂果之樂知未 ouci tchi lo tchi ko lo ye, ko pou lo ye, nondum scio an qui talia gaudent, gaudeant reipsâ, vel minime gaudeant. Idem ait: 不爲以·身活足不矣善爲以若·邪善不誠·邪善誠之善知未人活以足矣善 nescio an illa prurigo comparandae famae (de Hoâ quippe agit hoc loco) quae videtur tam bona, revera ita sit nec ne. Si dixero esse bonam, sentio quod ad recte vivendum non sufficit. Si autem contendo bonam non esse, dices quod ad memoriam nominis aeternandam multum juvat. Nota 1º· 之樂 et 之善 lo et chen sunt verba, 之 est regimen, 2º· recte ait 樂不果 ko pou lo, et 善不誠 tching pou chen, si enim dicas 善誠不 erit alius sensus, nec tres illae litterae respondebunt tribus primis, 樂不果 3º· 爲以 significat opinari, existimare. 4º· In primo membro posuit 若 jo, in secundo reticuit. Sic postquam dixit 身活足不 non dicit 人活足 sed 人活以足 nimirum ita disposuit quatuor istas phrases, ut prima 矣善爲以若 et tertia 矣善不爲以 quinque litteris constent, secunda vero 身活足不 et quarta 人活以足 non nisi quatuor litteras habeant. Ad haec tyrones non attendunt. Ngheou-yang-sieou ait: 偶抑·耶巽可其知 &c. 則巽而知若·耶之繼 an illum promovisti quia eum bene noveras? an vero temere et casu? Si primum, ergo.... Alio loco sic amicum suum defendit: 也賢不果 si revera sapiens non erat, debebas monere imperatorem, nec miseri casum expectare, ut eum impeteres; 也賢果若 sed si sapiens et bonus erat, oportebat te et hoc ad aulam referre ne in tantam miseriam caderet. Dilemmata ejusmodi plurimum arrident politis sinis praesertim quando inter se disserunt de aliquo puncto et alter ait, alter negat.

ARTICULUS OCTAVUS.

DE LITTERA 與 yū.

Haec littera spectari potest vel ut est particula, vel ut habet multos alios sensus. Itaque hunc articulum duos in numeros divido. Idem facere possem in multis aliis, sed cum de particulis proprie agamus, semel aut bis extra oleas saltasse satis erit.

AD LINGUÆ SINICÆ NOTITIAM.

NUMERUS PRIMUS.

DE 與 yu PARTICULA.

———

§us 1us. Est conjunctio et copula, v. g. 仁與命與利言罕子 tsee han yen li yu ming yu gin, Confucius raro loquebatur de lucro, de mandato, et de charitate; 義與仁 charitas et justitia; 也惡所之人是賤與貧 pin yu tsien che gin tchi so ou ye, homo paupertatem et contemptum naturaliter aversatur.

§us 2us. Est mera puraque finalis, v. g. 與謂之此其 ki tsee tchi ouei yu, hoc ipsum est quod dico. Nota istud 之此其; non ita loquuntur nec scribunt Europæi; 也謂之此 idem est sensus.

§us 3us. Aliquando interrogat et tunc sæpius scribitur 歟 v. g. 與禁不舜則然 gen tse chun pou kin yu, si hoc ita est, cur Chun non restitit? 與救能弗如 ju foe neng kieou yu, an non poteris tu huic malo mederi? 歟慎不可 ko pou chin yu, annon omni curâ vigilandum? 與放可固則 tse kou ko fang yu, an propterea continuo emittendus? 與人子君 kiun tsee gin yu, an sapiens est homo? R. 也人子君; utique 謬其何歟者論 ho ki micou lun tche yu, quid hoc discursu potest esse absurdius? 謂可杲則然歟者章文之 gen tse ko ko ouei tchi ven tchang tche yu, at hoc ne haberi potest pro eleganti et ornata tersaque oratione?

§us 4us. Idem dicendum de 與 yu quod dictum est de 乎 hou et de 耶, ut videbitur in exemplis. Confucius statim sciebat quæcumque fierent in regno ad quod accesserat; unde quærit aliquis, 與之與抑與之求 kieou tchi yu, y yù tchi yu, an hæc ipse suscitatur ab aliis, an vero alii hæc ipsi ultro renuntiant? in 之與 est verbum *yu* dare; et respondet 之求. Idem Confucius petit utrum agatur de fortitudine borealium hominum, an de fortitudine philosophi: 與強而抑與強之方北 pe fang tchi kiang yu, y ell kiang yu, hoc loco 而 idem est ac 爾 ell, tu, tuus, vel vester. Alloquitur discipulos quos volebat animo magis quam corpore fortes esse.

§us 5us. Est etiam admirantis et laudantis, v. g. 與也知大其舜 chun ki ta tchi ye yu, ò quam sapiens erat Chun! Notavi jam transpositionem 其舜. Pessime diceres in hoc loco 舜其, posset dici 其也舜. Postquam Confucius loquutus fuisset de virtute perfecti viri ait: 與也回吾其 ki ngou hoei ye yu, talis meus Hoei.

§us 6us. Usum habet in conparatione duorum et postea ponitur 寧 ning, ad declarandum id quod melius ac præstantius est, v. g. 儉 寧 也 畣 其 與 禮 li yu ki che ye ning kien, quod spectat externam rituum pompam, satius est esse parcum quam prodignum ; 其 與 喪 戚寧 也 易 tsang yu ki y ye ning tsi, in luctu parentum longè præstat veram tristitiam corde fovere quam inanem speciem ostendere ; 固 寧 也 絲 不 其 與 yu ki pou sun ye ning kou, melius est videri rusticior quam paulo superbus et arrogans. Nota quod eodem modo semper disponuntur litterae, post 與 sequitur 其, et ante 寧 ponitur 也, et ejus loco interdum reperitur 毋 vou, v. g. 足 知 而 茅 茝 寧 毋 貪 肆 而 宮 玉 登 其 與 melius est degere sub humili tecto et paucis contentum esse, quam habitare in palatio et cupiditati frenum laxare. Tchoüang tsee idem exprimit sine 與 yu, cum ait 美 就 乙 與 甲 kia yu y chou moei ? R. 哉 甲 kia tsai, quis ex duobus pulchrior est ? An Kia, an vero Y ? R. Certe est Kia Idem ait : 乎 非 就 而 是 就 乙 與 甲 kia yu y chou che ell chou fei hou, quis ex illis duobus verum dicit, quis errat ? In his duobus exemplis 與 yu est copula. In ultimo bene addidit 而 ell, nec male in fina posuit 乎. 乙 甲 sunt notæ sicut apud nos A. B.

§us 7us. 同 similis et 異 dissimilis postulant *yu*, v. g. 同 聞 不 與 行 不 而 聞 ven ell pou hing yu pou ven tong, audire aliquid de virtute nec illud opere complere, idem est ac si nihil audivisses ; 異 與 相 必 彼 pi pi siang yu y, certe differunt inter se.

§us 8us. Respondet nostrae præpositioni *cum.* 樂 同 民 與 yu min tong lo, una cum populo gaudere. In libro *Chi king,* 食 我 與 不 言 我 與 不 pou yu ngo yen, pou yu ngo che, mecum non loquitur, mecum non manducat. *Tso chi* ait : 敵 王 與 誰 夫 fou choui yu vang ti, quis tunc ô Rex tecum certare audeat ?

NUMERUS SECUNDUS.

DE 與 yu NOMINE ET VERBO.

Recte Dictionarium *Pin tsee-tsien* ad hanc litteram ait : 聲 平 借 聲 去 轉 聲 上 本 pen chang ching, tchoüen kiu ching, tsie ping ching, de se ad secundum accentum pertinet yù, aliquando transit ad tertium yú, per metaphoram legitur in primo accentu yū. Recte dicit 借 per metaphoram, quia nulla littera in sensu proprio particula est.

§us 1us. Yù multa variaque significat.

1º. Idem est ac 授 cheou, tradere ; Mong-tsee ait ; 之 與 就 下 天 有 舜 chun possedit

AD LINGUÆ SINICÆ NOTITIAM.

totum terrarum orbem; quis illum ipsi tradidit? Respondet: 之與天 tien yù tchi, cœlum illi tradidit.

2°. Idem est ac 歸 kouei, rediit ad. Idem Mong tsee ait, 也與不莫下天 tien hia mo pou yu ye, totus orbis se subjecit et ad eum convolavit.

3°. Idem est ac 許 hiu, permittere, sinere, v. g. 進其與 yù ki tsin, permisit ut intraret. Confucius ait: 也如弗女與吾也如弗 foe ju ye ngou yù ju foe ju ye, dicis te non esse sicut, et ego concedo tibi ut sis non sicut. Modeste dixerat ille se non accedere ad alium quemdam discipulum, et magister respondet: modestia tua facit ut non sis quem te esse putas. Liber Ta hio ait: 國中同與不 pou yù tong tchong koue, non sinit eum communicare cum regno medii.

4°. 之與地天 tien ti yù tchi, cœlum et terra votis ejus respondent.

5°. 與朋 siang yu, amici; 曰言與相 siang yu yen yue, dicebant unus ad alterum.

6°. 與黨 tang yu, conjurationis socii.

7°. 與我不歲 soui pou ngo yu, tempus me non expectat. Idem est ac 待 tai; sic 與朋禮以 y li siang yu, se invicem urbane tractare.

8°. 與弗 foe yu, idem ac 如弗 non sicut.

9°. 與施 che yu, dare, beneficia spargere.

10°. 心其與容 yong yu ki sin, ejus animum exhilaravit.

11°. 與無 vou yu, i. e. 用弗 inutilis vel non uti.

12°. 問與不 pou yu ven, non potui ab eo quærere.

13°. 言之與巽 suen yu tchi yen, consilia valde caute lata.

14°. 焉與何天 tien ho yu yen, quid ad hoc facit cœlum de quo loqueris.

15°. 知與 scire datur.

§us 2us. yú, v. g. 祭與 yú tsi, adesse cœremoniæ; 席與 yu si, mensæ accumbere; 與猶 vel 豫猶 yeou yu, anceps, irresolutus, quia omnia tuta timet, v. g. 悔有必後與儕疑狐 hou y yeou yu, heou pi yeou hoei, qui quantopore supiciosi sunt, eos deinde semper pœnitet.

3°. Adhuc collige phrases sequentes: 我與孰 chou yu ngo, quis sicut ego? 下天有焉與不而 yeou tien hia, ell pou yu ven, habet orbem perinde ac si non haberet; 與可不道之眔㐭入 pou ko yu ge yao chun tchi tao, huic homini non datur ingredi sublimes Yao et Chun vias; 焉存與不下天王而樂三有子君 kiun tsee ycou san lo ell rang tien hia pou yu tsun yen, sapiens gaudet de tribus, sed in iis non numeratur possessio totius terræ: 王 hoc loco est verbum et 下天 est ejus regimen. Ngheou-yang-tsee ait: 望三非

乎此於與能就其德之 si non sit sapiens sicut tres Hoang, quis ad tantam perfectionem poterit attingere? Desumpsit hoc ex Capite Hi-tsee ubi sæpe occurrit hic modus; 犬非此於與能就其神至之下 fei tien hia tchi tchi chin, ki chou neng yu yu tsee, quid istud poterit, nisi sit in toto mundo maxime spiritualis et intelligens? 誅可與予於 an pendet à me ut puniatur? 是改與予於 yu yu yu kai che, discipulus Yu fecit ut sententiam mutarem. In 1ᵃ phrasi 予 est pronomen ego, in 2ᵃ est nomen discipuli ejusdam; porro 與予於 yu yu yu suaviter pulsat aures sinicas, nec in eo ulla cacophonia est.

ARTICULUS NONUS.

DE PARTICULA 而 èll, item de 爾 vel 耳 èll.

§ᵘˢ 1ᵘˢ. Tres simul posui ob affinitatem soni, quin imo 而 in antiquis libris sumitur pro 爾 ell.

NUMERUS PRIMUS.

DE 而 èll

§ᵘˢ 1ᵘˢ. Est conjunctio quæ æquivalet nostro *et*; distinguendi sunt tantum tres vel quatuor modi, in quibus licet indicet semper aliquam conjunctionem, respective tamen ad partes quas conjungit videtur esse aliqua diversitas.

1ᵘˢ modus. Fere coincidit cum 與 yu, differt tamen quia 而 postulat aliquam illationem, 與 yu vero non ita: hinc 而 bene vertitur per *et tamen*. Exempla sub oculis hæc ponunt; 國於敎成而家出不 pou tchu kia ell tch'ing kiao yū kouĕ, domo non exit et tamen totum regnum instruit; 作不而述 chu ell pou tso, tradere posteris quod accepisti à majoribus, nec quicquam proferre de suo; 善揚而惡隱 yn ngo ell yang chen, aliorum defectus abscondere, et corum bona extollere; 及不無而過無 non peccat nec per excessum nec per defectum; 求可而富 fou ell ko kicou, si et divitiæ possent honeste quæri.

2ⁿˢ modus. Si sit aliqua velut oppositio inter partes quas particula 而 conjungit, longe illustrior est oratio et ideo tot exempla occurrunt passim in libris. Hic porro nec 與 yu nec 及 ki aut similes ligaturæ locum habere possunt; 猒不而淡 tan ell pou yen, sine sapore nec fastidium parit; 厲而溫 ven ell li, lenis et tamen gravis; lenis et tamen gravis, leniter gravis et graviter lenis: male diceres 厲與溫. Tchouang tsee ait: 喜不而得憂不而失 te ell pou hi, che ell pou yeou, acquirit nec gaudet, perdit nec tristatur. Liber Tchong yong ait: 中而勉不 pou mien ell tchong, non sibi vim infert et attingit medium; 得而思不 pou ssee ell te, non animum contendit et assequitur; 敬而動不 pou tong ell king, non se movet et honoratur; 信而言不 pou yen ell sin, non loquitur et fidem facit; 晉中道而明高極 ki kao ming ell tao tchong yong, altissima sunt consilia ejus et ambulat tritas vias; 新知而故溫 ouen kou ell tchi sin, antiquitatem amat et nova non nescit; 威民而怒不勸民而賞不 pou chang ell min kuen, pou nou ell min ouei, præmia non largitur et populus se excitat ad virtutem, iram non ostentat et populus à malo abhorret. Si quis vertat 威民而 per *et populus illum timet*, quid faciat de 勸民而 quod præcedit? Aliud est in verbis philosophi Sun tsee, 威而怒不視而施未 ouei chi ell tsin, pou nou ell ouei, non largitur et tamen amatur, non irascitur, et tamen timetur. Liber Tchong yong ait: 聞不而之聽見不而之視 chi tchi ell pou kien, ting tchi ell pou ven, illum aspicis nec tamen vides, illum auscultas nec tamen audis, &c.

3ᵘˢ modus. Post 而 sequitur 已 y vel 矣已 y y; exempla sunt innumera: 已而人九 kieou gin ell y, novem duntaxat homines; 矣己而義仁有亦 y yeou gin y ell y y, est charitas et justitia et hoc sufficit; 矣己而仁不與仁二道 tao ell gin yu pou gin ell y y, gemina est via, charitatis altera et altera crudelitatis.

§ᵘˢ 2ᵘˢ. Debet poni post 雖 soni, licet, quamvis, 賢不而多雖人善 chen gin soni to ell pou yen, bonorum virorum multitudo satietatem non parit; 而已而已 y ell y ell, ohe! desine tandem! 後而今而 ell kin ell heou, et nunc et in perpetuum. In Ta-hio 后而 ell heou, deinde, postea. Yang-tsee ait de fonte 溲後而滿 mouan ell heou sie, impletur et postea exundat.

NUMERUS SECUNDUS.

DE 爾 vel 耳 ell.

Quamvis 爾 ell, sit pronomen 2ᵈ personæ et 耳 ell proprie significet aurem, sæpe tamen pro meris particulis usurpantur.

§ us 1us. Ponuntur in fine et plærumque denotant rem non esse magni momenti, v. g. 好直耳樂之俗也 tchi hao chi sou tchi yo ell, musica quam amo est vulgarior illa quæ ex sonis nascitur. Modeste de se Ngheou-yang sicou ait : 爾人賤窮下天者修如 ju sicou tchetien hia kiong tsien gin ell, sicut ego qui sum pauper et vilis homuncio. Idem ait : 爲不其耳名其有不惟何幾者君 ki pou ouei kiun tche ki ho, ouei pou yeou ki ming ell, quid illi deest ut sit Rex? solum nomen ; 有不 hoc loco melius est quam 有沒 mo yeou ; 言前耳戲 tsien yen hi ell, hoc dixeram per jocum ; 耳問一 y kien ell, fere nihil est quod interponitur ; 矣耳思弗 defectus est attentionis.

§ us 2us. Efficiunt adverbia, sicut dicam suis locis de 然 et de 如 ju, v. g. 爾卓 tcho ell, confidenter ; 爾率 sou ell, subito, derepentè. Item eleganter eas præcedit 云 vel 焉 v. g. 耳云此如過不 pou ko ju tsee yun ell, res est facilis, oportet tantum hoc modo agere. Verba sinica planissima sunt et in usu frequentissime adhibentur, vix tamen possunt de verbo ad verbum explicari ; 爾焉之擇所惟 ouei so tse tchi yen ell, hoc pendet ab eo quod elegeris.

ARTICULUS DECIMUS.

DE PARTICULIS 焉 yen et 然 gen.

NUMERUS PRIMUS.

DE 焉 yen.

---

§ us 1us. Saepe reperitur in fine orationis, v. g. 焉思少宜 y chao ssee yen, paululum ad hoc attendas velim ; 焉幸不無嘗未賢與聖雖 soui ching yu hien ouei tchang vou pou hing yen, vel ipsi sancti et sapientes non semper omnia habent ex votis suis ; 其棄盡焉學而學 tsin ki ki hio ell hio yen, abjecit quae didicerat et caepit rectis studiis incumbere ; 焉在不心 sin pou tsai yen, cor avolavit ; 焉師我有必行人三 san gin hing pi yeou ngo ssee yen, quoties cum duobus incedo, inquit Confucius, semper invenio qui me doceat; 焉得自不而入無 semper contentus est, quidquid accidat, semper se possidet; 焉疑不道至德至不苟 necessaria est summa virtus ad hoc ut summa doctrina vigeat.

§ us 2 us. Pluries repetitur ad elegantiam et tunc phrases debent esse inter se aequales; 焉生物萬焉行時四 sse che hing yen van oue seng yen, annus suum peragit iter, et omnia suo tempore nascuntur; 焉覆物萬焉繫辰星 sing chin hi yen, van oue feou yen, stellae omnes in eo sunt appensæ, et res omnes contegit.

§ us 3 us. Adhibetur quoque propter numerum et gratiam, v. g. 者焉下 et 者焉上 qui sunt supra, qui sunt infra. Longe sonantior est oratio quam si diceres 者下者上 superiores, inferiores; 仁得焉知未 ouei tchi yen te gin, an vero charitatem habeat nescio; 得知未否與仁 ouei tchi te gin yu feou, idem plane sensus est, sed sermo laxior; 者焉惑有猶 yeou yeou hoe yen tche, non desunt qui de hoc adhuc dubitant.

§ us 4 us. Optimi quique scriptores affectant illam collocare post aliquam vocem ejusdem fere soni, v. g. 焉言之人聖有 yeou ching gin tchi yen yen, continet hic liber quædam verba sancti; 焉傳不道 tao pou tchoüen yen, traditio verae doctrinae deficit.

§ us 5 us. Quando interrogat, debet poni statim initio, v. g. 知焉 yen tchi, quis scit? quid ego scio, &c; 剛得焉 yen te kang, an hoc est forti animo esse? diceret aliquis: 得焉乎剛之謂 et putaret se bene dixisse, at sic multo magis langueret oratio; 殺用焉 yen yong cha, ad quid tot supplicia? 之從其焉 an illum debet statim sequi; 所有焉夫倚 fou yen yeou so y, quomodo vir tantus rebus perituris adhæreret? 能焉有為能焉亡為 yen neng ouei yeou, yen neng ouei vang? est ne aliquid aut nihil, vel habet ne an caret? vel est ne vivus an mortuus? oportet videre qua de re agatur, ut determinetur sensus.

§ us 6 us. Bene respondet particulae 如 ju, prius potius; 焉者丘如 ju kieou tche yen, sicut ego, inquit Confucius; 焉食之月日如過之子君 kiun tsee tchi kouo ju ge yue tchi che yen, sapientum excessus sunt veluti solis ac lunæ eclipsis; 焉天於如地於 in terra sicut in cœlo.

§ us 7 us. Notat adverbia; 焉忽 vou yen, derepente; 焉欣欣 cum magna lætitia. Tchouang-tsee ait: 焉少 chao yen, paulo post. Tunc 焉 idem plane est ac 然 quæ sequitur.

NUMERUS SECUNDUS.

DE 然 gen.

1º. Sæpe nota est adverbiorum; 曰然喟 ouei gen yue, suspiranter ait; 然爾悄 sun sun gen, cum ordine et methodo. Exempla passim occurrunt.

2º. Affirmat rem ita esse; 乎否乎然 gen hou feou hou, ita ne est an non? 之子然言 tsee tchi yen gen, ita est, ut dicis; 乎然其不 pou ki gen hou, an non ita est? 然必何 ho pi gen, quid necesse est ut ita sit? 然必未 ouei pi gen, dubito an ita sit; 仁未而然 gen ell ouei gin, ita quidem est sed tamen nondum est charitas; 殆然不殆 tai pou gen y, neutiquam sanè ita est; 之有亦然 bene tamen, unum tamen adhuc est; 乎學足不則然 an continuo virtutis studium tanquam inutile desereres? 將則然何奈 gen tse tsiang nai ho, quid igitur faciam? quo me vertam? Apud Mong-tsee et Tchouang-tsee legitur 然既 quando quidem ita est, et 然雖 soui gen, ut ut sit.

3º. 知後然此知 &c, et cum semel hoc scitur, scitur deinde &c; 然皆人之古 kou tchi gin kiai gen, ita sentiebant omnes antiqui; 然不子君惟 sapiens non sic; 然亦 eodem modo; 然當所 so tang gen, vel 則之然當 rerum essentia, ratio sine qua existtere nequeunt; 然以所 so y gen, causa cur vel per quam; 然自 ita sane; 然而然自 suaviter ac sine ulla vi.

ARTICULUS UNDECIMUS.

DE PARTICULIS 則 tse et 且 tsie.

NUMERUS PRIMUS.

DE 則 tse

Tchong-yong ait: 則下天爲世而言 yen ell chi ouei tien hia tse, si loquitur ejus verba sunt exemplar quod totus orbis semper sequetur. Chi-king ait: 則有物有 yeou oue yeou tse, quodlibet ens habet suum esse physicum et dicitur 物 oue; habet suam essentiam metaphysicam, qua constituitur in ratione talis entis, et dicitur 則 tse. Item 理 li; item 當然 tang gen. Sed venio ad 則 particulam.

§us 1us. Conclusionis nota est, ut apud nos, ergo, igitur, &c. Vel saltem indicat rem ex alia fluere, v. g. 立道則身修 sicou chin tse tao li, cum ornatur persona, sequitur ut ratio stet. Ratio enim jacet, si quis personæ suæ curam negligit; 清則雜不性之水平則動莫 talis est aquæ natura, si nihil admistum habet, clara et limpida est; si nemo illam moveat, est lævis velut speculum. In hac significatione reperitur 斯 ssee. Mong-tsee ait: 矣惡邪無斯與民庶·與民庶則正經 king tching tse chu min hing, chu min hing sse vou sie te y, si leges rectæ sunt, populus ad virtutem erigit animos, et ubi semel populus ad virtutem animum appulit, ab omnibus vitiis continuo refugit; 從以可斯何如矣政 quid agendum ut populus continuo legibus obediat? pone 以可則 erit idem. Invenies etiam 此 in eodem sensu; 人有此德有 yeou te tsee yeou gin, si rex veram virtutem habet, populorum corda continuo possidebit.

§ us 2 us. 則 est conjunctio paulo fortior quam 而 ell. De Confucio dicitur quod 則哭歌不 kou tse pou ko, flendo non cantillabat, sine strepitu et sine fastu fluebant lacrymæ. Item solet poni post 然 quoties occurrit aliquid quod objicias; &c. 則然 sed si hoc ita est, sequeretur, &c. Nota hanc phrasim: 也大未而矣美則美 hoc quidem bonum et pulchrum est, sed nondum in summo gradu. Fieri possunt ad instar.

§ us 3 us. 則一 bis positum respondet nostro tùm tùm, v. g. 知不可不年之母父耀以則一喜以則一也 fou mou tchi nien pou ko pou tchi ye, y tse y hi, y tse y kiu, oportet sæpe cogitare de parentum ætate, tùm ut gaudeamus, tùm etiam ut timeamus.

NUMERUS SECUNDUS.

DE 且 tsie.

§ us 1 us. Interdum idem est ac 則 tse, v. g.; &c. 況爲不著仁且然 hoc posito quisquis habet charitatem non hoc ergo faciat, multo minus, &c; 且然 idem omnino est ac 則然 nec desunt alia exempla ad id probandum; fateor tamen quod sit rarius.

§ us 2 us. 且 de se est particula copulativa sicut 而 ell et 與 yu; in eo tamen differunt quod 而 ell sæpe postulat oppositionem, v. g. 樂而貧 pin ell lo, pauper et tamen lætus; 禮而富 fou ell li, dives et tamen urbanus. 與 yu nec oppositionem nec sequelam includit; 爾與予 yu yu ell, ego et tu. At 且 sicut et 則 sequelam innuit, v. g. 賤且貧 pin tsie tsien, pauper et ideo vilis, ex paupertate contemptus plærumque nascitur. Sic 賞且富 fou tsie kouei, dives et honoratus.

§ us 3 us. Ngheou-yang tseo ait : 田買方老且余呼嗚 ou hóu yu tsie lao, fang maï tien, ego jam senex de emendo agello cogitavi : 老且余 idem est ac si dixisset 老余 yu lao; interposuit 且 ad numerum, quia forte 老余 sicut 老吾 potest significare meus senex. His et similibus notulis comparatur linguæ sinicæ notitia.

§ us 4 us. In libro *Sing-li-ta-tsuen* 卽 tsiĕ et 便 pién, idem fere dicunt ac 則 tsĕ et 且 tsie, sed ad stylum humiliorem magis accedunt.

ARTICULUS DUODECIMUS.

DE PARTICULIS 若 jo et 如 ju.

§ us 1 us. Utraque respondet particulæ hypotheticæ *si;* &c. 則然若 jo gen tse, &c, si hoc ita est, ergo, &c. Cavendum est Europæis ne juxta linguam in qua nati sunt, vel ob suos scrupulos, dum volunt veritatem accurate sequi, cavendum, inquam, ne semper usurpent suum illud 若 jo et 是若 jŏ ché, nihil hominem exterum magis publicat. Itaque mature assuescant interdum cum sinis illud 若 jŏ penitus omittere. Ne dicant 這在人有今如是若裡 si adesset nunc hic aliquis. Haec enim ne quidem in vulgari sermone fieri possunt, sed dicunt maxime cum scribunt vel 焉人一有今 kin yeou y gin yen, vel 有且今此於人 kin tsie yeou gin yu tsee, vel 此於人有設 &c. Mong-tsee sæpe utitur 苟 keou, quod si. Potest quoque adhiberi 儻 vel quod idem est 倘 tang, quod si. Sæpe occurrit 使 ssee, fac ut. Idem est ac 設 che, sed paulo elegantius, v. g. 可不身卽善果性使修不以可不身卽惡果性使 . 修不以 ssee sing ko chen ye, chin pou ko y pou sieou, ssee sing ko ngo ye chin pou ko y pou sieou, si natura, vel potius naturalis indoles bona est, tenemur non minus vacare nostræ perfectioni, si vero mala est, multo magis debemus virtuti operam dare ; si bona est, elaborandum est ne mala fiat, si mala est, elaborandum ut bona evadat. Ita Ngheou-yang-sieou.

§ us 2 us. Utraque significat sicut, v. g. 無若有 yeou jo vou, habere sicut non habere. Sun-tsee ait : 鬼若之惡 ou tchi jo kouei, illum odit sicut diabolum ; 是若 vel 此如 hoc pacto. Nota quae sequuntur : 也及可其何之如 ju tchi ho ki ko ki ye, si hoc ita est, quis poterit ad tantam virtutem pervenire ? Per 其 k'i notat Confucium de quo sermo est in hoc loco ; 也可則何之如 ju tchi ho tse k'o ye, quid igitur facto est opus ? Ad verbum 之如 secundum hoc, istud si sit ita; ho 何 quomodo, vel quid agam ? 可則 tse k'o, ut continuo conveniat. Solus Europaeus barbare diceret: 此如是若 si hoc ita est.

§ us 3 us. Saepe occurrunt 若莫 et 如不, indicantque id quod est potius ac melius, v. g. 本其修若莫 mo jo sieou ki pen, nihil potius est quam curare et ornare radicem; 者之樂如不者之好 ·者之好如不者之知 cognoscere bonum minus est, quam illud amare, et illud amare minus est quam illo delectari. Cognitio sine amore sterilis est, amor sine gaudio non est durabilis, nec satis vividus.

§ us 4 us. 若 jo interdum significat *quod vero ad*, v. g. &c. 則民若 quod ad populum spectat, certe, &c; et 如 ju eodem modo sumitur; 子君俟以樂禮其如 ju ki li yo, y ssee kiun tsee, quod autem ad ritus et musicam attinet, expectandus est sanctus. Hoc loco 子君 non potest significare sapientem ut sic, quia ritus et musica ad solum sanctum spectant.

§ us 5 us. 如 ju facit adverbia, seu potius adjectivis addita sensum auget et exprimit modum. Innumera sunt exempla, maxime in libro Y-king, et Lun-yu; 也如空空 kong kong ju ye, inhabilis et ineptus; 也如恂恂 rectus et sincerus; 也如與與 yu yu ju ye, cum magnâ gravitate; 也如休休 hieou hieou ju ye, magnanimiter, &c.

ARTICULUS DECIMUS TERTIUS.

DE 亦 y, 以 y et 爲 ouei.

De 亦 nihil quod speciatim dicatur, significat *etiam*, Gall. *aussi*: sufficiunt exempla hinc inde sparsa ut ejus vim sentias.

NUMERUS PRIMUS.

DE 以 y.

---

§ us 1 us. Respondet particulis latinis *ut, ad*, Gallice *pour*, v. g. 命俟以易居子君 kiun tsee kiu y, y ssee ming, sapiens est in via plana et apta ut expectet mandatum; 正中莊齊 也敬有以足 tsi tchouang tchong tching tsou y yeou king ye, gravitas et rectitudo sufficiunt ut omnes illum colant et venerentur; 十知以一聞 vén y, y tchi che, satis est unam rem audire ut ex ea colligat decem.

§ᵘˢ 2ᵘˢ. 以 fere semper explicari potest per 用 yong, uti aliqua vel aliqua re, v. g. 吾不也以 vou ngou y ye, me non utitur; 以吾不雖 soui pou ngou y, licet me non utatur, non me evehat. Nota 以吾 transpositio necessaria; si enim ponas 吾以 significabit per me, nec sensus stabit; 以不乎怨 yuen hou pou y, furit, quod regimini non admoveatur. In his exemplis 以 est verbum, 字活 ho tsee, non 字虛 hiu tsee, seu particula. In sequentibus magis ad particulas accedit; 禮之子天以先其祀 ssee ki sien y tien tsee tchi li, honorare parentes mortuos per ritus Imperatori proprios. Sic 士以祭夫大以葬 tsang y ta fou, tsi y ssee, terrae mandatur sicut solent magnates, deinde colitur sicut simplex litteratus. Ngheou-yang-sieou ait: 哉者下其況懼爲是以曾明之舜堯以 y yao chun tchi ming yeou y che ouei kiu, hoang ki hia tche tsai, hoc metum incuteret ipsis Yao, Chun, quanto magis timere debent qui ad illorum virtutem non accedunt.

§ᵘˢ 3ᵘˢ. Saepissime jungitur cum 所 sŏ, v. g. 然以所 so y gen, causa per quam, vel propter quam; 以所其視 chi ki so y, videre quid agat, quo delectetur: 以 hoc loco videtur esse verbum cujus 所 so est regimen; 帝上事以所禮之社郊 ritu dicto kiao-che colitur supremus Dominus; 人治以所知 tchi so y tchi gin, scire quo modo vel per quod regantur homines; 也一者之行以所 so y hing tchi tche y ye, id quod haec ad praxim reducit, unicum est; 大爲以所之地天此 et hoc ipsum est propter quod coelum, et terra sunt aliquid magnum; 也天爲以所之天 coelum quà coelum, id quod facit ut coelum sit coelum; 以所 vel 以是 quapropter, propterea.

§ᵘˢ 4ᵘˢ. Juncta cum 何 significat quomodo. Tchouang-tsee ait: 耶然其知以何 unde sciam, quomodo sciam quod haec ita sint. Idem jungitur cum 可 kŏ, v. g.: 人知思天知不以可不 qui vult cognoscere hominem, non potest per hanc cognitionem non pervenire ad coeli cognitionem. Si dixisset 天知不可不 sensus foret, non decet non cognoscere coelum, quasi vero ipsi esset integrum cognoscere vel non cognoscere.

§ᵘˢ 5ᵘˢ. Demum jungitur cum 爲 ouéi, idque variis modis; 恥爲以不 pou y ouei tchi, non putat hoc esse turpe, de hoc nescit erubescere; 何如爲以明高知不 velim scire quid hac de re sentias; 明高 altus et intelligens, sic urbane compellamus alterum; 以吾鬼爲子 ngou y tsee ouei kouei, puto te esse spectrum cum te aspicio, videor mihi videre aliquod phantasma; 勝孰爲以王則 tse vang y ouei chou ching, quis tuo judicio, Rex, victoriam reportabit? 樂爲以不 pou y ouei lo, non in eo sese oblectat; 大爲以民 populo videtur amplior (hortus); 也急爲産制以君明 ming kiun y tchi tchan ouei ki ye, rex sapiens ante omnia cogitat de alendo populo.

§ᵘˢ 6ᵘˢ. 以 y respondet particulis *juxta, secundum*; 時以民使 ssee min v che, occupare populum juxta tempus, i. e. nihil ab eo exigere nisi tempore apto et convenienti. Alia exempla passim occurrent. Item respondet præpositioni, *per*, 足以牀剝 po tchoüang y tsou, destruere cubile per pedem. Pluries hoc reperies in libro Y-king.

§ us 7 us. Adde 以無 vel 己無 v. g. 焉一有則己無 vou y tse yeou y yen, si vis absolute scire quid sentiam, dicam equidem, unum scilicet restat tibi, &c; quantum verborum ut duarum litterarum 以無 vel 己無 vim accurate explices! Item 來以漢自 vel 來己 vel 來而 vel 降而 i. e. a temporibus Dynastia *Han* usque nunc. Item 奚加以無 vou y kia y, nihil est quod amplius addas. Item 乎異以有刃與挺以人殺 cha gin y ting yû gin yeou y y hou, aliquid ne interest utrum aliquem scipione an ense occidas? Respondet: 也異以無, nihil prorsus, nulla inter utrumque differentia.

NUMERUS SECUNDUS.

DE 爲 ouei.

---

§ us 1 us. 爲 ouei sæpe jungitur cum 能 neng, nec videtur aliud fere dicere quam sola littera 能 *posse*. 化能爲誠至下天惟 ouei tien hia tchi tching ouei neng hoa, solus ille, qui in toto orbe summe verus ac sanctus est potest corda convertere; 愛所愛能爲王明惟 ouei ming vang ouei neng ngai so ngai, solus Rex sapiens scit amare quod amat; 能爲士惟 ouei ssee ouei neng, soli sapientes id possunt. Vides quod semper præcedat 惟 ouei. Forte 能爲 significat *est potens*. Quamquam valde dubito an una littera sola, sino 者 tchè, vel 之 tchi supponere possit pro participio.

§ us 2 us. 爲 significat vulgo propter, v. g. 爲誰而慟爲人夫非 si non dolerem propter hunc hominem, propter quem alium tandem! Ita Confucius in morte unius discipuli. Nota transpositionem geminam, 爲人夫 et 爲誰! hæc ultima necessaria est, nam 誰爲 potest significare *quis est homo*? 己爲學 hio ouei ki, studere pro se vel propter se; 人爲學 studere propter alios; 何爲 ouei ho, quare, quam ob rem? 爲何 ho ouei, quid ita?

§ us 3 us. De 爲 quando non est particula hæc per transennam collige. 1o. Denotat verbum substantivum; 能多才多也八爲其 ki ouei gin ye to tsai to neng, homo est præclaris dotibus ornatus. 2o. Significat facere; 桿之爲以行徒不吾 ngou pou tou hing y ouei tchi ko, non ego pedes incedam ut illi comparem sarcophagum. Verba sunt Confucii. 3o. Significat, agere, administrare, exercere; 官爲 ouei kouan, agere mandarinum; 國爲 ouei kouo administrare regnum; 園 爲 ouei pou, colere hortum, Gallicè *faire le jardin*, &c. 4°· Sæpe dicunt sinæ 能不 pou neng, non possum, cum deberent dicere 爲不 non facio. Illud realem impotentiam importat, hoc vero defectum voluntatis. Est præclarum exemplum apud Mongtsee. Si res de qua sermo est fieri debet tunc pou ouci 爲不 est vitium; si non fieri debet tunc 爲不 est virtus.

ARTICULUS DECIMUS QUARTUS.

DE 哉 tsāi et de 乃 nài.

---

§us 1us. 哉 tsai. 1°· Frequentissimè interrogat ut dicetur infra. 2°· Est admirantis et exclamantis. Exempla selectiora sunt; 哉耳盈乎洋洋 yang yang hou yng ell tsai, musica illa mirabilis, quam jucunde implet aures! 乎 hoc loco idem est ac 哉 sed ideo...... adhibetur, quia paulo-post venit 哉 et utraque simul ponitur, licet nulla fiat interrogatio; 哉乎庶 chu hou tsai, quanta populi affluentia! Tres istæ litteræ possent quoque significare, *parum certe abest*; ex orationis contextu sensus colligi debet. 3°· Eleganter ponitur post aliquod nomen, sive deinde sequatur in fine aliqua particula, sive non; 問哉大 ta tsai ven, quam magna est illa quæstio! 乎言哉富 fou tsai yen hou, quam dives et abundans oratio! 也言哉善 chen tsai yen ye, quam sana est hæc sententia! 也回哉賢 hien tsai hoei ye, quam sapiens erat Hoei! 也由哉野 ye tsai yeou ye, quam agrestis est Yeou! 道之人聖哉大 ta tsai ching gin tchi tao, proh! quanta est sancta doctrina! 也惑其哉甚 chin tsai ki hoe ye, quanta est ejus cæcitas! Littera 其 denotat vel eum qui errat et tunc 惑 erit verbum, vel errorem in quo versatur et tunc 惑 erit nomen, et subauditur est ut sæpissime fit; 哉繆其何 ho ki mieou tsai, quam turpiter errat. Littera 何 nullam hic notat interrogationem.

§us 2us. 乃 nai, significat 1°· nempè, scilicet. Tchouang-tsee ait: 以所乃生吾善 也死吾善 chen ngou seng nai so y chen ngou ssee ye, bonam vitam vivo, nempe ut bona morte moriar; 善 est verbum bonificare. In symbolo fidei legitur 瘞乃而死 ssee ell nai y, mortuus et sepultus est. Difficile esset dicere cur positum sit illud 乃 nisi forte ut phrasis hoc pacto sustentetur. 2°· In libro Chu-king quater repetitur 乃: 武乃文乃神乃聖乃 nai ching, nai chin, nai ven, nai vou, loquitur de eo qui simul est et sanctus, et spiritus, et pacificus, et bellator. 3°· Volunt aliqui quod in eodem libro nai sit pronomen 2æ personæ; 心乃度 tou nai sin, scrutare cor tuum; 祖乃父乃 nai fou nai tsou, vestri majores.

AD LINGUÆ SINICÆ NOTITIAM.

ARTICULUS DECIMUS QUINTUS.

DE PARTICULIS QUÆ TEMPUS DESIGNANT.

1º· 將 notat futurum, v. g. 日將者惡爲之世後 heou chi tchi ouei ngo tche tsiang yue, olim qui volent agere malum dicent, &c ; 門入將 januam ingressurus ; 終將 vel 死將 moriturus ; 出可將 tsiang ko tchu, tunc licebit exire ; 之問將吾諾 no ngou tsiang ven tchi, ab ipsomet istud mox sciscitabor ; 矣仕將吾諾 no, ngou tsiang ssee y, recte, ego mandarinum brevi adhibeo ; 至將之老知不 pou tchi lao tchi tsiang tchi, nequidem advertit quod senectus mox ingruat ; 爲至不所無將其知可 ko tchi ki tsiang vou so pou tchi yen, ex quo scire licet quod prope modum nihil non audebit.

2º· 曾 notat præteritum : 問之求與由曾 me interrogaveras de meis discipulis Yeou et Kieou ; 說曾 tseng choue, jam dixi. Interpres *Tchang-kin-tching*, familiari sermone utens sic explicat : 了過說曾己 y tseng choue ko leao. Littera 說 significat dicere ; quatuor aliæ tempus præteritum designant. Sic 了及言曾未 ouei tseng yen ki leao, non dixi hactenus. 經 king idem est ac 曾 tseng ; 見經不 non vidi ; idem est ac 見曾不 pou tseng kien, et in humili sermone 過見有沒 mo yeou kien kouo.

3º· 己 y notat quoque præteritum : 死己心而存雖形 hing soui tsun, ell sin y ssee, licet corpus adhuc vivat, animus jam mortuus est ; 矣死已 y ssee y, jam obiit ; 於鄭毛矣博己亦其詩 mao tchin yu chi k't y y po y, Mao-tchang et Tchin-yuen satis magnam cognitionem habebant libri Chi-king ; 甚己之病 ping tchi y chin, illum nimis male habuit ; 病 est verbum, 之 est ejus regimen.

ARTICULUS DECIMUS SEXTUS.

DE PARTICULIS QUÆ AUGENT SENSUM.

1º· 愈 yu, 愈 y, et 彌 mi respondent nostro *quo magis, hoc magis*, ut exempla satis docebunt ; 遠愈彼近愈此 tsee yu kin, pi yu yuen, quo propius alter accedit, hoc alter recedit longius ;

U u 2

至不愈而動愈力愈故 kou yu li yu tong ell yu pou tchi, et ideo quo magis contendit et attendit, hoc minus pervenit. Posuit 而 ell, ut ostendat quod 愈 licet ante bis legatur, debet sumi pro eodem; 薄益而遠益聖去 kiu ching y yuen ell y po, quo longius recedimus a sanctis hoc virtus nostra levior ac tenuior est. Supra 而 ell erat necessarium, hic vero est ad ornatum. Yang-tsee loquens de igne ait: 壯彌而之宿.明彌而之用 yong tchi ell mi ming, sou tchi ell mi tchouang, quo magis illo uteris, hoc evadit clarior, et quo plus cohibes, hoc habet plus virium; posuit 而 ell in utroque ut ostendat duas esse phrases.

2º. 況 hoang crebro repetitur. Caput *Ven-yen* ait: 於況乎人於況而違弗且天乎神鬼 tien tsie foe ouei, ell hoang yu gin hou, hoang yu kouei chin bou, cœlum non est contrarium, multo minus homines repugnant, longe minus spiritus adversantur. Tres istæ particulæ 乎於而 hoc modo sæpe, non tamen semper, reperiuntur cum 況 hoang; 德真乎言於況·事於待不 tchin te pou tai yu ssee, hoang yu yen hou, vera virtus non postulat ut magna facias, multo minus ut magna loquaris.

3º. 矧 chin idem fere est ac 況 hoang. Chou-king ait: 茆有茲矧神感誠至 tchi tching kan chin, chin tsee yeou miao, summa sinceritas movet spiritum, quanto magis hos populus *miao*. Sæpe invenitur 曰矧 chin yue, plus dico.

4º. Multæ sunt aliæ particulæ quæ summum aliquid indicant, v. g. 聖至 tchi ching, sanctissimus; 明高極 ki kao ming, altissimus et clarissimus; 窮最 tsoui kiong, pauperrimus; 善甚 chin chen, optimus; 矣甚焉謬 mieou yen chin y, error turpissimus; 焉 hic mere ad ornatum; 上上田厥 kue tien chang chang, ille ager bonus et pinguis in summo gradu.

ARTICULUS DECIMUS SEPTIMUS.

DE PARTICULIS QUÆ INTERROGANT.

Poteram hæc remitere ad caput quartum in quo agitur de figuris; sed quoniam id fere totum pendet a particulis, melius erit eas simul hic congerere.

1ª sit 哉 tsai cujus usus admodum varius est et aliam particulam fere semper secum trahit. 1º· Jungitur cum 何 ho, v. g. 哉何 ho tsai, quid ita? 哉何故其 ki kou ho tsai, quam tandem ob causam? 哉疑何復 fou ho y tsai, quid adhuc dubii restat? 哉我於有何 ho yeou yu ngo tsai, quid hoc ad me? 2º· Cum 豈 ki v. g. 哉此於加有豈 ki yeou kia

AD LINGUÆ SINICÆ NOTITIAM.

yu tsee tsai, quid est quod ad hoc accedere ultra possit? 哉及能以所之子二豈 ki ell tsee tchi so y neng ki tsai, quomodo illi duo discipuli mei ad hunc gradum pervenire possent? 哉惜可深不豈 ki pou chin ko si tsai, an est aliquid magis luctuosum? 3º· Cum 奚 hi, v. g. 哉可奚 hi ko tsai, fieri ne hoc potest, decet? Mong-tsee sæpe jungit *hi* et *tsai* 4º· Cum 烏 ou, v. g. 哉道足烏 ou tsou tao tsai, an meretur ut de eo fiat ulla mentio? 5º· Cum 安 ngan, v. g. 哉悲不而得安心之我 ngo tchi sin ngan te ell pou pai tsai, quo tandem modo cor meum misericordiâ non commoveretur? 哉在安果者性德謂所則 tse so ouei te sing tche ko ngan tsai tsai, hoc posito, istud quod virtus naturalis dicitur, quo abiit? Nota 在安 ngan tsai, ubi est? 哉在 ob affinitatem soni; 者性德謂所 quod est nominativus verbi 在 tsai; 果 ko, in rei veritate. 6º· 哉乎 ponitur in fine; 哉乎人由而己由仁為 ouei gin yeou ki, ell yeou gin hou tsai, an à me solo, an ab aliis etiam pendet ut charitatem habeam? Hoc loco 而 ell minime conjungit, sed potius dividit, ut sensus sit quod a me hoc pendeat non vero ab aliis, et hoc eruitur ex interrogatione; 哉乎遠仁 gin yuen hou tsai, adeo ne remota est a nobis charitas? 哉乎多子君 kiun tsee to hou tsai, an sapiens tam multa requirit? 7º· 哉也 etiam in fine; 哉也知人求盡必何 ho pi tsin kieou jin tchi ye tsai, quid, amabo, prodest tantum laboris insumere ut alii te noscant? ita Confucius. 8º· 哉與也君事與可夫鄙與 yu pi fou k'o yu ssee kiun ye yu tsai, an quæso, vilis homo regi servire potest? Ita Ngheou-yang sieou, ni fallor. Nota in 與可 potest ne concedi, 與 est verbum, et in 夫鄙與 homini vili, est ejus regimen, et 與 idem est ac 於. Denique 哉與也 tres deinceps particulæ, 與 ponitur ad merum ornatum. 9º· Præcedit 亦不 v. g. 哉宜亦不 pou y y tsai, nonne et hoc æquum ac justum est? Sed sæpius utuntur 乎 v. g. 乎樂亦不 nonne in eo etiam voluptas est?

2ª Sit 何 sine 哉 v. g. 死敢何 quomodo mori sustinuissem? 也知其何如 yu ho ki tchi ye, quomodo dici potest prudens; 有何乎政從於 yu tsong tching hou ho yeou, cur non possem rempublicam administrare? nota 政從於 est regimen verbi 有; 有何 idem est ac 哉有之難何 quænam tanta difficultas est? 乎 adjuvat particulam 於 sicut supra in 乎是於 tunc; 之廢其何之如 ju tchi ho ki fei chi, ita ne hoc peribit? Nota 之如 non debet jungi cum 何, sed significat hoc pacto. Inservit 其 quia si diceres 之廢何 sensus esset cur hoc perdis? sed hæc minuta vix possunt verbis doceri; 也何 vel 邪何 ho ye, quare? Tchouang-tsee habet 舁何 ho yu, eodem plane sensu; 何刈 idem quoque est, sed si nomen aliquod inseritur, alius est sensus, v. g. 何予如 ju yu ho, quid mihi facere potest mali? 何命如其 hoc ne retardare vel mutare potest mandatum; 正如 何人 quid hoc ad homines rectificandos? Nota 正 est verbum et 人 est ejus regimen. 必何

作改 ho pi kai tso, cur hæc consuetudo mutari debet? 衰之德何 ho to tchi chouai, eheu quam debilitata est virtus! hoc loco est admirantis, non interrogantis.

3ª 豈 sine 哉 v. g. 害之渴饑有腹口惟豈 ki ouei keou fou yeou ki ko tchi hai, an solæ fauces sitiunt? an solus venter esurit? 理此有豈 ki yeou tsee li, vel 理斯 ssee li, idem fere est ac 敢豈 ki kan, urbane hoc dicitur: bene addunt in fine 乎 hou, v. g. 然其乎然其豈 ki gen ki ki gen hou, ita ne vero hoc ita est? Nota 其豈 sicut supra 哉在.

4ª 奚 sine 哉 v. g. 日不奚如 ju hi pou yue, cur non dicebas? 如 hoc loco est pronomen 2æ personae; 為以奚亦多雖 soui to y hi y ouei, licet sit talium rerum abundantia, quem verum usum habent? 亦 y respondet 雖 eodem modo ac 而 ell; 以奚亦 y hi y, sic 也及其既 ki ki ki ye, sunt argutiae sonorum nec nimis curandae, nec rejiciendae cum occurrunt.

5¹ Sit 惡 ou, quae reperitur apud omnes qui eleganter scribunt; 之禁而得惡 ou te ell kin tchi, quomodo hoc impediemus? Nota; 之禁惡 vix posset fieri; 之禁乎惡 leviter sensus mutaretur; 之禁得惡 sensum servaret; sed si accedat 而 ell, longe mollior et blandior est oratio; 之當能惡 ou neng tang tchi, istud vires meas superat; quomodo hoc sustinerem? bene adjungitur 乎 hou, v. g. 名成乎惡仁去子君 kiun tsee kiu gin ou hou tching ming, si sapiens charitatem abjiceret, quomodo impleret suum nomen sapientis? 定乎惡下天 tien hia ou hou ting, quis tranquillitatem orbi restituet? 之知乎惡吾 ngou ou hou tchi tchi, unde haec ego rescire potuissem? Tchouang-tsee loquens de 道 táo, suprema ratione petit: 在乎惡果 ko ou hou tsai, ubinam sit, et respondet 在不乎無 ubique est. In his omnibus exemplis 乎 videtur habere eumdem sensum ac 於 de qua supra.

6ª 曷 ho est idem ac 何: legitur in Y-king: 用之曷 ho tchi yong, cuinam usui esse potest? 用之 transpositio pro 之用.

7ª 胡 hou, eumdem sensum habet: 乎立不胡子吾 ngou tsee hou pou li hou, cur non dignitatem aliquam adis; 子吾, sic illum compellat.

8ª 盍 ho, cur non? 志言各盍 ho ko yen tchi, cur cor vestrum mihi non aperitis? inquit suis discipulis Confucius: 志 tchi, desideria, intentio, quidquid in corde versatur; 害 ho, idem plane est. In Chu-king: 違不害 cur non is contra sortes? In Chi-king, non additur 不 pou: 澣害 ho han, cur non lavo meas vestes? Sed haec satis rara sunt.

9ª 孰 chou, quis, v. g. 學好為孰 chou ouei hao hio, quis ex vobis amat studium virtutis? 足不與孰君足姓百 pe sing tsou, kiun chou yu pou tsou, cum populus nulla re indiget, quid regi deesse potest? 是於大孰 an est aliquid grandius? 孰禮知而子管禮知不 si Kouan-tsee dicitur scire ritus, quis est qui ritus ignorare dici possit?

AD LINGUÆ SINICÆ NOTITIAM.

10ª 誰 choui, v. g. 誰者亭作 tso ting tche choui; quis est qui hanc aulam fecit? 與過之誰是 cujus est culpa? 戶由不出能誰 choui neng tchu pou yeou hou, quis cui liberum est exire non exit per januam? 誰者殃降祥降 kiang tsiang kiang yang tche choui, quis est ille qui premia et pœnas decernit et immittit? 孰 et 誰 choui, sunt potius pronomina quam particulæ, sed parum refert.

Præterea memineris quod agendo de particulis 乎 hou, 耶 vel 邪 ye, 歟 yu et 焉 yen, monui eas quoque servire interrogationi, atque ex his colliges quam dives sit lingua sinica; et quam copiose ideas aliter atque aliter exponat.

ARTICULUS DECIMUS OCTAVUS.

DE PARTICULIS FINALIBUS.

Non hic annumero 也 ye, 乎 hou, 耶 vel 邪 ye, 與 yu, 耳 ell, 焉 yen, 哉 tsai, quia de his jam fusè actum est suis in locis.

Particula 已 y præceditur ab 而 v. g. 已而一則 tse y ell y, unum est dumtaxat; exempla passim obvia: vel præceditur ab 也 v. g. 已也方仁謂可 ko ouei gin fang ye y hoc dici potest charitatis comparandæ modus; 已也學好謂可 ko ouei hao hio ye y, dici potest quod toto corde virtuti det operam; 已也由末 nullum est remedium, via nulla; 已也觀足不 pou tsou kouan ye y, hoc non meretur aspici; 已也之末 noli illuc ire; 之 hoc loco est verbum.

Particula 夫 fou, vel sola, v. g. 夫善 chen fou, idem ac 也善 recte; 揿可不之誠夫此如 tching tchi pou ko yen ju tsee fou, usque adeo summa sinceritas obscurari nequit: vel cum 矣 præcedente, v. g. 夫矣有 eheu! nimis frequenter accidit! 夫矣命之亡 vang tchi ming y fou, tu morieris, ita mandatum ac decretum est: vel præcedit 也 ye, v. g. 夫也知我莫 mo ngo tchi yo fou, heu! nemo me novit; 夫也意此皆 kiai tsee y yo fou, in omnibus idem est sensus: vel ponitur quoque initio, v. g. 耳其下而目其高能夫夫也天匪者 fou neng kao ki mou ell hia ki ell tche, fei tien ye tou, qui potis est attollere oculos suos et suas aures demittere, nonne cœlum est? hoc est: Cœlum humilis audit et superbos a longe cognoscit.

v v 2

Particula 矣 y est mera finalis: exempla passim obvia; 矣道近則 tse kin tao y, sic non longe abest à via recta; 矣之知不吾 ngou pou tchi tchi y, ego non capio tales homines. Respondet particulæ 者 v. g. 者美其知而惡 ou ell tchi ki moei tche 矣鮮 sien y, pauci sane vident bona quæ habent ii quos oderunt. Hoc loco nihil explicatur sed nudè asseritur; et in hoc ipso 矣 differt ab 也. Post 矣 y ponitur 乎 vel 夫 v. g. 之神鬼乎矣盛其德爲 sed jam vidimus ejusmodi phrasium conformationem; 夫矣己 reperitur vel initio vel in fine; 夫矣己吾 eheu perii.

Particula 兮 hi sæpissme occurrit in Chi-king, apud Lao-tsee, et in quacumque poesi, v. g. 兮人之方西兮人美彼 pi moei gin hi, si fang tchi gin hi, ille formosus præ cœteris, ille vir ex occidente venit. Ad hunc libri Chi-king locum dicunt interpretes, quod author non potest exprimere quidquid sentit, et ideo adhibet 兮 hi, quæ particula magnam emphasim habet. Vocatur 辭歌 seu vox in canticis usurpari solita.

Littera 云 yun significat *loqui, dicere,* verbum, at in Chi-king est particula quæ ponitur initio cum aliqua nota interrogationis, v. g. 何之如云 yun ju tchi ho, quomodo? 誰云思之 yun choui tchi ssee, de quo cogitas? 喜不胡云 yun hou pou hi, vel 樂不胡云 yun hou pou lo, quomodo non gauderem, vel cur non lætaris? Littera 言 yen, quae fere idem ac 云 in eodem sensu legitur in eodem Chi-king; 桑其采言 yen tsai ki sang, plantemus moros; 薇其采言 yen tsai ki meng, legamus flores qui tristitiam pellunt. Ita quidem interpretes de 云 et 言, sed non certum est quod in eo non errant. Ut ut sit 云 claudit orationem; 云子君俟以 y ssee kiun tsee yun, atque expectando sapientem lectorem.

CONCLUSIO TOTIUS TRACTATUS.

Inter particulas, quas toto hoc capite conatus sum explicare, facile fuit advertere quod multæ sint quæ pingantur simul, sive ut sese mutuo fulciant, seu propter varietatem et elegantiam, sive etiam ob luciditatem, quò sensus fiat clarior. Eas infra per modum recapitulationis hic collocabo. Hunc indicem percurrendo perutile erit secum cogitare quem locum singulæ postulent, quem usum habeant, quem sensum efficiant, &c.

PARTICULARUM INDEX.

矣	如	云	惡	然	然	矣	也	者	者
夫	何	爾	且	且	乎	哉	哉	也	也
云	何	焉	嗚	然	然	已	也	者	也
乎	哉	耳	呼	則	矣	矣	與	哉	者
云	何	乎	乎	若	然	已	也	焉	耶
何	矣	耳	如	然	亦	乎	已	哉	也
	乎	云	何	庶	然	乎	也	也	也
	如	耳		而	而	哉	耶	夫	夫

Occurrunt non rarò tres simul junctæ 乎矣已 vel 夫矣已; quanquam tunc 已 melius sumitur pro verbo sistere se, non progredi, ut sensus sit, ohe! jam satis est, desine tandem, et idem forte accedit in 矣已而. At in sequentibus revera sunt tres; 也矣而, 哉與也, 以何哉哉乎庶 --- 人得如乎爾 , ju te gin yen ell hou, dignum ne hominem invenisti? 如 pronomen 2ᵃᵉ personæ, 爾 particula, idem ac 耳; 蓋矣耳焉心 ex toto corde.

Imo putaret aliquis quod sint aliquando quatuor, v. g. 矣已也何之末吾 equidem quid ultra faciam nescio ; 矣已而焉至月日 rite per unum diem aut mensem procedunt ac postea cessant. At in prima phrasi 何 non debet jungi cum tribus litteris sequentibus, et in 2ᵃ 焉 cadit in 至 quod præcedit. Adde quod 已, ut dictum fuit, videtur esse verbum et non haec cadit in sequentes. 乎已乎已 vel 而已而已 ô desine tandem. Præterea nihil est aliud quam 乎已 et 而已 quod bis repetitur.

Non putavi necessarium esse phrases sinicas de verbo ad verbum latine reddere. Hoc enim satis plaerumque inutile est, imo persaepe est prorsus 'ADUNATÒN. Igitur satis habui verum sensum afferre, et hoc ipsum valde proderit, dum unusquisque conabitur sensum illum ex sinicis litteris per semet ipsum eruere, sicut ego feci non semel ut iter aperirem.

In duobus capitibus quae sequuntur, non multum attendam ad particulas; sed totus ero ut stylum educeam amoenosque horti sinensis flores unde legam, non modo ut Europæi hujus linguae suavitatem degustent, sed etiam ut et ipsi concinne et eleganter sinicè scribant, si velint.

CAPUT TERTIUM.

DE DIVERSITATE STYLI SINICI ET DE OPTIMO GENERE SCRIBENDI.

Quod apud omnes orbis populos contegisse legimus ut feri ac silvestres homines paulatim mansuescere cæperint, sermonisque rusticitatem jucundus verborum lepos, tersæque orationis elegantia sensim perpolierit, istud ipsum sinicae genti accidisse fatebitur quisquis veteri sinarum historiae fidem habere volet. Ex ea enim patet quod sinenses ceteris populis in eo genere feliciores non fuerunt, et tamen ab ipsis velut incunabulis sui imperii sui hieroglyphos habent stupendo artificio effrmatos, librosque conservant quos vocant 經 king; eosque cum propter temporis antiquitatem, tum ob arcanae doctrinae mysteria, tum etiam propter laconici styli robur, adeo mirabiles ut nemo inter posteriorum aetatum scriptores inventus sit, qui ad talem orationis formam vel à longè appropinquare potuerit. Atque hoc, quod nullus homo sina negaverit, semel posito, utrum sinica gens ejusmodi monumenta proprio marte procuderit, an vero per traditionem a majoribus illa potius acceperit, quaestio est, quam, cum non sit hujus loci atque operis, relinquo peritis ac cordatis viris disjudicandam, ac praesens caput in tres articulos divido; 1us diversos in stylo gradus assignabit; 2us varia praecepta circa stylum tradet; 3us data praecepta selectis exemplis ob oculos ponet.

ARTICULUS PRIMUS.

GRADUS IN STYLO DIVERSI GENERIS ASSIGNANTUR.

In memoriam revocanda sunt quae jam in introduxione diximus de variis librorum sinicorum classibus. Sed notitia quae ibi datur potius ad ipsos libros spectat quam ad stylum. Cum autem stylum unicuique classi proprium discernere permagni momenti sit, hoc accurate nunc mihi est agendum.

1º Est stylus antiquus, 文古 kou ven, qui reliquos omnes granditate et majestate longe supereminet, litteris perpaucis miros sensus includit. Si verba spectes, nihil brevius ac praestius; si ad sententiam attendas, nihil disertius ac uberius. Ad supremum hunc magnifici styli verticem prope accedunt plurimae sententiae concisae et graves, quae in variis libris antiquis sparsae adhuc leguntur, debentque propterea sic tanquam gemmae studiose et avide colligi.

2º· Post veros 經 king, quos non agnosco nisi tres, scilicet 易 y, 詩 chi et 書 chu, veniunt, 1us Liber Tchong-yong, etsi nimis forte luxuriet. 2º· Liber Ta hio, quoad textum quem

Tseng tsee commentariis explicuit. 3° Liber Lun-yu qui dissipatis sententiis constat, et nullibi particulae sunt frequentiores. 4° Liber Li-ki, non integer, sed selecta ex eo capita et loca in quibus apparet optimi styli color. 5° Liber Tao-te king cujus stylus antiquitatem sic redolet, ut Ssee-ma-kouang ipsis libris *king* ob styli brevitatem illum praeferre non dubitaverit,-- 不經五也約之子老如,--laus nimia et falsa. Ut enim de Chi-king et Chu-king taceam, quid dicit iste libellus quod Y-king suis symbolis et brevius et validius et melius longe ante non dixerit? 6° Poemata dicta 辭楚 tsou tsee, in quibus suave olentis primi veris flosculos olfacere et omnes amœnioris poeseos veneres degustare licet. 7° Liber 經海山 chan-hai-king, ex quo sic tanquam ex fonte sinici poetae hauriunt quidquid habent quod poesim et fictionem redolet, ita ut sine Chan-hai-king poesis apud sinas brevi periret.

In 3° gradu reponendi sunt authores sequentes: 1° 子莊 Tchouang-tsee, 2° 子列 Lie-tsee, 3° 子尹關 Kouan-yun-tsee, 4° 子荀 Sun-tsee, 5° 子孟 Mong-tsee, 6° 子楊 Yang-tsee, 7° 子南淮 Hoai-nan-tsee, 8° 子呂 Liu-tsee, qui omnes habendi et terendi sunt ei qui sinicam elegantiam consequi desiderat. Inter hos reposui 孟子 Mong-tsee, quia solam scribendi formam hic attendo, nec curo quod iste Mong-tsee tanti fiat à modernis sinis, ut eum eodem prope loco ac numero cum Confucio ac Confucii nepote cui librum Tchong-yong assignant, reponere non dubitent. Satis quidem bene scribit Mong-tsee, quamvis sit natura loquacior; sed Sun-tsee et Yang-tsee illi non cedunt, et mea quidem sententia Tchouang-tsee et Lie-tsee illum superant. His adde 1° 氏左 Tso chi, cujus geminum opus, nempe 傳左 tso tchouen, et 語國 koue-yu tantopere laudatur ob stylum antiquitatis sapore passim conspersum. 2° 遷馬司 Sse ma-tsien, qui sicut Tchouang-tsee et Tso-chi inter ingeniosos et elegantes scriptores, 子才 tsai-tsee vocant, nec plures sunt quam quinque, numeratur. Sat raro particulis utitur, quia luxuriantis orationis flosculos historiæ gravitas resecare debet. 4° Denique gradu bene multi veniunt scriptores qui licet posterioribus dynastiis floruerint, sermonis elegantia, omnes qui deinde secuti sunt, facile superant. Tales sunt, 1° 愈韓 Han-yu, qui florebat sub dynastia 唐 t'ang. 2° 修陽歐 Ngheou-yang-sieou, in quo nescias quod magis laudes an critices sanitatem an puritatem sermonis. 3° 坡東蘇 Sou-tong-po. 4° 朱熹 Tchu-hi quisi quando vult scribit purissime et eleganti stylo. Bene multos alios possem addere quorum opuscula jussu Imperatoris Kang hi collecta sunt in unum opus dictum 文古鑑淵 kou ven yuen kien. 5° Inter ipsos interpretes, plurimi reperiuntur, qui optime ac nitide scribunt. 6° Inter poetas maxime laudantur 部工杜 Tou-kong-pou et 白太李 Li-tai-pe.

Non loquor de 文世 chi-ven: sic vocant compositiones illas rhetoricas in quibus sinæ litterati totam suam ætatem misere conterunt; ex quo 石安王 yang-ngan-che regni minister sub familia 宋 song, istas amplificationes pro scholasticorum examine instituit. Nihil illis fingi potest pulchrius et inanius. Ventus est qui molli sono jucunde pulsat aures sine ullo alio fructu; flosculi sunt qui pascunt oculos, interim dum mens jejuna remanet. Calamistris trita est oratio, pigmentis abundans, et sensu vacua; fac illa pulchella membra subeat aliquis succus; sinæ ut sunt ingeniosi illius saporem statim sentient. Sed non sunt verâ philosophiâ reconditisque litteris satis instructi, ut emortuis suis floribus mentem et vitam addere valeant.

ARTICULUS SECUNDUS.

GENERALIA PRÆCEPTA DANTUR CIRCA STYLUM.

―――――

Optime et eleganter 子楊 Yang-tsee tres ordines in stylo distinguit. 1º· Quando major vis adhibetur in sententia quam in verbis, 伉則辭勝事 ssee ching tsee, tse kang, tunc stylus est durior et horridior. 2º· Cum non tanta cura est de re, quæ dicitur, quam de verborum lenociniis quibus ornatur, 賦則事勝辭 tsee ching ssee tse fou, stylus est poeticus et nimis comptus. 3º· Cum nec sententiæ gravitas nec elegantia sermonis sese mutuo superant, hoc est cum pulchra sententia pulchris verbis quasi vestitur, 經則稱辭事 ssee tsee tching, tse king, tunc stylus est optimus librisque 經 king dignus. Tres sunt phrases tam miro artificio colligatæ, ut diversæ litteræ plures non sint quam octo, licet unaquæque quinque litteris constet. Eodem sensu Ngheou-yang-sieou ait: assumuntur verba ut aliquid semper secum ferant, 事載以言; et venustos quæritur ut isto lepore verba contingantur, 言飾以文而; quando nihil nisi verum ac solidum dicitur et ornate atque eleganter exprimitur, 文言信事,-- tunc a stylo librorum king, non longe distat oratio, 違不經去則: quatuor sunt phrases; 1ᵃ et 3ᵃ habent quatuor litteras, 2ᵃ et 4ᵃ habent quinque, et solæ istæ quatuor litteræ 文言信事 ssee sin yen ven comprehendens quidquid de optimo stylo dici potest.

Nihil igitur magis curandum est quam ut oratio sinica sit veluti corpus solidum et succi plenum, cujus membra sibi mutuo tam apte respondeant, ut nihil distortum aut mancum appareat, sed omnia in suo loco et in bono lumine collocentur, ideoque sicut in uno corpore mira cernitur varietas partium, quæ tamen communione quâdam suavissimisque vinculis continentur inter se, sicut insinuo discursu phrases omnes, imo et ipsæ litteræ ita variandæ sunt, ut phrasis phrasim et littera litteram fulciat et adjuvet. Hinc tam sæpe accidit ut eadem littera bis iteretur, vel cum aliqua, quæ sit affinis, maritetur, vel ut aliqua particula ruentem orationem, veluti apta fultura sustineat.

Licet phrases aliæ aliis sint longiores, inter eas tamen debet esse certus quidem concentus, fere ut in poesi gallica dantur versus, qui liberi et mixti vocantur, quod, ad arbitrium poetæ breviores intertexti sint longioribus. Quamdiu tamen quid, in tanta varietate, sit observandum, ut inoffensâ legantur aure, nesciveris, versus non nisi ridiculos et illepidos facies. Ita omnino dicendum est de sinicis phrasibus quae quatuor litteris plaerumque constant. Si tamen ejusmodi phrases perpetuae sint, fastidium tandem creant, et oratio varietate sic tanquam sale condiri debet. Interponendæ igitur erunt aliae modo trium litterarum, modo quinque, modo sex, septemve. Sed valde notandum quod admodum raro contigit, ut phrasis grata sit, quae sola in suo genere occurrit. Ergo plures ponendae sunt, vel deinceps, vel alterius, vel alio quovis ordine prout usus paulatim docebit.

Praeterea elegans scriptor saepe materiam suam sic ordinat, ut tres aut quatuor ideas statim menti simul offerat, ac eas deinde sub novo lumine bis terve tam jucunde collocet, ut animum rapiat, et ad clamores faciendos excitet.

Talis est apud Ciceronem locus insignis ad quem coronam omnem exclamasse ipsemet narrat. Agitur de supplicio parricidarum, quos vivos insuebant in corio et sic demergebant in profundum. " O singularem sapientiam, judices, inquit Tullius, nonne videntur hunc hominem ex " rerum natura sustulisse, cui repente coelum, solem, aquam, terramque ademerunt? Ut qui eum " necasset, unde ipse natus esset, carreret his rebus omnibus ex quibus omnia nata dicuntur. " Etenim quid tam est commune quam spiritus vivis, terra mortuis, mare fluctuantibus, littus " ejectis? Ita vivunt dum possunt, ut ducere animam de coelo nequeant ; ita moriuntur ut eo- " rum ossa terra non contegat ; ita jactantur fluctibus, ut numquam abluantur ; ita postremo " ejiciuntur, ut ne ad saxa quidem mortui conquiescant." Sic et tu materiam tuam aliquando dispone, cum sinice scribes, si vis laudem aliquam apud sinas consequi.

Denique, si ignoret quid valeant accentus, nec eos adhibeat in praxi, ne sinice tentet scribere. Soluta quidem oratio apud Sinas quemadmodum apud Graecos et Romanos non ita severè numeros observat atque poesis; tamen quod Demosthenes et Tullius reliquos oratores tam longe superent intervallo, non hoc ex ubertate materiae et dictionis praecise provenit, sed maxime id debent numeris quos diligenter aucupabantur, ut aures teretes et religiosae norunt. Sinae porro longe scrupulosius vocum accentus temperant, quam Graeci et Romani ad syllabarum quantitatem umquam attenderint. Plurimae phrases totidem litteris constantes deinceps poni possunt, dummodo non omnes per eumdem accentum desinant; at si accentus idem perpetuo feriat aures, oratio nec legi nec audiri poterit a sinis nisi cum incredibili nausea.

Errant Europaei cum putant tam difficile esse accentibus recte sinicis uti. Quinque enim accentus, ut jam alias monui, ad duos reducuntur ordines 平 pīng et 仄 tsè. Ping-ching sibi sumit duos, scilicet ⁻ et ∧ . Tse-ching alios tres ` ,' et ‿ sibi vindicat. Atque adeo cum nostris syllabis, quarum aliae longae sunt et aliae breves, conferri debent. Porro, quanto difficilius est purum iambum facere, hoc est seligere syllabas duodecim, quarum sex, quae sedes impares occupant, breves sint, et sex aliae in sedibus paribus positae sint longae, v. g.
     Beātŭs ĭllē quī prŏcūl nĕgōtĭīs.
Quantò, inquam, hoc laboriosius est quam attendere ut post unam vel alteram phrasim, quae

per 聲仄 tse-ching desinit, inseratur una vel altera, quae desinat per 聲平 ping-ching, et ut in ipso phrasim corpore simul concinne misceantur, ne si 平 ping vel 仄 tse, crebrius feriat aures, nauseam pariat. Pueri apud nos omnis generis carmina graeca et latina facere brevi tempore addiscunt, et Missionarii non poterunt accentum *ping* ab accentu *tse* distinguere, simulque recte componere, quis hoc serio dixerit.

Frustra hic adderem minuta praecepta multaque in variis ad exempla quae proferam notis longe melius insinuabuntur et clarius per ipsamet exempla intelligentur.

ARTICULUS TERTIUS.

QUÆ DICTA SUNT SELECTIS EXEMPLIS OB OCULOS PONUNTUR.

Ut styli diversitas statim appareat, afferam 1º· unam et alteram sententiam quae variis temporibus variis modis exposita fuit: 2º· plura exempla ex omnibus styli generibus dabo.

PARAGRAPHUS PRIMUS.

EADEM SENTENTIA DIVERSO TEMPORE DIVERSIMODE EXPOSITA.

1ᵃ· *Sententia:* 明聰天惟 ouei tien tsong ming. Sumpta est ex Chu king, et significat quod intelligentia soli coelo propria est, et quatuor litteris absolvitur.

1º· Yang tsec idem dicit sed litteris sexdecim: 聰爲天惟 ouei tien ouei tsong, 天惟明爲, id est, solum coelum clare audit, solum coelum clare videt; 目其高能 neng kao ki mou, 耳其下而 ell hia ki ell, potest attollere suos oculos, et demittere suas aures.

2º Sse ma kouang adhibet 38 litteras ut idem dicat; 形無於視聲無於聰則天 id est, coelum non ita, sed audit ea ipsa quae nullum sensibilem sonum reddunt, et videt ea quae nullam figuram corpoream habent; pergit et sese explicat: 之知必天者心於發也明聰之天若無故 vel si levis cogitatio in corde forte pullulet, coelum illam statim certo cognoscit, et ideo nihil est coelo intelligentius; 早聽以所下耳遑見以所高目 oculi ejus altissimi et ideo cernit longe, ejus aures infra descendunt et ideo humilia quaeque audit.

3°. Commentaria Ge-kiang nihil aliud totis 76 litteris dicunt quam quod Chu-king litteris quatuor tam clare dixit; 上在高高天惟 solum cœlum altissimo velut in solio sursum est; 靈毛神至公至庶至 ª summe purum, summe justum, summe spirituale, summe intelligens; 見不無明而視需不．聞不無聰而聽用不 ᶜ non opus habet oculis arrectis ut omnia minutatim audiat, non intendit oculorum aciem ut cuncta cernat acutissimè; 鑒之天逃能不舉戚休之生民．失得之令政惟不 ᵈ non modo illa quæ bonum vel malum regimen adducunt, populosque vel beatos vel miseros reddunt, oculis cæli sunt apertissima 地之閒不睹不中 ᵉ 之漏屋室暗卽 sed quæ in abditis cœcisque locis facimus putamusque nec videri nec audiri, 繁然昭皆亦此如明聰之尺．焉罣無 Cœlum hæc omnia clarissime scrutatur, nec quicquam ipsi excidit, atque cæli perspicax intelligentia talis est.

Nota: Prolixa quidem oratio, sed nitidissima et elegantissima, ut statim videt quisquis vim particularum sentit, et phrases ad invicem comparat. 1° enim in duobus phrasibus, ª quam bene quater iteratur 至 tchi. 2° Duæ sequentes, ᶜ quam exacte sibi respondent? Post tres litteras 聽用不 et 視需不 debet fieri parva pausa. 3° 惟不 non modo. 槩 kiu ista omnia (quæ duabus phrasibus omnino gemellis enumeravit) 卽 sed 皆亦 etiam omnia hæc, quæ pariter duabus phrasibus ᵉ absolvit. 4° Particulæ 惟不 non numerantur, ne noceant phrasibus ᵈ quæ sequuntur. Sic nec 卽, ne turbet duas phrases, ᵉ &ct.

2ª Sententia: 草惟弓．風佳日 ell ouei fong, min ouei tsao, sumpta est ex eodem Libro Chu-king, et significat, Tu, Rex, ventus es, et populi tui sunt arbusta. Duæ sunt phrases litterarum trium, nec melius ac brevius quicquam dici potest.

1°. Liber Lun-yu id ipsum dicit, sed litteris sexdecim: 草德之人小．風德之子君 kiun tsee tchi te fong, siao gin tchi te tsao, i. e. Regis virtus ventus est, et populi sunt herbulæ et junci; 偃必風之上草 quando ventus transit super calamos, statim inflectuntur; 之 hoc loco est verbum *transire.*

2°. Lieou-hiang opus habet 32 litteris ut idem dicat: 草靡風猶下化之上夫 superior convertit suos inferiores sicut ventus teneras plantas inflectit. Miror cur non posuerit 風之 non modo ut responderet 之上, sed etiam ut duæ istæ phrases ex æquo litteris quinque constarent: Pergit: 東而靡草則風西．西而靡草則風東 si ventus flat ab oriente, planta vergunt ad occidentem; si ventus venit ab occidente, plantæ versus orientem inclinantur. Duæ istæ phrases ex eodem torno prodierunt. Demum concludit: 所風在靡之爲草而由 pendet igitur a vento ut ad hanc vel illam partem arbusta sese convertant.

Verbosior esset oratio, siquis symbolum hoc exponere vellet diceretque: componitur orbis ad regis exemplum. Si rex sanctus est populus virtutem colit. Si rex est malus, populus

in vitia regis flectitur. Hoc peccavit Mong-tsee; bene quidem sic incipit: 嘗木之山牛
也國大於交其以矣美 silvæ montis Nieou amænæ et densæ erant, ut par erat.
Jacet enim in viciniâ magni regni. Duæ phrases eodem litterarum numero constant, sed caetera diverse pergit: 乎美爲以可之伐斤斧, sed ubi semel excisae fuerunt, quaenam
formositas monti remanet? Pergit: 之蘖萌無潤斤之露雨息所之夜日其是
焉生 verumtamen per placidae noctis requiem, occulto iterum crescunt sylvae, et rore atque
imbribus recreata radix nova germina paulatim trudit. Sunt duae phrases sibi invicem respondentes: *ge ye tchi so si, yu lou tchi so jun*.. 息 *si* est verbum. Pergit: 牧而從又羊牛
也濯濯彼若以是之 cum ecce bonum armenta et ovium preges illuc ducuntur geminas-
que vix erumpentes certatim tondent et mons denudatus remanet; 以也濯濯其見人
焉材有嘗未爲 qui deinde montis calvitiem vident non putant umbrosas silvas ibi aliquando extitisse; 哉也性之山豈此 at istud ne est naturam montis cognoscere? Hic
haesissent veteres et ista ipsa praestius ac fortius extulissent. Sed Mong-tsee garrulitatis
amantior hoc symbolum fuse ac pueriliter applicat cordi ex quo prodeunt virtutis sicut arbores
ex illo monte. Talia lectori cogitanda relinquere satius est.

Nota. Scholastici sinae qui nihil aliud quam suum Mong-tsee crepant, quia nihil fere aliud
legerunt, mihi videntur ex hoc loco magistri sui Mong-tsee totum usum particularum, quem habent hausisse. Sic enim solent statim ponere 矣 ac deinde 也 pergunt et venit 乎 et 焉 ac
tandem in fine 哉也. His adde 者 et 之 et omnem scholae sinicae supellectilem possidebis.

PARAGRAPHUS SECUNDUS.

VARIA EXEMPLA EX OMNIBUS STYLI GENERIBUS.

I^{um} Ex Y-king symbolo 益 y.

---

hía	下	益	上	損	益
ki'âng	疆	死	說	民	1.
hía	下	hià	下	上	自
kouāng	光	大	道	其	3.
vàng	往	攸	有	利	
ki'āng	慶	有	正	中	5.

Nota. Septem sunt phrases quae desinunt in *ang* ac simul
proinde consonant, et illae litterae, ut vides, sunt — vel 人
hoc est 聲平 *ping ching*; ex septem aliis phrasibus quae
lineis. 1, 3, 5, &c, imparibus continentur, quasque minime
consonare necesse est quinque sunt ⁄ vel \ seu 聲仄
tse ching, duae nempe 川 *tchou'ēn*, et 生 *sēng*, sunt quidem

tchouēn	川大涉利	*ping-ching*, sed 巽 sun et 道 tao quae sunt *tseching*, faciunt ne aures teretes offendantur.
hâng	行乃道木	
súng	巽而重益	Omnia porro concinnata sunt quatuor litterarum, et rhythmi qui sine ullo negotio sentiuntur accentusque apte ordinati non levem gratiam orationi dese sat venustae conciliant, sensus autem talis fere est :
ki'âng	疆无進日	
sēng	生地施天	
fāng	方无益其	
táo	道之益凡	Symbolum 益 y. Sacrificatur superior in bonum inferioris. Populi lætantur sine fine. Ex alto descendit seque infra subjicit.
hâng	行皆時與	

Propter quod ejus via tota luminosa est. Bonum est ut pergat, medius et rectus singularem felicitatem reducet. Bonum est ut transeat magnum torrentem, sic enim ligni lex ad omnes pervadet. Symbolum 益 y fortis et obediens excitat et subjicit se. Semper ascendit sine fine. Cœlum dat, terra producit. Hæc utilitas est sine loco et modo, quæcumque in sua ratione includit 益 y, cum tempore gradiuntur et tempore suo evenient.

Pænitet me vel egestatis linguæ latinae, vel penuriae ingenii mei, quando versionem hanc cum sinico textu comparo. Si autem hic esset locus, libenter peterem de quo sermo sit ; quid significet transire magnum illum torrentem et ligni legem seu doctrinam 道 ad omnes pervadere.

II^{um} Exemplum ex libro Chou-king.

Eheu attende cogita tecum. Sancta documenta undequaque te premunt, praeclara illa monita illuminant te. Supremus Dominus, non semper erit erga te, sed si mutas mutabit. Qui bene agunt bonis omnibus ab illo cumulantur. Peccatores autem omni paenarum genere idem plectit. In bono nihil tibi leve sit, à levi enim bono totius orbis felicitas. In malo nihil magnum ducas, id enim familiam tuam perdet.

tsāi	哉念呼嗚	*Nota*. Litterae notatae 平聲 ping-ching, sunt ejus deni rhythmi, hoc est eumdem sonum habent, et eumdem accentum. Utrumque enim ex aequo requiritur. Imo quando idem est accentus, aliquando mutantur soni, v. g. 宗 vulgo legitur tsōng; hic debet legi tsōng. Sio 慶 k'īng, et supra 行 hìng, legi debent ki'âng et hâng, per *non offender la ruina*, ut aiunt Itali.
yâng	洋洋謨塞	
tchāng	彰孔言嘉	
tch'âng	常不帝上惟	
tsi'âng	祥百之降善作	Videntur sex primae phrases desinere per *ping-ching*; sed nauseae occurritur quia post 善作 et 作
yāng	殃百之降善不作	

siaò	小罔德惟爾
ki'āng	慶惟邦萬
tá	大罔德惟爾
tsāng	宗厥墮

善不 debet fieri pausa. Littera autem 善 est *tse-ching, chén*. Videntur quoque phrases non tam bene ordinatae quam in exemplo praecedenti; at quando sensus est magnus et clare expressus, talis negligentia ingrata non est. Nunc duae 1ᵃ phrases satis bene sibi respondent. Ita 常不帝上 准 est quasi principium et propositio generalis mox explicanda. Item 善作 et 善不作 sicut 德 et 德不 censentur sibi satis respondere, quia 善不 et 德不 unum designant cui 善 et 德 opponuntur unica. Ultima phrasis non respondet superiori : 宗厥墮 to 邦萬慶惟; sed vel forte deerit una littera, v. g. 宗厥墮惟

IIIᵘᵐ Exemplum ex eodem Chu-king.

Nihil terribilius corde hominis; nihil subtilius corde virtutis. Esto purus, esto simplex, nec umquam illud medium dimitte. Noli credere verbis inanibus, et consiliis non bene meditatis ne utere. Quis magis amandum populo quam Rex? quid magis timendum regi quam populus. Si populus suum regem non colit, quem colet? Si rex populum non curet, ejus regnum quomodo stabit? Haec cogita, tibi attende et tuis, omnium vota virtus tua superet. Curam habe de omnibus egenis, et a caelo accipies regnum aeternum.

oûei 2.	危惟心人
oûei 2.	微惟心道
y	一𢦏精惟
tchōng 1.	中厥執允
t'ng 1.	聽勿言之稽無
yōng 1.	𢘓勿謀之詢弗
kiūn 3.	君非愛可
mûn 3.	民非畏可
tẹi	戴何后元非眾
pōng 1.	邦守與周眾非后
tsāi	哉欽
oûei	位有乃慎
yûen	願可其修敬
ki'òng 1.	窮困海四

Nota. 1°. Quod omnes litterae notatae 1, simul consonant. 邦 pāng, lege pōng et 聽 t'īng lego t'ōng. 2°. Duae phrases notatae 2 servant metrum sicut duae quae notantur 3. Unde putem legendum 民 mûn propter 君 kiun. 3°. reliquae phrases nullum habent rhythmum, sed earum ope accentus *ping-tse* misceatur. 4°. Ex phrasi 眾非后 libenter tollerem litteram 與 sic enim magis quadraret cum praecedenti eodem modo ex phrasi 敬修, istud 敬 posset abradi, si fas esset in istis veteri-mis unum apicem immutare. Porro ejusmodi rhythmi plurimum gratiae orationi

AD LINGUÆ SINICÆ NOTITIAM.

tchōng 1. 慫 㐆 䘵 天　　　　　　　　　conciliant.

Sic apud nos Virgilius de Orpheo loquens ait :
Quid *faceret*? quo se rapta bis conjuge *ferret*?
Quo flectu manes, qua numina voce *moveret*?

IV^{um} EXEMPLUM EX EODEM LIBRO.

———

一 克 於 愓 主 常 無 善 師 爲 善 主 師 常 無 德 virtus in verba nullius magistri jurat. Determinata voluntas ad unum unicus magister ejus est. Bonum nulli rei mancipatum est, sed semper eo tendit ut omnia cum uno concordent.

Nota: Ingeniosa illa repetitio litterarum 師 *ssee* 主 *tchu* 善 *chen* et 常 *tchang* leporem habet quæ nullis verbis potest explicari. Tales veneres orationis sæpe occurrunt in libris antiquis.

V^{um} EXEMPLUM EX EODEM LIBRO.

———

及 不 若 身 撿 俯 求 不 與 忠 克 下 爲 明 克 上 居 cum rex est sapiens, subditi fideles sunt, alios ne urgeas quasi non sat cito facerent. Te semper excita quasi numquam satis esset quod agis.

Nota quam apte phrases sibi mutuo respondeant.

VI^{am} EXEMPLUM EX EODEM LIBRO.

———

違 可 不 孽 作 自 違 可 猶 孽 作 天 mala quæ veniunt a cælo declinari utique possunt ; sed quæ ipsemet homo facit effugere non potest. Atque adeo nemo proprie læditur nisi a se ipso.

Nota : quatuor istæ phrases tribus litteris constant et auribus valde gratæ accidunt.

VII^{um} EXEMPLUM EX EODEM LIBRO.

———

位 厥 保 德 厥 常 常 靡 命 諶 雖 天 cælo difficile creditur, ejus favor perpetuus non est. Si virtus perseverat perseverabit et dignitas; 亡以有九常靡德厥 si vero virtus deficit, omnia quae possides tibi peribunt.

Nota post quatuor phrases trium litterarum sequuntur duae litterarum quatuor. Sed vide quam bene ad invicem sibi respondeant. Non opus est ullis particulis quando tam graves sunt sententiae et tam concinne exponuntur.

VIII^{um} Exemplum ex eodem libro.

凶不罔動三二德吉不罔動一惟德 si virtus una sit et simplex, in cunctis quae ages felix eris, si vero cor divisum sit ac duplex, in omnibus miser eris.

德在祥災降天惟人在儆不凶吉惟 ut bene vel male agas pendet à te. Ut coelum præmia vel pænas decernat pendet ab operibus tuis bonis vel malis.

Nota: Duæ phrases trium litterarum alterius cum duabus quatuor jucundè miscentur. Postea sunt duae litterarum septem ita compositae, ut post quinque primas in utraque fiat pausa. Ejusmodi stylum, si quando tractamus grandia, non minori curâ debemus imitari, quam illum qui variis particulis sic tanquam fuco debet illicis.

IX^{um} Exemplum ex libro Chi-king.

莫之民求方四視監赫有下臨帝上矣皇 augustissimus Supremus que Dominus appropinquat terræ cum majestate magnà considerat quatuor orbis partes et quærit qui populos felices reddere valeat. Eodem modo loquitur liber Chu-king cum ait quod augustum coelum respiciat in omnes terræ plagas amanter quaerens hominem cujus virtus una et semper eadem sit: 德一求爾方萬於監天皇.

Nota: In hoc loco ex libro Chi-king littera 莫 legitur vulgò *mŏ* vel legendum *me*, ut consonet cum *he*, vel littera 赫 *he* debet legi *hŏ*, ut sit rhythmus cum *mo*. Litteram 皇 verti per *augustum*; dicit in compositione suâ 王自 *tsee vang*, a se rex proprius autem litterarum sensus non poterit aliunde melius peti quam ex earum analysi cum Chi-king dicit 方四 quatuor plagas, idem prorsus est ac 方萬 decem mille, seu omnes mundi partes de quibus Chu-king.

Xum. Exemplum ex libro Ta-hio.

善至於止在民親在德明明在道之學大 magna et sancta doctrina id unum intendit ut homo sistat in summo bono. Istud autem duobus mediis assequetur, I um est ut sese omnibus virtutibus exornet, 2um est ut diligat proximum sicut seipsum.

Nota. Verum sensum dedi; versionem litteralem non feci, bene repetitur littera 在 ad quemlibet articulum. Ex duabus litteris 明 prima est verbum, secunda est adjectivum pertinens ad 德. Per 德明 intelligitur anima. Quod autem hæc duo prima sint, tantum media patet, quia litteram 止 *tchi*, *quiescere* non posuit misi tertio loco. In mediis non debet esse requies, sed in solo fine.

XIum Exemplum ex libro Lun-yu.

哉言何天焉生物萬焉行時四哉言何天 quid opus est ut loquatur cœlum? quatuor anni tempestates suum peragunt iter, et res omnes suo quaeque tempore nascuntur: quid opus est ut cœlum loquatur?

Nota: Si quis diceret 生物萬行時四言不天 sensus utique esset fere idem et phrases aequales. Imo duae litterae 物萬 satis bene respondent aliis duabus 時四 et 行 cum 生 non male componitur. Sed tres litterae 言不天 languent et duae phrases sequentes fulturam aliquam desiderant; non ita textus haec phrasis; 哉言何天 quae in fine repetitur, non modo facit ut oratio sit rotundior, sed etiam duas medias phrases plurimum juvat et particula 焉 illis addita, illas sustinet ac decorat. Hunc locum imitatur quidam missionarius, horologio solari hanc epigraphen posuit:

也時哉愛　　Quam pretiosum est tempus! futurum non cernitur; præsens fugit; præ-
見莫焉來　　teritum non redit; quam pretiosum est tempus! *Nota:* tolle particulas;
往己焉見　　neglige illam catenulam quam vides in tribus phrasibus mediis; omitte lu-
追莫焉往　　sum illum in littera 見 *videre*, quae usurpatur pro 現 in sequenti phrasi et
也時哉愛　　tunc significat *actu existere*; primam denique sententiam in fine non itera;

dic v. g. 反會不的了過了過已的在現見可不的來未愛可候時 quamvis aliqua SUMMETRIA inter phrases servetur, oratio tamen frigida est et insulsa, nec aliter cum allatâ epigraphe componi potest, quam Thersites cum Achille. Pauci sunt Europæi qui hæc sentiant, quia pauci libros sinicos legunt, ut eos imitentur.

XIIum Exemplum ex Tchouang-tsee.

Cuidam fuerunt duae uxores, altera pulchra nimis et altera valde turpis. Turpem multi faciebat et negligebat formosam. Quaesitum est ab eo cur ita se gereret. Respondit: pulchra sibi placet in sua forma, et ego formositatem ejus nescio. Altera scit se deformem esse nec insolescit et ego minus formosam esse non video, illa pulchra est suis oculis et faeda meis; ista sibi faeda est et mihi formosissima:

人二妾有某
美人一其
惡人一其
賤者美而貴者惡
曰對故其問或
也美其知不吾美自者美其
也惡其知不吾惡自者惡其

Nota 1°. Sensum egregimus, qui hac parabola sic tanquam involucro tegitur. 2° quam ingeniose litteras disponit et repetit. 3°. Quam non sint ad intelligendum difficiles. Quid opus est tantam litterarum abstractarum cognitionem sibi comparare! illis quas omnes norunt apte utere et concinne scribes.

XIIIum Exemplum ex Yang-tsee.

門三有下天 tres in orbe portae sunt.
門禽自入欲情於由 qui volunt servire suis cupiditatibus, ingrediuntur per portam brutorum.
門人自入義禮於由 qui malunt sequi justitiam per portam hominum intrant.
門聖自入知獨於由 qui non curant sciri ob hominibus, portam sancti subeunt.

Nota: Aliquis Europæus, qui sinicam elegantiam primoribus labris attigit, et de particulis aliquid didicit, hanc sententiam sic tornaret; o 為門禽有o 矣三有門之下天 義禮於由o 也者門禽自入o 昔欲情於由o 也是焉門聖有o 焉門人有 門聖自入今呼嗚o 也者門聖自入o 者知獨於由o 也者門人自入o 昔 夫矣鮮者 At *Yang-tsee* juvenilem hanc luxuriem resecandam esse existimavit. Si ex epigraphe solari particulas sustuleris, erit insipida. Si ad sententiam philosophi Yang-tsee particulas addideris, erit nimis juveniliter exultans. Hoc sentire est in linguae sinicae cognitione jam profuisse.

XIV^{um} Exemplum ex Sun-tsee.

Postquam optimi Regis ideam dedit, hæc addit: hoc pacto populus eum colit velut ipsum Dominum 帝如之貴姓百是如; illum extollit usque ad cœlum 天如之高; illum amat tanquam patrem et matrem 母父如之親; illum veretur sicut spiritum intelligentem 明神如之畏.

Nota: quatuor sunt phrases, quarum duæ primæ litteris quatuor constant. Neque enim numeratur 是如 hoc pacto, nec 姓百 pe sing, populus quia est nominativus, qui ad quatuor sequentia verba pariter se extendit; 天如之高 respondet superiori 帝如之貴; duæ ultimæ phrases quinque litteras habent; et ratio est quia si dixisset 神如之畏 postquam prius dixerat 母父如之親 aures delicatas offendisset.

XV^{um} Exemplum ex eodem Sun-tssé.

Elementa ut aqua et ignis materiam habent, sed non vivunt 生無而气有火水; plantæ vivunt, at non cognoscunt 知無而生有木草; animantia cognoscunt sed quid sit justitia ignorant 義無而知有獸禽; homo solus habet et materiam et vitam et cognitionem et insuper justitiam 義有且亦知有生有气有人; ideoque in hoc inferiori orbe nihil est homine nobilius 也貴下天爲最故.

Nota: 1º Quid aliud dicunt nostri philosophi? 2º Tres priores phrases sunt æquales et eodem modo procedunt. 气 significat materiam 氣 vero proprie significat spiritum qui ad operculum ollæ ascendit igne supposito.

3º Ter repetit 無而有 ut clarius appareat quid habeant et quid non habeant. 4º quam bene postea ponit 有 yeou, ut exponat quæ habet homo communia cum caeteris. 5º. Sed quid homo solus noscit quid sit virtus, ideo paululum phrasim immutat addendo particulas 且亦 6º. 最 tsoui cadit et in litteram 爲 et in litteram 貴, ideo illam statim ponit. Si dixisset 也貴最下天爲故, tunc abverbium 最 caderet in solam litteram *kouei* et phrasis saltem materialiter esset subobscura. Separata enim ab iis quae praecedunt, potest significare quod nihil sit nobilius quam orbem regere. Nisi sic enucleate fiat resolutio sinicae orationis, numquam in linguae adita dabitur intrare.

XVI^{um} Exemplum ex Ngheou-yang-sieou.

勸而賞待不故愛以不悅
貴而罰待不故威以不畏
信而約待不故民綱不政
從而詰待不故令申不事

I. e. populi regem amant non quod amorem ostentet et ideo non expectant munera ut ad virtutem sese excitent; eum timent non quod verendam majestatis speciem affectet, et ideo non expectant supplicia ut vitia devitent. Leges ejus non sunt laquei ad populos capiendos, et ideo omnia regi credunt, nec indigent instrumentis quibus fides firmetur. Non iterat eadem mandata, et ideo cuncti statim obediunt, nec novum regis edictum expectant. Sensum hujus loci, ni fallor, attuli. Sed ad styli venustatem attingere non potui. Itaque meas versiones comparare soleo cum piscatorum retibus : opus est rete ut capiantur pisces, sed ubi semel pisces capti sunt, rete projicitur. Versio latina legenda est ut Sinicus lepos gustari possit; sed ubi primum sinicarum elegantiarum habetur sapor, latinus sermo me authore obliviscendus.

XVII^{um} Exemplum ex eodem.

辨可髮毫也靜於其睹有能不則動物鑒之水 aquæ speculum est quod omnia in se pingit. Quando movetur, nihil in ea cerni potest. Cumvero quieta et immota est, vel levem pilum in ea discernes. Denique symbolum hoc explicat verbis elegantissimis hunc in modum : 靜心其則動而晃眩物外爲不者身, cum homo rebus externis non commovetur, animus quietus est ; 明識智則靜心 et ab animo tranquillo clare videntur omnia ; 中不而施所無非非是是 sive approbet, sive improbet, in omnibus semper scopum attingit. Denique ingeniose addit quisquis approbat ad adulatorem pallidum videtur accedere, qui vero improbat duro et amaro censori similis est. Quod si necesse sit paululum in horum alterutro excedere, satius est censorem fieri quam adulatorem ; 非諂乎近是是夫諂無訕寧過而幸不訕乎近非.

Multa notanda sunt ad hunc locum. 1° Littera 之 unice fulcit litteram 水. 2° 鑒 kien est speculum hic est verbum et significat in se recipere et depingere, quod facit speculorum æquor. 3° Unica littera 動 sic posita idem est ac si dixisset 也動於其 ut paulo post dicit de aquâ immotâ; gratius putavit variare stylum quam eumdem filum tenere. 4° Ait 者身

AD LINGUÆ SINICÆ NOTITIAM.

non 之身 sicut dixerat 之水, quia forte verbum cujus 身 est nominativus non immediate sequitur. Sic haec ratio non placet, quaeratur alia. Ego certe sentio quod in hoc non posset poni 之身. 5° 是是, prima littera est verbum, secunda est verbi regimen, idem dicendum de 非非, verum vocare quod verum est 是是, et quod falsum est vocare falsum 非非, aliter dispone litteras et dic 是非非是 idem erit ac ponere tenebras lucem et lucem tenebras..... 是是夫 &c, conclusio arguta est et quae authori sic placebat, ut suae bibliothecae nihil aliud inscripserit quam 非非, perinde ac si nihil potius foret quam scire quid malum ac falsum sit, et sic brevius ac melius quod sit bonum ac verum 是是 disceretur.

Non minus eleganter sed multo praestius dicit *Sun-tsee*. 是是非知之謂非非是是 愚之謂非 qui scit appellare bonum bonum et malum malum, sapiens est, qui vero malum pro bono, et bonum pro malo accipit, stultus est et insanus. 知 ad intellectum et maxime ad voluntatem refertur, sicut et 愚. Sic 知上 est sanctus et 愚下 est improbus.

XVIII^{um} Exemplum ex Sou-tong-po.

也治治之國中以可不狄夷
亂大於至必治大其求然獸貪若譬
之治治不以故是。然其知王先
也之治深以所乃。者治不以之治 I. e. Barbari haud secus ac pecora, non eodem modo regendi sunt ac reguntur Sinæ. Si quis vellet eos magnis sapientiae legibus instruere, nihil aliud quam summam perturbationem induceret. Antiqui reges istud optime callebant, et ideo barbaros non regendo regebant. Sic autem eos non regendo regere, praeclara eos optime regendi ars est.

Nota. Superbissimè quidem sed elegantissimè. Non difficile est distinguere quando 治 est verbum regere et quando est nomen. Sic 治大 et 亂大 erunt regimina duorum verborum 求 et 不 et nominativus est *tu* vel *quilibet*. Cum deinceps legis 以之治之治治不以 治不 ne putes quod his laedantur aures; imo grata sunt auribus; sic virgilius:

Omnia sub magnâ labentia flumina terrâ.

Quinque sunt voces quae desinunt in *a*, nec nauseam creant. Sic *Nghcou-yang-sieou* ait: 娶之治致知不 pou tchi tchi tchi tchi yao, ignorat quod est, ut extendatur optimum regimen.

Multa similia exempla proponam capite sequenti. Interim moneo stylum ejusmodi nitidum esse et politum, sed a stylo librorum *king* plurimum tamen distat.

CAPUT QUARTUM.

DE FIGURIS ORATIONIS.

Quod stellæ cœlo et pratis flores, hoc orationi sunt figurae. Cœlum sine sideribus non lucet, prata sine floribus non rident; sine figuris languet oratio. Hoc igitur agat politus scriptor ut, sicut herbescens pratorum viriditas amaenis variisque floribus quasi tot sideribus jucunde illuminatur et vastissima cœlorum templa stellæ sic tanquam lucidissimi flores conspergunt, sic orationem suam figuris, velut suis luminibus ac floribus tam apte distinguat, ut stylus neque propter earum raritatem fiat tristior, neque ob abundantiam sit luxuriosior. Ut autem stellis non eadem lux, et floribus non idem color et odor est, sic figurae non omnes eodem nitore micant; sed aliae in verbis ludunt, aliae sententiam concinnant, auribus placent aliae, mentem ipsam aliae rapiunt.

Praesens caput septem articulos continebit: 1us erit de Antithesi; 2us de Repetitione; 3us de Gradatione; 4us de Confutatione; 5us de Descriptione; 6us de triginta modis quibus variatur oratio. 7us de omnibus comparationis speciebus.

Non me fugit quod his articulis non comprehenduntur omnes figurae, quas nostri rhetores explicant; sed sat parum curo de talibus figuris, malo pauca promittere et multa dare, quam magna minari et nil nisi jejunum proferre. Quod unice intendo est deducere missionarios Europaeos ad veram sinici styli notitiam. Hoc si semel assequor, Despaultero longe inferiorem esse me facile patiar.

Sunt aliquae figurae de quibus nihil dicendum putavi, quia rarius occurrunt. Sic in libro *Chu-king* per prosopopœiam inducuntur avi mortui loquentes in coelo cum rege *Tching-tang* et *Tching-tang* alloquentem et rogantem Dominum. Vide caput dictum *Pouan-keng*. Sic apostrophe satis quidem frequens est cum sermo ad homines dirigitur. Sed admodum rara cum ad res ipsas convertitur oratio. Tamen in libro *Chi-king* compellantur amnis et lucus: ô silva quam amœna es? sed erro, non tu formosa, sed formosus ille est quem mihi ad memorium revocas. Non occurrunt verba sinica. Sic *Tchouang tsee* alloquitur piscem quem ceperat, et interrogat calvariam, quam in via repererat et capiti suo, pro cervicali, supposuerat. Sed haec per transennam indicasse satis erit.

ARTICULUS PRIMUS.

DE FIGURIS ORATIONIS.

Antithesis.

Brevis erit hic articulus, quia multa dicta sunt in primâ parte, quæ facile poterunt huc transferri. Si enim sustuleris certos quosdam loquendi modos, litterasque nimis triviales, idem omninò accidit in grandi stylo quod in tenui.

Præclarum exemplum habes ANTITHESEOS in his ciceronis verbis : " Ex hâc parte pudor pugnat, illinc petulantia ; hinc pudicitia, illinc stuprum ; hinc fides, illinc fraudatio ; hinc pietas, illinc scelus ; hinc constantia, illinc furor ; hinc honestas, illinc turpitudo ; hinc continentia, illinc libido ; hinc denique æquitas, temperantia, fortitudo, prudentia, virtutes omnes, certant cum iniquitate, cum luxuria, cum temeritate, cum vitiis omnibus. Postremò, copia cum egestate, bona ratio cum perditâ, mens sana cum amentia, bona denique spes cum omnium rerum desperatione confligit." Similem rerum inter se pugnantium congeriem Sinarum animis objice, et ingenium eloquentiamque tuam omnes extollent.

Hæc tamen figura sinicè non astringitur ejusmodi contrariorum antithesi: oppositio de qua præsertim hic agitur, non semper inimica est quin magis correspondentiam et necessitudinem mutuam sæpius indicat, v. g. : duæ litteræ 天 tien, 地 ti, cœlum et terra sic opponuntur, ut contraria non sint, sed arctissimo potius vinculo, mutuâque communione inter se contineantur ; atque id dictum sit de aliis sine numero quarum brevem catalogum in fine hujus articuli reperies.

Itaque sinæ litteras cum litteris, cum accentibus accentus, phrases cum phrasibus ita maritant, ut in hoc solo puncto tota ferè elegantia sinicæ orationis posita esse videatur. Istud autem, ut cætera omnia, ex symbolicis figuris libri *y-king* desumpserunt. Saltem, hæc symbola oculis ipsis subjiciunt totum artificium Sinicæ compositionis. Sumamus v. g. symbola duo ☰ et ☷ : non modo alterum totum alteri toti opponitur, ut oculi ipsi sunt judices, sed si dividantur in duas partes æquales, unaquæque pars unius symboli opposita est parti alterius, sicut ☵ aqua et ☲ ignis ; quin imo quælibet lineola ex tribus quibus constat pars utraque, habet in alterâ parte lineolam cui respondet: 1ᵃ habet 4ᵃᵐ; 2ᵃ 5ᵃᵐ; et 3ᵃ 6ᵃᵐ, &c.

Ad hunc ferè modum elegantiores Sinæ disponunt phrases, litteras et accentus sic, ut, in tota oratione, nihil sit mancum, nihil viduum, et quasi pars corporis ab aliis partibus avulsa, sed ut oculus cum oculo, cum manu manus, et cum pede pes decorè componatur. In quo tamen cavendum ut fastidio varietas occurrat, nec nimius verborum cultus sententiæ claritati aut nervis noceat.

Frustra vellem plura exempla hic congerere. Aperiendi tantum sunt meliores libri Sinici et cum aliquâ attentione percurrendi. Quoties aliquid verbis vix doceri potest ad exempla recurritur. Exempla vero inutilia sunt, quoties tota vis præcepti solis verbis satis percipitur. Nihil itaque restat quam promissum catalogum texere.

LITTERÆ OPPOSITÆ.

始 chì, principium.
首 cheòu, caput.
理 lì, ratio.
神 chîn, spiritus.
天 t'iēn, cœlum.
晝 tcheóu, dies.
朝 tchāo, mane.
有 yeoù, ens.
日 gĕ, sol.
星 sing, planetae.
南 nân, meridies.
東 tōng, oriens.
經 king, nord-sud.
山 chān, mons.
水 choùi, aqua.
草 ts'aò, herbae.
鳥 niaò, aves.
牝 p'ìn, faemina.
雌 ts'eê, avis faemina.
男 nân, vir.
彼 pì, ille.
父 foú, pater.
君 kiūn, rex.

終 tchōng, finis.
尾 ouèi, cauda.
气 vel 氣 k'ì, materia.
形 hîng, corpus.
地 tì, terra.
夜 yĕ, nox.
暮 moŭ, sero.
無 voù, non ens.
月 yuĕ, luna.
辰 chîn, stellae.
北 pĕ, septentrio.
西 sī, occidens.
維 ouèi, *est-ouest*.
谷 koŭ, vallis.
火 hŭ, ignis.
木 moŭ, arbores.
獸 cheòu, bestiae.
牡 meòu, masculus.
雄 hiông, mas.
女 niù, puella.
此 ts'eŏ, iste.
子 tseè, filius.
臣 t'chîn, vassallus.

AD LINGUÆ SINICÆ NOTITIAM.

夫 foŭ, maritus.
兄 hiōng, frater major.
主 tchù, Dominus.
友 yeoù, amicus.
師 ssēe, magister.
姊 tsiè, soror major.
左 tsó, sinistra.
覺 kiŏ, vigilare.
好 háo, amare.
吉 kí, bonum.
禍 hó, infortunium.
善 chén, virtus.
祥 tsi'âng, bonum augurium.
死 sseè, mori, mors.
存 ts'ûn, conservari.
黑 hé, niger.
貧 p'ín, pauper.
貴 koúei, pretiosus.
美 mŏei, pulcher.
愛 ngái, amare.
好 hǎò, bonus.
正 tching, rectus.
直 tchĭ, directum.
真 tchin, verum.
靈 ling, ingeniosus.
聖 chīng, sanctus.
新 sin, recens.
長 tch'âng, longum.
永 yòng, æternum.
高 kāo, altum.
隘 yái, angustum.
難 nân, dificile.

婦 foú, uxor.
弟 tí, frater minor.
僕 poú, famulus.
仇 ki'eóu, inimicus.
弟 tí, discipulus.
妹 mŏei, soror, minor.
右 yeóu, dextera.
寐 mŏei, somniare.
惡 où, odisse.
凶 hiōng, malum.
福 foŭ, felicitas.
惡 ngŏ, vitium.
殃 yāng, malum augurium.
生 sīng, vita, vivere.
亡 vâng, mori, perire.
白 pě, albus.
富 foú, dives.
賤 tsién, vilis.
醜 tch'eoù, deformis.
恨 hén, odisse.
歹 tài, malus.
邪 siè, curvus.
曲 kio', tortuosum.
假 kià, falsum.
蠢 tch'ún, rudis.
愚 yū, improbus.
古 koù, vetus.
短 touàn, breve.
暫 tsán, transitorium.
低 tī, humile.
闊 ko'uŏ, vastum.
易 y, facile.

明 míng, clarum.
清 ts'īng, purum.
明 míng, apertum.
強 ki'áng, fortis.
厚 heóu, crassum.
大 tá, magnus.
細 sí, subtilis.
深 chīn, profundum.
熱 gĕ, calidus.
飽 paó, satur.
鈍 tún, obtusus.
本 pèn, sors.
虛 hiū, inane.
花 hoā, flores.
鮮 siēn, recens.
妍 yén, formosus.
老 laó, senex.
生 sēng, crudum.
公 kōng, commune.
滿 moüàn, plenum.
稀 hī, rarum.
傲 ngaó, superbus.
猛 mèng, crudelis.
野 yè, silvestris.
輕 k'īng, levis.
順 chún, secundus.
剛 kāng, rigidus.
方 fāng, quadratum.
上 chàng, sursum.
內 nuéi, intus.
近 kiú, propè.
先 siēn, antò.

暗 ngàn, obscurum.
濁 tchŏ, crassum.
昏 hōen, cœcum.
弱 jŏ, debilis.
薄 pŏ, tenue.
小 siaò, parvus.
粗 ts'oū, grossus.
淺 ts'ièn, non altum.
冷 lèng, frigidus.
饑 kī, fame pressus.
利 lĭ, acutus.
利 lĭ, lucrum.
實 che, solidum.
實 che, fructus.
鹽 yēn, salitum.
媸 t'chī, turpis.
幼 yeoú, juvenis.
熟 choŭ, coctum.
私 sseē, privatum.
空 k'ōng, vacuum.
稠 tch'eóu, spissum.
謙 ki'ēn, humilis.
良 leâng, lenis.
家 kiā, domesticus.
重 tch'óng, gravis.
逆 nĭ, adversus.
柔 jeóu, mollis.
圓 yuên, rotundum.
下 hià, deorsum.
外 vaí, fortis.
遠 yuèn, longe.
後 heóu, post.

面	mién, coram.	背	poéi, clam.
早	tsaò, mane.	晚	oüàn, sero.
多	tō, multum.	少	chaò, parum.
表	piaò, ad extra.	裡	lì, ad intra.
是	ché, est.	非	feī, non.
開	k'aī, aperire.	閉	pí, claudere.
流	lieòu, fluere.	止	tchì, sistere.
往	vàng, ire.	來	lâi, venire.
出	tch'ŭ, egredi.	入	gĕ, intrare.
來	lài, accedere.	去	k'iù, abire.
賣	mái, vendere.	買	mài, emere.
增	tséng, augere.	減	kièn, minuere.
損	sùn, nocere.	盆	y, prodesse.
賞	chàng, præmia.	罰	fă, pœnæ.
飲	yu, potus.	食	chĕ, cibus.
升	ching, ascendere.	降	kiáng, descendere.
取	t'sù, capere.	與	yù, dare.
拿	nā, prehendere.	放	fàng, dimittere.
散	sàn, spargere.	收	cheōu, colligere.
合	hŏ, conjungi.	離	lî, avelli.
刑	hìng, castigare.	免	mièn, parcere.
笑	siào, ridere.	涕	t'i, flere.
栽	tsái, plantare.	扳	pă, eradicare.
受	chéou, recipere.	授	chéou, tradere.
經	kīng, textus.	傳	tch'oüen, glossa.
賣	mái, vendere.	送	sóng, dono dare.
呼	hōu, animam ducere.	吸	hī, animam retrahere.
死	sseĕ, mortuus.	活	hŏ, vivus.
語	yù, loqui.	默	mĕ, tacere.
伸	chīn, extendere.	屈	k'iŭ, retrahere.
消	siaō, decrescere.	長	tch'âng, crescere.
勝	chíng, vincere.	敗	pái, vinci.
贏	yng, vincere in ludo.	輸	chū, perdere.
興	hing, assurgere.	亡	vàng, perire.

ARTICULUS SECUNDUS.

DE REPETITIONE.

Adeò frequens est illius usus cum in familiari sermone, tum in libris tam antiquis quam modernis ut quem mihi modum ponam satis incertus sim. Sed quoniam *repetitio* sæpe in aliis figuris reperitur, v. g. in gradationibus et in stylo conglobato; hæc duo ad articulos separatos remitto; et in præsenti agam, 1° de repetitione in litteris et phrasibus; 2° de repetitione in lusu verborum.

PARAGRAHUS PRIMUS.

LITTERÆ ET PHRASES REPETUNTUR.

NUMERUS PRIMUS,

DE LITTERIS.

1°· Eadem littera bis ponitur, deinceps, nec significationem suam mutat, sed roborat et auget, v. g.: Chi king ait: 上在赫赫下在明明 summe intelligens est infra, et sursum est summe verendus. Nullus liber aperiri potest, quin statim hæc figura sese offerat; quare plura exempla non afferam.

2°· Eadem littera bis ponitur deinceps; sed prior est verbum, et altera est verbi regimen, v. g. liber Ta-hio ait: 德明明 illuminare luminosam potentiam, i. e. mentem purgare. Item dic de isto 2° modo quod de 1°· Utique passim occurrit.

NUMERUS SECUNDUS.

DE PHRASIBUS.

1°· Una phrasis duarum litterarum bis ponitur ad majorem EMPHASIN, v. g. 哉惜哉惜 sane dolendum maximè; 事苦事苦 triste quidem istud est; 甚幸甚幸 maxima felicitas, maxima lætandi causa; 喜甚喜甚 plurimum lætor, multum tibi gratulor; 荷多荷多 multis me beneficiis cumulasti; 何如何如 quo tandem modo? 之敬之敬 ad hoc diligenter attendito; 之思之思 hoc tecum bene cogita, &c.

AD LINGUÆ SINICÆ NOTITIAM.

2°· Idem potest fieri etiam in phrasibus longioribus, v. g. 哉之沽哉之沽 vendatur per me licet; 予喪天予喪天 cœlum voluit me perdere; 之厭天之厭天 cœlum me odio habeat, si, &c; 人其如人其如 an habet parem in filiali pietate? de hoc enim agitur in hoc loco; 哉廋焉人哉廋焉人 quis poterit talem scrutatorem fallere? 矣了去吾矣了去吾, ego vado, vale, vale: ita *Tchouang-tsee* 也疾斯有而也人斯 et iterum idem repetit: homo tantæ virtutis, tanto malo afflictus. Sic affectum magis exprimit. 哉所其得哉所其得, est in suo elemento, v. g. piscis in aquâ.

3°· Eadem phrasis ponitur initio et in fine : 也回哉賢 quam sapiens erat *Hoei*! deinde affert quædam quibus eum sapientem fuisse probat, et postea repetit 也回哉賢 *Meng-tsee* ait: 矣過子 *tsee-kouo-y*, Domine, erras, excedis. Probat, et in fine repetit 矣過子吾 erras, Domine mi. Bene addidit 吾. Idem ait 下天𠀆而樂三有子君 焉存與不 sapiens habet tres causas lætandi, sed inter eas non potest numerare possessionem totius orbis, affert deinde tres illas lætandi causas, et postea totam phrasim initio positam repetit. *Tchouang-tsee* paulo aliter ait: 矣甚也耻知不而愧無其哉矣甚意 Eheu! actum est! omnem plane frontem posuit, non erubescit amplius; actum est.

4°· Quando aliquid pluribus mediis vel probatur vel refellitur, solent statim rem proponere generatim, v. g. sex habeo rationes cur ita sentiam. Deinde unamquamque exponit singillatim, et in fine addunt, atque hæc est prima ratio cur dicam, &c. Si postquam dictum est habeo 4, vel 5 rationes; statim ponitur 一其 1ª· nihil additur in fine. Initio quidem potest poni ad singulas 一其 1ª· 一其 2ª· &c. vel 二其 2ª· 三其 tertia. Sed in fine cum numerantur poni debet 也三也二也一 &c. Exempla sunt obvia.

PARAGRAPHUS SECUNDUS.

IN VERBIS LUDITUR.

Tchouang-tsee et *Long-tsee* alios omnes in hoc genere facile superant. Satis erit aliquot exempla dare, ut saltem sciatur quid sint illi lusus. Nemini tamen suadeam, ut talia nimium aucupetur.

1ᵘᵐ· Exemplum 生方死方死方生方 et alio loco 可方可不方可不方可方 Et ne putes in ejus modi inversionibus quibus sæpe utitur *Tchouang-tsee* nullum subesse sensum; sed vide quomodo definiat hominem: est inquit 形之形不形不之形 figura non figuræ, seu corpus animæ, et non figura figuræ, seu anima corporis. Unum sine altero non constituit hominem. Corpus dicit animam meam, et anima dicit meum corpus. Corpus et anima, anima et corpus homo est.

2ⁿᵘᵐ. Exemplum: 言不嘗未嘗不身終言嘗未言身終言無言言無日古 veteres dicebant, non loqui. Qui loquendo non loquitur, potest per totam vitam loqui, nec tamen unquam loqui, et potest per totam vitam non loqui et tamen semper loqui. Lusus est in littera 言 quæ sensu duplici accipitur: 1º· loqui sicut psittaci et homines stulti loquuntur, hoc est inanibus sonis aerem verberare. 2º· loqui sicut sapientes et sancti loquuntur, hoc est verbis gravibus ac præcipue præclaris exemplis alios docere. Confucius dicebat se velle non loqui 音無欲吾, id est: recte agere et tacere.

3ᵘᵐ· Exemplum: 知後而知不所之知其悖知莫而知所之知其會皆人. Littera ？sexties repetitur： Bis est nomen, scilicet cum ait 之知其 in reliquis est verbum.
4ᵘᵐ· Exemplum. Discipuli volebant *Tchouang-tsee* magistrum suum terrae mandare post mortem. Dixit ille se non curare de feretro. Reponebant illi: At enim aves comedent te. *Tchouang-tsee* respondit: Si vultis ut fiam praeda vermium, aves coeli jacturam ferent. Si aves me comedunt, vermes terrae non habebunt praedam suam. Deinde ut eos errare ostenderet, subjunxit: 徵不也徵其徵徵不以乎不也乎其乎乎不以.

5ᵘᵐ· Exemplum; 也指非指喻指非以若不指非之指喻指以 assumis digitum ut ostendas quod digitus non sit digitus potius assume non digitum ut probes digitum non esse digitum; 馬非之馬喻馬非以若不馬非之馬喻馬以 uteris equo ut demonstres quod equus non sit equus; utere potius non equo ut probes equum non esse equum; 也馬一物萬也指一地天 cœlum et terra unus digitus; res omnes unus equus. Non possumus verbi gratia res materiales bene cognoscere, nisi cognoscamus ens quod materiale non est.

6ᵘᵐ· Exemplum. Idem *Tchouang tsee* inducet *Confucium* ita loquentem; 旦者酒飲夢泣哭而 alter bibit vinum in somnis et mane evigilans fundit lacrymas; 旦者泣哭夢獵田而 alter in somnis flet ubertim et mane exorto ad venationem pergit; 不也夢其方也夢其知 quandiu somniant, nesciunt se somniare; 焉夢其占又中之夢 imo in somniis conantur explicare sua somnia; 也夢其知後而覺 nec nisi discusso somno agnoscunt se somniasse; 也夢大其此知後而覺大有且 cum perfecte evigilaverimus, tunc sciemus nos non nisi somnia magna somniasse; 知然竊竊覺爲以自者愚而哉固乎牧乎子君之 stulti quò somniant profundius, hoc putant se melius vigilare et confidenter asserunt hic est princeps, iste est bubulcus quid inanius? 夢皆女與也丘 ego (ait confucius) et tu, ambo pariter somniamus; 也夢亦夢女謂予 Et cum dico te somniare, etiam ego in hoc somnio. Haec ultima phrasis ingeniose respondet superiori; 焉夢其占又中之夢 in somnis conantur explicare sua somnia.

ARTICULUS TERTIUS

DE GRADATIONE.

Hæc figura græce vocatur KLIMAX, sinice 文連 *lien-ven*. Industria virtutem, virtus gloriam, gloria æmulos comparare solet. Ita Cicero et Virgilius :
Torva leæna lupum sequitur, lupus ipse capellam,
florentem cythisum sequitur lasciva puella, &c.
Nihil in stylo sinico hâc figurâ formosius, et omnia exempla quæ occurrent, diligenter notanda sunt. Si tamen ejus modi catenas crebrius texeres, nauseolam tandem excitarent. Tantum varietas etiam in rebus optimis pollet. Hæc figura repetitionem aliquam includit; sed statim videbis quantùm nudis verborum repetitionibus illustrior sit et gratior.

Plurimæ sunt in libro *Tao-te-king* ejus modi catenatæ scallæ. Duas ex præcipuis hic describam, nec latine dabo, quia sentio quam difficile sit in illis in aliud idioma vertendis non errare.

1. 物萬生三。三生二。二生一。一生道
2. 然自法道。道法天。天法地。地法人

Liber *Tchong-yong* ait: 化則變。變則動。動則明。明則著。著則形。形則誠 in quo loco notabis 1º· elegantem repetitionem litteræ 則 2º· catenam illam in quâ tot sunt annuli quot phrases. 3º· quomodo continuetur repetendo ultimam litteram phrasis præcedentis. Nemo est qui non possit aliquid simile tentare.

Idem liber sic incipit ; 敎謂之道修。道謂之性率。性謂之命天 tres sunt phrases eadem arte tornatæ. In 1ª vides litteram 性 quæ ingreditur 2ᵃᵐ. In secunda habes 道 quæ littera ingreditur tertiam phrasim. Egregium hunc textum latine reddere non possem, prout illum intelligo, sine aliqua dissertatione quae non est hujus loci. Talia enim ad intelligentiam librorum potius quam ad styli sinici notitiam pertinent.

Idem liber ait : 也人者仁。仁以道修。道以身修身以人取。人在政爲故 &c. Si quando menti sese offert tam felix et justa series, prætermitti non debet. Hunc textum non explico propter eam ipsam quae me ab explicando superiori textu deterruit.

Liber Ta-hio ait: 安安能后而靜靜能后而定定有后而止知善至於止在得能后而慮慮能后而 qui locus affinitatem habet cum illo libri *Tchong-yong* 形則誠 etc. Præterea ex hoc probatur quod 善至於止 sit ultimus finis quem vera sapientia sibi proponit. Nam ubi semel cognoscitur finis, statim scitur ubi conquiescendum ; tunc animus non amplius fluctuat; sed fixus est. Ex illa firmitate nascitur mira quies; ex quiete par tranquillitas; ex tranquillitate seriæ cogitationes, ac demum crebræ illae et practicae cogitationes ad finem obtinendum recta deducunt.

c c 3

Alter locus ex eodem libro paulo quidem longior, sed omnibus notus et comprimis notandus. In eo primò pergitur in ordine intentionis. Quod intenditur est 下天平 seu 德明明下天於 exemplo suo totum orbem convertere. Sequitur series mediorum ad hunc finem, donec perveniatur ad 物格 quod est ultimum in intentione. 2º· reditur per viam executionis, et 物格 quod in intentione ultimum erat, in executione primum est, atque hinc colligo quod duo hæc verba; 物格 pessime explicantur à Sinis modernis dum volunt quod agatur de rerum naturalium cognitione. Ad quid enim talis cognitio, maxime qualis ab istis Sinis comparari potest, ad præclara illa omnia quae ab illo fonte fluere dicuntur? nec desunt interpretes qui viderunt istud quod dico, et propterea recte explicant 物格 eodem modo kŏ Chu-king ait 心非格 cor nequam deponere. Res quippe materiales 物, sive omnia quae sensus feriunt, sunt nubes quae tegunt solem et sic menti lucem eripiunt; sunt compedes quibus mens constringitur: tolle et longe remove ista omnia impedimenta 物格 ita res posside ut te non possideant; 物格 i. e. cum hunc primum passum feceris, ad alios gradus sine ullo negotio conscendes. Hac doctrina Confucius imbuebat discipulos suos, nihilque magis commendabat quam ut sensus suos diligentissime custodirent.

Librum Ta-hio, Ngheou-yang-sieou, sic imitatur 修以所知身修以所知則矣家國下天治以所知則人治以所知人治以所知則身

Idem Ngheou-yang-sieou, ait: 經師當者學矣師無世夫 nullum nunc habemus magistrum qui nos doceat; igitur virtutis studiosi assumant pro doctore suo libros king; 經師意其求先必 qui habet hos libros pro suo doctore, nihil prius debet intendere quam scire verum eorum sensum; 定心則得意 sensum enim adepti, fixi erunt nec cor amplius vagabitur; 純道則定心 corde sic fixo, ratio et doctrina pura est; 中於充則純道實者 et doctrina puritas facit ut quaecumque animo volvimus vera et solida sint; 實者中光耀者文爲發則 quando autem illa interior soliditas prodit ad extra, intuentium oculos suo fulgore percellit et rapit; 文 hoc loco sumitur pro venustate et gratia exteriori.

ARTICULUS QUARTUS.

DE INTERROGATIONIBUS INTER DISPUTANDUM.

Non hic loquor praecise de interrogatione: jam enim ex particulis, capite secundo relatis satis intelligitur quam frequenter adhibeatur. Sed hunc articulum apposui ut monerem eumdem sinis philosophis inter disputandum morem esse, quem semper observat Socrates apud Platonem:

AD LINGUÆ SINICÆ NOTITIAM.

nimirum quærendo longe melius docent quam aliquid asserendo. Variis quippe interrogatiunculis aliunde, ut primo apparet, petitis efficiunt quod volunt. Exemplum quod seligo ex *Mong tsee* rem clare explicabit et sufficit.

Fuit quidam nomine *Hiu-hing* qui veterem *Chin-nong* prædicans ex regno *Tsou* ad regnum *Teng* venit 滕之楚自行許者言之農神爲有 *Tchin-siang* unus ex discipulis hujus magistri adivit *Mong-tsee* et ait 曰言之行許道子孟見相陳 Rex hujus ditionis sapientiae famam collegit, sed nihildum tamen audivit de magna sapientia; 賢誠則君滕也道聞未然雖也若 Rex sapiens pariter cum populo suo arat agros et de labore manuum suarum vivit 食而耕竝民與者賢. Non ita facit rex hujus terræ, sed habet plena horrea et populi laboribus fruitur. Quis illum proinde sapientem dixerit; 庫府廩倉有滕也今賢得惡巻自以而民厲是則 videamus jam quomodo *Mong-tsee* hunc hominem ex errore in quo versatur, revocet.

Haud dubium est, inquit, *Mong-tsee*, quin magister *Hin* ipsemet suis manibus seminaverit et messuerit grana quibus vescitur 乎食後而粟種必子許曰子孟 annon ita est? R. ita est prorsus 然. Magister *Hin* sine dubio ipsemet texuit telam qua vestitur. R. minime id quidem: magister meus non telâ sed lanâ se vestit 乎衣後而布織必子許曰褐衣子許否曰 Ille magister *Hin* gerit ne pileum 乎冠子許曰 R. utique 冠曰 Quem pileum obsecro 冠奚曰 R. simplicem nec ullo colore fucutum 素冠曰 An ipsemet illum contexuit 與之織自曰 R. neutiquam sed tantum grani quanti pileus valet 之易粟以否曰 Et quare propriis manibus galerum suum ipse non facit 奚子許曰 織自不爲 R. quia id agriculturæ noceret 耕於害曰 Magister *Hin*, ut opinor, suam orizam coquit in vasis figlinis, et quando agellum exercet, vomere, rastris, aliisque id genus armis utitur 乎枇鐵以爨甑釜以子許曰 R. rectè sanè 然曰 Ista omnia magister *Hin* ipsemet facit, opinor 與之爲曰 R. minime id quidem, sed cum suo grano commutat, 之易粟以否曰 At enim granum his omnibus mutare, annon est figulorum et cyclopum sudore ac laboribus impune frui? fac ut quotquot lutum fingunt et metallo liquant, velint et ipsi pro suis vasis orizam accipere, an quæso non essent agricolis molestissimi? 農厲爲豈者粟易器械其以亦冶陶冶陶厲爲不者器械易粟以哉夫 cur ergo magister *Hin* artem figuli non didicit? cur fabricam ferream ipse non exercet? Sic enim illa omnia domi haberet, nec omnes artifices cum suis permutationibus ita vexaret. An solus non videt quod hoc pacto cunctis molestus et odiosus est? 陶爲不何子許且 煩憚不之子許何易交工百與然紛紛爲何之用而中宮其取皆舍冶 R. atenim velle tot artes simul exercere et insuper terram arare, qui, quæso, fieri istud potest?

之爲且耕可不固事之工百 Egregie quæstionem absolvit *Mong-tsee* his verbis: sola ergo regni administratio cum agricultura rectè componetur? 可獨下天治則然 &c. 與爲且耕

Ex his satis apparet quomodo *Mong-tsee* illum hominem ad id quod volebat adduxerit: scilicet quod si nemo potest esse simul et figulus et agricola, multo minus orbem regere et simul agros colere poterit.

Multa, quæ de particulis dicta sunt, bonum erit hunc textum legendo notare, et attendere praeterea quod littera 曰 yuĕ loqui, tam interrogationi quam responsioni pariter occommodetur 也然o 則之然既曰º 乎然曰o 曰, &c. dices, ita ne est? R. Ita, dices siquidem ita est, &c.

ARTICULUS QUINTUS.

DE DESCRIPTIONE.

Græci EKPHRASIN vocant; ego descriptionem appello, quoties verbis luculentis et congestis eleganter et graphicè pingitur. In quo quidem sinæ etiam moderni nostris scriptoribus non cedunt. Sed quod spectat sanctae doctrinae divitias et stupendam omnium virtutum congeriem, nihil apud eos invenies quod vel tantillum accedat ad sublimitatem divi Pauli 2ª Cor. 6º a versu 4º usque ad 10ᵘᵐ.

Et quamvis multa dicant isti Sinae de 仁 charitate, infantes sunt si cum eodem Apostolo charitatem describente comparentur. Etsi autem ad divinam hanc eloquentiam assurgere non possint, stylus tamen divi Pauli duobus illis in locis valde ipsis placeret. Est enim quoad verborum phrasiumque ordinem plane Sinicus.

1ᵘᵐ EXEMPLUM EX *Mong-tsée*.

居廣之下天居
位正之下天立
道大之下天行
之由民與志得
道其行獨志得不
　　　淫能不貴富
移能不賤貧

Facile est hic statim advertere quae de phrasium dispositione dicebam supra articulo. 2º In tribus primis tres praecipuas virtutes lectori offert, nimirum charitatem 仁 quam amplissimam habitationem 廣居 vocat; urbanitatem 禮, quae, ut ait sedes rectissima 位正 ac demum justitiam 義 quae magna via est 道大 per quam semper incedit. Postea

AD LINGUÆ SINICÆ NOTITIAM.

屈 能 不 武 威
夫 丈 大 謂 之 此

duas phrases ponit in medio sibi apprimè respondentes, quarum sensus est: Si potest populo prodesse, id agat totis viribus; si non potest, ipse solus vivit hoc modo. Denique tribus phrasibus quae respondent tribus primis, ostendit virum illum quem in fine vocat 夫 丈 大 eumdem in utraque fortuna, et in ipsa etiam morte impavidum esse.

2um Exemplum ex libro Chu-king.

而 列 o 柬 而 簡 o 溫 而 直 o 毅 而 擾 o 敬 而 亂 o 悫 而 愿 o 立 而 柔 o 栗 而 寬
義 而 疆 o ?

Notanda est in hoc loco 1° mirabilis brevitas. 2° perfecta similitudo inter novem istas phrases. 3° in qualibet phrasi virtutem unam ita designat ut simul vitium, versus quod magis propendere videtur, ab eâ longe removeat. Sicque sancti nobis ideam et formam exprimit. Hæ virtutes in alios sparguntur; solus sanctus eas habet, et omnes, et in summo gradu.

3um Exemplum ex libro Tchong-yong.

Tam eximii loci versionem olim à me gallicè factam hic apponere decreveram; sed nunc mihi videtur paulò verbosior. Satis erit varias notas in textum Sinicum facere ut deinde per otium et exercitationis ergo quilibet in latinam linguam tam præclarum transferat. Sic autem describit Sanctum:

能 爲 聖 至 下 天 唯
也 强 有 以 足 知 睿 明 聰
也 容 有 以 足 柔 溫 裕 寬
也 執 有 以 足 毅 剛 強 發
也 別 有 以 足 察 密 理 文
之 出 時 而 泉 淵 博 溥
天 如 博 溥
淵 如 泉 淵
敬 不 莫 民 而 見
信 不 莫 民 而 言
說 不 莫 民 而 行
國 中 乎 溢 洋 名 聲 以 是
貊 蠻 及 施
至 所 車 舟
通 所 力 人

1°. Vide quomodo formam viri sancti quatuor in partes quatuor generatim dividat, 2° quomodo quatuor litteris adumbret quamlibet partem, ac statim afferat effectum qui ex illa sequitur. Atque is est 1us articulus in quo quater repetis 以 是 3°. In articulo sequenti sunt quatuor phrases mirâ sane arte dispositæ. 4° Tertius articulus constat tribus sex litterarum phrasibus plane gemellis. 5°. Quartus demum articulus post generalem propositionem exhibet sex phrases continuas litterarum quatuor. Sexties repetit litteram 所. In fine stylum parumper variat, et omnia quæ dixit compre-

羽所之天
載所之地
照所月日
墜所露霜
殺身不爽者氣血有凡
天配曰故

hendit his duabus litteris 天配 *poei-tien*, quæ integram dissertationem postulant. Sed tales dissertationes angustis hujus operis spatiis exclusas prætereo, et ad alia tempora reservo. 6°· Licet quoad sententiam totum hunc locum plurimi facio, mihi tamen semper visus est nimium splendescere præsertim in sex phrasibus articuli quarti : 至所車舟 &c. Hæc luxuries leniter depascenda. Nondum ita sentiebam anno 1709, cum primum mihi venit in mentem tentare unum aliquid Sinice scribere possem. Itaque feci descriptionem ad instar somnii scipionis apud Tullium, et opusculum illud appellavi 美夢記土 quia sub imagine terræ formosissimæ adumbrabam Ecclesiam Christi in hac perigrinatione, et patriam cælestem in sæculo futuro. Sic autem terram illam calamo juvenili describebam.

"Proh ! quam limpidæ sunt ejus aquæ ! quam amœni flores ! quam suaveolentes zephy-
"rorum animae ! In ea læti montes, opaci lucus, valles tacitæ et umbrosæ. Si velis jactare
"rivos famosos *Kin* et *Siang*, lutosos ac turbidos esse fateberis. Si nobis affers frigus opa-
"cum quod captatur in *vou-yn*, senties ventum esse furentem et infestum. Si loqueris de
"amabili vere quod regnat in *Lo-yang* ejus fœtorem et turpem speciem ferre non poteris.
"Sylvas formosis arboribus *ki, tsee, ou, tong* consitas, raris frondibus calvas esse dices, nec
"sub eis poteris requiescere. Prospectus quem efficiunt luci *vou-yn* et rivi *kin-lo* habent
"semper aliquid quod desideres. Pulcherrima mea terra sola velut conditissimus onyx
"sine ullâ maculâ nitet &c."

沾獨舞也漂且濁窈風瀰
為我雲云洌媧且然其瀰
耳美沂何之烎混而山其
矣土洛其風舞烎鮮菀水
  也之䬃矣雲洛陵菀猗
  其景罰杞之陽沂其猗
  如也面不梓凉之   其
  白皆不稻也春之菶花
  玉有可桐嗁也流菶芬
  兮欠休之呼其也其芬
  無為矣林其臭其堅其

AD LINGUÆ SINICÆ NOTITIAM.

4ᵘᵐ Exemplum ex Ngheou-yang-sieou.

Senis ebrii porticus describitur :

Civitas *Tchu-tcheou* montibus undique coronata est ; sed cacumina quae sunt inter occidentem et meridiem caeteris propter lucos et convalles amœniorem scaenam praebent. Oculis nihil formosius, venustius nihil. Hinc loci nomen est 邪 琅 *lang-sie* quasi totidem essent inclinata marmora pretiosa. Montes ad sex septemve stadia patent, carpendo viam paulatim— auditur dulce murmur fontis, cujus aqua inter duos montes trepidante rivo fugit, et fons vocatur 泉 釀 *jang-tsuen* quasi ex illo prodiret dulce nectar. Ubi modico montis anfractu via sinuatur, occurrit porticus quadrata et aperta, fonti sic tanquam umbraculum imposita ; vocatur 亭翁醉 *Tsoui-ong-ting*. Quis hanc porticum extruxit? Si monticolis bonziis fides est vitam immortalium noverat quisquis illam in hoc loco posuit. Quis illi tale nomen dedit ? Ita seipsum vocat urbis gubernator. Ibi enim assidue cum amicis venit, et simul ibi pitissant. Post aliquot scyphos diceres illum esse ebrium, et cum provectae jam sit ætatis, propterea ipse se senem ebrium appellat. Id autem nullo modo facit quod de vino cogitet, sed alludit ad tam amæni loci dilicias, quibus jucunde se inebriat, scilicet istud est vinum quo ebrium se esse dicit. Sole oriente silva rore madet et suavem nebulam exhalat. Sole cadente antra et cavernæ tenebris horrescere incipiunt, et naturae conversiones, sive rerum ortus et interitus his rebus adumbrantur. Omnia latè loca gratum ac secretum odorem spirant. Arbores floridæ sunt et opacæ ; venti et primæ sese attollunt, purissimus imber cadit ; saxa viridi musco spoliata quasi foris prodeunt ; atque is est quatuor anni tempestatibus montium prospectus. Si summo mane illuc pergas nec redeas nisi sub noctem, qualibet tempestate cernes nova spectacula, et voluptatis non erit modus. Alii falcibus onusti cantando viam fallunt ; alii sub arborum tegumine recubant. Qui praecedunt voce vocant et respondent qui sequuntur. Senes incurvi manibus pinetis ambulant simul. Eunt et redeunt viatores sine fine, atque haec est urbis incolarum deambulatio. Quando ventum est ad locum, piscatu se se oblectant. Aqua satis alta est et pisces pinguiculi. Aqua fontis vinum est. Fons balsamo dulcius fragrat ; vinum crystallo nitet purius. Inemptae ruris dapes et oluscula temere mixta pauperem mensam ornant, atque lautum gubernatori convivium sic instruitur. Talis scenae gaudia fidibus ac tibiis non egent. Alii sagitta vincunt, alii latrunculis. Majoribus inde poculis certare, et vina miscere, et voces simul emittere. Id nempe sunt convivarum laetantium lusus. Ille autem senili fronte et capite cano qui titubante pede inter illos ruit exultim, est ipsemet gubernator more suo ebrius. Sub occasum solis, cum per montem errantium nubilae jam evanescunt : gubernator redit ad urbem et illum conviviae sequuntur. Silva patulis arborum ramis omnia late loca contegit et volucrum cantibus resonat abeunt homines, et aves laetantur. Sed aviculae illae noverunt quidem quam ex montibus et silvis capiunt voluptatem ; at nesciunt quaenam sit hominum voluptas, homines norunt cum suo gubernatore deambulare et laetari, at ignorant quod gubernator ideo laetatur quia videt illos laetos esse atque hilares. Qui scit una cum illis lætari, quique deinde hæc victuris chartis mandat, est idem ille gubernator. Sed qui vocatur gubernator ille? vocatur *Ngheou-yang-sieou* ex *Lou lin* oriundus.

Elegantis scriptoris gemmas versione mea sic tamquam luto me inquinasse sentio. Sed quo turpior mea rusticitas, hoc lectissime *Ngheou-yang-sieou*, descriptio pulchrior apparebit. 1º· Describit locum omni suavitate amabilem. 2º· Innocentes politiorum hominum simul rusticantium lusus explicat. 3º· Optimi mandarini cor sub finem aperit. Solis fere particulis 者 et 也 utitur, et utramque multoties ab initio ad finem repetit sine ulla nausea, non modo quia rem totam, quam describendam suscepit, per varias partes explicat, sed etiam quia imagines menti offert adeo lætas et ridentes, ut de istis particulis curare non necesse sit. Phrases autem miro sane modo variat et inter se ordinat, ut, sine me, quilibet notare poterit.

醉翁亭記　　歐陽修

環滁皆山也其西南諸峯林壑尤美望之蔚然而深秀者琅邪也山行六七里漸聞水聲潺潺而瀉出兩峯之間者釀泉也峯回路轉有亭翼然臨於泉上者醉翁亭也作亭者誰山之僧曰智僊也名之者誰太守自謂也太守與客來飲於此飲少輒醉而年又最高故自號曰醉翁也醉翁之意不在酒在乎山水之間也山水之樂得之心而寓之酒也若夫日出而林霏開雲歸而巖穴暝晦明變化者山間之朝暮也野芳發而幽香佳木秀而繁陰風霜高潔水落而石出者山間之四時也朝而往暮而歸四時之景不同而樂亦無窮也至於負者歌於塗遊人呼於前後者應傴僂提携往來而不絕者滁人遊也臨谿而漁谿深魚肥釀泉為酒泉冽山肴野蔌雜然而前陳者太守宴也宴酣之樂非絲非竹射者中奕者勝觥籌交錯起坐而諠譁者眾賓懽也蒼顏白髮頹然乎其間者太守醉也已而夕陽在山人影散亂太守歸而賓客從之樹林陰翳鳴聲上下遊人去而禽鳥樂也然而禽鳥知山林之樂而不知人之樂人知從太守遊而樂不知太守之樂其樂也醉能同其樂醒能述以文者太守也太守謂誰廬陵歐陽修也

AD LINGUÆ SINICÆ NOTITIAM.

ARTICULUS SEXTUS.

EXPONUNTUR TRIGINTA MODI, QUIBUS VARIATUR

SINICUS STYLUS.

Ejusmodi figurae vis et gratia, non in mera certae cujusdam litterae repetitione consistit, sed magis pendet à congerie et conglobatis, quibus animus commovetur. Sic Tullius : " nolite putare homines consceleratos impulsu deorum terreri Furiarum tædis ardentibus. Sua quemque fraus, suum facinus, suum scelus, sua audacia de mente deturbant. Hæ sunt impiorum Furiae hæ flammae, hae faces, &c. " Sic D. Paulus 2ª Cor. Cap. 11°·, versu 2° usque ad 30·um. Stylus Sinicus eodem prorsus modo procedit, ut toto hoc articulo facile erit advertere. Tria sunt opuscula, quae à Litteratis, ob styli bonitatem, plurimi fiunt. 1um. est *Hi-tsee* quod habetur ad calcem libri *y-king*. 2um. est *kao-kong ki*, reperitur in libro *Tcheou li*. 3um. est *Tai-ki-tou* per quod incipit liber *Sing-li-ta-tsuen* et ideo fortasse sic laudantur quia modos illos de quibus hic agitur, saepe usurpant. Non necesse porro erit omnia loca quae afferam, latine exponere, quia cum agatur unice de stylo, exemplo oculis ostendisse interdum satis erit.

§us 1us. 或 *hoe.*

Lao-tsee ait: 願或載或羸或強或吹或呴或隳或行或物故 *Han-yu* hunc locum bis imitatus est, et nos idem facere possumus in hoc loco ; v. g. Si vis dicere quod in omni statu sapiens se possidet, enumerabis varios status hunc fere in modum : 賤或貴或得自不無往往子若止或行或退或進或貧或富或

§us. 2as. 也 *ye.*

Liber *Tchong-yong*: 仳久也悠也明也高也厚也博道之地天 Et alio in loco bonum regimen revocat ad hæc capita novem : 大敬也親親也賢尊也身修 也俟諸懷也人遠柔也工百來也民庶子也臣群體也臣 Est quasi generalis propositio. Deinde resumit 立道則身修 &c. Ac demum iterum repetit ut ostendat quomodo hæc novem capita exerceantur 也身修以所勤不禮非服盛明齊 Et eodem filo de aliis. Totus hic locus insignis est.

§ᵘˢ. 3ⁿˢ. 者 *tche.*

Kao-kong-ki-ait: 以者鳴股以者鳴翼以者鳴旁以者鳴咡以者鳴胠以者鳴脣 Id est: sunt animalia quæ murmur edunt per collum, sunt quæ per latus, sunt quæ per alas, sunt quæ per culum, sunt quæ per rostrum sunt quæ per pectus. *Tchouang-tsee* hunc locum imitatus est. Et apud *Han-yu*: 者涉者奔者牽者行 —Septemdecim ejusmodi phrases simul continuantur.

§ᵘˢ. 4ⁿˢ. 之 *tchi.*

Lao-tsee ait: 之覆之養之熟之成之育之長之畜之生道故 Nominativus est 道 *tao.* 之 designat res omnes quæ à supremâ illâ ratione pro ducuntur 生, aluntur 畜 &c. Liber *Li-ki* ait: 之蹈之足之舞之手知不. Nota 之手 et 之足 idem est act 手 et 足; 舞 et 蹈 sunt verba, et 之 quod sequitur est eorum regimen. Caput *Choue-koua* percurrens octo symbola quibus stat totus *y-king* ait: 潤以雨之散以風之動以雨之藏以帅之君以乾之說以兌之止以艮之恆以日之 Ad quem locum olim respiciens dicebam Christianam religionem sufficere cordi, quia sola affert solidas rationes ut illud illuminet 之燭以理實陳, ostendit verum iter ut illud deducat 真開之真以道, promittet veniam, ut illud recreet 之慰以救罪許, confert gratiam ut illud adjuvet 之助以恩特施, aperit paradisum ut illud excitet 之勉以門天關, minatur infernum ut illud deterreat 之戒以宅穴穿.

Mong-tsee secutus *Tao-te-king* ait: 之翼之輔之直之匡之來之勞 Quando 之 genitivum denotat, posset etiam pluries repeti, v. g. Si sinice verteres hæc " verba ciceronis: " historia testis temporum, lux veritatis, vitae memoria, magistra virtutis " nuntia vetustatis, &c."

AD LINGUÆ SINICÆ NOTITIAM.

§us. 5us. 之得 *te-tche.*

Tchouang-tsee enumerat omnes per quorum manus veræ doctrinæ traditio transiit. Nonnullos omitto brevitatis causa; o崘崌襲以之得坏堪o母氣襲以之得羲伏 o天雲登以之得帝黃o山大處以之得吾肩o川大遊以之得夷馮 &c. 宮玄處以之得頊顓

§us. 6us. 之謂

Hi-tsee ait: 不來往o變之謂闢一闔一o乾之謂戶闢o坤之謂戶闔 器之謂乃形o象之謂乃見o通之謂窮 &c. Omnes deinde scriptores hanc styli formam sequuti sunt; 之謂 non differt à 謂之 quod sequitur, nisi quia diversus est iis utendi modus.

§us. 7us. 謂之 *tchi-ouei.*

Hi-tsee ait: 之測不陽陰o坤謂之法效o乾謂之象形o易謂之生生 神謂 Quem locum feliciter imitatur *Han-yu*: 而發o元謂之人長以仁體閭臣 o文謂之地天緯經o神謂之方無而妙o聖謂之通不所無o和謂之節 武謂之亂禍定戡

§us. 8us. 以 *y.*

Tchouang-tsee ait: 門爲道以o本爲德以o宗爲天以 Ejus discipuli cogitabant illum post mortem magnificâ sepulturâ donare; dixit illis: 日以o槨棺爲地天以吾 何卹俯不豈具葬吾o送齎爲物萬以o璣珠爲辰星以o璧連爲月 此如必 Usus sum quondam littera 以 hunc in modum: 怨以o也人匪德報怨以 儒怨報直以o也人常德報德以o也人俗德報直以o也人野怨報

也人大怨報德以。也人 Id est: reddere mala pro bonis hominis est improbi reddere mala pro malis hominis est et agrestis et feri. Nihil reddere pro malis, hominis est litterati et urbani. Reddere bona pro bonis, hominis est ordinarii; reddere bona pro malis, solius est hominis perfecti.

§ᵘˢ. 9ᵘˢ. 以足 *tsou-y.*

Caput *Ven-yen* egregie ait: 和以足物利禮合以足會嘉人長以足仁體事幹以足固貞義 &c. hoc imitari facile possumus.

§ᵘˢ. 10ᵃˢ. 以不 *pou-y.*

Tso-chi ait: 幣器以不生畜以不疾隱以不川山以不官以不國以不 Puto quod hoc loco 以 possit explicari per 用 uti.

§ᵘˢ. 11ᵃˢ. 以之 *tchi-y.*

Liber *Li-ki* ait: 以之紀。孝以之修。禮以之行。敬以之愛。大以之感仁以之終。義 Fertur præclara sententia confucii dicentis: 以之守。知唐明聰之守。海四有富。怯以之守。世振力勇。讓以之守。下天被功。愚也道之損又之損謂所此。謙以 Tam præclara verba debent latine verti: Si cæteros omnes ingenio et sapientiâ superas, fac ut videaris stupidus et sic illas dotes conservabis. Si merita tua totum orbem replent, aliis semper cedere ama, et merita tua tibi manebunt. Si fortitudine et robore mundum erigis, infirmitatem affecta et sic fortitudinem non perdes. Si quidquid est intra quatuor maria possides, tanto magis humilis esto, et sic divitias habebis quæ tibi non poterunt auferri, atque hæc est seipsum abnegandi iterumque abnegandi vera methodus.

§ᵘˢ. 12ᵃˢ. 可 *ko.*

Liber *Li-ki* ait: 殺可生可貧可富可賤可貴可君事 Facillimum est hoc imitari, sed videndum ut apte fiat et in loco.

AD LINGUÆ SINICÆ NOTITIAM.

§us. 13us. 以可 *ko-y.*

Tchouang-tsee ait: 年盡以可親养以可。生全以可。身保以可 Id est: hoc pacto poteris conservare personam tuam, poteris integre vivere, poteris alere parentes, poteris implere annos tuos.

§us. 14us. 爲 *ouei.*

In capite *Choue-koua* saepissimè, v. g. 爲。玉爲。圓爲。父爲。君爲。天爲乾金 &c. *kien* supponit pro caelo, pro rege, pro patre, &c.

§us. 15us. 必 *pi.*

Kao kong-ki ait: &c. 數必節施。厚必膠施。正必箓陳。直必轂容 Si de litterarum cognitione ageretur, omnia ejusmodi latine vertenda essent; sed quoniam de solo stylo tractamus, sufficit videre quomodo disponatur 必 *pi.*

§us. 16us. 無 *vou.*

Tso-chi ait: 無。怒復無。禮教無。同遵無。窥恃無。富恬無。亂始無義非犯無。德非謀 non orditur turbas, non fidit divitiis, non innititur favori non resistit aequalibus, non despicit urbanitatis leges; non bis irascitur; nihil meditatur virtuti contrarium; nihil agit contra justitiam. Vide quod sex primae phrases sunt trium litterarum, duae ultimae habent quatuor; possent adhuc addi similes duae vel quatuor

§us. 17us. 乎大莫

Hi-tsee ait: 月日乎大莫象縣。時四乎大莫動變。地天乎大莫象法

§us. 18us. 而 ell.

Kao-king-ki docet modum quo praeparatur pulvis vel cinis ex quo fiunt vasa et al.:
之 肖 前 ○ 之 金 而 ○ 之 沃 而 ○ 之 揮 而 ○ 之 盡 而 灰 其 清

§us. 19us. 不而 ell-pou

Tso-chi ait: ○ 至 不 而 遷 ○ 携 不 而 達 ○ 偏 不 而 涵 ○ 屈 不 而 曲 ○ 倨 不 而 直 ○ 覺 不 而 他 ○ 宣 不 而 廣 ○ 匱 不 而 用 ○ 光 不 而 樂 ○ 愁 不 而 哀 ○ 厭 不 而 復 ○ 流 不 而 行 ○ 底 不 而 處 ○ 貪 不 而 取 Sunt quatuordecim phrases prorsus gemellae, quibus virum perfectum adumbrat nihil uberius, nihil elegantius. Non miror quod *Tso-chi* tantopere laudatur propter stylum *Sun-tsee* quoque ait: 而 察 ○ 爭 不 而 辨 ○ 慢 不 而 寬 子 君 流 不 而 柔 ○ 暴 不 而 堅 ○ 激 不 sapiens facilis est, sed non languidus; disputat, sed non altercatur; examinat, sed sine minutiis; rigidus est, sed non ferus; indulget sed non diffluit.

§us. 20us. 其 ki.

Hi tsee ait: 隱 而 肆 事 其 ○ 中 而 典 言 其 ○ 文 辭 其 ○ 遠 旨 其 Est etiam egregius locus in libro *Li-ki*; sic incipit: 緩 以 嘽 然 其 者 感 心 樂 其 ○ 發 以 噍 聲 其 者 感 心 哀 其 &c. sunt adhuc plures phrases eodem plane modo ordinatae. Percurrit enim omnes affectus quos musica in corde excitat, et indicat sonos qui ad talem vel talem affectum apti sunt.

§us. 21us. 其 得 te-ke

Confucius ait: 式 其 得 車 節 其 得 樂 時 其 得 味 象 其 得 鼎 et alia enim multa sic enumerat.

AD LINGUÆ SINICÆ NOTITIAM.

§us. 22us. 兮 *hi.*

Est præclarus locus apud *Sun-tsee:* 敬能其○兮嚴嚴○也理條有其○兮井井也始終有其兮分分○也已 Sic pergit, et locus integer habet ejusmodi partes prorsus similes inter se. Graditur oratio sicut in pares cuneos distincta et phrases, velut maris undæ pellunt et pelluntur.

§us. 23us. 奚 *hi.*

Tchouang-tsee ait: 惡奚樂奚去奚就奚處奚避奚悇奚爲奚 hæc ultima littera (悇) forte legenda est non *ou* sed *yu* propter rhythmum.

§us. 24us. 矣 *y.*

Liber *Li ki* ait: 矣盛矣美矣大則умм Sæpe hoc occurrit et in fine poni solet: 不矣加以可 *Tchouang-tsee* ait: 矣數句以不○矣治弗矣死生先之子 Tuus magister est homo mortuus, non est vivus, non transibit aliquot dies; 以可朳矣盎矣至矣加 non plus ultra, nihil super addi potest.

§us. 25us. 嘗未 *ouei-tchang.*

Liber *Kia yu* ait: 危知嘗未懼知嘗未勞知嘗未愛知嘗未哀知嘗未 sic est sapiens, nulla passione præpeditur.

§us. 26us. 曰 *yuo.*

Chu king ait: 土曰五○金曰四○木曰三○火曰二○水曰一 In libro *Tcheou-li* sæpissime occurrit 曰 yue in enumerationibus, v. g.: Carmina libri *Chi-king* ad quinque species revocat: 頌曰雅曰興曰比曰賦曰風曰 Nota quod non sit necesse apponere &c. 曰二曰一 Caput *Hi-tsee* ait: 曰寶大之人聖。生曰德大之地天財曰之聚以何。仁曰之守以何。位 &c.

§us. 27us. 有 *yeou*.

Tso-chi ait: 類有。假有。象有。義有。信有。五有名 *Mong-tsee* ait: 父信有友朋。序有幼長。別有婦夫。義有臣君。親有子

§us. 28us. 乎是於

Tso-chi ait: 供之事。生乎是於。庶蕃之民。出乎是於。粢之帝上麗敦。始乎是於。殖蕃用財。興乎是於。睦輯恊和。在乎是於。給成乎是於。固純 Sine negotio hæc ad alia transferri poterunt. Quod unum intendo est varios orationis modos nudè proponere.

§us. 29us. 然 *gen*.

Sun-tsee ait: 然蕩蕩然昭昭然廣廒然恢恢然轟然棋然旺然儼 miror quod tot adverbia deinceps posita non offendant aures.

§us. 30us. 焉 *yen*.

Liber *Li-ki* ait: 。焉倫之子父見。焉義之臣君見。焉道之神鬼事見。焉別之婦夫見。焉施之賞爵見。焉殺之疎親見。焉等之賤貴見。焉際之下上見。焉序之幼長見。焉均之事政見 Decem sunt phrases ejusdem omnino coloris. Hæc autem omnia quæ enumerat bona colliguntur ex ritibus bene ordinatis. Hic per transennam adverto quod quando phrases excurrunt usque ad octo vel

AD LINGUÆ SINICÆ NOTITIAM.

decem, si nulla inter omnes sit diversitas, non tam placent. Liber *Ta-hio* ait: 所其之人 所其之。爲辟而敬畏所其之。爲辟而惡賤所其之。爲辟而愛親 爲辟而惰放所其之。爲辟而矜哀 Littera 辟 malum sensum habet, et excessum, vel defectum indicat. Vellet *Tsang-tsee* ut eorum quos amamus vitia cerneremus, et eorum quos odimus virtutes nos non laterent: 美其知而惡。惡其知而好

Nullus dubito quin adhuc alia sint ejusdem generis multa; sed triginta modi quos attuli sufficere possunt, ut Missionarii discant eleganter scribere sinicè; atque ut omnibus animos addam quantum in me est, juvat hoc loco ponere discursum integrum de Deo et divinis attributis quem quidam è Sociis mihi bene notus post aliquot missionis annos composuit. Ita autem se habet.

天主總論

自開闢而來先聖後聖所相授受之大道也蓋萬物之有主猶木上

帝天主以爲萬物之大本者也工首木

之有根則有源無之有首源然木

無之川則以爲萬物之大本有工首源

之川有根則身之有源不立則木不長不有源海不有長不治無源

君國果决無是君家齊則國不治苟無

宜乎有焉首成萬物之謹是乎實有源是乎定有焉是乎行矣有一主一天地人壹是進於有

是天而全方而萬身於百體於是乎是乎是乎是一只惟誠無限無象無象非本於

源天能自知非地丞民父母無無無形而形無形無形無象而未始以始無言

終全天知全而全地地地母無形登無形惟一無無誠自無有自然而得受

以指之自能自者有者惟有惟惟能自諸有自然而不

不惟日自有有無是無惟能一獨有全有然而

不得其其有其足爲其能無是爲惟能有自而然而不

有義得不然者也誠其無是乃爲惟能有自而然而仁而

是故其有感應之神能自誠無其者也誠有其德有公有美意有志有情而有然而

而不得其施乎外而造天造地造有萬物生神人有者皆非之自然權衡

天地萬物不然豈盡造天地萬物非是如不如不得地萬物生神人者皆非自然存

然者也欲生物則好生之心焉乃並由天主之意而

Gg 3

DE DEO ET ATTRIBUTIS DIVINIS

GENERALIS DISCURSUS.

Ab exordio mundi usque nunc, doctrina quam omnes Sancti per generationes singulas sibi tradiderunt, summo in loco et honore semper habuit dominatorem cæli supremum Dominum, ut pote qui sit rerum omnium magna radix. Res quippe omnes habent Dominum, sicut arbor radicem, amnis fontem, regnum ducem, domus patrem-familias, et corpus caput. Tolle caput et corpus stare non poterit; tolle fontem, fluvius statim arescet; tolle radicem, arbor non crescet. Si desit Dominus nulla res umquam existet. At vero quia est radix, ideo plantæ et arbores per æstatem fructus parturiunt. Quia datur fons, ideo amnes omnes suum peragunt iter. Quia regnat princeps, ideo firma pax viget in imperio. Quia pater-familias præest domui, ideo omnes tranquille habitant in domo, quia stat caput, ideo omnia corporis membra inter se communicant et sic demum quia existit supremus omnium Dominus, ideo secreti cælorum terræque influxus perficiuntur, et rerum omnium conversiones fiunt.

Unicus Dominus Deus omnium quæ vivunt et existunt fons et origo, totius universi rector et doctor populorum omnium pater-mater est; incorporeus omnia corpora producit; invisibilis omnia visibilia creat: non est cælum sed facit ut cælum sit cælum; non est terra, sed facit ut terra terra sit. Ipse solus, sine sono, sine odore, sine limite, sine termino, sine initio, sine fine; omnipotens, omniscius summe bonus, summe pulcher, summe simplex et unus, a se ipso veritas abunde sibi sufficit. Una verbo illum utcumque indigitare licet, dicendo quod sit ens à se. Solum ens à se dat existentiam omnibus quæ existunt extra se, nec esse suum ab ullo accipit. Solum ens à se nihil habet nihili, sed est extremum ens, perfectum ens, totum ens, nec potest non esse ens. Ejus ens ejus independentia, ejus veritas, ejus bonum, ejus pulchritudo, necessaria sunt quod sunt, nec possunt non esse quod sunt. Ens à se habet à se solo ut cognoscat, ut intendat, ut velit, ut diligat, ut bonum et justum sit, ut spirituali modo—excitet et respondeat, ut justissime aversetur et amet, ut æquissimo Dominii ac libertatis arbitrio cuncta ponderet.

Quamobrem cum operatur ad extra, sive cælum terramque creet, sive spiritus hominesque producat, hæc omnia non existunt necesssariò ita ut non possint non existere. Igitur quando produxit cælum, terram, resque omnes, non existimandum est quod hæc omnia non poterat non producere; quando conservat cœlum terram resque omnes, non putandum est quod non possit conservare si velit. Nimirum cuncta pendent à libera supremi Domini voluntate ut sint vel non sint. Si mundum velit producere, sic optimum res producere amantis cor ad extra

AD LINGUÆ SINICÆ NOTITIAM.

exit. Si mundum non vult producere, sic perfecta sibi sufficientis independentia clare apparet. Si conservare non velit quod produxit; sic liberum à se dominantis arbitrium exercetur. In his omnibus nullo modo determinatur ad hoc vel ad illud, ita ut hoc bonum sit, illud autem malum, hoc liceat, illud autem non liceat. Ratio est quod realis existentia cæli, terræ rerumque omnium, supremo enti, quod à se est, nihil addit, et caeli terrae rerumque omnium non existentia supremo illi enti nihil auffers. Quando omnia creat non laborat, quando omnia conservat non movetur. Licet omnia extingat, id summe ejus bonitati non nocet. Cætera omnia sint vel non sint, idem semper perseverat ipse producere, conservare, destruere et extinguere, actiones sunt quae fiunt in tempore; sed decretum et voluntas producendi, conservandi, vel destruendi, fixum et ratum est ab aeterno et ante omne tempus.

於是乎出欲不生則自足之尊於是乎顯生焉而欲
不存則自至之權於是乎行無然而無可
無不可有天地萬物於自有者無所益無天地萬物
於不自有者無所損生之不擾其靜滅
之不傷其仁有之無之不變其力擾其靜滅
以時而有而定是故萬物之或生之或存之或滅之者則自無
始而無終始也不變化庶類而不變化之始終萬物而
自無而有而始也不變化庶類包萬時而不與物同
推移其時也不流其有也不逝其行也無動其靜至
無息至玄而始也非虛而非無至邈而不可遺至近
而不可撥此至美蘊乎內而萬德流乎外生
澤無窮此至美也仁之聰也好善惡惡公賞公罰此至義
之昭也天地萬物一命卽有不藉氣質形別性異性此
全能此之顯也排庶類令各得其分刻無間此
之宜此全智之露也以安養其才呈其頤此德此
異此靈之效也人有正物有曲表其才呈其頤此德此
至美之流也靈蠢高卑相依而歸一向恆古恆今相
至靈之一原此主宰至一而不孤至尊而不屬至大而能
生而異而同此主宰至一而不孤至尊而不屬至大而能
同而異而同至一而不孤至尊而不屬至大而能
客至善而妙恕至威而可愛至仁而

Quapropter mutat et convertit omnia, nec tamen ipse mutatur aut convertitur, dat omnibus rebus principium et finem, nec ipse finem aut initium habet, rerum omnium substantiis intime conjungitur, nec tamen ejusmodi cum rebus substantiae est. Res omnes complectitur, nec temporum experitur vices. Ejus tempus non fluit, ejus existentia non transit, ejus actio est sine motu, ejus quies est sine requie. Nihil illo magis abditum et secretum, nec tamen est merum vacuum. Nihil remotum ac profundum magis, nec tamen est merum nihilum nihil remotius, nec tamen ab illo quidquam potest separari; nihil propius, nec quisquam tamen illum attrectare potis est, omnes omnino pulchritudines in sinu ejus habitant et virtutes omnes fluunt ad extra quod producat sine ullo fine, nec beneficium ejus sit mensura aut modus, hoc extreme ejus bonitatis effectus est. Quod amet bonos et malos odio habeat, et summa cum aequitate praemia vel paenas decernat, in eo perfecta ejus justitia splendet. Quod omnia eo jubente extiterunt sine ulla praeexistente materiâ et sine ullo creantis labore, ex eo ejus omnipotentia colligitur. Quod species omnes ordine disponat, et suo quanique loco collocet, ita ut distinctis corporibus natura distincta, et diversis naturis diversa sit ratio, per illud infinita ejus sapientia se prodit. Quod universa tranquillet, alat adjuvet et conservet, sine ullâ vel minimâ momenti temporis intercapedine, hoc summe ejus intelligentiae et spirituali operationi, tanquam effectus causae tribui debet. Quod homo rectus sit et alia non ita recta, ita ut tamen quod libet ens suas dotes proferat, et virtutem sibi propriam exerat, id formosae ejus pulchritudinis argumentum est. Quod entia sive ratione donata sint, sive non, resque tam altae quam infimae mutuo sese fulciant et ad unum finem tendant, semperque ab initio sicut et nunc, sibi vitam invicem tradant, atque ex unâ eâdemque origine nascantur, per hoc suprema ejus Dominii potestas et simplicissima ejus essentiae unitas aperte probatur. Proh! quam divinae sunt Supremi Domini excelsae virtutes! Ita simul conveniunt ut differant inter se, ita inter se differunt ut conveniant simul. Summè unus est nec tamen solitarius; summe venerandus, nec tamen ferus; summe magnus, et nihil tamen rejicit; summe justus, et amat parcere. Augusta ejus majestas amorem inspirat; infinita ejus bonitas ad timorem excitat. Summe excellens est, et abditus; spiritus tamen et homines cum eo communicant. Summe aequalis et solidus, et per cordis affectus excitat et excitatur. Illum aspicis, nec vides; auscultas nec audis. De eo non cogitas, et semper habitas cum eo. Ad eum non attendis, et sine intermissione recipis ejus beneficia. Eheu! Eheu! quam caeci sunt hujus saeculi mortales! norunt relationes humanas et caelestes non norunt. Sciunt esse coelum, terram, regem, parentes, magistros, et nesciunt esse magnum patrem matremque qui fecit haec omnia. Abeunt post rivos, et deserunt fontem, ramos extremos curant et de radice non curant. Eheu! quam caeci sunt! caelum tegit, tellus omnia portat. At coeli Dominus qui producit et alit omnia longe est supra coelum et terram. Rex gubernat populos, at Dominus eos regit longe melius quam ullus rex. Parentes filios amant, at coeli Dominus homines ardentius diligit quam mater unigenitum. Discipulos instruunt magistri, at coeli Dominus suis documentis potentius nos imbuit quam ullus doctor. Homines mihi dona offerunt, et omnia mundi bona cum domini beneficiis nequeunt comparari.

AD LINGUÆ SINICÆ NOTITIAM

可畏至高至玄而神也人也可與相通極平極實而
意也情也可相感應視之而不見聽之而不聞雖爾
不知而常與之偕雖爾不覺而時受其恩噫迷惑世
人也知而有人倫而不知有天倫知而有天地君親師而
不知有生天生地生人之大父母知而不知源師知而
不知而不知本嗚呼愚哉天以覆之而地以載之而天主
之生育超乎之而天主之愛原乎親切乎天主
君父親以訓篤乎師矣人之施於我以恩而天主之誨之恩非
世恩可比人以賜我以福而天主之福之所羨
矣恩可比人以賜我以福非世福之所服
人力不止於師焉不止於君愛之也不止於親焉不止
於禍之主聖經曰欽崇天主信愛望焉而言之天主
萬有之上其此之謂也以可見人之力欲推測天主之妙
於有之上其此之謂也以可見人之力欲推測天主之妙者
人力不過若是而己今以人之力而欲照天焉之果
性者真猶以蹄涔而欲注海以螢火而欲照天焉之果
可乎哉不依聖經而論上主者或迫於一位而孤
或延於多主而二之至尊大主者不貳也不孤
含有三位共一主故不貳雖然非兼聖經以證其然
則吾人之心也其豈能思之即哉   終

Homines me felicem reddunt, at felicitas Domini omnem mundanam felicitatem supereminet. Quapropter honorari debet multo magis quam Rex, amari debet plus quam parentes, debet audiri diligentius quam ullus alius doctor, ampliores meretur gratias, quam omnes benefactores, major spes in eo ponenda quam in hominibus, à quibus expectamus felicitatem. Sancta scriptura ait: honore prosequendus cœli Dominus illi credendo, in illum sperando, illum amando super omnia. Istud ipsum est quod dico.

Si per ea quæ conspicimus ad rerum omnium conditorem ac Dominum volumus ascendere, nihil fere aliud propriis viribus assequemur quam quæ hactenus dicta sunt. Velle autem humanis viribus mirabilem ejus naturam comprehendere, vere idem est ac velle totum mare exiguo cavo concludere, vel cum lucente muscâ totum cœlum illuminare. Si absque sacra Scriptura de Deo discurrimus, vel in eo unicam admittemus personam, et sic solitarius erit; vel plures statuemus Dominos et sic erit multiplex. At Deus nec multiplex est nec solitarius, quia tres personae unicum constituunt Dominum. Ideo non est multiplex. Licet autem hæc ita se habeant, nisi tamen sacræ scripturæ authoritatem sequamur, quando exiguis nostris viribus talia cogitare possemus?

FINIS DISCURSUS.

ARTICULUS SEPTIMUS.

DE OMNIBUS SPECIEBUS COMPARATIONIS.

Ad quatuor puncta totum hoc refero. 1º agam de simplici comparatione. 2º Explicabo quid sit 喻譬 pi-ye. 3º de metaphorâ disseram. 4º desinam in 言寫 yu-yen atque adeo plures figuras sub comparationis nomine comprehendi lector satis hinc colliget.

§us. 1us. DE SIMPLICI COMPARATIONE.

Omnis similitudo vel ab hominibus vel à rebus desumitur: de utroque seorsim agendum.

NUMERUS PRIMUS.

DE COMPARATIONE A CERTIS HOMINIBUS DEDUCTA.

Solemus assumere veteres aliqua re famosos ut iis componamus quos vel laudare volumus vel carpere. Sic dicitur aliquis esse pulcher ut Adonis, prudens ut Ulysses, Batto loquacior. Tithone annosior, audacior Icaro; est alter Phalaris, alter Thersites. Et ita etiam Sinæ solent. Igitur operæ pretium est diligenter adnotare nomina veterum omnium, quos passim

AD LINGUÆ SINICÆ NOTITIAM.

reperies, vel ob aliquam virtutem laudari, vel propter aliquod vitium reprehendi. Brevem ejusmodi hominum catalogum hoc loco describam, prout sese menti offerent.

貫孟 *Meng-pen* vir erat magnis viribus pollens, ita ut ex vivi tauri capite cornua suis manibus avelleret.

舟湯枭 *Ngao-tang-tcheou*, iste navim in sicco positam circumducebat.

獲鳥 *Ou-hoe*, et 肯夏 *hia-hiou* etiam laudantur ob magnas corporis vires.

婁離 *Li-leou*, habebat acutissimum visum, alter Argus.

朦師 *Sse-kouang*, habebat aures delicatissimas.

子輪公 *Koung-chu-tsee*, fuit opifex valde industriosus, Dædalus alter. Laudatur quoque

倕 *Tchoui*, ob eam rem.

佗花 *Hoa-to*, medicus celeberrimus.

鵲扁 *Pien-tsio*, medicus alter qui mortuum excitavit; quod de Æsculapio fertur.

高琴 *Kin-kao*, optimus citharædus.

倫伶 *Ling-lun*, vir musicæ peritissimus.

首隸 *Li-cheou*, arithmeticus insignis.

羿 *Y*, famosus jaculator.

婦馮 *Foung-fou*, venator celebris.

仲奚 *Ki-tchoung*, optimus curruum artifex.

父造 *Tsao-fou*, peritus auriga, alter Automedon.

陽孫 *Sun-yang*, optime sciebat equos alere et docere.

樂伯 *Pe-yo*, vocatur, quod est nomen stellæ quae propter illum dicitur

馬天 *Tien-ma*, caelestis equus.

邪易 *Y-sie*, homo eruditi palati coquus celebris.

秋弈 *Yih-tsieou*, vir erat bonus latrunculis ludere.

和羲 *Y-ho*, solis currum regit, Sinicus Apollo.

伶劉 *Lieou-ling*, famosus vini potator.

髡于淳 alter ejusmodi bibosus.

鮀祝 *Tchou-to*, impudens adulator.

明伯 *Pe-ming*,

極無 *Vou-ki*, et
充江 *Kiang-Tchong*, } tres famosi calumniatores

氛靈 *Ling-fen* futuri praescius.

毒嫪 *Hieóu-tou*, alter Priapus.

子李 *Li-tsee*, homo lascivus: dicitur equam iniisse 馬儀 hinc Centauri.

施西 *Si-che*, vel 子西 *Hi tsee*, vel 施毛 *Mao-che*, mulier formosissima, Sinica Venus.

文陽 *Yang-ven*, et 嫱王 *yang tsiang*, ob pulchritudinem quoque famosae.

娥嫦裡月子仙池猺 duae formosae deae, altera lacum dictum 珧 *jao* incolit, altera in lunâ regnat.

母嫫 *Mo-mou*, et 傀伮 ob deformitatem famosae.

Formosi juvenes, sunt 1° 安潘 *Pouan-ngan*, 2° 都子 *Tsee-tou*, 3° 朝宋 *Tchao* ex regno *Soung*, 4° 玉朱 *Tchu-ye*.

Ob ingenii dotes celebrantur 1° 建子 *Tsee-kien*, 2° 術郗 *Hi-ouei*, 3° 如相 *Siang-ju*, 4° 白太 *tai pé*.

Propter styli elegantiam jactantur 1° 氏左 *tso-chi*, 2° 遷馬司 *Ssee-ma-tsi*, 3° 子莊 *Tchouang-tsee*, 4° 原屈 *kin-yuen*, 5° author libri 湘水 *Choui-hou*, 6° author comediæ dictæ 廂西 *Si-siang*. Isti sunt sex 子才 *Tsai-tsee*, sic vocati propter certas ingenii dotes quae in aliis non reperiuntur.

豹王 *Vang-pao*, et 駒縣 *Meen-kiu*, veteres poetae lyrici qui, ut ait *Mong-tsee*, canendi amorem, omnibus illa aetate communicarunt.

周花 *Hoa-tcheou*, vidua famosa propter luctum in morte mariti.

堯 *Yao*, et 舜 *Chun*, optimi reges.

桀 *Kie*, et 紂 *Tcheou*, pessimi tyranni.

跖盜 *Tao-tche*, improbus latro.

夷伯 *Pe y*, homo justus.

彭老 *Lao-pong*, vel 祖彭 *Pong-tsou*, senex longævus; 700 annos vixisse fertur.

回顏 *Yen-hoei*, optimus juvenis in aetatis flore mortuus.

Non necesse est hic addere multa exempla, ut ostendatur quomodo his et similibus nominibus sit utendum. Unum aut alterum sufficiet.

Hoai-nan-tsee ait: 醜所有施西美所有母嫫 *Mo-mou*, suam habet pulchritudinem et *Si-che* suam deformitatem. Sensus est quod *Mo-mou* sub deformi vultu tegebat pulchram animam, *Si-che* vero egregiam corporis formam animae vitiis inquinabat.

貌之安潘有才之建子有 Ingeniosus ut *Tsee kien*, formosus ut *Pouan-ngan* 生重白太世再如相謂可 diceres *Siang ju*, et *Tai pe* in eo reviviscere.

AD LINGUÆ SINICÆ NOTITIAM.

Non solùm ejusmodi hominum nomina et dotes colliget quisquis eleganter scribere cogitat sed etiam loca magis celebrata, ut sunt apud nos Olympus, Tempe, Parnassus, &c. imò arbores, et plantas et rivos et vermes, et animalia et lapides praecipuos notabit, atque ex iis amaenas similitudines et pulcherrimas metaphoras cum elegantioribus Sinis emet.

NUMERUS SECUNDUS.

DE COMPARATIONE PETITA EX REBUS.

1º· Ponitur aliqua littera quae similitudinem indicat, tales sunt 猶 *yeou* 似 *ssee*, 若 *jo*, 如 *jou*, etc. *Mong-tsee* ait: 魚求而木緣猶 perinde est ac si, quis ascendat arborem ut in ea quaerat pisces. Sic dicitur: 也耕言而耒舍猶 idem est ac velle arare sine aratro; 流清其求而源其濁猶 idem est ac faedare fontem et velle ut rivus purus sit; 不猶 彩文求而玉琢 idem est ac lapidem non polire ac velle ut fulgorem emittat; 人象猶 sicut homo pictus, sicut statua, vel imago hominis; 秋似然凄 frigidus sic tanquam Autumnus. Liber *Lun-yu* ait: 之共星眾而所其居辰比乎譬 verbi gratiâ polus borealis stat immotus in loco suo, et omnes stellae circa eum volvuntur; *Chu-king* ait: 馬六馭之索朽若 Idem est ac si cum fune putrido velles retinere sex generosos equos. *Tchouang-tsee* ait: 之鞭而者後其視然羊牧若者生養善 Ars optima alendi populi est imitari pastores ovium: cum vident aliquam incedentem tardius, pedo illam impellunt ut properet.

2º· Frequentissimò occurrit 如 et pluries iteratur, sicut Virgilius in suis Eclogis:

> Vitis ut arboribus decori est, ut vitibus avæ,
> ut gregibus taurus, segetes ut pinguibus arvis,
> tu decus omne tuis.

也性之水者鏡如靜平然湛 aqua est naturaliter plana et quieta velut speculorum aequor; 地如庶馭陛如臣群堂如子天 Imperator est velut aula, mandarini sicut gradus per quos ascenditur, et plebs est veluti solum; 虎斜如聲 vox terribilis sicut vox catulorum tigridis; 欠如直道 via recta sicut sagitta. *Chu-king* ait: 如虎如 羆如熊如貌 veluti tigres et lupi, sicut ursi et leones. Sic verto quia nescitur quid sit 貌 pʻi et 羆 pʻi.—*Chi-king* ait: 磨如琢如磋如切如 sicut artifices qui secant et perpoliunt, qui sculpunt et laevigant. Ex multis comparationibus simul conglobatis nascitur

insignis descriptio, seu pictura. Sic in *Chi-king* habes ;如領○脂凝如膚○蒹柔如手
分盼目美分倩笑巧○眉蛾首蠐○犀瓠如齒○蝤蠐 manus candidæ sicut lilium,
pellis tenera sicut massa pigmenti congelati, collum sicut albæ locustæ, dentes ordinati sicut
cucurbitarum semina, caput sicut cicadæ, supercilia sicut papilionis ; os et genas ornat
gelasinas, oculi pulchri et pupilla nigra in medio candidissimi æquoris micantes.

3°. Potest omitti nota similitudinis quoties satis per se apparet comparatio. Sic Virgilius :

Nec lacrymis crudelis amor, nec gramina rivis,
nec cytiso saturantur apes, nec rore cicadæ.

Tso-chi ait : 也輿之德名 fama est veluti currus virtutis. *Sun-tsee* ait : 也宅仁 cari-
tas est veluti propria nostra domus. *Chu-king* ait : Si agitur de corde meo durissimo, te
utar vice cotis acutæ. Si de via quæ mihi enaviganda est, eris mihi pro nave et remis.
Quando ero aridus sicut terra sitiens, tu mihi eris lætus imber. Aperi ergo cor tuum, et divitiarum ejus partem aliquam in meum refunde. Verba sinica sunt : 礪作汝用金若
心朕沃心乃啟○雨霖作汝用旱大歲若○楫舟作汝用川巨濟若○
Et alio in loco ait : 梅鹽惟爾羹若○蘗麴惟爾醴酒作若 id est : Si de me
vis facere vinum optimum, oportet ut sis fermentum sine quo nullas habebit vires. Si vis
ut sim jusculum suavissimi saporis, oportet ut sis condimentum sine quo semper insipidum
erit. Sic *Tchouang tsee* ait : 術道乎忘相人○湖江乎忘相魚 Pisces sese obli-
viscuntur in aquis profundis, et homines in oceano veræ doctrinæ.

4°. Ad comparationem revocari debet ed omne quod in poesi vocant 興 *hing* et 賦 *fou* ;
Liber *Chi-king* sic incipit : 洲之河在鳩雎關關 aves dictæ *Tsu-kieou* sibi mutuo respondent ad fluminis ripas, quia ejusmodi avis habet destinatum comparem à suâ nativitate,
nec umquam inter se perperam agunt, sed simul vadunt, nec sibi palpant : 不偶定有生
狎相不而遊並常偶亂相 Ideo ipsis comparantur sponsus et sponsa et hoc vocatur
興 *hing*.

5°. Longe venustior est comparatio quando lectori divinanda relinquitur, ut exemplis patebit.
Pao-pou-tsee ait : 也逃能弗直曲員方而故智設不也接形於之水鏡夫
quando aqua velut speculum res recipit, nihil ex suâ parte facit, quam illas recipere,
et tamen sive quadratæ sive rotundæ, sive curvæ, sive rectae sint, eas repraesentat
quales sunt, nec ulla potest sese abscondere. Duas litteras 故智 explicat interpres per
餘巧 artificiose ornare. *Tchouang-tsss* ait : 於兔不則山離而介獸之車函夫
鑑魚○高厭不鳥故○之苦能蟻則○水失而碭魚之舟吞患之罟罔
深厭不 Id est ; si maximae quæque feræ deserunt montes suos cadunt in retia ; si pisces,
vel maximi non remanent in aquâ, formicis præda sunt, et ideo aves non queruntur quod

AD LINGUÆ SINICÆ NOTITIAM.

arbores altae sint nec pisces quod aqua nimis profunda sit. Item ait: 介閉蹊之徑山矣之塞茅則用不問爲路成之用然 Quando bene teruntur parvae illae semitae in montibus, brevi evandunt viae; sed si nemo per eas ambulat, herbae cito crescunt nec ullum apparet semitæ vestigium. Item ait: 過而之日焉損有也河過之風往而源侍也纓其始未爲以河而河守與柦日與風只請焉損有也也者 Cum ventus transit super fluvium, semper ab illo aliquid abradit. Cum Sol radiis illum verberat quoque attrahit aliquid. Ventus et Sol frustra fluvium aggrediuntur. Ille non revertit, sed suo fonte tutus pergit iter suum. Olim Confucius audivit puerulos sic cantantes: 足我濯以可今濁水之浪滄纓我濯以可兮清水之浪滄 Si rivi *Tsang-lang* aqua pura sit, in eâ lavabimus pileos nostros; si vero sit turbida, lavabimus pedes. Audite inquit, cum pura est, lavat pileum; cum sordida, lavat pedes.—*Mong-tsee* alludens ad locum ex *Chi-king* ait: 耆谷幽入而木喬下聞未耆木喬於遷谷幽於出聞吾 Audivi quidem quod multi deserunt vallem tenebrosam et proceram arborem conscendunt; sed non audivi quod ullus unquam ex arbore per alta descenderit, ut in imâ valle se sepeliret.—Confucius stabat prope torrentem: 上川在 et suspirans ait: 舍不夫斯如者逝夜晝 Eheu! torrens iste transit, nec ullam die et nocte requiem invenit; 逝 *transire, labi*, tam bene intelligitur de vitâ nostrâ et de rebus omnibus quae pereunt, quam de illo amne qui Labitur et labetur in omne volubilis ævum.

Hæc omnia exempla proxime accedunt ad 言寫 *yu-yen* et ideo plurimum fulgent.

§us. SECUNDUS.

DE 喻譬 *Pi-yu*.

Laudatur in primis *Mong-tsee* quod frequenter et bene uteretur ejusmodi comparationibus: 喻譬於善 Ad ea certè saepe confugit, sive ut quaesitis respondeat, sive ut explicet quod habet in mente. Cum autem ista exempla proferre facile sit, et Sinis maxime arrideant, juvabit aliquot loco seligere ex *Mong-tsee*, ut nos ad instar idem in loco faciamus.

1um. Exemplum: Rex quidam mirabatur quod licet ipse melius administraret regnum suum quam ullus alius ex suis vicinis; tamen neque illorum populus minueretur, nec multiplicaretur, suus. Respondet *Mong-tsee*: vestra majestas amat bella. Summamus igitur exemplum ex praeliis 喻戰以請戰好王曰對子孟 Denide fingit quod omnes relictis armis fugiunt, sed quidam usque ad centum passus, alii usque ad quinquaginta tantum et quod isti rideant primores 後而步十五或止後而步百或走而兵曳甲棄

步百笑步十五以止 ac tandem petit utrùm bene irrideant 如何則 negat Rex, quia licet post quinquaginta passus steterint, tamen et ipsi fugam ceperunt 直可不曰 也走亦是耳步百不 Hinc *Mong-tsee* recte concludit: Si vestra majestas hoc bene novit, non debet sperare forent ejus populus augeatur 鄰於多之民望無則此知如王曰 也國 Ratio quae státim intelligitur, quamque ob regis decorum non affert, est quod ipse similis sit iis qui ad quinquaginta passus fugerunt.

2ᵘᵐ. Exemplum: vult probare regi quod si non acquirat totum orbem, ejus culpa sit, et hâc comparatione utitur: Si quis vestrae majestati diceret: ego possum attollere pondus ter mille librarum, sed non possum à terrâ levare unam plumam. Ego minutissima quaeque acutissimè cerno; sed non possum videre unum currum faeno plenum 足力吾曰者王於復有 薪輿見不而末之毫秋察以足明羽一樂以足不而鈞百舉以 annueret ne vestra majestas? Rex respondet hoc esse absurdum 否曰乎之許王則 Resumit *Mong-tsee* vestra majestas beneficia sua extendit usque ad bestias, sed non curat de populo suo: annon idem est? Igitur non regnat, non quia non potest, sed quia non vult 而獸禽及以足恩今 也能不非也爲不之王與何獨者姓百於至不 Fingit rex se non intelligere 異以何形之者能不與者爲不曰 Sic sese explicat *Mong-tsee*: si diceres alicui: accipe mihi montem hunc et projice in mare, illeque respondeat, non possum, vero respondet. Dic ipsi carpe mihi hunc florem et affer ad me, respondetque non possum, mentitur, non legit florem non quia non potest, sed quia non vult. Vestra majestas non est similis illi qui montem non projicit in mare, sed ei qui florem non carpit 語。海比超以山太挾。曰 爲不是。能不我。曰人語。枝折者長爲。也能不誠是。能不我。曰人 之枝折是王不之王。也類之海比超以山太挾非王不之王故。也 也類 Hic advertere poteris hujus hominis verbosam garrulitatem.

3ᵘᵐ. Exemplum. Sicut Nathan propheta et mulier illa Themitis inverterunt sermonem suum ad regem David, ita. Saepe *Mong-tsee*; duo loca seligo. Unus ex vasallis vestrae majestatis proficiscens ad regnum *Tsou* credidit uxorem suam amico suo donec rediret. Misera uxor apud istum amicum fame et frigore pene extincta est: Quid debet facere maritus ejus quando redierit 其餒凍則也反其比者遊楚之而友其於子妻其託有臣之王 何之如則子妻 Respondet Rex: perfidum illum amicum deserat 之棄曰王 Urget *Mong-tsee*: quidam mandarinus non potest regere suos inferiores: quid faciendum de illo? 何之如則士治能不師士曰 Reponit rex: ex officio suo deponatur 之已曰王 Instat *Mong-tsee*: Intra quatuor regni partes nulla est regiminis forma: quid agendum? rex respexit adstantes, et ad alia sermonem vertit 左顧王何之如則治不内之境四曰 他言而右 Idem *Mong-tsee* in aliâ occasione, sed efficacius fecit: dixit enim mandarino cui nomen *kong-kiu-sin*: si quis ex tuis militibus ter in die de statione suâ decederet, an

AD LINGUÆ SINICÆ NOTITIAM.

ferret impunè? an illum deponeres? 之去則o伍失三而日一士之戟持之子乎否 Respondit *kiu-sin*: non expectarem ut ter peccasset 三待不日 Atqui resumpsit *Mong-tsee*, in eadem culpa ipse es 癸多亦也伍失之子則然 Et istud probat, quia populus fame perit. • Non hoc à me venit, inquit *kiu-sin*. Respondet *Mong-tsee* hâc parabolâ. Aliquis accepit alterius oves custodiendas. Quærit pascua ut eas alat. Si nulla reperit, an eas miserè pereuntes lentus intuebitur? an potius reddet ei qui eas sibi tradiderat? 受有今視而立亦柳o人其諸反則o得不而芻與牧求o者之牧爲而羊牛之人與死其 Ego sum in culpâ, inquit, *kong-kiu-sin* 也罪之心距則此 Alterâ die *Mong-tsee* dixit regi: Inter mandarinos vestræ majestatis, unicum *kong-kiu-sin* novi qui sciret agnoscere suam culpam. Ac deinde quod acciderat totum narravit o 日王於見日他之誦王爲o心距孔惟者罪其知 Rex respondit: Ego ipse sum qui peccavi 日王也罪之人寡則此

§us. TERTIUS.

DE METAPHORA.

Sinæ unam ex sex classibus, ad quas omnes suas litteras referunt appellant 以 *kia-tsie* et in ea omnes metaphoræ species comprehenduntur. Sed 借假 *kia-tsie* apud Sinas longe latius patet quam apud nos metaphora.

1º. Litteræ interdum transeunt ab una classe ad aliam, v. g. 二 et 三 proprie pertinent ad primam classem et ideo sunt tam simplices quam ipsamet littera 一. In usu tamen detorquentur, ut significent pluralitatem, 二 *duo* et 三 *tria*. Sed tunc ad quartam classem descendunt, et 二 componitur ex duabus unitatibus, et 三 ex tribus.

2º. Particulæ omnes, sicut et nomina propria locorum, regnorum, familiarum, hominum, etc, ad 借假 *kia-tsie* spectant, quia omnes istæ litterae proprium sensum habent, et tunc ad alienum transferuntur.

3º. Quando deficit una littera ad aliquid significandum, assumitur alia; v. g. 緣 *yuen*, proprie significat *vestem simplicem* et sumitur ut significet causam alicujus rei 縣 *hiuen*, proprie est *appendere*; et desumitur ut indicet civitatem tertii ordinis, etc.

4º. Aliquando ponitur una littera pro alia. Sic in *Chu-king* 知 idem est ac 智; in *Chan-hai-king* 俊 pro 舜 *Chun* legitur. Apud *Lie-tsee* 進 idem est ac 盡 *tsin*, et in libro *Ta-hio* 后 reperitur pro 後 *heou* &c.

5°. Multis litteris contrarius plane sensus datur; hanc figuram vocamus antiphrasim, v. g. 亂 *louan*, proprie significat *turbas excitare, omnia permixta esse*, at tropice significat 治 *tchi*, et 理 *li*, *optime gubernare* et in ordinem disponere: 臣亂 *louan-tchin*, fidelis subditus, qui regimen praeclare adjuvat; 毒 *tou* proprie est *venenum, veneno necare*, et in *Y-king*, sumitur pro 養 *yang*, *optime nutrire, alere*; 蠱 *kou*, proprie est vas a tribus vermibus 蟲 corrosum, at per metaphoram est *lavare*, et ejusmodi, vas in bonum statum restituere; 清 *tsing*, significat *purum* ac *mundum*, et per antiphrasim accipitur pro *latrinis*, etc.

6°. Saepe est analogia inter sensum proprium et sensum tropicum, et apud nos vera tunc est metaphora. Sic *neng* 能 proprie est quaedam species ursi, et tropice significat *potens*; 象 *siang* proprie est *Elephas* et vulgo significat imaginem symbolum; 豪 *hao*, proprie est *aper* et figurate designat *virum fortem*; 珍 *tchin* proprie est lapis pretiosus et per metaphoram significat delicata fercula, etc.

7°. Quod vocamus continens pro contento, v. g. Domus pro Domino, sedes pro sedente, corona pro rege, crumena pro argento, etc. Nihil apud Sinas frequentius; 川山 *chantchouen*, montes et flumina, i. e. montium et aquarum spiritus; 隍城 *tching-hoang*, muri et fossae, sic vocatur Spiritus urbis praeses; 廷朝 *Tchao-ting*, palatium et aula, hoc est Sinicus Imperator, sicut apud nos *Porta* designat Imperatorem Turcarum, et *Sancta sedes*, Summum Pontificem; 府 *fou*, civitas, i. e. civitatis gubernator; 堂 *tang*, aula, indicat matrem, et 室 *che*, domus, designat uxorem; 瑟琴 *kin-se* sunt duo instrumenta musica et sic appellantur duo conjuges. Nihil hâc figurâ, sive in libris, sive etiam in familiari sermone usitatius.

8°. Possunt accedere particulae 若 et 如 *jou* ad emolliendam metaphoram, v. g. 若義就 者渴, sitire justitiam; currere ad justitiam sicut sitiens currit ad fontem; 熱若義去 excutere justitiam sicut excutitur ignis; 灰死若心骸槁若形, corpus sicut siccum cadaver, cor sicut cinis emortuus, hoc est, sibi perfecte mori; 灰死木槁如 sicuti truncus aridus et frigidus cinis; 丹激如脣 labia sicut corallium 玉如女 vel 春如 in *chi-king*, puella velut onyx, vel sicut ver novum.

9°. Juvat hic congerere omnes metaphoras, quarum meminisse potero; 辱洗 *Si-jou*, lavare suum dedecus. *Mong-tsee* Scribit 辱洒 dicitur quoque 恥雪 *Sue-tchi*, injuriam lavare, ulcisci de injuria. *Sue* significat *nivem*.

Tchouang-tsee ait: 人話言以 adulari, verbis alios lingere; 人籠好所其以 aliquem per ea quae amat in caveam includere; 醉心 cor inebriatum.

怒 *nou*, ira, dicitur de aquâ inter lapides murmurante, de fluctibus intumescentibus, &c.
讀怒 *nou-tou*, totis viribus studere libris.
耕怒 arare fortiter; sic Virgilius:

AD LINGUÆ SINICÆ NOTITIAM.

aut unde *iratus* silvam devexit arator.

柳 *lieou*, salices; sic autem *Tchouang-tsee* vocat tumores qui nascuntur in corpore, quia simile aliquid cernitur in salicum trunco.

人鑄 homines refingere, ope doctrinae, sicut metalla igne.

賁虎 *hou-pen*, generosi milites, qui ruunt in hostem sicut tygres in praedam: 賁 idem est ac 奔 *pen* currere. Sic apud Homerum Achilles vocatur PODAS OXUS, non ut fugiat, sed ut fugientes premat.

猾 patriae vipera; 猾 est vermis qui à tygride voratus ejus viscera rodit. Sic *Ven-tchong-tsee* nefarium hominem vocat 蠹之義臘之仁º蝨之智

Mong-tsee ait: 狼豺是𢤱不溺人 omni fera immanior est qui naufraganti non succurrit.

Tchouang-tsee ait: 天無姓百 id est 主無 ut monet glossa. Populus non habet amplius Dominum à quo contineatur.

Occurrunt egregiæ metaphorae quibus hominis animam et corpus designant.

氣志 *tche-ki*, substantia subtilissima quæ vult; 氣神 *Chin-ki* substantia subtilis quæ spiritualis est; 舍道 *tao che* rationis palatium; 府靈 *ling fou* urbs intelligentiæ; 明神宅之 *chin ming-tchi-tse* spiritûs intelligentis domus, sic appellatur corpus, seu cor carneum, in quo resident anima quæ vocatur 心 cor, sicut 室 *che* designat uxorem *etc*. Corpus vocatur a *Tchouang-tsee* 耦 *ngheou*, quia ut ait interpres, 耦爲神與身 corpus est animæ compar; 耦 proprie dicitur de duobus qui simul arant, ita ut opus procedat ab utroque. Item dicitur; 袋天 saccus in quo Dominus includitur; item 弢天 idem est sensus, nam 弢 est theca quæ tegit et abscondit arcum.

Yang tsee ait: 也盡心書也聲心言 verba sunt cordis soni, et scripta sunt cordis picturæ.

Chu-king ait: 舞翔陵丘 montes et colles præ gaudio tripudiant; 舞率獸而跎獸鳥 volucres ac bestiæ laetitiâ exultant, et saltant ad citharae sonitum. Item ait: 宗朝漢江海𣲖 Flumina *Kiang* et *Han* ferunt tributum suum ad mare.

Ngheou-yang-sieou, Domum quamdam sic describit: Ejus culmen verberat nubes, sedes est puritatis et silentii, domus munditiae et quietis; hortus hospitii, et societatis: verba Sinica venustatem habent longe majorem: 闓之賓榭堂之謫清閣之庙澄亭之雲拂 etc.

10º. Accurate colligendae sunt omnes istius modi metaphorae quæ in elegantiorio styli libris occurrent. Nihil enim plus micat in tersâ oratione quam insignes tropi. Sic amaenissimum carmen dictum 經騷離 *Li-Sao-king* quod 2492 litteris et 70 rhythmis constat, floridis ac delicatis metaphoris totum intertextum est. Loquitur author de rege sicut de formosissimâ puellâ quam ambit. Flores odori virtutes adumbrant et olentes vitia. Bibo, inquit, rorem ex suaveolenti flore *Lan* decidentem, et comedo gratos flores *kiou* qui autumno decidunt: 英落之菊秋登露墜之蘭木飲 i. e. nutrio me virtute quae ab his hominibus derelicta jacet. Addit quod sese floribus induat, et iter deinde aggreditur, percurrit caelos, jubetque Solis aurigam ut lente procedat, nec tam properanter sese praecipitet: 羲令吾迫勿而嵫崦望兮節弭和 Demum absoluto itinere, tingit equos gurgite in quo Sol mergitur et appendit habenas ad arborem ex quâ sol procedit: 余拗兮池咸於馬余飲桑扶乎巒 Ibidem sic loquitur do sole: 射兮矢長與裳霓白兮衣雲青降渝反弧余慄狼天 Superne chlamidem caeruleam induo, et deorsum albâ vestior iride. Accipio meas sagittas quibus confodio caelestem lupum. Colligo pharetram meam, et infra descendo. Nota: in ultimo versu ponit 余 *ego*, quia Sol loquitur. Sol surgit in oriente, et in parte opposita cadit. Rex cujus sol symbolum est, malos male perdit, nec tamen suis recte factis inflatur. Ita interpretes ipsi explicant hunc locum.

§ᵘˢ QUARTUS.

DE 言寓 *yu-yen.*

Quod modo referebam ex poeta Sinico plurimum accedit ad 言寓 *Yu-yen*, sed *Yu yen*, latius patet: neque enim nudam comparationem nec solam metaphoram continet, sed insuper parabolas, et symbola, et apologos et aenigmata et fabulas includit. Quisquis nescit quid valeat 言寓 *Yu-yen*, ne libros 經 *king* et maximo eorum fontem 經易 *y king* adeat. Per allegorias enim et symbola libri 經 *king* ab omnibus aliis monumentis distinguntur. *Y king* ad instar caeli, terrae, rerumque omnium factus, totus propterea symbolicus est. Nullam aliam doctrinam tradunt 詩 *chi*, et 書 *chu* quam quae symbolis libri 易 *y* traditur. Ac demum *Y king* pro suo attributionis objecto habet Sanctum, quem omnibus suis symbolis adumbrat. Praecipua sunt coelum et terra, sol et luna, rex et regis minister, sponsus et sponsa; atque haec pauca de stylo et scopo librorum *king* insinuasse satis est.

Inter authores qui post 經 *king* merentur legi, *Tchouang-tsee* et *Lie-tsee* maxime laudantur ob *Yu-yen*; itaque ex his duabus aliquot exempla decerpam.

1ᵘᵐ· Exemplum *Lie-tsee* quoddam regnum quod vocat 昏花 *Hoa-sɯ* et ad quod: 車舟非已而游神o及所之力足 nec navi nec curru, nec pedibus, sed sola mente pervenitur, sic describit: In eo regno, nulli sunt duces et magistri, nec populus ullos stimulos concupiscentiae experitur. Pura ibi natura regnat; non amant vitam, mortem non timent. Itaque nulla

AD LINGUÆ SINICÆ NOTITIAM.

ibi mors præmatura. Nec unice sibi attendunt, nec res penitus à se amandant. Ideo nec amore praepediuntur nec odio. Neque à tergo carpunt, nec palpant coram. Ideo damna et lucra nesciunt. Subeunt aquam nec merguntur; ignem intrant, nec comburuntur. Illos verberas, nec dolorem habent, nec plagam ullam recipiunt. Illos unguibus scalpis, nec ullum pruritum sentiunt. Conscendunt vacuum, sicut alii solidum calcant; dormiunt in vacuo sic tanquam in molli culcitra. Nubes et pruinæ non officiunt eorum luminibus. Tonitru cum suo fragore eorum aures non percellit. Formosis vel turpibus cor eorum non afficitur. Montes et colles eorum passus non retardant; mente solâ nimirum aguntur:

神行而已。滑其心山谷不躓其步。雷霆處雹不亂其霧不聽其美惡不若處癢斫權空雲如履實寢視虛瘠乘空無傷痛指摘無熱斫而無溺入火而不害入水不知不向不順故憎無愛親己惡不知背逆不物故無愛不知知自惡不知死故已無知天殃不生咳不欲知自然而已不其民無師長自然而已其國無師長

Nota 1°· quam bene repetit 知不 usque sexties, ita tamen ut post 知不 bis positum aliquid interponat. 2° quam accuratè haec omnia sint inter se opposita. 3° Quod nulla sit phrasis sola et sine compare. In fine ponit 已而行神 quia statim initio dixerat 游神 已而. 4° Quomodo variet phrases suas: 國其 etc. quinque litterarum respondet 民其 etc. litterarum totidem, et repetit 已而然自 quia hoc cadit et super regnum, quod à nemine regitur et super populum qui non indiget regi. Regnum caret magistris, quia populus concupiscentiam non sentit. 5° Sequuntur novem phrases litterarum quatuor, sed miro sane ordine dispositae. 6° Sex quæ postea veniunt, ita quinque litteris constant ut sit tamen inter eas differentia: duae primae similes sunt, sicut duae mediae et ultimae duae. In duabus primis habes 而 et in mediis habes 無, in ultimis 如 *ju* et quod idem est 若 *jo*. Denique desinit per quatuor phrases sex litterarum, in quibus vides 不 et 其 quater poni. Non loquor de accentibus. 滑 *hoa*, *lubricare facit*, egregia metaphora; est gallice *glisser*.

Utile erit praeclara ejusmodi loca, quae toto hoc capite sparsa sunt sat magno numero, sic grammaticò rimari ut deinde illa vel marte proprio imitari, et ad alia transferre, vel accipere versionem latinam illamque Sinice exponere, sicut nostri Scholastici themata componunt, et post aliquot dies quae Sinice scripserimus, ex ipso authoris Sinici textu corrigere.

2um. Exemplum: *Tchouang-tsee*, deambulabat in monte silvoso. Vidit ibi arborem proceram et ramis foliisque luxuriantem. Prope aderant homines cum securibus, nec illam attingebant. Petiit ab illis quid ita? Responderunt, quia lignum erat prorsus inutile; haec arbor, inquit *Tchouang-tsee*, implebit annos suos, quia inutilis est. Descendit postea de monte et ad amicum divertit. Amicus gaudens jussit puerum ut avem dictam *Yen* occidat et coquat—Reposuit puer: At enim duae sunt, Altera vocalis est, et altera muta: quaenam occidetur? Respondit Dominus ejus: occide illam elinguem.—Altera die, discipuli magistro dixerunt: Arbor vitam conservavit quia nullas habebat dotes, et avis occisa est, quia erat sine dotibus ullis: quid ergo eligis? Subrisit *Tchouang tsee* et ait: Si mediam viam inter dotes habere et non habere cupio, studebo videri quod non sum, atque adeo molestiis non carebo. Longe melius est ut ratione ac virtute quasi magnifico curru invectus ambulem coram primo omnium parente, ita ut res à me pendeant, nec ipse pendeam ab illis. Sic ab omni prorsus molestiâ liber ero, atque haec est methodus veterum *Chin-nong* et *Hoang-ti*:

莊子行於山中見大木枝葉盛
茂伐木者止其旁而不取之問
其故曰無所可用莊子曰此木
以不材得終其天年夫子出於
山舍於故人之家故人喜命豎
子殺雁而烹之豎子請曰其一
能鳴其一不能鳴請奚殺主人
曰殺不能鳴者明日弟子問於
莊子曰昨日山中之木以不材
得終其天年今主人之雁以不
材死先生將何處周將處乎材
與不材之間材與不材之間似
之而非也故未免乎累若夫乘
道德而浮游則不然無譽無訾
一龍一蛇與時俱化而無肯專
為一上一下以和為量浮游乎
萬物之祖物物而不物於物則
胡可得而累邪此神農黄帝之
法則也

AD LINGUÆ SINICÆ NOTITIAM.

3ᵘᵐ· EXEMPLUM.

Forte transeundo flumen in navi, venit altera navis omnino vacua et impegit in transeuntem navim. Nemo quamvis naturâ ferocior contra navim illam penitus inanem irascitur 怒不人之心惼有雖。舟觸來舩虛有。河於濟而舟方 Si vero vel unicus homo sit in illa navi, statim cum clamore admonetur ut videat quid agat. Si post unam et alteram admonitionem nihil respondet, tertia vice inclamatur multo validius et amaris verbis impetitur homo ille。嚾不而呼再。聞不而呼一。之斂張呼則上其在人一有之隨聲惡以必則邪。呼三是於 Prius quidem nulla fuit commotio, et nunc ira tam acriter se prodit: quam ob rem, quaeso? Prior navis erat vacua et secunda plena est: 實也今而虛。也何怒也今而。怒不也向 Si quis corde penitus vacuo transit praesens saeculum, quis ipsi damnum ullum inferre poterit? 就其。世遊以已虛能人之害能 Miror cur talem applicationem *Tchouang-tsee* non omiserit.

4ᵃᵐ· Exemplum: Sic inducit umbram loquentem: Ego quidem existo, sed nescio qua ratione. Ego sum veluti cicadarum tunicae, et serpentis spolia, rebus similis, nec tamen res ulla. Cum adest ignis vel sol, statim prodeo. Quando nox venit lateo. Ego expecto quidem illa pariter expectant. Veniant, venio; abeunt, abeo quoque. Sive sistant, sive pergant, ego una cum illis vel sisto, vel pergo 之似。也蛻蛇。也甲蜩。以所知不而有予況而。也待有以所吾彼。也代吾夜與陰。也屯吾旦與火。也非而往之與我則往彼。來之與我則來彼。予者待有以乎 etc. Hoc aenigma seu symbolum interpres sic explicat: Umbra expectat corpus et lucem ut prodeat, et res omnes quae nascuntur et occidunt, ad hoc expectant quoque Dominum qui solus nihil expectat, nullo indiget, et sine quo res nec oriri possunt, nec occidere.

CAPUT QUINTUM.

ELEGANTIORUM LOCUTIONUM COLLECTIO.

Grammaticus Sina quem hic sequor, non mihi videtur sumere litteram 句 *kiu*, satis strictô. *Kiu* enim sinice significat idem quod graecè PHRASIS. Ideo istam litteram 句 dictionaria explicant per 止 *tchi*, sistere, et 絕詞 *sse-tsue*, verborum sensum abrumpere. Ergo ad hoc ut constet 句 *kiu* seu phrasis, sensus debet esse saltem aliquatenus absolutus. At Grammaticus iste

1º nullas colligit *kiu* unicâ littera constantes ; plures tamen esse certum est, quæ unicâ litterâ sensum plane absolutum ac finitum menti afferunt. 2º E contra in suis duarum vel trium litterarum phrasibus, plurimæ occurrunt quæ nullum per se solæ efficiunt sensum, atque hinc colligo, vel quod erret, vel quod per 句 *kiu* aliud intelligat quam nos per phrasim.

Licet praesens caput non tanti momenti sit quam alia quæ praecedunt, non erit tamen, ut opinor, inutile: Ex illâ enim abundantiâ phrasium simul collectarum stylus Sinicus magis ac magis cognoscetur; et eadem haec copia Europaeos Sinico scribentes poterit juvare. In plerisque enim his phrasibus habentur vel vetera proverbia, vel elegantes metaphorae, vel sententiæ graves, ac demum fere semper continent oppositionem vel cognationem aliquam in Sinico stylo prope necessariam.

§ᵘˢ PRIMUS.

LOCUTIONES UNIUS LITTERÆ.

Colligitur sensum post unicam litteram esse absolutum, quoties talis littera juxta grammaticae leges cum sequentibus non potest jungi. Exempla haec habe: In libro *Chu-king* legitur 咨 *tsee*, et interpretes divinando, ut solent, aiunt esse vox admonentis.

吁 *yu*, apage.
於 *ou*, idem ac 嗚 *ou*, vox exclamantis.
都 *tou*, eumdem habet sensum.
俞 *yu*, est assentientis.
何 *ho*, quid? quomodo?

In eodem *Chi-king* leguntur nomina propria quae cum sint in vocativo casu, sequentem phrasim non ingrediuntur, sic 樂 *ki*, ô tu *Heou-tsi*; 契 *sie* ô tu sie! 龍 *long*, ô tu *Long*!

Apud *Mong-tsee* et alios reperitur 然 *gen*, ita est: 否 *feou*, neutiquam; 嗟 *tsie*, dolentis et exclamantis vox; 意 *y*, vel 噫 et 嘻 eumdem sensum et usum habent; 咈 *vou*, non approbantis vox; in libro *Lun-yu* 辭 *tsee*, recusavit, accipere noluit; 諾 *no*, benè est, recte mones, expecta tantisper; 惡 *ou*, 也言何是 apage verò, quid dixisti?

In familiari sermone: 是 *che*, ita est; 來 *lai*, veni; 去 *kiu*, abi; 等 *teng*, expecta; 嗤 vel 唔 *pi*, vox est indignantis et quasi ad faciem expuentis; 吖 *ya*, est admirantis &c.

§us. SECUNDUS.

LOCUTIONES DUARUM LITTERARUM.

1º. Sunt merae particulae affectus varios indicantes, v. g. 乎於 vel 戲於 et vulgo 呼鳴 ou-hou, eheu!

則何, 故何, 爲何, cur, quare, quam ob causam?
然雖 etiam si, ut ut sit.
何奈 nai-ho, quid igitur agendum?
來曷 cur venis?
之奚 quo pergis? etc.

2º. Duae litterae vere constituunt phrasim. v. g.

弔弗 foe-tiao, me miserum! quanta miseria!
乎怨 yuen-hou, an incusabat quemquam?
之亡 moriendum, vel morieris.
矣命 statutum ac mandatum est. Sic Confucius discipulo in extremis posito.
哉美 pulcherrimè, optimè.
云詩 liber Chi-king ait.
曰子 Confucius ait.
路首 iter aggredi.
筆潤 dare aliquid scribenti.
腹捧 toto splene ridere, Gallicè, *se tenir les cotes de rire*.
滅膚 non extimâ pelle crassius.
走下 sese demittere.
名釣 piscari famam.
送目 oculis deducere; Gallicè, *conduire de l'œuil*.
泣倣 combibere lacrymas.
言食 promissis non stare.
生平 per totam vitam.
息姑 quiete non debita frui.

Confucius à se procul removebat quatuor, 1°· 意毋 non erat judicio suo male alligatus. 2°· 必毋 vou-pi nihil tanquam certum asserebat. 3°· 固毋 vou-kou, non erat immobiliter fixus in ullâ re. 4°· 我毋 vou-ngo nullum erga se proprium ac privatum affectum habebat.

3°. In exemplis qnae sequuntur, phrasis non est absoluta, sed sunt tantum appellationes elegantes variarum rerum, et ideo notandæ :

元泰 cœlum.
明朱 vel 君東 vel 龍燭 Sol.
和羲 auriga solis.
桑扶 arbor unde sol oritur.
駒白 aurora.
蝀蠕 vel 弓帝 arcus cælestis.
娥嫦 luna.
舒望 vel 阿纖 auriga lunæ.
狼天 infausta stella.
夷女 spiritus florum.
化王 flos dictus *meou-tan*.
木王 arbor dicta 梓 *tsee*.
友仙 flos dictus *kouei*.
友淨 flos nenuphar.
友芳 flos vocatus *Lan*.
牙龍 fructus dictus *Li-tchi*.

Optimus equus dicitur 風追 vel 電追 Sicut dicimus ventis et fulminis ocior alis.
    Tigris appellatur 君山
    Oves vocantur 毛柔
    Hircus est 郎髭 *gen-lang*
    Hirundo 女天
    Psittacus 鳥言
    Testudo 夫玄
    Formica 駒玄
    Vinum dicitur 友紅 vel 伯猷 vel 郎柔 vel 驥狂 vel 生蘭
    Vinum itineris dicitur 酒佐
    Semiebrius est 酒中 Gallicè *entre-deux-vins*.

atramentum 玄陳
lapis super quem teritur 冧鳳 vel 尾龍
penicillus 尾栗
papyrus 版玉
apud *Tchouang-tsee* 髮窮 est terra nuda, sine herbis.
廷殊 immortalium aula.
家世 homo nobilis.
仕筮 de novo factus mandarinus.
祖鼻 avus valde remotus.
孫耳 nepos longe distans ab avo.
鼎貴 aliquid valde pretiosum.
食玉 fercula delicatissima.
首黔 homines.
體玉 de pulchro corpore, quod pario marmore purius nitet.
貲高 dives.
生高 vel 生登 *teng-seng*, senex.
匠大 vel 斲輓 faber lignarius.
里羑 vel 匿囹 vel 土圜 carcer.
選少 vel 叟須 momentum temporis.
月玄 nova luna.
月陽 decima luna.
人舌 interpres, Gallicè *langue*.
玉水 crystallum.
貴翔 volare ad honores.
臺泉 sepulchrum, tumulus.
旁禈 sandapila.
故物 mortuus.
恙亡 sine morbo.
酊酩 valde ebrius.
豩人 inter homines scropha.
鏡水 aquae speculum, etc.

§. TERTIUS.

LOCUTIONES TRIUM LITTERARUM.

1°. Sensus non est perfectus sicut N°. 3°. superioris paragraphi, sic: atramentum vocant 侯滋松 et 侯墨郎 est lapis ad terendum illud.

penicillus dicitur 君書巾 vel 筆須鼠 vel 生先楮:一楮 est arbor ex qua fit papyrus, hinc charta dicitur 公國僧 vel 侯時好 vel 紙繭蠶

vinum appellatur 才秀麴 vel 物中杯 vel 醪胸換 vel 餳崘焜

pecunia est 兄方孔

brevis epistola est 書筆一 Gallicè, *un mot de lettre.*

杖壽靈 senum baculus 杖節九 idem.

毬晶水 flos dictus *meou-tan.*

奴枝荔 fructur dictus *long-yuen.*

香魂返 odor optimus.

駒里千 caballus juvenis et optimus.

虎中詩 bonus poeta.

龍中人 vir praeclarus.

Mulieres formosae dicuntur 花語解 vel 羞見花 vel 枝柳楊

Exiguus et pauper mandarinus 臣蝨蟻

Cœnobium pauperrimum 廘蝨捫

Sedes idoli Foe 座子獅

Simulacrum hominis 形人偶 Gallicè, *une marionnette.*

Vitæ brevis 人暮朝

Longævus 長秋春

Imber tertiâ lunâ cadens 水花桃

Parum admodum moratus 幾無居

Citò 手覆反 Gallicè, *en un tour de main.*

AD LINGUÆ SINICÆ NOTITIAM.

蛙中井 vel 蛙底井 Rana quæ ex suo puteo numquam exivit.
子中里 litteratus ruri degens.
食鼎五 Caro bovis, vervecis, porci, canis, et piscium.
蘭勝氣 odor gratissimus
詩聲無 egregia pictura.

2°· Satis raro invenitur una phrasis trium litterarum sola, nisi forte interroget, v. g.: 知何之 quid igitur? quid hoc sibi vult? 也謂何 quid hoc est? 哉以何 Quomodo ergo? 之用安 vel 之用焉 an illo uti quis potest? 卯其豈 an hoc est sapientem esse? 誰其怨 quis tunc jure conquereretur?

3°· In optimis quibusque libris sæpe occurrunt phrases trium litterarum, sed plures et ad minimum duæ simul junguntur. Exempla illustriora seligo: 虎 龙 風o 龍從雲 Nubes sequuntur Long et Tygridem venti; 書出洛o 圖出河 Sic duæ illae mappæ prodierunt ex aquis; 地法卑o 天效崇 alta cœlum, humilia terram imitantur; 惱多四譽多二功多五凶多三 Inter sex symbolorum lineas, 2° laudari solet, et 4° timere; 3° est infelix, et 5° multis meritis splendet; 響影惟凶逆從吉迪惠 felicitas bonis, miseria improbis respondet, sicut umbra corpori et echo voci; 益受謙損招滿 superbis detrahitur, et additur humilibus; 壽曰二富曰一 etc. In primo gradu sunt divitiæ, in 2° longaevitas &c. Confucius ait: 樂於成禮於立詩於興 virtutis amantes incipiebant ab odis, erigebant se per ritus, perficiebantur per musicam; 近道人遠道天 cœli viae remotae sunt, hominis autem proximae; 範不範模不模 qui debent aliis exempla dare non dant; 隱使非使隱非 nihil valet, nec in negotio, nec in otio; 邵彌德高彌年 quo provectior aetas, hoc virtus illustrior; 狼也秦羊也周 Regnum Tcheou erat ovicula, et regnum Tsin, lupus rapax; 難業守易業創 facile est familiam fundare, fundatam diu conservare difficile est; 難憚守易勝戰 in praelio vincere facile est, difficile partâ victoriâ frui; 矩規右繩準左 alterâ manu libellam et funem, altera circinum et regulam tenere; 車無出魚無食 in mensâ non apponuntur pisces, in via non apparatur currus; 愈日今疾者昔 heri aegrotabam, hodie valeo; 之述子之作父 pater fecit, filius edidit; 生退無死進有 malo procedere et mori quam retrocedere et vivere; 广死輕義仁重 malo mori quam peccare. In libro *Tao-te-king* legitur: 雌其守雄其知 et 駕其同光其和 Mong-tseo ait 豕母二雞母五 domi alendae sunt quinque gallinæ, et duae scrofae, seu porcae; 刑而怒賞而喜 homo qui agit prout afficitur, si laetus dabit munera; si vero iratus, verbera; 默則怨人則好 si places illi eris homo; si displices eris bestia; 黠五更號三雞 summo mane; 麗其志精其得 cum habetur quod subtilius est, oblivioni datur quod est crassius; 雉野愛雞家朝 fastidit quae habet, et quae non habet desiderat; 芻青馬飯白奴 quando servi habent albam orizam, equi habent bonum faenum; 穀年荒玉年豐 Cum abundamus, quærimus res inutiles; sterilis est annus, nihil pretiosius oriza; 京自遠熱者近 prope nihil calidius; longe nihil frigidius. *Tchouang-tsee* ait: 舉事萬一於通 qui unum bene semel penetravit, is omnia negotia perfecit; 人尤不天怨不 non incusat cælum, non accusat homines; 罰衣爲賞裏爲 premia et paenae faciunt vestem duplicem: merces est textum exterius, paena est assutum, Gallicè *la doublure*; 脆槳反蝦魚侶 solitarius qui vitam agit in desertis silvis; 辰靈協日吉歷 fausto die, felici tempore; 堂玉上o門金歷 ire ad suam domum; 酒美飲o騷雅誦 legendo delicatissimum carmen *Li-sao*, optimum vinum bibere. *Han-yu* loquens de Bonziis ait: 人其人o書其火 oportet comburere eorum libros, et efficere deinde ut ipsi homines sint. Confucius ait: 壽者仁o樂者知o靜者仁o動者知 qui multa scire volunt, moventur; qui charitatem fovent, quiescunt; illi gaudent ad tempus; isti permanent diu. *Mong-tsee* ait: 天知則o性其知 Qui bene se novit, statim novit cœlum.

§us. QUARTUS.

SELECTIORES PHRASES 4or LITTERARUM.

Ex utraque hujus operis parte jam scitur abunde quod phrases quæ quatuor litteris constant etiam inter loquendum sint usitatissimæ, multo magis in libris. Non ergo mirandum est si plures in exemplum seligo.

懼不智勇o愛不智仁o惑不者知 vir sapiens non dubitat; vir bonus non se macerat; vir fortis non trepidat.

憂近有必o怎違無人 qui non longe prospicit, non multum abest a mœrore.

人於施勿o欲不所己 quod tibi non vis fieri, alteri ne feceris.

欺可不人 hominibus non licet imponere.

揜可不惡 malum abscondi non potest.

天在其聽o我在其盟 absolvere quæ à nobis pendent, et cœli voluntati obedire.

之言是山 vel 之視是自 ex his patet *etc.*

AD LINGUÆ SINICÆ NOTITIAM.

時之是當 vel 財之此於 tune.
小則用自。裕則問好 qui alios consulit, magnus; qui se solum audit, parvus.
難惟之行。難非知 scire facile est; agere non idem.
長可不忘。失可不雪 bonum non omittendum, malum non æternandum.
至必咎列。時失樂京 qui cupidines non frænat, feret infortunium.
傅安將毛。存不之皮 si pellis amittitur, quid fiet de pilis?
竭先井甘。伐先木直 rectæ arbores primæ exciduntur et puteus bonæ aquæ prior siccatur.
息而入日。作而出日 laborare per diem, et per noctem quiescere.
非百其忘。善一人兒 propter unam bonam actionem, oblivisci centum malas.
蠱生枯魚。凰出腐肉 caro putrida et siccus piscis vermes generant.
亂則極酒。悲則極樂 extrema gaudii luctus occupat, et nimium vinum turbas excitat.
故若其人。新若莫衣 in veste laudatur novitas, et in homine antiquitas.
足不者拙。餘有者巧 vafer abundat, et stupidus eget.
衷乃色正。內襲氣邪 si latet intus aliquid mali, in vultu naturalis color deperit.
青丹於甚。人染之學 studium melius tingit hominem, quam ullus color telam.
雨知居穴。風知居巢 animalia quæ sunt in nidis sciunt ventos, et quæ manent in cavis, ut formicæ, sciunt pluviam.
刑修食月。德修食日 solis eclipsis monet ut virtuti operam demus; et eclipsis lunæ ut de suppliciis cogitemus.
恭學不卑。儉學不貧 qui pauper est, sine studio fit parcus, et qui vilis, sine labore est urbanus.
水如心臣。市如門臣 boni subditi domus debet esse sicut forum, et ejus cor sicut aqua.
色慚無面。人負不心 si cor beneficium non obliviscitur, facies non erubescit.
萊生有以。心食不萊 si herbarum cor non comedis, iterum pullulant.
刀如消其。毛如益其 ejus lucra minima sunt, damna vero maxima (Agitur de vino.)
道亂學難。德背語綺 verba nimis terta, virtuti nocent, et studium multiplex doctrinam conturbat.
美不言信。信不言美 bella verba non credenda; et credenda verba non sunt bella.
愚者矜自。敗者滿自 qui se ipso plenus est cadet, qui se jactat, stultitiam prodit.

身保慾寡o謗省言寡 qui parum loquitur detrectationibus non patet, et qui continens est scipsum servat.

焉澤入聖o言之夫狂 In sermonibus stulti non deest quod sanctus tollat et laudet.

肉置枯骨o燃更灰裒 cinis frigidus ignes iterum concipit, et ossa arida iterum carnem induunt.

折則弱木o滅則強兵 exercitus fortis deletur, et lignum durius frangitur.

掉不大尾o折必大末 si ramus extremus magnus est; frangitur, si cauda magna est, non agitatur.

深害助利o淺辱輕榮 ubi modica gloria, injuriæ leves, et lucrum magnum magnis damnis patet.

食所無饑o飲所無渴 sitientes non habent potum, nec esurientes cibum.

去不之麾o來不之招 cum advocatur, non venit; cum mittitur non pergit.

市於人刑o朝於人爵 In aulâ palam decernere honores, et in publicis plateis supplicio afficere.

食而耕筆o衣而織舌 lingua texit et arat calamo, vivit ex linguâ et calamo suo: hæc jungo quia non sunt proverbia.

聲吠犬百o形吠犬一 pro uno cane qui latrat contra corpus, centum canes famæ allatrant.

土累於起o臺之層九 altissimus agger ex terrâ paulatim accumulata crevit.

末毫於生o木之抱合 proceræ arbores à virgâ creverunt.

言㖧辨大o拙㘈巧大 ingeniosus sit sicut hebes et eloquens sicut elinguis.

耕歸如不o明不經學 cum in veterum librorum studio non proficis, præstat redire ad aratrum.

舟沉羽積o軸折輕群 levia simul collecta frangunt axim, et plumæ congestæ mergunt navim.

仇之女醜o室入女好 puella formosa quae de novo advenit, à deformi tanquam æmula odio habetur.

春如行仁o秋如行威 majestas autumno, charitas veri comparatur.

輕爲鈞千o重爲翼蟬 si non placet, ala cicadae est gravis; si placit, onus mille librarum est leve.

心於事無o事於心無 nihil quaerit curare quia nihil est in corde.

焉面其如o同不心人 tam differunt corda quam ora.

也歸之民o爲所之上 Regis ad exemplar populus componitur.

寇謀能未o鄙者食肉 homo gulæ deditus vilis est, nec potest longe prospicere.

AD LINGUÆ SINICÆ NOTITIAM.

召所人惟。門無福禍 miseria et felicitas nullam propriam januam habent, pendet que ab homine ut miser sit vel beatus.

勇無為寧。厲索其與 melius est non esse fortis quam fieri crudelis.

名爾知亦。木草淮江 ipsa etiam flumina, ipsæ etiam plantæ tuum nomen loquuntur.

俎於登不。肉之獸鳥 carnem non manducat.

乎再可其。甚謂之一 unâ vice multum est: quomodo bis in id ipsum.

斗北之天。漢江之水 limpidus sicut aqua, sublimis sicut polus.

千三川支。百三川名 flumina ter centum, rivi ter mille.

言之唐荒。說之悠繆 verba inepta et chimerica.

是所其非。非所其是 illi semper in omnibus contradicere.

遊豕鹿與。居石木與 mediis silvis inter feras ætatem agere.

知不者言。言不者知 sapiens parum loquitur; qui loqui non desinit, stultus est.

聾之心僧。學涉不心 animus qui sese (*sic* cætera desunt.)

眾者之攻。心一主人 rex non habet nisi unum cor, sed qui expugnant illud sunt quam plurimi.

義聰惡目。仁聞厭耳 charitas offendit ejus aures, et justitia ejus oculos lædit.

桂於貴薪。玉於貴食 esca pretiosior est gemmis et arbos *kouei* vilior lignis quæ comburuntur.

恐則針見。皮虎貿羊 ovis licet tigridis pelle tegatur, si videt lupum tremit.

惡懲以罰。善勸以賞 premia ut excitentur boni, et supplicia ut terreantur mali.

缺省益自。益者損自 qui sibi detrahit abundat, et qui sibi addit deficit.

響影於疾。人應之天 cœlum citius respondet homini, quam umbra corpori, et echo voci.

尾其亡必。行勇蛇貪 avidus serpens amittit caudam.

貍狐問安。道當狼豺 cum debet loqui vulpes, non interrogatur vulpes.

書異得當。人異得不 defectu viri eminentis, consule libros optimos.

鯉尺無必。涔之蹄牛 in vestigio à bove impresso, non reperitur carpio longus uno pede.

羽藏不鳳。鱗隱不龍 *Long* non tegit squammas, nec *Fong* alas abscondit.

人小動利。子君動義 justitia sapientes, lucrum stultos movet.

墬者騎善。溺者游善 qui melius natant merguntur, et qui peritius equitant decidunt.

止則坎得。逝則流乘 beneficio aquæ currentis transit, si occurrit fossa hæret.

AD LINGUÆ SINICÆ NOTITIAM.

恃可不富。欺可不貧 pauperem ne decipias, et diviti ne innitaris.

恩蒙棘荊。穀五雨天 cœlum pluit super bonas fruges, et spinæ eodem beneficio fruuntur.

香者蘭近。臭者鮑近 qui appropinquat putridis piscibus fœtet, et qui proximus est flori *Lan* bene olet.

交寡賤貧。士多貴富 divitibus multi sunt addicti, pauperem nemo curat.

後牛馬無。口雞爲寧 melius est percutere quam percuti.

穢形我覺。側在玉珠 ex ejus pulchritudine, sentio quam sim deformis.

我食食推。我衣衣解 vestes sibi detraxit ut me cooperiret, cibo se privavit ut me pasceret.

燭之膏螭。燈之膈鳳 pretiosissima lampas et candela.

能而學不。染目濡耳 tam ingeniosus est, ut sine studio omnia possit.

二寰內海。雙少下天 non habet parem in mundo.

詩有中畵。畵有中詩 versus picturam oculis offerunt, et pictura est veluti carmen mutum: *ut pictura poesis erit*.

歲若陰寸。甚之思相 amanti vel unum momentum annus est.

槌如鈍我。錐如利君 tu es acutus sicut cuspis, ego vero obtusus sicut mallens.

之寒日十。之暴日一 pro uno die qui calidus efficitur, per decem dies frigidus efficitur.

崩者人失。興者人得 qui tenet hominum cor assurgit; qui vero illud amittit cadit.

胎有生禍。基有生福 felicitas non nascitur sine fundamento, et calamitas fructus est quem unusquisque parturit.

節改不窮。士廉人仁 virum bonum paupertas non immutat.

亡者力恃。昌者德恃 qui nititur virtute, splendet, et qui viribus suis confidit, peribit.

剛以亡齒。軟以存舌 lingua durat quia mollis, dentes cadunt quia duri sunt.

寧邦固本。本邦惟民 populus est regni radix; si firma radix, regnum in pace stat.

朋爲二貝。友爲二手 duæ litteræ 友 et 朋 amicos designant: in 友 sunt duae manus; iu 朋 sunt duo 貝; nihil amico utilius, nihil pretiosius.

納恩以難。心野子狼 homines feri et barbari, beneficiis non capiuntur.

志喪物玩 nimius luxus animi robur extinguit.

瑟造羲伏 *Fou-hi* fecit lyram.

琴造農神 *Chin-nong* fecit citharam.

鹽爲沙宿 *Sou-cha* invenit sal.

矢作夷牟 Meou-y fecit sagittas.
弓作揮般 Pouan-hoei invenit arcum.
書造頡倉 Tsang-hie litterarum author.
曆造成容 Yong-tching ordinavit calendarium.
律造倫伶 Ling-lun invenit musicam.
數造首隸 Li-cheou artem numerandi reperit.
兵造尤蚩 Tchi-yeou fecit arma.
車造仲奚 Ki-tchong fabricavit currus.
酒造狄儀 Y-tie vinum fecit.
枻爲狄共 Ho-tie addidit remos.
舟爲鼓共 Kong-kou extruxit naves.
井造益伯 Pe-y fodit puteos, etc.
市於利爭 o 朝於名爭, in palatio de gloria, in foro de lucro certatur.
心制禮以 o 事制義以 per justitiam negotia, per ritus cor regere.
意盡不言 o 言盡不書 libri non satis loquuntur, et animi sensus verba non satis exprimunt.
視善者聾 o 聽善者瞽 caeci optimum habent auditum, et surdi acutissime vident.
降雨烝雲 cum nubes densae sunt resolvuntur in pluviam.
發電介雲 cum simul junguntur nubes, fiunt fulgura.
聽目視耳 videt per aures et audit per oculos.
腸石心鐵 cor ferreum, saxea viscera.
心獸面人 habet vultum hominis et cor bestiae.
肉走尸行 cadaver ambulans, caro se movens.
歸死行生 vita via est et mors reditus.
禍樂亂好 turbis et calamitatibus delectatur.
珠聯玉綴 eleganter scribere vel loqui.
死觸生忘 vitae oblitus, mortem lacessit.
善纂德積 accumulare bona merita.
譽求名干 velle laudari, facere sibi nomen.
勢藉權乘 authoritate abuti.
徒少稱寡 esse solum, paucos amicos numerare.
親平聽公 aequum ac justum esse.

肝折心剖 viscera dilacerare vel cor aperire, nihil reticere.
書藉經杭 libros è manibus non deponere.
衣綺衿繡 vestes magnificae.
鞍蹄馬下 ex equo descendere.
烝奐羊烹 coquere ovem et agnum assare.
甲兔介脫 arma deponere, exuere.
亦合戰臨 arma conserere.
譽亨聞介 clarum nomen, pulchra fama.
德背善忘 virtuti nuntium remittere.
寒齒广唇 sublatis labiis dentes frigescunt.
僞右實左 à sinistris veritas, à dextris mendacium.
吠狗鳴雞 gallus canit, canis latrat.
毛茹血伙 potare sanguinem, vorare carnem cum pilis.
歌朝飮夜 de nocte potare et mane canere.
靜海澄江 magna est tranquillitas.
惡稱美徹 bona premere et mala silentio extollere.
水臨山登 adire montes et flumina.
新就故去 relinquere vetera et nova sequi.
家離鄉去 patriam et domum deserere.
俗易古變 mutare antiquas consuetudines.
生一死九 maximum periculum.
耘熱耕寒 hieme et aestate agros colere.
亂召禍起 turbas et calamitates accersere.
力竭心苦 toto corde, cunctis viribus.
心知容覷 ex vultu animum cognoscere.
尺退寸進 magis regredi quam progredi.

Haec conjunxi quia sunt merae phrases ab invicem disjunctae.

形隨水如○變之人聖 sanctus non mutatur, sed sicut aqua omnibus sese accommodat.

肉如不竹○竹如不絲 chordarum sonus est infra fistulam, et vox humana est super omnes fistulas.

婢問當織○奴問當耕 de colendis agris consule servos; de texendâ telâ consule ancillas.

AD LINGUÆ SINICÆ NOTITIAM.

心爾貳無。女臨帝上 Supremus Dominus appropinquat tibi; ne divide cor tuum.
Chi-king.

珍者口適。味定無物 condimentum cibi fames; omnia sapida sunt esurienti.

崩如惡從。登如善從 operari bonum est quasi præruptum montem ascendere; facere malum est veluti proclivi jugo labi.

赦千辱榮。朝一失得 ex uno momento pendet gloria, vel dedecus sine fine.

疾必崩其。高而隙牆 si murus non est solidus, quo surgit altius, hoc cadit citius.

嚳聽里千。壒望里百 pulvis cernebatur à centum stadiis, et sonitus audiebatur à mille.

光電如舌。星燿如目 oculi ejus sicut stellae et vox quasi fulgur.

子虎得不。穴虎入不 si vis tigridis catulos oportet penetrare ad tigridis antrum.

邪兔顧當。狗之麋逐 canis qui cervum sequitur an curat de lepore?

霸者臣賓。帝者臣師 qui subdito servit tanquam magistro est *Ti*; qui subditum tractat velut æqualem est *Pa*.

處久可不。下之功成 ne diutius quiescas sub tuis lauris: meritorum gloria parum durat.

殆不止知。辱不足知 qui paucis contentus est, infamiæ non patet, et qui novit sistere non cadit.

人負我毋。我負人寧 satius est injuriam accipere quam facere.

Sunt etiam nomina quatuor litterarum. v. g.:

Pecunia dicitur 人眞水白

Vinum optimum vocatur 事從州青

Atramentum est 守太香玄

Lapis super quem teritur est 嗟鄉石離

Porcus 𤛑將喙長

Caper 簿王鬚長

Psittacus 者使衣綠

Nectare et ambrosia vesci. 芝茹醴飲

Nota. Vides quod in his omnibus exemplis satis raro adhibeantur particulæ; sed proverbia et graves sententiæ his adjumentis non indigent. Neque omnes particulæ locum habent in omni. Stylo quod autem litteræ litteris fere semper respondent et phrasi phrasis opponitur vel conjungitur; hoc vero solemne est in ejusmodi præclare dictis.

Hæc selegi ex libro cui titulus 玄鉤學古 ; sed ex duobus tomis quibus constat, primus quem habeo desinit in phrasibus 4^{or.} Litterarum ; secundus quem nondum potui reperire habet phrases quæ quinque, sex, septem et octo litteris absolvuntur. Itaque expecto hunc librum ut præsens caput possim absolvere ; aliter non sine labore aliquas phrases ex libris extrahere necesse erit.

§^{us.} QUARTUS.

SELECTIORES PHRASES QUINQUE LITTERARUM.

* * * * * * * * * *

INDEX.

Accentus, 10; ad duos reducuntur, 191.
Adjectiva, 47.
Adverbia, 46.
Alliteratio, 157.
Antithesis, 128, 205.
Aqua plana et quieta: Compar. 237, 238.
Arbor alta, in compar. 239.
Aves (in proverbio), 118.
Augmentativæ particulæ, 79.
Canes Latrantes, prov. 256.
Carmina, 253.
Cha 殺 (殺次 tchoui cha,) 52. 81.
Chan 山; metaph, 84; prov., 157.
Chan-hai 海山, tropicè, 125, 148.
Chan-hai-king, liber, 4, 189.
Chan-kiun 君山, 250.
Chan-kou wei hiu 虛惟谷山 136.
Chan-ming-kou-hiang, 響谷鳴山 125.
Chan-tchuen 川山, 242.
Chan-siao 魈山, 125.
Chang-fong pai-soŭ 俗敗風傷, 124.
Chang-men 門上, 93.
Chang-piu, 48.
Chang-teng, 48.
Chang-tsang 蒼上, 110.
Chao 少, 85.
Chao-hiang 香燒, prov., 199.
Chao-k'ang-tsie, author, 4.
Chao-pou te 得不少, 51, 116.
Chao-sien 選少, 251.
Che 食, eclips. Compar. 173.
Che 射, metaph, 101, 164.

Che (pro possessiv.) 舍, 43.
Che 舍, 132.
Che 舌, metaph, 125, 126, che t'eou. 頭舌 prov. 140.
Che 什, 133; che mo 麼什, non interrog, ibid.
Che 蛇, prov., 142.
Che-fen 分十, 48, 81.
Che-gin 人舌, 251.
Che-hio 學涉, 257.
Che-san-king, liber, 6.
Che-tao 道舍, prov., 141.
Che-tche-eull-y 女而職舌, 256.
Che-tsee 字十, 70.
Che yen 言食, 249.
Chen-gin-te-fou 福得人善, prov., 138.
Chen-gin-ting-choue 說遘人善 prov. 138.
Chen-pou-ko-che 失可不善, 255.
Cheou 手, 70.
Cheou-che 飾首, 62.
Cheou-hia 下手, 71.
Cheou-kao 高手, 71.
Cheou-kio 脚手, 71.
Cheou-ki 氣受, 67.
Cheou-lou 路首, 249.
Cheou-mang-kio-louan 亂脚忙手, 126.
Cheou-ssee 斯手, 71.
Cheou-touan 段手, 71, 80.
Cheou-yong 用受, 81.

INDEX.

Chi 世前 tsien-chi, 86.
Chi 是 verb, 45; pron., 150.
Chi 時 pron., 151.
Chi chi-fei-fei 非非是是, 202
Chi-fei 非是, 50, 202.
Chi-hao 好是, 72.
Chi-ki-so-fei 非所其是, 257.
Chi-kia 家世, 251.
Chi-kien 見識, 110.
Chi-je 日視 prov., 136.
Chi-king, liber, 3, 162.
Chi-lai-pou-lai 來不...來時, prov., 140.
Chi-pong-tsieou-yeou 友酒朋詩, 124.
Chi-ssee 仕莁, 251.
Chi-tchong hou 虎中詩, 252.
Chi-tien-ming-ti 地盟天誓, 124.
Chi-tsee 字實, 39.
Chi-ven 文世, 189.
Che-ya 呀是, 127.
Che-yu 與旟, 169.
Chin 甚 48, 79; interrog., 132, 133.
Chin 刈, 182.
Chin 身, 151.
Chin-fou 父神, 43.
Chin-lao 老神, prov., 139.
Chin nong, n. v. pr. 258.
Ching-kouan-tsie tchi, 259.
Ching-lieou 流乘, 257.
Chou sin-hoc ye 世藍心書, 243.
Choue koua, 225
Choue pe-tao-he, 124.
Choue-tchang tao-touan, 短道長說 124.
Choue, te choue 說得 119.
Choue-ven, liber, 4, 7.
Choui 水, prov., 175. comparat. 157, 202.
Choui 誰, 135.
Choui-cheou 手水, 71.
Choui-hou 湖水, n. v. p., 236.
Choui-hou tchouen, liber, 39.
Choui king 鏡水, 251.
Choui-tsing-kieou 毬晶水, 252.
Choui siang 想離, 88.
Choui-soui hing 形繪水, 260.
Choui-yu 玉水, 251.
Comparatio, 234. Simplex, ib. à certis hominibus deducta ibid. à rebus, 237.
Comparativa, 48.
Cordis morbus, remedium, prov., 110.
Cycli litteræ, sensu indefinito, 168.
Chu 庶, plural, 148. Chu hou 乎庶, 164.
Chu 樹, prov., 142.
Chu 輸, prov., 137.
Chu-keou 口鼠, prov., 137.
Chu-king, liber, 3, 151.
Chu siu-pi 筆貞鼠, 252.
Chu-tao 倒樹, prov., 136.
Chun-yu-kouen, n. v. p. 235.
Chun-tsing-choue 說情順, prov., 140.
Descriptio, 216.
Dictionaria Sinica, 6.
Diminutiva, 82.
Ell 爾 150, 171.
Ell 兒·耳 ell, 89.
Ell,-vou-ell 兒無兒, 140.
Ell 爾·耳·而, 170, 226.

INDEX.

Ell 耳, effatum de 185, fou-ell 耳附 137.
Ell-chi-mou-ting 鴟目視耳, 259.
Ell-heou 后而, 171.
Eul-ju-mou-liang 染目濡耳, 258.
Ell-kiang 降而, 179.
Ell-lai 來而, 179.
Ell-pien-fong 風邊耳, prov., 138.
Ell-pou 不而, 226.
Eul sin 心貳, 261.
Ell-sun 孫耳, 251.
Ell-ven 聞耳, prov., 139.
Eil y 已而, 171.
Expletiva substantiva, 42.
Fa ki 氣發, 67.
Fan 反, 105.
Fan chun 唇翻, 125.
Fan-fou-cheou 手習反, 252.
Fan-hoen-hiang 香魂返, 252.
Fang 妨, 117.
Pou-fang-ssee 事妨不, 117.
Pou fang te 得妨不, 117.
Fang 芳, 43.
Fang 放, 117.
Fang 方, 117.
Fang-pi 屁放, 87, 127.
Fang tie 跌坊, prov., 137.
Fang-tsae, 117.
Fang ye 壹防, prov., 107.
Fang yeou 友芳, 250.
Fei chi 是非, 202.
Fei-ki so chi 是所其非, 257.

Fei-tie 跌飛, prov., 141.
Fen 分, 82, 86.
Fen ming 明分, 65, 118.
Feou-yun 雲浮, 162.
Figuræ Orationis, 204.
Finales Litteræ, 13, 88; particulæ 185, 194.
Foe-kio 腳佛, prov., 139.
Foe tchou-chi 世出佛, 54.
Foe-yu 與弗, 169.
Foe yun-tchi ting 亭之雲拂, 243.
Fong 風, proverb, 135, 142, 193.
Fong-choui 水風, 95.
Fuung-fou, n. v. p. 婦馮, 235.
Fong fou 腹捧, 249.
Fong-han 寒風, 85.
Fong-lieou 流風, 63.
Fong-mo 膜風,
Fong-nao-tchi-teng, 258, in proverb.
Fong nien-yu 玉年豐, 254.
Fong-ouei 味鳳, 251.
Fong-pou tsang yu, in prov., 257.
Fong-tsong-hou 虎從風, 253.
Fong-yu 雨風, prov., 140.
Fou 賦, 238.
Fou 夫, 151.
Fou 負, 88.
Fou 服 (comparat.), 160.
Fou 福, prov., 138, 142.
Fou 符 (comparat.), 160.
Fou hi, n. v. p. 258.
Fou jo 肉伏, prov., 136.

INDEX.

Fou ma 馬駙, 114.
Fou-mou-tchi-nien 年之母父, 175.
Fou....pin.... 貧....富, in prov., 258.
Fou-sang 桑扶, 244, 250.
Fou sin 心撫, 66.
Fou-tchang-fou-soui 隨婦唱夫, 126.
Fou....tou 妒....嫭, prov., 138.
Fou-tsee 子夫, 150.
Fou-tsi 妻夫, prov., 138.
Fou-tsien 淺廬, 249.
Funis putridus, compar. 237.
Gradatio, 213.
Ge 然, metaphor, 129.
Ge-kiang, liber, 4, 6, 193.
Ge-nao 鬧熱, 115.
Ge-tchou-ho-lai 來火出煮, 60.
Ge-yeou 油熱, prov., 143.
Gen-lang 郞脣, 250.
Gen 然, 172, 173, 228.
Geou-y 柔柔, in compar. 238.
Geou-mao 毛柔, 250.
Ge-chi-sieou-te, 255.
Gin 人 oppos. 像, 88.
Gin 您, 42.
Gin-hai 害人, prov., 140.
Gin-ki-gin, 人其人, 254.
Gin ki-nai ko 過耐饑忍, 124.
Gin-ki-tun-ching 聲吞氣忍, 125.
Gin kien 見人, prov., 139.
Gin-lao 老人 prov., 139.
Gin-mien-cheou-sin 心獸面人, 124.

Gin-mo-jo kou, 255.
Gin....mo 磨.... 人, prov., 137.
Gin-nai 耐忍, 82.
Gin-oue 物人, 103, 109.
Gin-pou-ko-ki 欺可不人, 254.
Gin pouan 般恁, 118.
Gin seng-tsao-tchun 春草生人, prov. 137.
Gin-tche-pou yeou, 254.
Gin tche tsing,-tchi-tche-lo 樂, 254.
Gin-tchi 覷人, 251.
Gin-tchong 重任, 137.
Gin-tchong-long 龍中人, 252.
Hai 海 metaph, 84; prov., 137.
Hai-chin 深害, 256.
Hai-keou 口海, 70.
Hai-sing-ming 命性..害, prov., 138.
Han 漢, 106.
Han-hoei-keng-gen, 256.
Han-tche-tchi-cheou 獸之車函, 238.
Han-tsee 子漢, 81.
Han-yu, author, 4, 154, 189.
Hao, 72, 80, 113.
Hao-ban 好漢, 73.
Hao-hao-ti 的好好, 73.
Hao-kan-hoa 話看好, 89.
Hao-kie-ngai-tsing 清愛潔好, 124.
Hao-king-tchi 致景好,
Hao mo 麼好, 73.
Hao-pou 不好, 80, 89.
Hao-seng 生好, 73, 102.

INDEX.

Hao-ssee 好事, prov., 139.
Hao-t'ai 好歹, 73.
Hao-tchi-heou 好時候, 252.
Hao t'chu 好處, 108, 114.
Hen-pou-te, 46.
Heou-cheou 後手, 71.
Hi 奚, 183, 227.
Hi 兮, 227.
Hia-hiou 夏肓, n. v. p. 235.
Hi-houan, 47.
Hien-tchi 咸池, 244.
Hi-tsee, capitul. 221, 223, 225.
Hi-tsee 西子 vel 西施, 236.
Hi-ouei 衛卻, n. v. p. 236.
Hia lo 下落, 56.
Hia-ma 下馬, 47.
Hia-tseou 下走, 249.
Hia-tsieou 下酒, 66.
Hia-tsou 下筯, 107.
Hiang 香, metaphor, 70.
Hiang-k'i 香氣, 104.
Hiao 孝, prov., 185.
Hie ling-chin 恊靈辰, 254.
Hien 咸, 147. 269 hien 僉, 292.
Hien-k'i 悶氣, sic vid. articulum de ki. 氣
Hien-neu 賢女, prov., 139.
Hicou 休, 46, 77.
Hing 興, 238.
Hing 形, oppos., 心 65.
Hing-gin iu-chi 刑於人市, 256.
Hing-hou-tseou jou, 259.

Hio-seng 學生, 43.
Hio-tchi-gen gin, 255.
Historica Sinica, 4.
Hiu-hing 許行, nomen viri, 215.
Hiu..ling..hiu..ming, 命..虛..靈..虛 136.
Hiu-tsee, 39.
Hiu-wen 虛文, 44.
Hiue-kin-tchi-yu, 255.
Hiuen-fou 玄夫, 250.
Hiuen-hiang-ta-cheou 玄香太守, 261.
Hiuen-k'iu 玄駒, 250.
Hiuen-tsee 訓子, prov., 143.
Hiuen-yue 玄月, 251.
Ho 和, not. dat, 40; copulativ. 41. metaphor, 129.
Ho 何, 131.
Ho 呵, 88.
Ho-chang 和尙, prov., 140.
Ho-fou 禍福, in proverb. 257.
Ho-ho ti 活活的, 18, 82.
Ho-keou-fei-yu 合口費語, 125.
Ho je 火熱, 65.
Ho-k'i 合氣, 68.
Ho-k'i 起火, 65.
Ho-kia 火家, 47.
Ho-poei 悖貨, prov. 158.
Ho teng-ti hao 何等的好,
Ho-tsee, 63.
Ho-tsee 活字, 39.
Ho-ya 阿呀, 87.
Ho....yeou 油....火, 137.

INDEX

Hoa 花, prov., 142.
Hoa 猾, 243.
Hoa-choue, 47.
Hoa-iu 語花, 125.
Hoa-kien sieou 羞見花, 252.
Hoa-ping-ke-ki 餞克餅盡, prov., 138.
Hoa-sin 脣花, 244.
Hoa-tcheou 周花, n. v. p 236.
Hoa-to 佗花 n. v. p. 235.
Hoa-tou-yuen, liber, 39 ; laudatur, 88, 106.
Hoa-yong-yue-mao 貌月容花, 124.
Hoai-nan tsee, author, 4.
Hoai-pao 抱懷, 125.
Hoai-tch'eou 臾懷, prov., 136.
Hoan 還, 109.
Hoang 況, 182.
Hoang-ke'ou 口簧, 69.
Hoang-ke'ou 口黃, 69.
Hoang-nien-ko 穀年荒, 254.
Hoang-pe-tchi-oue 物之白黃, 118.
Hoang ti 帝星, 150.
Hoe 或, 221.
Hoei 曾, 45.
Hoei-ssee-tchouen-nien 念轉思回 124.
Hoen 萱, 75.
Hoen-chin 身渾, 131.
Hoen fei 飛魂, 126.
Hoen-ti'en-he-ti 地黑天昏, 126.
Hoen-tsi,
Homophonæ litteræ alia pro aliis, 241.
Hong 紅 (脬眼), 105.
Hong-yen 顏紅, 140.

Hong-yeou 友紅, 250.
Hou 乎, 163.
Hou-pen 賁虎, 243.
Hou-hing-louan-tsou 走亂行棚, 124.
Hou-k'eou 口虎 prov., 69.
Hou-ko-ye-ssee 詞野歌胡, 125.
Hou-li 貍狐, in prov. 257
Hou-lou 鹿虎, prov., 136.
Hou-nou-ssee-pi 婢使奴呼, 126.
Hou-ssee louang-siang 想亂思胡, 124
Hou-sun 孫猢, prov., 136.
Hou-y 疑狐, 169.
Houan-chi 時歡, prov., 141.
Houan-hi 喜歡, 47.
Houan pe 伯歡, 250.
Hoan-tien-hi-ti 地喜天歡, 124.
Hoan-tou 土圜, 251.
Hoan-hiong-lao 醪冐換, 252.
I-king, liber, 3.
I-li, liber, 4.
Imperativum, 46.
Infinitivum, 46.
Initiales particulæ, 87.
Initiales soni, 11.
Interrogatio, 48, 130 ; partic. interrog.
Y 矣, 227.
Y 羿, n. v. p. 235.
Y 已, 185.
Y 以, 177, 223.
Y 悆, 181.
Y 益, symbolum king, 194.
Y 醫, prov., 136.
Y 亦, 90.

INDEX.

Y 衣, tropice, 89, 102.
Y-ell 而已, 171.
Y-fa 發一, 48.
Y-ge 日一, prov., 140.
Y-gin 人一, 149.
Y-gin..kieou-tsou 族九..人一, 137.
Y-ho 和義, 235, 250.
Y-ho 和義, n. v. p. 250.
Y-ho 和義, 41.
Y-ke 客一, prov., 140.
Y-lai 來以, 179.
Y-ma 馬儀, 236.
Y-ma-y-ugan, prov., 140.
Y-se-tchin 臣蝨蟻, 252.
Y-no-jo-sin, 255.
Y-ouei 爲以, 150, 278.
Y-ouei 味意, 77.
Y-pi-chu 晋筆一, 252.
Y-pouan 般一, 118.
Y-ssee 思意, 73, 86, 108.
Y-sie 邪易, n. v. p. 235.
Y-sin-hoe-tchi 志惑心疑, 126.
Y-te-tche 者得易, prov., 139.
Y-tie, n. v. p., 259.
Y-tie 狄夷, 203.
Y-tse 則一, 175.
Y-yen 言一, prov., 142.
Y-yun 允依, 131.
Ye....tchao 朝....夜, correlativa, 260.
Ye-yeou 有也, 90,
Ye-tche; 157.
Yen, in initio, 言, 186.

Yen 焉, 172, 228.
Yen-hoei 回顏, n. v. p. 236.
Yen-kien 見眼, prov., 139.
Yen-li 力眼, 109.
Yen-li 裡眼, 116.
Yen-niao 鳥言, 250.
Yen-si 席筵, prov., 141.
Yen,-sin,-k'i 氣心言, 162.
Yen-sin-ching-ye 也發心言, 243.
Yen tsi-cheou-k'ouai 快手疾眼, 126.
Yen-tsing-hoa 花睛眼, 62.
Yen-tsing-ti'ao 跳睛眼, 136. prov.,
Ya 訝, 87; 呀 id., 88.
Ya-fou 服壓, 102.
Ya-mi 謎啞, 106.
Ya-tchi 齒牙, tropicè, 124.
Yang 羊, proverb., 100.
Yang-lieou-tchi 枝柳楊, 252.
Yang-nieou 牛羊, prov., 138.
Yang-oua-oua 娃娃春, 75.
Yang-tsee, author, 4.
Yang-ven 文陽, n. v. p., 236.
Yang-yue 月陽, 251.
Yao 嬰, 45,
Yao-kouai 怪妖, 72.
Ye 邪, 耶, 165.
Ye 也, 159, 161.
Yo 也, 00 221; cum negativ., 131.
Ye 一, 56, 93.
Ye-che 是也, 91.
Ye-hao 好也, 73.
Ye-kouei 鬼野, 125.

Ye-kouie-chan-siao 魑山鬼野, 125.
Ye-ouei 味野, 55.
Ye-pa 罷也, 78.
Ye-pau 不也, 91.
Ye-pau-kien-ti 得見不也, 91.
Yeou 又, 95.
Yeou 有, 228.
Yeou 有 45; nota præteriti, 45.
Yeou-cheou 手游, 71.
Yeou-choue 水油, metaph, 85.
Yeou-li 禮優, 74.
Yeou-kia 嫁切, prov., 139.
Yeou-li 里羨, 251.
Yeou-mi-lou 鹿麋友, 254.
Yeou-ouan 玩遊, 123.
Yeou-oue 物油, 85.
Yeou-sing 醒匆, prov., 143.
Yeou-tchong 眾有, 148.
Yeou tchou....yeou-tchi, 165.
Yeou-tsi 蟬蜏, in compar. 238.
Yeou-tsoui 嘴油, 125.
Yeou-yu 與猶 vel 像偤, 169.
Yeou-oue,-yoeu-yu-o ue, 162.
Yn 陰, proverb., 136.
Yn 淫, proverb., 138.
Yn li-ju-tchi 芝茹醴飲, 201.
Yn-lie 泣飲, 249.
Yn....loa 露....飲, 244.
Yn-tsi 妾淫, prov., 137.
Yong-king 輕榮, 256.
Yng-men 臉應, 111.
Yng-tchi 脂凝, in compar., 238.

Yng-tching 承應, 129.
Yo 飲, prov.,
Yong-tche-pou-kiu, 254.
Yong-tching, n. v. p. 259.
Yu-prov. 于, 293, 394, 余 id. ibid.
Yu 愈, 48,
Yu 愈, 181.
Yu 愈, 253.
Yu 與, nota dat., 40, 113, 330, in idiot. 335, 336.
Yu 魚, prov., 136.
Yu 愚, pron., 149.
Yu 與, compar., 238.
Yu 於, 于, nota dativi, 40, 161.
Yu-chi-hou 乎是於, 228.
Yu-gin 人漁, prov., 141.
Yu ki..ning..寧其與, 257.
Yu-kiao-li liber. 39.
Yu-kong 宮玉, 168.
Yu-kou seng....蠱, 255.
Yu-pan 版玉, 251.
Yu-tang 堂玉, 254.
Yu-cho 琢玉, prov. 133.
Yu-ti 體玉, 251.
Yu yen 言寫, 244.
Yue 曰, 227.
Yue 越, 48.
Yue-che-sieou-hing 255.
Yue-se 色月, 95.
Yuen 緣 yeou-yuen, vou-yuen prov. 141.
Yuen-gin-pe tchong, liber, 39, 87.
Yuen-lai 來原 60. 來元 id. 88.
Yuen-tche'ou 罊究, prov. 142.

INDEX.

Yuen-ts'in 親逵, prov. 139.
Yun, in initio 云, 186.
Yun-mong 夢雲, 68.
Yun-tsong-long 龍從雲, 253.
Jao-tchi 池瑤, nomen lacus, 236.
Jo, pron. 若, 150, 176.
Jo-fou-tchou-tchong, 255.
Jo-tsien 淺辱, 256.
Jou-tsee 此如, (repet), 140.
Ju 女, 如, 汝, 150, 176.
Jun-pi 筆潤, 249.
K'ai 開, metaph, 93, 99, 107. 口 開 kai-keou, 70.
Kan 敢, 75.
Kan 乾, kan-keou 口乾, 69.
K'an 看, 59.
K'an-lai 來看, 60.
Kan-ming-kieou iu, 250.
Kan-pa 怕敢, 75.
K'an-te-kien 見得看, 64.
Kan-tsing 井甘, prov., 255.
Kang 剛, metaph. 113.
Kang-hi-tsee-tien Dictionar. 7.
Kang-kiang 強剛, prov., 139.
Kang-kou 骨剛, prov., 139.
K'ao 考, tropicè, 96.
Kao 高 (睛眼,) 79.
Kao 高, tropicè 79, 89, 94.
Kao-kong-ki, cap. libri
Kao-ming 明高, 182.
Kao-seng 生高, 25:.
Ke-ve 物格, 214.

Keng 更, 48, 117.
Keng-vu-tien 點五更, 254.
Keou 狗, 124.
Keou 鈎, (chang 上) 119.
K'eou 口 yeou-keo'u-vou-yen
    yeou-ke'ou-vou-sin } 70.
—ta-keou, . ta-keou-gan 70.
Ke'ou-che 舌口, 125.
Ke'ou-che 古口, 69, 70.
Ke'ou-fong 風口, prov., 139.
Ke'ou-fong 縫口, 70.
Ke'ou-hoa 滑口, 69.
Ke'ou-ki'ung 強口, 70.
Ke'ou-k'i 氣口, 69.
Ke'ou-k'i 氣口, 69, 92.
Ke'ou-hen-k'i 氣恨口, 113.
Ke'ou-kie 吃口, 69.
Keou-kie-kouo 果結勾 kie-ko 108.
Keou-kin 筋狗, 57.
Keou-leao 了勾, 127.
Keou-ming 命狗, 94.
Ke'ou-tang 當句, 85.
Ke'ou-te'ou 頭口, 65.
Ki 雞, (proverbium) 253.
Ki 繼, plural 41.
Ki 期, (pou-ki) 88.
Ki 豈, 133, 183.
Ki 己, 43, 151.
Ki 極, 48, 80.
Ki 其, 44, 154, 226.
Ki 吃, 58, 45, 80.
Ki 氣, 68, metaph. 69, 92, 112, redundant 67, 81.

Ki-che-ko-yin 飲渴食饑, 126.
Ki-ching-lan 蘭勝氣, 253.
K'i-ell 兒氣, 52.
K'i-hiu 虛氣, 67.
K'i-ho 堅豁, prov., 136.
Ki-hou 乎幾, 81.
Ki-kan 43.
Ki-kiao 較計, 93.
K'i-kouo 過氣, 62.
K'i-lai 來起, 59.
K'i-liu 驢騎, 136.
Ki-san-hao 號三雜, 254.
K'i-se 色氣, 67.
K'i-seng-k'i-ssee 死氣, 生氣 vid articulum 氣, 63.
K'i-si 息氣, 67.
K'i-so-pou-yo, etc. 254.
K'i-ssee 死氣, 62, 82.
K'i-ssee-gin 人死氣, 68.
K'i-tchin 珍奇, 125.
K'i-tch'ou 處極, 112.
K'i-te-kouo 過得氣, 107.
K'i-tsao-choui-t'chi 起睡早起, 126.
Ki-tsee, che-tsee 子石子鷄, prov. 138.
Kia pron., possessiv. 家, 43.
Kia 加, 149.
Kia 加, tropice. 70.
K'iu-hao 好怡, 73.
Kia-ho 火家, 47.
Kia-niu 女家, prov., 138.
Kia-tcheou 鴨家, prov., 138.
Kia-tsie 借假, metaphora. 241.

Kia-yu liber. 227.
Kiai 介, 238.
Kiai, plural 皆, 41.
Kiai-cheou 手解, 71.
Kiai-i 衣解, in prov., 253.
Kiai-men 悶解, 111.
Kiai-yu-hoa 花語解, 252.
Kian 見, 45.
Kian-we-kian-ell 耳件物作, 83.
Kiang-ke 克江, n. v. p. 235.
Keang-ke'ou 口講, 68.
Kiao 膠, prov., 65.
Kiao 竅, (mo-kiao 沒) 80.
Kiao 叫, 敁, 交, 106.
Kiao-fou 婦敁, prov., 143.
Kiao-p'ei-hoan-tsan 盞換杯交, 126.
Kiao-tan 丹敁, 242.
Kiao-tche-yeou-yu 255.
Kie 桀 n. v. p. 236.
Kie-kie-kou-kou 孤孤子子, 133.
Kien 見, 64.
Kien-gin-y-chen 善一人見, 255.
Kien-kiao 敁見, 64.
Kien-kouei 鬼見, 64, 93.
Kien-kouei 鬼見, 131.
Kien-li 禮見, 114.
Kien-tchao 招見, 64.
K'ieou-lin-kao-ki 急告臨丘, prov., 137.
Kieou-ssee-y-seng 生一死九, 260.
Kieou-tsi-tchang 杖節九, 252.
Kieou-tsing-tchi-tui-etc. 256.
Kin 金, prov., 143.

INDEX.

Kin-cheou 首黔, 251.
Kin-ching-tan, author, 61.
Kin-kao 高琴, n. v. p. 235.
Kin-lin 鄰近, prov. 139.
Kin-men 門金, 254.
Kin-se 瑟琴, 242.
K'in, t'an-k'in 琴彈, prov. 141.
King, 經; libri sic vocati, 190, nota præteriti, 181.
King 竟, 87.
King-mou 目經, prov. 142.
King-ti'en-tong-ti 地動天鼇, 126.
Kio 覺, 85.
K'io 却, 99.
Kio-choue 說却, 87.
Kio-k'eou 口角, 68.
Kio-sieou-tsai 才秀麴, 252.
Kiong-fa 髮窮, 251.
Ki'ong-siang 相窮, 134.
Kiu 句, 247.
K'iu 去, 58.
Kiu 俱, 147.
K'iu 屈, prov. 141.
Kiu-fong 蚌鷸, prov. 141.
K'iu-t'chu 處區, 100.
Kiu-vou-ki 幾無居, 252.
Kiu yuen 原屈, n. v. p. 236.
K'lun 羣, plur. 148.
Ko, nomina verbalia effingens, 42, superabund. 96.
Ko, explet. 43.
K'o 可, 107, 224, k'o-k'o 108, k'o-y. 225.

K'o-chang 傷可, 127.
K'o-ho 活過, 111, 133.
Ko-jo 肉骨, 99.
Ko-keou 口各, 68.
Ko-nao 惱可, 95.
K'o-tchi 知可, 89.
Ko-teou, scriptura, 9.
K'o-ting 聽可, 108.
Ko-tsee 辭歌, 186.
Kong, authores, 4.
Kong 共, 91.
Kong 躬, 151.
Kong-fang-hiong 兄方孔, 252.
Kong-fou 夫工, 50, 52, 137.
Kong-kiuen 拳空, 125.
Kong-kou, n. p. 259.
Kong-choo-tsee 子輸公, n. v. p. 235.
Kong-tsee 子公, 106.
Kong-yang, author, 4.
Kou 骨, methaph. 68.
Kou 鼓, prov., 141.
K'ou-ge 日苦, 141.
K'ou-keou 口苦, 125.
Kou-ke'ou, leang-yen 言良口苦, 125.
Kou-ken-hoan-ju, 256.
Kou-liang, author, 4.
Kou-sic 息姑, 249.
Kou-sin-kie-li 力渴心苦, 260.
K'ou ta'ai 菜苦, prov. 143.
Kou-tsee, litteræ veteres, 9.
Kou ven 文古, 188.
Kou-ven-yuen-kien, 189.

K'ou-ya 呀苦, 127.
Koua-chou 熟瓜, prov. 141.
Koua-gin 人寡, 149. koua gin 仁 ibid. 149.
Koua-gai 礙掛, 83.
Koua-tsee 子刮, 131.
Koua-yen-sing-pang. 256.
K'ouai-houo 活快, 51, 81, 103, 137.
Kouan-chan-te, kouan-ho-ti, etc. prov. 136.
Kouan-gin 人官, 108.
Kouan-ma-ta-lou 路大馬官, 71.
Kouan-tai 待冒, 74.
Kouan-t'sing 情冒, 76.
Kouan yun tsee, author, 4, 189.
Kouang 光, metaph. 79.
Kouang king 景光, 109.
Kou'ang po'ng-kou'ai-yeou 友怪朋狂 124.
Kouang-tsee 子光, 子光耳 54.
Koue-yu-liber, 4, 189.
Kouei 鬼, 93, 117. kia-kouei 鬼家, prov. 140.
Kouei-keng 耕歸, 256.
Kouei-kouai 怪鬼, 112.
Kouei-ting 罰貴, 251.
Kouei-tsien 賤貴, 258.
Kouen-lun-tchang 觴崙崐, 252.
Kouo 過, 45, 111, 113.
Koue-te-ge-tsee 子日得過, 112.
Kuo 厥, 151.
Kuen 斧, 84.
Lai 來, 58, in sensu præteriti 60.
Lai-li 歷來, 61.

Lan-chou 熱蘭, 104.
Lan-seng 生蘭, 250.
Lang-me-heou 俟墨郎, 252.
Lang-miao 廟廊, prov. 142.
Lang-tsee-ye-sin 心野子狼, 258.
Lao-cheou 手老, 71.
Lao-chi 實老, 44, 154.
Lao-chin 身老, 112.
Lao-choui 睡老, prov. 143.
Lao-fou 夫老, 149.
Lao-fou-tsee 子夫老, 150.
Lao-gin-kia 家人老, 43.
Lao-han 漢老, 106.
Lao-jo-tsien-tsai 載千辱勞, 261.
Lao-ki 記年, 127.
Lao-pong 彭老, n. v. p. 236.
Lao-seng seng 生先老, 150.
Lao-sin,-lao-li 力勞心勞, 162.
Lao-ssee 師老, 43.
Lao ta, 72.
Lao-ta-gin 人大老, 150, 43.
Lao-tai-tai 太太老, 43.
Lao-tao 到老, 81.
Lao-tsee, author laudatus, 155, 158, 163.
Lao-ye 爺老, 43.
Leang 梁, prov. 140.
Leao 了, 45, 112, bis repet. 83, 113.
Leao-gen 然了, 113.
Leao-kouo 過了, 113.
Leao-li 理料, 58.
Leao-pou-te 得不了, 113.
Leao-te 得了, 113.

INDEX.

Leng-jo 孴凌, 97.
Leng-lo 落冷, 85.
Leng-tan 淡冷, 62.
Leng tsing 靜冷, metaphor. 66.
Li, scriptura, 9.
Li 李, prov. 142.
Li 哩, 89.
Li 禮, (effatum de) 159.
Libri Sinici 3, quomodo legendi 4, librorum Stylus, 146.
Li-chi-hiang-heou 侯鄉石離, 261.
Li-cheou 首隷, n. v. p. 235, 259.
Li-hai 害利, 132.
Li-hoei 會理, 106.
Li ki liber, 3.
Li-kia 家離, prov. 137.
Li-lao 牢籬, prov. 139.
Li-leou, n. v. p. 婁離, 235.
Li-lun 論理, 110.
Li-sao 騷離, 254.
Li-sao-king 經騷離, 243.
Li tai-pe 白太李, 189.
Li-tchi-nou 奴枝荔, 252.
Li-tong, 256.
Li-tchong-tsee 子中里, 253.
Li tsee 子李, n. v. p. 236.
Lie-fou 婦烈, 138.
Lie-ouei 位列, 64.
Lie-tsee, author. 4, 189, 244.
Lien 連, 115.
Lien-tsoui 嗹脸, 133.
Lien-wen 文連, 213.

Lieou-hiang, author. 193.
Lieou-ling 伶劉, n. v. p. 235.
Lieou-sin 心留, 65.
Lin 林, plural. 148.
Lin-chou 水臨, 260.
Liu pou-ouei, author, 4.
Lineolæ numerandæ, 8.
Ling, pron. possessiv. 令, 70.
Ling cheou tchang 杖壽靈, 252.
Ling-gin k'o-ngai 愛可人伶, 107.
Ling ou 圇圇, 251.
Ling-le 俐伶, 85.
Ling-lun 倫伶, n. v. p. 235, 259.
Ling-t'ang 堂令, vid. in pron, 43.
Ling-ya-li-t'chi 齒利牙伶, 124.
Lin-tchen-ho-jen, 260.
Liu-tsee, 189.
Liu-yu-hia 鰕魚侶, 254.
Lo 猓, prov. 142.
Lou-y sse-che 者使衣綠, 261.
Lo ki-tse-poei, 255.
Lo....pei 悲樂 138.
Long 弄, 59, 60.
Long 籠, prov. 143.
Long-cheou-kio, 71.
Long-chin-long kouei 鬼弄神弄, 122.
Long gin 人籠, 242.
Long-kouei 鬼弄, 87, 95, 109.
Long-lai, long-k'iu, 122.
Long-pou-yen-lin, 257.
Long-t'chu-pa hi-lai 來戲把出弄, 60.

INDEX.

Long-te 得弄, 56, 57, 72, 80, 88, 105, 122, 126, 140.
Long-tsee, 211.
Long-wei 尾龍, 251.
Long-ya 牙龍, 250.
Lou 路, prov. 59.
Lou 路, comparat. 160.
Lou 鹿, prov. 100.
Lou-cheou 首驢, 55.
Lou-y-ssee tche 者使衣綠, 261.
Lou-keou 口路, 70.
Lou-ma 馬鹿, prov. 138.
Lou-pe 白露, prov. 142.
Lou-t'ou 兔鹿, prov. 136.
Lou-tsai-keou 口在路, 137.
Louan-tchin 臣亂, 242.
Lun-li 理論, 94.
Lun-yu, liber, 3, 155.
Lusus verborum, 211.
Ma-kio 脚馬, 60.
Mai-cheou 手賣, 71.
Mai-ming-yn-tsi 跡隱名埋, 125.
Mai-yuen 怨埋, 50, 59.
Man-choue 說慢, 111.
Mao 毛, (compar. de) 255.
Mao che 施毛, n. v. p. 236.
Mao-pan 板毛, 55.
Mao-siang 相貌, prov. 137.
Mao-tchang, author, 4, 181.
Mediæ litteræ, 12.
Mei 母, plural. 41.
Mei-hoa 花眉, 125.

Mei-lai-yen-keu 去眼來眉, 125.
Mei,-o 惡美, pulcher, turpis, 200.
Men 門, tropice, 200.
Men, 們, plural, 41.
Men-se yen 庵颯欄, 252.
Men-seng 生門, 149.
Meng, allegor. 夢, 212.
Meng 矇 vel 盲 prov. 135.
Meng mei-tou-ki 記土美夢, liber. 218.
Meou-lin-sieou-tchou 竹修林茂, 126.
Meou y, n. v. p. 259.
Meou youen 遠謀, 256.
Metaphora, 241.
Mi 彌, 181.
Miao 苗, populus, 182.
Miao-miao 渺渺, 129.
Mie tsi 迹滅, prov. 136.
Mien 面, prov. 140.
Mien 免, 79.
Mien-hoei 會面, 111.
Mien-kiang 強勉, 100.
Mien-kiu 駒縣, n. v. p. 236.
Mien-k'ong 孔面, 96.
Mien mou 目面, 106.
Mien-ngo yen biong 凶眼惡面, 126.
Mien te..seng-te 得省得免, 50.
Mien-ts'ing 悻面, 86.
Mien-vou-tsien se, 255.
Mieou-tou 謬嫪, n. v. p. 236.
Ming, 嗚, (de montibus) 125.
Ming-pe 白朋, 45.
Ming-t'oui ngan-tsieou 就睹推明, 126.

INDEX.

Ming-yue 月明, prov. 143.
Ming-ting 酊酩, 251.
Mo 目, effatum de.... 185.
Mo 魔, 102.
Mo 磨, prov. 141.
Mo 麽, 132.
Mo 麽, non interrogans. 72.
Mo 沒, 77, 177.
Mo-choue 說莫, 78.
Mo-fa 法沒 83, 93.
Mo-fei 非莫, 131, 135.
Mo-jo, 告莫, 78.
Mo-lai-te'ou 頭來沒, 61.
Mo-ming 命沒, 132.
Mo-nan 難磨, 94.
Mo-pou 不莫, 131.
Mo-ta-pi-sie, 256.
Mo-tchi-pou-kiu, 256.
Mo-y-ssee 思意沒, 92, 105.
Mo-tsun 全莫, 103.
Mo-tsu 趣沒, 77, 104.
Moei-yen-pou-sin 信不言美, 255.
Mong 夢, prov. 142.
Mong-tsee, liber. 3, 4, maxime laudatus 194, 239.
Mong-pen 賁孟, n. v. prov. 235.
Mou 莫, 46, 77.
Mou-kiang-tse-sie, 256.
Mou-mou 母娘, prov. 143, 236.
Mou-song 送目, 249.
Mou-ta-hou 乎大莫, 225.
Mou-yang 像模, 56.
Mou,-yu, 魚, 木, comparat. 237.

Mouan-chin-hoang-kouei 鬼謊神瞞, 126.
Mung-nghen, in prov. 258.
Musica, 253.
Ná 那, 43, nà 89, Synon. de mo, 134.
Na-li 裡那, 134.
Na-tao long-tchang 杖弄刀拿, 126.
Nai 耐, 奈, 119.
Nai 乃, 180.
Nai-fan 煩耐, 119.
Nai-sin 心耐, 119.
Nai-ho 何奈, 77, 92, 100, 119, 120, 132, 174, 249.
Nan 難, verbum 51.
Nan-hoa-king, liber. 4.
Nan-ouei 爲難, 112.
Nan-seng-sse 寺僧男, prov. 140.
Niu-seng-ssee 寺僧女, ibid.
Nan-tao 道難, 62, 135.
Nan-te 得難, 127.
Nan-te-tche 者得難, prov. 139.
Nao 腦, 124, mo-teou-nao 腦頭沒, 52.
Nao je 熱鬧, 62, 80, 81, 88.
Nao kai 蓋腦, 52.
Negationes duæ pro affirmat. 148.
Negativæ particulæ, 77, affirmat 148.
Ngai-lo-chi-chi 時失樂哀, 255.
Ngan 安, 109, 183.
Ngan-chin 身安, 139.
Ngao-tang tchcou 舟溫冞, nom. viri. 235.
Ngeou-gin-hing 形人偶, 252.
Ngheou-ki 氣漚, 67.

Ngheou-yang-sieou, author, 4, 150, 155, 158, 161, 162, 172, 189, 202, 214, 219.
Ngo 我, 41, 149.
Ngo-mei 眉蛾, compar. 238.
Ngo-pou-ko-tchang 長可不惡, 255.
Ngo-pou-k'o-yen 撐可不惡, 254.
Ngo-ssee 事惡, prov. 139.
Ngou 吾, 149.
Ni 尼, 89.
Ni 你, 41.
Ni-chang-ngo-liang 量我商你, 125.
Ni-choue 說你, 62.
Ni-foe 佛泥, prov. 140.
Ni-ssee-ngo-ho 活我死你, 125.
Ni-tan-ngo-ngai 愛我貪你, 125.
Ni-tao 道你, 62, 91.
Ni-ven-ngo ta 答我問你, 125.
Niao-sin 心鳥, 66.
Nie-tchang-tsoui 罪障孽, 114.
Nien 念, prov. 135.
Nien-k'i-t'sien 前其念, prov. 138.
Nien-kicou-ngo 惡舊念, prov. 137.
Nien-mai-li-chouai 衰力邁年, 124.
Nien pa 把年, 53.
Nicou 牛, prov. 141.
Nicou-chan 山牛, mons 194.
Ning..pou-k'o 48, 宁, 168.
Ning-wei-k'e-keou, etc. 258.
Nien-wei..wou 無..爲宁, 257.
Niu-oll 兒女, prov. 138.
Niu-y 兒女, 250.
Nomen proprium pro pronomine 149.

Nomina pro verbis adhibita, 152.
Nou 怒, metaph 242.
Nou-ts'ai 才奴, prov. 141.
Numerales, 42.
Numeri definit. pro indefinit. plural. 42, 150.
Numerorum quorumdam proprietates 250.
O. 阿, nota vocativ. 41.
Oppositæ litteræ 206.
Ou 烏, 183.
Ou-chao-mao 帽紗烏, 89.
Ou-hou 獲烏, n. v. p. 235.
Ou-hou 乎烏, 162, 249.
Ou-ting-ssee 食鼎五, 253.
Ouei 爲, 45, 177, 225.
Ouei-gen 然未, repet. 140.
Ouei-kien-te 得見未, 91.
Ouei-k'io 曲委, 44, 61.
Ouei-k'o-tchi 知可未, 91, 94.
Ouo; ouo-ti 的兀, 87.
P'a 怕, 76.
Pa 把, 51.
Pa-hi 戲把, 53, 85.
Pa-pi 鼻巴, 53.
Pa-pi 臂把, ibid.
Pa-ping 柄把, ibid
Pa-pou-te, 得不巴, 46, 51, 53.
Pa-tchang 掌巴, 53.
Pa-to-ti 的舵把, metaph. 105.
Pan 半, 118.
Pang-cheou 手幫 71.
Pao-cheou 手砲, ibid.
Pao-kouan 管包, ibid. 84, 108.

INDEX.

Pao-ssee 死豹, prov. 142.
Pao-tch'eou-sue-yuen 怨雪譬報, 124.
Particulæ affirmat. 148.
Particularum index. 187.
Pe-cheou 手白, 125.
Pe-choui-tchin-gin 八真水白, 261.
Pe-fan 飯白, 254.
Pe-fei 非百, 255.
Pe-ge-he-ye 夜黑日白, 125.
Pe-i-pe-soui 隨百依百, 127.
Pe-kiu 駒白, 250.
Pe-kiuen-fei-ching, 256.
Pe-li..tsien-li 里千..里百, 261.
Pe-ling-pe-li 俐百俗百, 127.
Pe-ming 明伯, n. v. p. 235.
Pe-ni-tchang 裳霓白, 244.
Pe-pao,-ts'ien-kin 金千寶百, 127.
Pe-pe 57.
Pe-san 散魄, 126.
Pe-chin 辰比, comparat. 237.
Pe-ti 地白, 53.
Pe y 夷伯, n. v. p. 236.
Pen-siang 相本, 60.
Pen-tsee 子本, 94.
Pen-tsee, litteræ propriæ. 9.
Pi 敝, possessiv. 43.
Pi 被, 45.
Pi 彼, 151.
Pi 必, 225.
Pi 唔, 87.
Pi 兼, metaph. 114.
P'i 屁, prov. 139.
Pi-cheou 手匹, 71.

Pi-ell 耳壁, prov. 143.
Pi-hia 下陛, 150.
Pi-hoei 催伬, n. v. p. 236.
Pi-keng-ell-che, 256.
Pi-k'i 氣筆, 68.
Pi-mao, 毛, 皮 (prov. dep) 255.
Pi-mei-tching-gno, 260.
Pi-po-hio-kong, 255.
Pi-pou-te, 48.
Pi-te-ta-i-pan 半一他得比, 118.
Pi tsong 踪筆, prov. 139.
Pi-tsou 祖鼻, 251.
Pi-yu 喻譬, 239.
Pi'ao-pi'ao 飄飄, 129.
Pie 別, prov. 142.
Pie-yang-ssee 事樣別, 78.
Pie-yao 要別, 77.
Pien 鞭, prov. 141.
Pien 便, 114, 176.
Pi'en-ke'ou-tchang-che 舌張口謅, 126.
Pien-tsio 鵲扁, n. v. p. 235.
Pin-kiang-tse-mie, 256.
Ping-pou-hio-kien 儉學不貧, 255.
Pin-tchin 臣賓, 261.
Pin-tsee-tsien, Diction. 7, 168.
Ping, accentus, 10, 191.
Ping 兵, (proverb.) 135.
Ping kiu 睨俐, 108.
P'ing-kiu 據憑, 111.
P'ing-pe 白平, 132.
Ping-seng 生平, 249.
Ping-vou 饈翔, (de montibus.) 243.

INDEX.

Pisces (in proverbio) 118, 237.
Pluralis. 147.
Po 波, 89, 132.
P'o-ke'ou 口破, 68.
Po-ming 命薄, 88, prov. 140.
P'o-tchan-lo 落綻破, 133.
Pou 杯, prov. 143.
Poei-heou 後背 prov. 142.
Poei-tchong-we 物中杯, 252.
Pong-tsou 祖彭, n. v. p. 236.
Po'ng-yeou 友朋, prov. 138.
Possessiva, 149.
Pou 不, 77.
Pou 不, finalis 131, interposit. voci repetitæ ibid.
Pou 僕, 149.
Pou-chi 是不, 44.
Pou-gin 忍不, 136.
Pou-hao 好不, 72.
Pou-jou 如不, 177, 256.
Pou k'o 可不, subst. 95, 107.
Pou ko 過不, 87.
Pou leao 料不, 95.
Pou lou 蘆薄, comparat. 158.
Pou sou 數不, 107.
Pou tchi 知不, 129.
Pou tc'hing 成不, 63, 135.
Pou y 以不, 224.
Pou yao, 46.
Pouan-hoei n. v. p. 259.
P'ouan ngan 安番, nom. v. 129, 236.
P'ouan ta 大胖, 71.
P'ouan t'chen 纏盤, 82.

Præpositiones, 47.
Pronomina, 42, 149.
Pronunciatio, quomodo declaratur, 9.
Proverbiorum collectio, 135.
Radices, 7.
Regimen Verborum antepositum, 154.
Relativa, 48.
Repetitio, 12, unius litteræ ibid. 153, 210, duarum, 122, phrasium 210, ejusdem litteræ cum duabus aliis, 123.
Repetitio nominis indicans vocativ. 41, plural. ibid.
Rhythmi, 7.
Ritus, 253.
Salutatio Tartarorum, 51.
San-hoen 魂三, 129.
San, pou-san-pou-she, 122.
San-t'cha-lou-fan 飯六茶三, 126.
San-tchi-tong-tseo 子童尺三, 147.
Sang-k'i 氣喪, 109.
Sang-lang 郎桑, 250.
Sao-p'i 脾噪, 54, 皮燥, 104.
Seng 生, prov. 142.
Seng i 意生, 52, 88.
Seng-k,eou 口生, 70, 101.
Seng-te 得省, 50.
Seng-tong 童生, 47.
Si che 施西, 143, 236.
Si k'eou 口撕, 68.
Si-jou 屄洗, 242.
Si-siang-ki 記廂西, comædia, 236.
Si-tche 者昔, 253.
Siang 相, metaph. 79.

INDEX.

Siang-fong-siang-li 離相逢相, prov. 138.
Siang-jou 如相, n. v. p. 236.
Siang-kong, 43.
Siang-ssee 思相, 258.
Siang-tchi 知相, 100.
Siang-ya 牙象. prov. 137.
Siao, 小, pro possessiv. 43.
Siao-jin 人小, 98, prov. 141.
Siao-k'o 可小, 78, 109.
Siao-sin 心小, 65, 88, 123.
Siao ti 弟小, 43.
Siao-tsee 子小, 149, 150.
Siao-tsi'eou 愁消, 111.
Siao-yong 容笑, 44.
Sie 些, 85, post adjectiva, 86.
Sie-chin-mo 麼甚些, 86.
Sie ell 兒些, 85.
Sie-ki si-noei 內甕氣邪;
Sien 線, prov. 138.
Sien-hao 毫織, 78.
Sien-o 阿織, 250.
Sien yeou 友仙, ibid.
Sin 薪, prov. 136, 143.
Sin 心, 64, prov. 140, simplex vel duplex, activum vel passivum. 166.
Sin-chang ti-gin 人的上心, 65.
Sin-cheou 手信, 93.
Sin fou 服心, 65.
Sin-hoa 花心, 50.
Sin-kan 肝心, 65.
Sin k'an-king-kiai, liber, 6.

Sin-kao-tchi-ta 大志高心, 124.
Sin-ki 機心, 66.
Sin-k'eou 口信, 69.
Sin king,
Sin-li 裡心, metaph. 74.
Sin-mouan-y-tsou 足意滿心, 124.
Sin-po-fo-gin 人負不心, 255.
Sin..la 刺..心, prov. 138.
Sin-ssee 事心, 66.
Sin-tc'hang 腸心, 65.
Sin-tchong-la, ell-pien-fong, prov. 138.
Sin-te'ou 頭心, 65.
Sin tsoui 醉心, 242.
Sin-yang 癢心, 65.
Sin-yen-po-moei 美不言心, 255.
Sin-yuen 願心, 66.
Sing, yuen-seng-yuen-ssee 死願生願, 122.
Sing k'i 氣性, 105.
Sing-li-ta-tsuen, liber, 4, 161.
Sing ming....tsing-ming 名清命性, prov., 138.
Sing-ming, 名姓, 60.
Siu-yu 叟須, 251.
Siue 雪, tropicè, 124.
Siue-tchi 恥雪, 242.
So 所, 48.
So-soui 碎珋, metaph. 61, 99.
So-y 以所, 178.
Song 忩, prov. 142.
Song-sin,-song-gin 人訟心訟, prov., 143.

Song-tchao 朝宋, n. v. p. 236.
Song tsee-heou 侯滋松, 252.
Souan 筭, 94, 100.
Sou, tres scriptores, 4.
Sou 數, plural. 41.
Sou-cha, n. p. 258.
Sou-hang 杭蘇, prov. 143.
Sou-tong-po, author, 189, 203.
Sou-tsee, litteræ triviales, 9.
Soui ke'ou 口隨, 69.
Speculum, in compar. 237, 238.
Stylus librorum, 146, 188, generalia præcepta 190, Sqq. diversitas in eodem sensu. 192, Styli varii xxx modi 221.
Se 色, 80, prov. 138, yen se 色眼, 53.
Ssee 斯, 151, 175.
Ssee 師, 148, prov. 172.
Ssee 使, 178.
Ssee 死, 82, metaphor. 93, proverb. 142.
Ssee, k'i seng-k'i ssee 死氣生氣, 122.
Ssee, yao-ssee-yao-ho 活要死要, 122.
Sse-chu, libri. 3.
Sse-kio 結死, 55.
Ssee-king 經師, 214.
Ssee-k'o 可斯, 175.
Ssee-konang 曠師, n. v. p. 235.
Ssee lin-pa-che 舍八鄰四, 126.
Sse-ma-kouang, author,
Ssee-ma-tsien 遷馬司, n. p. 189, 236.
Ssee-tseu 字死, 39, 152.
Ssee-tsee-tso 座子獅, 252.
Ssee-ts'ien-siang-heou 後想前思, 124.

Ssee-tsue 絕詞, 247.
Sun-tsee, author. 4, 171, 176, 189, 201, 227, 228.
Sun-yang 陽孫, n. v. p. 235.
Superlativa, 48.
Syntaxis, 47.
Ta 打, 53.
T'a 他, 41.
Ta-choui 睡打, 55.
Ta-fang 房大, 72.
Ta-fou-cheou 手扶打, 55.
Ta-hing-hoang-te, 72.
Ta-hio, liber, 3, 156.
Ta-ho 火打, 55.
Ta-hoa 話打, ibid.
Ta-hou 呼打, ibid.
Ta hou-siao-kiao 叫小呼大, 124.
Ta-kia 家大, 71.
Ta-kin 緊打, 55, 110.
Ta-king-siac-kouai 怪小驚大, 124.
Ta-kong, 72.
Ta-lao 撈打, 55.
Ta-lao-kouan, 72.
Ta lao-sien-seng, 43.
Ta li 禮打, 55.
Ta-loui-t'ai 臺擂打, ibid.
Ta-pai 牌打, ibid.
Ta-pai-tsee 子牌打, ibid.
Ta-p'an 扮打, ibid. 112, 132.
Ta pien, 72.
Ta pou 捕打, 55.
Ta-t'an 探打, ibid.

INDEX.

Ta-tchong 重打, 47.
Ta-tc'hong 蟲大, prov. 136.
Ta-tchong-ho 火中打, 55.
Ta-tch'oui-ta-ta, 55.
Ta-tien 點打, 55.
Ta-t'ing 聽打, 55.
Ta-tsiang 匠大, 251.
Ta-ts'iou-ts'ien 韆鞦打, 55.
Ta-ya-fan-tsoui 嘴犯牙打, 125.
Ta-ye 爺大, 72.
Ta-k'i 奇大, 127.
Tai 待, 74.
Tai 太, 79.
Tai-ki-tou, caput lib. sing li ta tsuen.
Tai-tung 蝀蝀, 250.
Tai-lao-ye, 43.
Tai-pe 白太, n. v. pr. 236.
Tai tai 太太, 43.
Tai-yao 要待, 74.
Tai-yuen 元泰, 250.
Tan 膽, metaph. 112, 116.
Tan 但, 84,— 單, id. 85.
T'an-ke'ou 口檀, 69.
Tan-lo 落胆, 126.
Tan-po 薄淡, 110.
Tan-ssee 絲單, prov. 138.
Tan-tsing 青丹, 255.
Tang 當, 83, 111.
Tang 堂, in compar. 237.
Tang-gen 然當, 174.
Tang-gin-tang-oue 物當人當, prov. 138.
Tang hang 行當, 143.
Tang-tchin 眞當, 99, tang in eodem sensu, 63, 100.
Tang tchin, tang-choua. 109.
Tang-tsiu-pou-tsiu, prov. 136.
Tang-yu 與黨, 169.
Tao, prov. 割刀如心, 65.
Tao 倒, 102.
Tao 道, 61.
T'ao 桃, prov. 142.
Tao-che 舍道, 243.
T'ao-hoa-choui, 253.
T'ao k'i 氣咽, 67.
Tao-li 理道, 62.
Tao-sin-fou 腹心到, 66.
Tao-te-king, liber. 4.
Tao-te'ou 頭倒, 102.
Tao-tche 跎益, n. v. p. 236.
Tao-tsai-pi-nan 難避災逃, 126.
Te 得, 49.
Te..vou-se....色無....德, prov. 139.
Te 忒, 79.
Te-hao 好得, 73.
Te i 意得, 50.
Te k'i 其得, 226.
Te-ki 極得, 51.
Te-kin, 48.
Te-tchi 之得, 223.
Temporis particulæ, 181.
Teng 等, plural, 41.
Teng-seng 生登, 251.
Teng-yu-tsou 徂於登,
Te'ou 投,

Te'ou-ke'ou 口頭, 70.
Te'ou siu 緒頭, 77.
Tch'a hao li 釐毫差, prov. 187.
T'chao-k'i 氣潮, 67.
T'chao-mo 暮朝, 141.
Tchao-mo-gin 人暮朝
Tchao-mien 面照, 55.
T'chao pi 比朝, 97.
Tchao-ssee-mou-siang 想暮思朝, 124.
Tchao 罵慕打朝, 126.
Tchao ting 廷朝, 242.
Tchao-tsai-ge-ho 禍惹災招, 124.
Tchao-tsong 宗朝, (de fluviis) 243.
T'chang 唱, metaph. 129,— proverb. de cantu, ibid.
T'chang 場, 67, 77, 93, 104, 106, 112.
Tchong-chu-kiun 昔書中, 252.
Tch'ang-heou 後塲, 93.
Tchang-hoei-tsiang-kiun 軍將喙長, 261.
Tchang hou-t'ouan-t'an 嘆短呼張, 124.
Tchang-ko-lao, author, t
T'chang kong 功場, 109.
Tchang o 娥嫦, 41, n. mul. p. 236, prov 250.
Tchang-siu-tchu-po, 261.
Tchang-tchu, 47.
Tchang-te'ou-tan-nao, 124.
Tchang-te'ou-vang-nao 腦忙頭張, 124.
Tchang touan 短長, 95, 130.
Tche 折, 156. 222.
Tche 這, 43.

T'che 尺, metaph 78.
Tche-mo-sien-feu, 255.
Tche tchi 之者, 155.
Tche-to 多車, 140.
Tchen pang 旁襌, 251
Tcheou 紂, n. v. p. 236.
Tch'eou k'i 氣臭, 67.
Tcheou-li, liber, 4.
Tcheou-lieu-ki, author, 4.
Tc'heou tchu 躊躇, 65.
Tcheou-y-tche-tchong, 4.
Tchi 之, 151, 153, 222.
Tchi 雉, (proverbium de) 254.
Tchi 只, 82.
Tchi 止, 84.
Tchi 尺, metaph. 147.
Tchi-chi 是只, 82.
Tchi fei-nan 難非知, 255.
Tchi-hao 好止, 84, 好只, id. 83.
Tchi-hou-pi 皮虎質, 257.
Tchi-kao-tchi-tcho 燭之膏蠋, 257.
Tchi ki 氣志, 68, 243.
Tchi-kou 故智, 238.
Tchi kouan 冒只, 57, 85.
Tchi-nghen 恩知, 142.
Tchi-p'a 怕只, 76.
Tchi-sin-fou-ti 的腹心知, 66.
Tchi-ssee-houo 活死知, 109.
Tchi tang 當只, 111.
Tchi tche 者之, 156.
Tchi tche tchong, tchi tche lo, 254.
Tchi tchi meou 謀之智, 243.

INDEX.

Tchi-tcho 嘶 鞁, 251.
Tchi-tchu-ma-keou 狗 屬 猪 指, 124.
Tchi-te 得 只, 58, 83.
Tchi-te'ou 頭 勢, 64.
Tchi-tong, hoa-si 西 話 東 指, 95.
Tchi-tong-ma-si, 124.
Tchi-y 以 之, 224.
Tchi-y 意 致, 120.
Tchi-yeou, n. p. v. 259.
Tchi-yeou, tchi ouei, 156, 223.
Tcho, accentus, 10.
Tcho 着, 101.
Tcho 燭, compar,
Tc'ho-che 實 着, 101.
Tcho-k'i 氣 着, 67.
Tcho-lo 落 着, 115.
Tcho-long 龍 燭, 250.
Tcho-lou 路 着,
Tcho yuen 源 淵, prov. 141.
Tchong 眾, plural, 41, 148.
Tchong-i 意 中, 43.
Tc'hong-lao 勞 重, 127.
Tchong-ta 打 重, 47.
Tchong-tc'hin 臣 忠, prov. 138.
Tchong-tsieou 酒 中, 250.
Tchong-young, liber, 3, 160.
Tch'ou 遌, 102.
Tc'hou-k'i 氣 出, 67.
Tch'ou-kia 家 出, 134, 170.
Tchou-seng 生 諸, 105.
Tchouen 陳, 102.
Tchou to 鴕 靴, n. v. p. 235.

Tch'ouen-poei-long-tsan 盞 弄 杯 傳, 126.
Tch'ouen-to 多 船, prov. 140.
Tchouang 壯, prov. 139.
Tchouang tsee, 159, 162, 163, 165, 166, 171, 174, 178, 183, 184, 189, 200, 204, 212, 223, 236, 238, 242.
Tchouang eul 兒 狀, 55.
Tchoang-mou-tso-yang 樣 作 模 粧, 125.
Tchoang-yao 妖 粧, 124.
Tch'oui 歪, 111.
Tchoui 箠, n. v. p. 235.
Tchoui-ta 打 吹, 55.
Tchoui-tien 電 追, 250.
Tchoui-fong 風 追, ibid.
Tchou-yu-lien tchu 珠 聯 玉 綴, 259.
Tchin 朕, pron. 149.
T'chin 臣, pron. ibid.
Tchin-hiuen 玄 陳, 251.
Tchin-king-tsie-chu, 260.
Tchin-ko 簡 眞, 94.
Tchin-men-jon-che 市 如 門 臣, 255.
Tchin sin-jou-choui 水 如 心 臣, ibid.
Tching hiu tchi-ko 閑 之 虛 澄, 243.
Tching hoang 隍 城, 242.
Tching-huen, author, 4.
Tching-k'i 氣 正, 86.
Tching-kiai, commentarius, 6.
Tching-king 經 正, 111, 116.
Tching-king-ssee 畢 經 正, 111.
Tching-kong 功 成, 84.
Tching-se 巴 正, 255.
Tc'hing-tsee, author, 4.

Tching-tsee-tong, Dictionarium, 7.
Tching tsiao, author, 4.
Tching-yeou 友淨, 250.
Tching-youen, 181.
Tchu 猪, 124.
Tchu 諸, 44, 148, 151, 164.
Tchu-gin 人鑄, 243.
T'chu-fei 非除, prov. 140.
Tchu-hi, author, 4, 155, 166, 189.
Tc'hu-lai 來出, 60.
Tchu-koue kong 公國楮, 252.
Tchu-ming 明朱, 250.
Tchu-sian-seng 生先楮, 252.
Tchu-tchang 張主, 47.
T'chu-te'ou 頭猪, prov. 143.
Tchu-ting 廷殊, 251.
Tchu-tsee 子主, 150.
Tchu-y 意主, 56.
Tchu-yo 玉珠, n. v. p. 236.
Tchun 椿, 103, 104, 110.
Tchun-che 舌脣, 82.
Tchun-tsieou, liber. 3.
Tchun-tsieou-tchang 長秋春, 252.
Ti 替, not. dat. 40, 113.
Ti 地, nota genitivi, 40.
Ti 底, nota genitivi, ibid.
Ti, 的, nota genitivi officiorum nominibus addita, 40, adjectivis, ib.—pro 得, 51, 68, 130. interposit. voci repetitæ, 128.
Ti-ki 起提, 111.
Ti-k'i 氣地, 67.
Ti-kong 弓帝, 250.

T'i-mien 面體, 99.
T'i-mou 目鼠, 79.
Ti-pou 步地, 108, 109.
Ti-t'eou 頭低, 132.
Tiao,-long 弄調, 125.
Tiao-ming 名釣, 249.
T'ie-chi-gin 人石鐵, 99.
Tie sin-che-tchang 腸石心鐵, 259.
Tie-ta-ti-sin-tchang 腸心的打鐵, 98.
Tien 天, pro 日, 47, 52.
Tun 吞, metaph. 68, 69.
Tun-ching 聲吞, 125.
Ti'en,-ge 日天, 125.
Ti'en-gin 人餂, 242.
Ti'en hai 害天, prov. 140.
Ti'en-k'i 氣天, 67.
T'ien-kien 見天, prov. 139.
Ti'en-kong 工天, prov. ibid.
Tien-lang 狼天, 250.
Tien-ma 馬天, n. v. p. 235.
Tien-niu 女天, 250.
Ti'en-sien 仙天, 55.
Ti'en-ta ti-tsao-boa 7.
Tien-t'ang 堂天, prov. 143.
T'un-tcheou 舟吞, 238.
Ti'en, ti 地天, tropice, 123, 124.
Ti'en-ti 地田, 102.
Tien..tsing-ming 名清..玷 prov. 138.
Tigridis vox, in comparat. 237.
Ting 釘, prov. 135.
Ti'ng 聽, metaph. 87.

INDEX.

Ting-tsai, 101.
Ting-loui 雷 德, prov. 136.
T'ing-t'ing 亭亭, 130.
Ting-tsoui-tie-cho 舌鐵嘴釘 125.
To 多, plural, 148.
To-chao 少多, 131.
T'o-cheou 手唾, 93.
To-kan 敢多, 76
To-kan 感多, 127.
To-kong 工多, prov. 139.
To-kouan 冒多, 76.
To-nan-t'ao-tsai 災逃難緜, 126.
To-sin 心多, 79.
To tsoui 嘴多, 112, 134.
Tong 通 vel 同, 109.
Tong 眼, proverb 137.
Tong-cheou 手動, 57.
Tong-fang 房洞, 132.
T'ong-kan, kong-kou 苦共甘同, 124.
Tong-kiun 君東, 250.
Tong-nien 年同, 63.
To'ng-seng 生童, 47.
Tong-tao-si-vai 西倒東, 102.
To'ng-tchang-kong-tchin 氿共水同, 126.
Tong-tchang-si-ouang 望西張東, 124.
Tong-ting-hou 湖廷洞, 68.
Ton 邸, plural, 44, 116, 147.
Tou 妒, prov. 138.
Tou 壯, 67.
Tou 毒 (眼) tropice, 96, 115.
T'ou foe 弗土, prov. 140.

T'ou-k'eou 口叶, 69.
Tou-kong-pou 部工杜, author, 189.
Tou-p'i 皮肚, 67.
Tou-tsien-tchang 場錢睹, prov. 143.
Touan-k'i 氣斷, 68.
To'uan-t'an-tchang-hiu 吁張嘆短, 124.
Toui 對, not. dativi, 40.
To'ui 淮, 129.
Toui-cheou 手對, 44.
Toui-chi 食推, in prov. 258.
T'oui-long-tchoang-ya 啞粧聾推, 126.
Tsa hio-louan tao, 255.
Tsai 止, 45.
Tsai 書, 180, 182.
Tsai 材, prov. 142.
Ts'ai 再, 119.
Ts,ai 緩, ibid.
Tsai-i 意在, 88.
Tsai-kia 嫁再, prov. 139.
Tsai-lang 狼豹, 257.
Tsai-pou-che-sin, etc. 255.
Tsai-tsee 子才, 189, 236.
Ts'ai yun 雲形, prov. 143.
Tsan kieu tchi 凡鰍奇, 252.
Tsan..yng 英食, 244.
Tsang-hie, n. v. p. 259.
Tsang lang 艮狼, 239.
Ts'ang-teou-lou-ouel 尾露頭藏, 125.
Ts'ao 草, 193.
Tsao chu, scriptura, 9.
Tsao fan 反莩, prov. 137.
Tsao-fou, 父造, n. v. p. 235.

Tsee-king-tche yu, 255.
Tsao-hoa 化造, 91, 103.
Tsao-kiu-tchi-fong, 255.
Tsao-ts'ee 次造, 133.
Tse, accentus, 10, 191.
Tse 則, 110, 174.
Tse 宅, comparat. 160, 238, 宅之明神 243.
Tse-ko 可則, 110, 175, 176.
Tsee 字, 61, 63, 103.
Tsee 子, pron. 150.
Tsee 此, 43, 151, 176, 兹, 151.
Tsee-chi-kouan-tchi, 254.
Tsee ki 己自, 43.
Tsee kia 家自, ibid.
Tsee-kien 建子, n. v. p. 236.
Tsee-mouan-tche-pai, 255.
Tsee-ouei 味滋, 103.
Tsee-tou 都子, n. v. p. 129, 236.
Tsee-yong tse-siao, 255.
Tscou 走, 83.
Tscou k'eou 口走, 69.
Tscou-siue 宰走, proverb, 136.
Tseng 曾, 181.
Tseng-mo 麽怎, 131.
Tseng-mo-hao 好麼怎, 108.
Tseng-nan fong, author, 4.
Tseng-seng 生怎, 88, 106, 107, 112, 132.
Ts'eng-tchouen-ti 的船撐, metaph, 105.
Tseng-ti 地怎, 132.
Tsien 僉, 148.

Tsieou-ki-tse-louan, 255.
Tsieou-po 波秋. 52.
Ts'in 親, 43, 151.
Tsin-cheou 首臻, compar. 238.
Tsin-fang 訪尊, prov. 129.
Tsin-ki tsai ngo, 254.
Tsin-ssee-toui-seng 生退死進, 253.
Tsin-ssee-mi ho 活覓死尋, 124.
Tsin-yen 言盡, tsin y 意盡, 259.
Ts'ing 清, accentus, 10.
Ts'ing 請, 46.
Ts'ing (vou 情 無,) 53.
Ts'ing cheou 手淨, 71.
Tsing-chin 神精, 79.
Tsing-gin yen 眼人情, prov. 143.
Tsing i 衣青, 105.
Tsing-tcheou-tsong-sse 事從州青, 261.
Tsing-tchong oua 蛙中井, 253.
Tsi'ng-te'ou y-ho 合意投情, 124.
Tsing-te-oua 蛙底井, 253.
Tsing ti'en-pe-ge 日白天清, 125.
Tsing tseou 芻青, 254.
Tsing-yen tchi-tang 堂之謙清, 243.
Ts'ing-yuen 願情, 130.
Tsing-ynn y 衣雲青, 244.
Tsio-gin yu tchilo, 256.
Ts'iu 取, 149.
Ts'iu-siao 炙取, 108.
Tsiuen-tai 薑泉, 251.
Tsi 漆, prov. 65.
T'si-pe 魄七, 129.

INDEX.

T'si-sse-pa-ho 活八死七, 126.
T'si-tien-pa-tao 倒八顛七, ibid.
Tsi.., t'si 蹙疾, 125.
T'si-tsoui-pa-che, 126.
T'si-yen liu-chi 詩律言七,
T'siang-fong 風墻, prov. 143.
Tsiang 將, 45, 181.
Tsiang-lai 來將, 59.
Tsiang-kouei 貴翔, 251.
Tsie 卽, 176.
Ts'ie 切, 111.
Ts'ie 且, 110, 174.
Tsien 賤, 155.
Ts'ien 錢, prov. 139, 143.
Tsien 賤, pro possessiv. 43.
Tsien-chen 尊遷, 158.
Ts'ien-fang-pe-ki 計百方千, 127.
Ts'ien-heou 後前, 138.
Ts'ien-ki'eou-van-ki'eou 求萬求千, 127.
Ts'ien-kin 金千, ibid.
Tsien-li-kiu 駒里千, 259.
Tsien-mo-pa-nan 難百磨千, 127.
Ts'ien-nghen-pa-sie 謝百恩千, ibid.
Ts'ien-ping-kieou-to'ng 痛九病千 ibid.
Ts'ien-souan, vau souan 筭萬筭千, ibid.
Tsieou 就, 97.
Tsieou 酒, prov. 143.
Ts'ieou-fong 風秋, (tà) 131.
Tsieou-jou 辱酒, 242.

Tso..yeou 右..左, correlativa, 260.
Tso-chi, author, 4, 163, 189, 224, 236, 238.
Tso-chin-mo 麼甚做, 133.
Tso-fa 伐作, 113.
Tso-k'e 客做, prov. 142.
Tso-kouai 怪作, 96.
Tso-tchouen, 189.
Tso-ssee-yeou siang 想右思左, 124.
Tso tsieou 酒佐, 250.
Tso-tso 作做, 105, 129.
Ts'ong-lai 來從, 61, 141.
Ts'ong-ming 命從, prov. 143.
Ts'ong-yong 容從, 104.
Tsou-hia 下足, 150.
Ts'ou-tsee, liber, 4, 189.
Tsou-y 以足, 224.
Tsoui 嘴, garrulitatem indicans, 77, 84.
Tsoni 嘴, 125, 126.
Tsoui 最, 80, 150.
Tsoui 醉, prov. 142.
Tsoui gin 人罪, 43.
Tsoui-ong-ting-ki 記亭翁醉, liber, 220.
Tsoui-tsien-che ko'uai 快舌尖嘴, 125.
T'su-t'si, t'su-tsie 妾娶妻娶, prov. 139.
Tsne 絕, 18, 80.
Tsun 寸, metaphor, 78.
Tsun pin-king ke 客敬賓會, 124.
Tsun-pou 僕俊, prov. 139.
Tsun yn 陰寸, 258.

Umbra, œnigma de, 247.
Ursus, in compar. 237.
Vai-ho-li-yng 應理合外, 126.
Vallis obscura, in comparat, 239.
Van 完, 45.
Van-fo 楅萬, 101.
Van-seng 卍晼, 43.
Van-ts'ien 千嵩, 59.
Van-y 一萬, 56.
Vang-fou-tchi-yen, etc. 256.
Vang-moei-tchi-ko 渇止梅望, prov. 138.
Vang-ngan-che, author, 4, 189.
Vang-pao 豹王, n. v. p. 236.
Vang-pi, author, 4.
Vang-siang 想妄,
Vang-sou, author, 4.
Vang-tchi 之亡, 249.
Vang-tsiang 牆王, n. v. p. 236.
Vang-yang 恙亡, 251.
Vei-mien 免未, 106.
Vei-ta-pou-tcho, 256.
Vei-tchang 嘗未, 227.
Vei-tchi 之謂, 223.
Vei-tseng 曾未, 181.
Ven 問(不,) pou ven, 85.
Ven-hiang 香司, 107.
Ven-kiun-tsee 下吉文, 72.
Ven li 理文, 79.
Ven-pou-tsai-tsee 茲任不文, 151.

Ven tchong-tsee, 243.
Ven-yen, caput, 224.
Ventus, in comparat. 239.
Verba, 44, 152. ex substantivis, ibid.
Verbum substantivum, 45.
Vice, in proverb 238.
Voces sinicæ latine declinatæ à quibusdam, 14.
Vocum, 1445, index generalis, 15.
Vou 無, 78, 225.
Vou-ching-chi 詩聲無, 253.
Vou-ki 極無, n. v. p. 235.
Voe-kou 故物, 251.
Vou-kou 固毋, 250.
Vou-mien 面無, 141.
Vou-ngo 我毋, 250.
Vou-ssee-yu-siu 心於事無, 256.
Vou-pi 必毋, 250.
Vou-sin-yu-ssee 事於心無, 256.
Vou-tien 天無, 243.
Vou-touan 端無, prov. 141.
Vou-y 意毋, 250.
Vou-y 己無, 179. 以無, ibid.
Vou-yeou, yeou-vou 無有有無, prov. 137.
Vou-yu 與無, 169.
Vou-yuen 緣無, 41.
Wang hoa 化王, 250.
Wang chu 舒望, ibid.
Wang niei 槃王, ibid.
Wang-mou 木王, ibid.

J. プレマールおよび
その『中国語ノート』について

何 群雄

1

　最近10数年間において、19世紀以前の西洋人によって編さんされた多くの中国語辞書を研究資料にした中国語学研究がだんだん増えている。語彙論や歴史音韻学の分野で多くの論文が現れ、今後もますます増えると見ていいであろう。これにともない、研究資料として、『英華辞典』をはじめ、19世紀以前の「中国語⇔外国語」の対訳辞書も数多く復刻されている。研究が深まるにつれて、近頃はよりやりにくい文法学の分野もいよいよ熱くなりそうな予感がする。今後は研究資料として19世紀以前の中国語文法書の不足が予想される。

　10年前、編者がこのような資料を収集しはじめたころは、まだ貴重書としてみなされていなかったので、愛知大学の荒川清秀氏が言われたように、上海の古本屋でこまめに捜せば出会えるかもしれなかったし、所蔵している図書館に頼めば、だいたい複写してくれた。しかし、最近は状況が大きく変わってきたようである。友人がある公的な所蔵館に資料複写を申しこんだが、わけのわからない理屈で断わられたという。このような話を聞くと、自分にも似たような経験があることが思い出された。そして自分自身が保有している資料を何らかの形で公開しなければならないと思うようになった。

2

　中国語だけではなく、19世紀以前の西洋人が文法書のなかった諸々の言語に初めての文法書を作成するにあたっては、ラテン語あるいは著者の母語である〇〇語の文法を雛型にするのが一般的であった。日本語文法書のJ. ロドリゲスの『日本語文典』[1]や中国語文法書のF. ウァロの『官話文典』[2]などはこのような

典型例であった。前者はラテン語、後者はスペイン語のネブリハ[3]文法を踏まえていることはよく知られている。

しかし、このような時代においても1つの例外があった。それはすなわちここに復刻されているJ.プレマールの『中国語ノート』(J. Prémare: *Notitia Linguae Sinicae*)』である。その優れている点は、「彼はラテン語文法学者たちがやってきたような従来の方法から離れ、ヨーロッパ人がそれまで全く知らなかった新しい方法を採用した。既成の規則をあてはめるのではなく、そのかわりに中国語自体から規則を見出した」[4]ところである。出版資金に限りがあるので、数十冊もある19世紀以前の中国語文法書の中から1冊しか復刻できないという選択で、編者は迷わず本書を選んだのである。

3

『在華イエズス会士の伝記及びその著作目録 (Le P. L. Pfister: *Notices Biographiques et Bibliographiques sur Les Jésuites de L'ancienne Mission de Chine 1552〜1773*; Chang-hai, 1932〜34.)』及びそれを訂正、補強するつもりで編纂された『在華イエズス会士の伝記及びその著作目録・補篇(J. Dehergne: *Repertoirs des Jésuites de Chine de 1552〜1800*; Paris, 1973.)』によれば、J.プレマール (Joseph-Henry-Marie de Prémare、中国名：馬若瑟、1666〜1736)は1666年7月17日に北仏のノルマンディのシェルブール(Cherbourg)城で生まれ、1683年8月16日にイエズス会に入会し、1698年3月7日、J.ブーヴェ[5]に導かれて中国に赴いた。同船したD.パルナン[6]など10人のイエズス会士は、後日ともに中国布教史にその名を残す錚々たるメンバーたちであった。7カ月に及ぶ長旅の末、同年の10月に広東に到着した。上川島で東洋布教の先駆者であるSt. F. ザビエル (St. Francisco de Xavier, 1506〜1552) の墓に参った後、マカオで上陸した。その翌年の1699年に江西省へ赴き、その後の25年間は主に饒州・建昌・南昌あたりで布教生活を送った。1724年、雍正帝の禁教令によって広州まで退去を迫られ、1733年さらにマカオへ追われ、1736年9月17日にマカオで死去した。

J.プレマールは『易』、『春秋』、『老子』、『淮南子』などの古典を深く研鑽し、キリスト教の論旨に同一しうるものを見つけようと努めた。『詩経』の中の比喩や、『易』の中の卦爻など、歴代において議論が混雑し、定説がないものに対して新しい解釈を与えて布教のために活用した。彼が言うには、象形文字を造り

出し、経書を編纂した中国の先哲は天主のことをきっと知っていたに違いない。このような事情を世界中に広く知らせるのが自らの仕事だと述懐した。

　マテオ・リッチ以降、一部のイエズス会士は中国での布教について、「適応方針」を取ってきた。儒書の中の「天」と「上帝」を「天主」と同一視し、孔子及び祖先への崇拝などをも是認した。このような方針によって広く人心を捉え、彼らの学識も手伝って、皇帝の寵信を得、高官、儒者らを信者にすることに成功した。しかし、適応方針の是非をめぐっては、後に2世紀にも及ぶ激しい典礼論争 (Rites Controversy) が繰り広げられた。J.プレマールはイエズス会に入会した前の1674年に、ローマにある布教聖省はすでにイエズス会の中国典礼の容認を禁止したので、彼の研究は他の宣教師に嫌われ、数回にわたって布教聖省に告発された。1727年10月18日付けのイエズス会長令で、彼は即刻中国から引き上げるよう命じられた。本人の懇願により、加えてその優れた才能が惜しまれ、中国の典礼に賛同する文章は自作ではないと布教聖省に否認することを条件に処分が軽減された。1736年10月5日に2度目の召還令が下りたが、この時本人はすでに死去した。

　布教と同時にJ.プレマールには数多くの著作が残されている。

　　①フランス語訳『六書析義』。
　　②『信経真解』(中国語原文にラテン語の訳を付けている)。
　　③『聖若瑟演述 (Panéyrique de St. Joseph en chinois)』。
　　④「『書経』以前の時代及び中国神話の研究 (Recherches sur les temps antérieurs à ceux dont parle le Chou-King, et sur la mythologie chinoise)』。本書でJ.プレマールは三皇五帝は伝説に過ぎず、中国人の歴史記録は紀元前800年ころからはじまると主張している。
　　⑤『趙氏孤児 (L'Orphelin de la maison de Tchao)』。『元曲百選』の中の『趙氏孤児』一劇の仏訳であり、ヨーロッパに知られた最初の中国戯劇であった。ヴォルテール[7]はこれを題材に脚本『中国孤児』を書き上げた後、広くもてはやされた。
　　⑥『中国古典の中に残されているキリスト教義の痕跡 (Selecta quaedam vestigial praecipuorum religionis christianae dogmatum ex antiques Sinarum libris eruta ; ms.)』。

⑦『書経選訳』。
⑧『詩経』の八章の訳文。
⑨『一人の宣教師として、如何にキリスト教義を用いて中国の古典を理解するか（An missionarii possint ac interdum debeant citare gentium monumenta in favorem christianae religionis?）』。
⑩『如何にして「五経」を応用するか、及び如何にしてその中の問題を解決するか（Variae quaestiones circa libros king et eorum usrum proponumtur et solvuntur）』。
⑪『中国の経書に見られる古代の伝説と遺跡についての選録（Antiquae traditionis selecta vestigia, ex Sinarum monumentis eruta）』

など、多数ある。中国語や言語学にかかわるものは次のとおりである。

①『中国語ノート（Notitia Linguae Sinicae; ms. 1728）』。
②『羅漢辞典（Dictionnaire latin-chinois）』。J. エルヴュー神父[8]との共著であり、É. フールモンはこの辞書をすでに手にしたという。
③『イエズス会士のためのラテン語・中国語対照語彙表（Vocabularium latino-sinicum ad usum missionariorum s. j.; ms.）』。四折判、314ページの手書き原稿であり、「D」の部までの原稿しか残されていない。
④『ラテン語についての対談（De romana lingua dialogues; ms.）』。四折判、48ページ。問答体で書かれ、未完の手書き原稿である。
⑤『中国語・スペイン語成語（Arte de l'idioma sinico; ms.）』四折判の手書き原稿。
⑥『象形文字（Traité sur les hiéroglyphesé）』。
⑦ブリカー神父（P. de Briga）宛ての書簡の中、29ページにわたって、中国の言語文字を論じているが、文章は途中で切れている。

上記の著書の中で最も評価されてきたのは『中国語ノート』であり、後世の学者は、ことばを惜しまず本書を絶賛してきた。「中国語の研究者として、今までJ. プレマールを乗り越えた外国人はおそらく一人もいなかった」[9]。「J. プレマールの一代を驚かせた大作は『中国語ノート』であり、中国語の性質と構造を正確にヨーロッパ世界に伝えた最初の専門書であった」[10]等々、枚挙にいとま

がないほどある。同時代の宣教師の中で、文法家として世に知られているのは、A. ゴービル[11]と彼の二人であった。

4

　『中国語ノート』の原稿はフランスに送られてから刊行されるまで、約百年を要した。その間に、幾多の紆余曲折があった。

　1727年からJ. プレマールはパリにいる東洋学者のÉ. フールモン[12]との間に定期的な文通関係を持ち始めた。そして、中国語に関するÉ. フールモンの質問にすべて熱心に答えた。相手の中国語の学力をより早く上達させるために、1728年の年末、自作の文法書をÉ. フールモン宛に送った。その知らせを伝える手紙を見たÉ. フールモンは大変困惑した。当時、彼も1冊の文法書を書き終えたところであったからである。J. プレマールの著書がまだ到着していないうちに、彼は急遽王立図書館（現在のフランス国立図書館）を訪れ、自作を預けた。J. プレマールの本を手にしたのち、彼は両者を比較し、重要な点において、両者はほとんどすべて変わらないが、自作のほうがすぐれていると自作の序文に書き入れて公表した。É. フールモンの本が出版された時にはJ. プレマールはすでに亡くなっていたが、生前、É. フールモンが『中国語ノート』を人に見せなかったことが告げられた。1733年10月5日付のマカオからÉ. フールモン宛の手紙で、J. プレマールはこのような不正行為に対して遺憾の意を表している。しかし、É. フールモンはJ. プレマールより長生きしたので、『中国語ノート』は長く忘れ去られた。ほぼ百年後、東洋学者のA. レミュザ[13]の研究によって、このようないきさつが世に知られるようになった。一時、大騒ぎになり、初期ヨーロッパの東洋学界にとって後世忘れがたいスキャンダルとなった。

　その後、このA. レミュザによって王立図書館で再発見された写本から、一つの非常に正確な写本が作られ、この写本から更にもう一つの写本が作られた。この2番目の写本に基づき、1831年にR. モリソン[14]がマラッカの英華書院（Anglo-Chinese College）で初めてこれを上梓した。その後、最初の英訳がJ. ブリジマン[15]によって訳され、1849年に広東の「中国叢報（*Chinese Repository*）」社より刊行されている。今回復刻したのは1831年のマラッカ刊行のラテン語版（架蔵。原寸大：約290×235mm）である。

5

　『在華イエズス会士の伝記及びその著作目録』と『中国書誌（*Bibliotheca sinica*）』によれば、J. プレマール本人は『中国語ノート』の写本を 3 部ほどフランスに送った可能性がある。

　①最初の写本は É. フールモン宛て、1728 年 12 月 10 日に送り出し、1730 年 2 月 11 日にフランスに着いた。その内容は全部で 5 冊 3 編がある。É. フールモンの死後、その所在は分からなくなった。

　②二番目の写本がフランスに到着したころ、É. フールモンはすでに亡くなっていたという。A. レミュザが王立図書館で再発見したのはこの写本だと言われている。表紙には F. ノエール[16]、J. ゴレ[17]、J. ドマンジュ[18] の 3 神父が参閲し、J. エルヴュー神父が刊行を認めたと書かれている。A. レミュザによれば、王立図書館が所蔵している写本は、É. フールモンが言うように 5 冊 3 編ではなく、袋とじの中国の紙に書かれ、四折判の 3 冊である。第 1、2 の 2 編しかなく、第 3 編が欠けている。文字は中国人の手で書かれ、とても正確に書き写しているが、ラテン語は読み難いところが数箇所ある。漢字は左から右の方向で書かれている。再発見された後の 1825 年に製本され、J. P. A. R.（A. レミュザ）とサインされている。ここに復刻しているマラッカ 1831 年版はこの系統のものである。

　③東洋学者の H. クラプロート[19] 蔵書の中には、『中国語ノート』の写本があった。本人が亡くなった後、売り出されて大英博物館に帰した。H. コルディエ[20] によれば、この写本は四折判の 320 ページの 1 冊で、中国風の袋とじである。中国で作成され、J. プレマールから送られたものであったらしい。不完全な第 2 編と第 3 編の一部しか残されていない。その内容は 1831 年マラッカ版と違っているところがある。マラッカ版では完全に欠けている第 3 編は、この写本では 42 ページの「中国人の接客談話の礼儀」だけ残されている。これは É. フールモンの叙述と一致しているので、É. フールモンの本だった可能性があるのではないかと H. コルディエが推測している[21]。一説には、この写本はフランス王立図書館から盗み出されたものだったという。

　A. レミュザ以降、王立図書館の写本に基づき、いくつかの写本が新たに作成された。

　④A. レミュザ写本。1833 年本人の蔵書売却カタログに載っている。二折判

の510ページ1冊であり、漢字が右から左へと書かれている。

⑤S.ジュリアン[22]もまた2つの写本を作った。

⑥マラッカ版の元であった写本。この写本は後に上海のA.ワイリ[23]の蔵書の中から発見され、大型の二折判の1冊である。H.コルディエはこの写本をマラッカ版と照し合わせて丹念に調べたが、すべての点で両者がよく似ていることが分かった。

しかし、編者はこれらの写本のいずれをも見る機会がなかった。H.コルディエとLe P. L. フィスター[24]の話を整理したに過ぎないので、読者諸兄は御注意いただきたい。近ごろ、ヨーロッパへ行かれる中国語研究者はだんだん増えているので、どなたかもう一度これらの写本の現物にあたっていただき、不確かな点を是非とも訂正していただきたい。また、現段階において、本書はここに復刻する1831年のマラッカ版しか提供することができないが、学問のために一度諸写本を照らし合わせる校訂作業が必要かもしれない。

6

『中国語ノート』は19世紀初頭のA.レミュザが特別な思いを込めて掘り起こした後、欧米の東洋学者の間でもてはやされた。しかし、戦後、いな、今世紀初頭の『馬氏文通』が世に問われてから、中国人の学者が文法研究の主流となり、19世紀以前の西洋人によって書かれた中国語文法書がだんだん読まれなくなったという歴史的な流れもあり、今日の東洋にいるわれわれの間では、充分に読まれているとは言えない。

しかし、『官話文典』や『中国語ノート』をはじめ、19世紀以前の西洋人の著書は中国文法学の源流であり、占典である。その重要性はいくら強調しても決してしすぎることはあるまい。むしろその逆で、今後、これぐらいの予備知識がなければ、研究者として「失格」になる可能性が充分あるので、これからは文法研究を目指す大学生や大学院生にはぜひ読んでほしい。

最近、John Benjamins 社より、*Francisco Varo's Grammar of the Mandarin Language (1703)* という、F.ヴァロの『官話文典』の英訳が刊行された。見開きの2ページには、左側は原書のコピー、右側には英訳を付けている。関西大学の内田慶市氏の主導で日本語訳も作成している[25]。このような動きは知識普及に役立つ1つの形として、『官話文典』だけに止まらず、一層さかんになって、

たくさん訳してほしい。できれば、『官話文典』の英訳のように、原典と翻訳の両方とも出してほしい。漢字ばかりで中国語文法を考えている者にとって、少しでも横文字で原典を読めば、文法学に対する考えもかなり変わって来るはずである。そして、訳本と同時に注釈本も必要であろう。1冊の中国語文法書の後には、深い学問的な背景がある。F. ヴァロの『官話文典』の場合、重点はヨーロッパの長い grammar の伝統にあるのに対して、J. プレマールの場合には、さらに中国の古典やそれに対する J. プレマールなりの理解にある。詳密な注釈を通して、文章の背後にひかえているバック・グラウンドを明らかにしていただければありがたい。このようなしっかりした基本作業ができれば、後日すばらしい学問の花が咲いてくるであろう。

　この度、『中国語ノート』が日本で復刻できることを嬉しく思う。日本人はこのような根気が要る研究に向いているからである。『中国語ノート』、さらには初期中国語文法学史の研究は未開拓の新天地であり、この分野から多くの研究成果が挙げられよう、編者はこれからの日本の大学院生に期待している。『中国語ノート』をリュックに入れ、ロンドン ⇒ パリ ⇒ ローマ ⇒ マドリードを巡り……時々、日本や中国にもどったりして、10年「放浪」の旅に出かけて見ないか。

　最後に本書の出版にあたって、「平成13年度科学研究費補助（研究成果公開促進費）」の交付を受けたことを記して、日本学術振興会に感謝の意を表したい。それと同時に、本書出版を引き受けて下さった、三元社並びに石田俊二氏に御礼を申し上げたい。

2002年2月2日

東京・国立

[注]

1　J. ロドリゲスの『日本語文典』(Joam Rodriguez: *Arte da Lingoa de Japam*; Nagasaki 1604～08 & *Arte Breve da Lingoa Iapoa*; Macao 1620.)。著者のJ. ロドリゲス（中国名：陸若漢、1561頃～1634）は、ポルトガル人のイエズス会士であり、若年の1577年すでに日本に着いた。1580年修道院に入り、優れた語学力を買われ、イエズス会が豊臣秀吉や徳川家康と交渉する際、よく「通詞」として勤めていた。1610年マカオに追放され、かの地で亡くなった。著書には上記の最初の日本語文法書とされている2種の『日本語文典』の他、『日本教会史』が残されている。

2　F. ウァロの『官話文典』(Françisco Varo: *Arte de la lengua Mandarina*; Canton 1703.)。著者のF. ウァロ（中国名：萬済国、?～1686）はスペイン人のドミニコ会士であり、最初の印刷物となった中国語文法の著者として有名である。1647年スペインから中国に赴き、マニラで1年滞在した後、1649年アモイで上陸した。その後、亡くなるまで福建省で布教生活を送った。修道会において指折りの中国通であり、1682年福州で『官話文典』を完成し、死後の1703年に該書は広東で木版印刷された。古屋1996、W. South Coblin & Joseph A. Levi 2000を参照されたい。

3　E. A. de ネブリハ（Elio Antonio de Nebrixa, 1441～1522）。スペインの代表的な人文学者であり、ラテン語の造詣が深く、『ラテン語入門（*Introductiones latinae*, 1481）』、『カスティーリャ語文法（*Gramatica sobre la lengua castellana*, 1492）』などを著し、他のヨーロッパ諸言語に先駆けてスペイン語の文法的基礎を築いた。

4　J. G. Bridgman 1847: "Quitting the beaten track of the Latin grammarians, he struck out a method entirely new among Europeans, 'substituting for rules, the phrases themselves from which one may deduce them.'"

5　J. ブーヴェ（Joachim Bouvet, 中国名：白晋、1656～1730）。1685年フランス国王のルイ14世に派遣された5人のイエズス会士の中の1人であった。長らく康熙帝に仕え、天文学・数学などの西洋科学を進講した。康熙帝に信頼され、教皇への表敬特使としてローマに遣わされ、帰途には10人の新人宣教師を率いて中国に戻った。『康熙帝伝』、『中国の現状』などが残されている。

6　D. パルナン（Dominique Parrenin, 中国名：巴多明、1665～1741）。フランス人のイエズス会士であった。1698年中国に赴き、40年にわたって清朝に仕え、政治外交の顧問に備えた。康熙帝が宣教師に測量を命じ『皇輿全覧図』を作らせたのは彼の立案によるものであった。満州語、中国語をはじめ東西の多くの言語にたんのうだったため、常にヨーロッパ諸国使者の通訳を務め、中・ロ辺境交渉の任に充てられた。数回にわたって緊迫した事態を緩和し、交渉を成功に導いた。1729年雍正帝が北京に訳学館を開いた折、パルナンは主事に任命され、満漢青年にラテン語を教えた。『人体解剖学』、『中国史』、『六経説』その他著作は多数ある。ダーネ（Danet）のラテン語辞書を中国語に訳し、未刊の原稿が現存する。

7　ヴォルテール（Voltaire, 本名：François Marie Arouet, 1694～1778）。フランスの作家、思想家、啓蒙主義の代表者である。理性と自由を掲げて封建制と専制政治及び信教に

対する不寛容と闘い、度々投獄、また、イギリス・プロイセン・スイスに滞在を余儀なくされた。『哲学書簡』、『哲学辞典』、『ルイ 14 世の世紀』、その他劇詩、叙事詩など多数ある。

8 J. エルヴュー (Julien-Placide Hervieu, 中国名：赫蒼璧、1671 ～ 1746)。ブルターニュ生まれのイエズス会士であり、1701 年中国に到着した。1719 年より在華フランス・イエズス会の伝道長を担当した。『図注脈訣弁真』、『欽定古文淵鑑』などを翻訳した。

9 J. G. Bridgman 1847:"As a student of Chinese, probably no foreigner ever surpassed Prémare."

10 莫東寅 1949, p. 82：「而馬氏一代大著，厥為『中国語札記』，正確傳中国語之性質構造於欧人之最初專書也。」

11 A. ゴービル (Antoine Gaubil, 中国名：宋君栄、1689 ～ 1759)。フランス人のイエズス会士で、1722 年マカオに至り、翌年北京に入った。中国語・満州語を習い、専念しすぎたため、一時いささかフランス語を忘れたほどであった。パルナンの後を継ぎ、満州人にラテン語を教え、約 30 年ほど清朝に仕え、優れた語学力で尊敬を得た。『書経』、『元史類編』、『唐書』などを訳し、『中国の紀年法』、『北京通信：ゴービル司祭の書簡集 1722 ～ 1759』などの著書がある。

12 É. フールモン (Étienne Fourmont, 1683 ～ 1745)。フランス最初の中国学者であった。初めはコレージュ・ド・フランスのアラビア語教授であったが、ルイ 14 世の命を受けてパリ在住の中国人のオアンジェ・黄に従い、中国語を習った。後には自ら中国語文法書を著したが、F. ウァロや J. プレマールの剽窃だと A. レミュザにけなされた。

13 A. レミュザ (Jean Pierre Abel-Rémusat, 1788 ～ 1832)。ヨーロッパの東洋学を本格的な学問に仕上げた学者であった。始めは植物学に熱中したが、たまたま中国の本草書をみるにおよんで、É. フールモンの文法書をたよりに、中国語の独修を始めた。26 歳でコレージュ・ド・フランスの中国語の初代教授に任命された。この中国語講座はヨーロッパの最高学府における最古のものであり、今日まで続くフランス東洋学の象徴的な存在である。『法顕伝』、『太上感応篇』などを翻訳し、『漢文啓蒙』などを著した。門下には A. S. ジュリアンを育てた。

14 R. モリソン (Robert Morrison, 中国名：馬禮遜、1782 ～ 1834)。プロテスタントの中国布教の基礎を築き上げた人物であった。1807 年ロンドン外国伝会から中国に派遣され、東インド会社の中国語通訳を務めながら伝道生活を始めた。1818 年マラッカで英華書院を設立し、中国貧民の児童教育に充てた。1824 年英国に帰省した際、1 万余冊の漢籍をロンドン大学に寄付し、交換条件として中国語講座を開かせ、英国の中国学はここから発足した。『聖書』全文の中国語訳、六大冊にのぼる『英華字典』、最初の英文の『中国語文法』などは英語世界における中国研究の草分け的な存在であった。

15 J. ブリジマン (James Granger Bridgman, 中国名：裨雅各、? ～ 1850)。アメリカ人のプロテスタント宣教師であった。1844 年香港に到着し、『中国叢報』を 1 年半ほど編集して、J. プレマールの『中国語ノート』を英訳した。

16 F. ノエール (François Noël, 中国名：衛方済、1651 ～ 1729)。ベルギー人のイエズス会

士であった。1687年来華し、江蘇・安徽・江西などで布教した。1702年ヨーロッパに帰り、「四書」を羅訳し、『インドと中国の数学と物理学について』を著した。

17　J. ゴレ（Jean Alexis de Gollet, 中国名：郭中傳、1666～1741）。フランス人のイエズス会士であった。1684年イエズス会に入会し、1700年中国に到着した。寧波あたりで長らく布教した。中国語に精通し、思想的にはJ. プレマールに近い。「中国人の起源及びその歴史年表」、「『書経』の年代と日食について」、「中国古典の中に残存されている救世主降臨についての記録」、「中国の象形文字の中に残されている予言時代の痕跡」などの原稿が残されている。

18　J. ドマンジュ（Joen Domenge, 中国名：孟正気、1666～1735）。フランス人のイエズス会士であった。1681年修道院に入り、1698年中国に到着した。長期間にわたって江西・湖北・河南あたりで布教し、雍正禁教後の1724年広州に移され、1732年さらにマカオに追われ、そこで亡くなった。満州語に長じ、『満州語文法』、『満州語文字読音備考』などを著した。

19　J. H. クラプロート（Julius Heinrich Klaproth, 1783～1835）。ヨーロッパ東洋学の草創期における最も重要な学者の1人であった。ドイツの出身で、独学で中国語を学び、10代でものにした。1804年ロシアに招かれ、使節団の通訳を務め、シベリア・コーカサスを調査した。その後、ベルリン・フィレンツェと各国を転々とし、晩年はフランスで落ち着いた。中国のみならず、広くアジア全域を研究し、A. レミュザとともにフランス東洋学の全盛をもたらした。『アジアノート：東洋各民族の歴史・地理・言語学の調査研究について』、『1820～1821年モンゴル横断の北京旅行記』などの著書がある。

20　H. コルディエ（Henri Cordier, 1849～1925）。フランスの東洋学者であった。1869年来華し、しばらくの会社勤めの後、1876年に帰仏した。1881年よりパリ東洋言語学校の教授となった。東洋の書誌学・外交史・東西交渉史に精通し、今日まで続く権威がある東洋学雑誌の『通報』を創刊した。『75歳記念アンリ・コルディエ著作目録』は150ページに達しているが、『中国書誌』、『日本書誌』、『インドシナ書誌』などは今もなお有益な目録書である。

21　『中国書誌』p.1665、1668を参照されたい。

22　A. S. ジュリアン（Aignan-Stanislas Julien, 1799～1873）。フランスの東洋学者であり、A. レミュザの後を継ぎ、コレージュ・ド・フランスの中国語教授を務めた。不世出の東洋学者といわれ、「スタニスラス・ジュリアン賞」によってその名を留め、今もなお功績ある東洋学者に授け続けられている。『大慈恩寺三蔵法師伝』、『大唐西域記』などを仏訳、『語順に基づく中国語新構文論』などを著した。

23　A. ワイリ（Alexander Wylie, 中国名：偉烈亜力、1815～1887）。イギリス人のプロテスタント宣教師であった。1847年に来華し、長らく『聖書』の印刷及び配付の責任者を務めながら、満州語・モンゴル語及び他の多くの言語を研鑽した。長年にわたって上海の『教務雑誌（Chinese Recorder）』を編集し、『モンゴル語・満州語文典』、『匈奴・中国交渉史』など著訳が多数ある。

24　L. フィスター（Le P. Louis Pfister, 中国名：費頼之、1833～1891）。フランス人のイエ

ズス会士であり、1867年来華し、上海をはじめ江南あたりで長年布教した。中国教会史の専門家であり、『在華イエズス会士の伝記及びその著作目録』が有名である。

25 近代東西言語文化接触研究会:『或問』(白帝社) 第2号より連載中である。

[参考文献]

莫東寅1949:『漢学發達史』(北平文化出版社)

方　豪1969:『方豪六十自定稿』(台湾学生書局)

榎一雄1983:『ヨーロッパとアジア』(大東出版社)

楊森富1984:『中国基督教史』(台湾商務印書館)

何九盈1985:『中国古代語言学史』(河南人民出版社)

鳥井克之1995:『中国語文法学説史』(関西大学出版会)

古屋昭弘1996:「17世紀ドミニコ会士ヴァロと『官話文典』」(早稲田大学文学部『中国文学研究22』)

高田時雄1996:『東洋学の系譜:欧米編』(大修館書店)

古屋昭弘1998:「明代知識人の言語生活——万暦年間を中心に——」(『神奈川大学中国語学科創設十周年記念論集:現代中国語学への視座——新シノロジー・言語篇』1998年)

山田利明1999:『中国学の歩み——二十世紀のシノロジー——』(大修館書店)

何群雄2000:『中国語文法学事始——「馬氏文通」に至るまでの在華宣教師の著書を中心に——』(三元社)

近代東西言語文化接触研究会2000 & 2001:『或問』第1 & 2号(白帝社)

内田慶市2001:『近代における東西言語文化接触の研究』(関西大学出版部)

F. Varo 1703: *Arte de la lengua Mandarina*; Canton. 英訳:W. South Coblin & Joseph A. Levi 2000: *Françisco Varo's Grammar of the Mandarin Language(1703)*; John Benjamins.

É. Fourmont 1742: *Linguae Sinarum Mandarinicae Hieroglyphicae Grammatica Duplex*; Lutetiae Parisiorum.

A. Rémusat 1822: *Eléments de la Grammaire Chinoise*; Paris.

J.-H.-M. de Prémare 1831: *Notitia Linguae Sinincae*; Malaccae. 英訳:J. G. Bridgman 1847: *The Notitia Linguae Sinicae of Prémare, Translated into English*; Canton.

J. G. Bridgman 1847: The Notitia Linguae Sinicae of Prémare, *The Chinese Repository* 16.

J. Edkins 1857: *A Grammar of the Chinese Colloquial Language, commonly called the Mandarin Dialect*; Shanghae.

J. Sunmmers 1863: *A Handbook of the Chinese Language*; Oxford.

A. Wylie 1867: *Memorials of Protestant Missionaries to the Chinese*; Shanghae.

H. Cordier 1904～24: *Bibliotheca sinica, Vol. 1～5*; Paris.

Le P. L. Pfister 1932～34: *Notices Biographiques et Bibliographiques sur Les Jésuites de L'ancienne Mission de Chine 1552～1773*; Chang-hai. 中国語訳:[法] 費頼之著＋馮承鈞訳1995:

『在華耶蘇会士列傳及書目』(中華書局)
J. Dehergne 1973: *Repertoirs des Jésuites de Chine de 1552～1800*, Paris. 中国語訳：[法] 栄振華著＋耿昇訳 1995: 『在華耶蘇会士列傳及書目補編』(中華書局)
R. H. Robins 1990: *A Short History of Linguistics*, Longman Group UK.

編著者紹介

J. プレマール [Joseph-Henry-Marie de Prémare 1666〜1736]
フランス人の在華イエズス会士、18世紀の最も優れた中国学者。1698年中国に赴き、25年にわたって饒州・建昌・南昌あたりで布教生活を送り、マカオで逝去。遥かな上古時代にすでにキリスト教が中国に伝入していたと主張し、これを証明するため古典を研鑽して、東洋学者となった。『「書経」以前の時代及び中国神話の研究』、『中国古典の中に残されているキリスト教義の痕跡』などの論著が数多く残されたが、むしろ『趙氏孤児』の仏訳がわりあいに知られている。語学関係には『象形文字』、『羅漢辞典』、『ラテン語についての対談』などがあり、とりわけ『中国語ノート』が不朽の名著とされてきた。

何 群雄 [か・ぐんゆう／He Qun-Xiong]
1954年中国上海生まれ。一橋大学大学院修了（社会学博士）、専門は言語学・言語学史。編著書に『中国語文法学事始』（三元社）、『漢字在日本』（香港商務印書館）、『オーストラリアの風』（光生館・共編）など。その他、論文多数。

初期中国語文法学史研究資料
J. プレマールの『中国語ノート』

（しょきちゅうごくごぶんぽうがくしけんきゅうしりょう　じぇい・ぷれまーるのちゅうごくごのーと）

発行日	2002年2月25日 初版第1刷発行
編著者	何 群雄 ©He Qun-Xiong
発行所	株式会社三元社
	〒113-0033　東京都文京区本郷1-28-36 鳳明ビル1階
	電話／03-3814-1867　FAX／03-3814-0979
	郵便振替／00180-2-119840
本文印刷＋製本	モリモト印刷株式会社
カバー印刷	長苗印刷株式会社
コード	ISBN4-88303-093-8